# 城市增长与对策
## ——国际视角与中国发展

# Urban Growth and Policy:
# International Perspective and
# China Development

丁成日　著

## 内容提要

本书从城市化、城市形态、城市理性增长、城市交通与住房、城市土地、城市公共财政与房地产税六个方面讨论城市增长及其问题和相应的城市对策响应,既从理论上探索问题的成因和机制,又从实证研究归纳分析政策实施的效果;既总结国外发展的经验和教训,又分析中国快速发展时期面临的问题和挑战;既分析市场机制下城市发展的轨迹和模式,又揭示政策干预城市发展的必要性、迫切性,并根据国际经验分析总结许多城市政策没有达到预先设计目标的缘由。

本书适合从事城市相关问题学习和研究的本科生、研究生和工作人员,以及政府决策人员参考。

### 图书在版编目(CIP)数据

城市增长与对策——国际视角与中国发展/丁成日著.
—北京:高等教育出版社,2009.1
 ISBN 978-7-04-025157-9

Ⅰ.城… Ⅱ.丁… Ⅲ.城市经济-经济发展-研究-世界 Ⅳ.F299.1

中国版本图书馆 CIP 数据核字(2008)第 170305 号

| 策划编辑 | 陈正雄 | 责任编辑 | 陈正雄 | 封面设计 | 张 楠 |
| 责任绘图 | 尹 莉 | 版式设计 | 王艳红 | 责任校对 | 王 雨 |
| 责任印制 | 张泽业 | | | | |

| 出版发行 | 高等教育出版社 | 购书热线 | 010-58581118 |
| 社　　址 | 北京市西城区德外大街4号 | 免费咨询 | 800-810-0598 |
| 邮政编码 | 100120 | 网　　址 | http://www.hep.edu.cn |
| 总　　机 | 010-58581000 | | http://www.hep.com.cn |
| 经　　销 | 蓝色畅想图书发行有限公司 | 网上订购 | http://www.landraco.com |
| 印　　刷 | 中国农业出版社印刷厂 | | http://www.landraco.com.cn |
| | | 畅想教育 | http://www.widedu.com |
| 开　　本 | 787×1092　1/16 | 版　　次 | 2009年1月第1版 |
| 印　　张 | 24.75 | 印　　次 | 2009年1月第1次印刷 |
| 字　　数 | 460 000 | 定　　价 | 51.00元 |
| 插　　页 | 2 | | |

本书如有缺页、倒页、脱页等质量问题,请到所购图书销售部门联系调换。

版权所有　侵权必究
物料号　25157-00

# 自　　序

中国近30年的改革开放带来了经济社会的巨大发展。2005年国内生产总值约是1978年的38倍,人均收入约是1978年的28倍。经济结构也发生了根本性的变化,1978年,90%以上的国内生产总值来自非私有经济,而2005年私有经济创造了约2/3的国民经济总量。住房制度的改革使广大城市居民成为有产阶层,改革开放前城市私有房屋不到10%,2005年82%以上的城市房屋属于私人拥有。

中国正处于一个历史性的时期,一个承前启后、走向崛起的时期,这是一个见证人类历史上经济文明的时期、中国历史上政治文明的时期,这是一个政策和现实积极互动的时期。过去30年来空前的发展速度最好地说明了经济文明。如此规模的发展发生在一个像中国这样幅员辽阔、人口众多的国家,这在人类历史上应该是空前的(首次)。这个人类发展史上堪称创造经济奇迹的时期(也是经济文明的时期)是由一个政治文明的时期创造的,这个政治文明时期的主要标志是,在一个和平的时期里,政治领袖和各行各业的社会精英来自最广大人民群众。只有政治文明才能有无数个出身平民的政治领袖和社会精英,是结果而不是形式决定一个伟大的时代！

经济快速发展带来许多问题和挑战,文明的政治必然从政策上做出相应的反应,使政策与现实互动。快速的经济发展伴随快速的城市化。在未来的一二十年里,城市人口的年净增长数都会在千万的量级上。因而中国城市发展所面临的挑战将是史无前例的。如何发展城市经济,以产生足够的劳动力需求来充分吸收农村到城市的大量移民;如何保证这些大量移民能够丰衣足食,有足够的社会保障和城市服务(如教育、医疗、安全、健康等),有基本的住房保证等;如何提供城市基础设施和进行城市融资以保证城市生活和生产的正常进行和运转;如何协调经济、环境、生态、资源和文化,保证社会经济的健康和可持续发展,等等。至今,还没有一个现成的理论和国际经验可以直接地用于指导如此空前绝后规模的城市化进程,因而学者和决策者一方面需要积极地学习理论和国际经验,另一方面更要勇于探索,富于创新,积极实践。巨大的挑战同时也是无穷的机会。

本书从城市化道路、城市理性的空间形态、城市理性增长、城市交通与住房、城市土地、城市房地产税六个方面探索城市发展的政策和对策,结合国际经验,试图推动中国城市的可持续发展。城市问题和政策非常复杂,本书试图通过多年积累的点滴见识和体会,抛砖引玉,深化中国城市问题和政策的理解和认识。

丁成日

马里兰大学中国城市发展与土地政策中心主任

马里兰大学城市理性增长国家中心研究员

马里兰大学城市研究与规划系终身教授

# 前　言

　　城市是一个社会现代文明的标志,是商品流通和现代工业的集散地,是交通中转的枢纽,是经济、政治、文化、教育的中心。自改革开放以来,特别是随着市场经济的不断发展和成熟,中国城市化进入高速发展时期。城市化对于中国的经济发展、城市环境、城市居民生活水平的提高有着重要影响。在中国快速城市化的进程下,如何管理和规划城市成为一个紧迫的问题。这是因为:

　　第一,空前的城市发展和城市化规模提供了社会基础。目前中国城市化水平为40%左右,实现全面小康时,在2020—2030年间,城市化水平将上升到60%左右。这意味着将有2.6亿~2.8亿人口从农村移居到城市。这个规模接近于美国总人口,是日本总人口的2倍多。如此恢弘的城市化规模必然在就业、住房、城市基础设施、社会保障等方面带来巨大的挑战和压力。我们需要应对这些挑战来保障有序、顺畅、和谐地实现人口的空间转移。

　　第二,中国土地问题在未来的10年甚至20年里仍然会困扰我们。中国的土地问题非常复杂,涉及面非常广,如法律、经济、公共财政、环境、社会文化等方面。许多问题在短期还很难得到根本性的解决。另外,根据国际经验,土地政策主要集中在:① 如何保障有限的土地资源得到最有效率的应用;② 如何使土地成为地方政府可以依靠的一个有效融资手段和工具。无疑在这两方面我们还有许多工作要做,路还很长。

　　第三,没有现成的理论和经验可以为中国城市发展和城市化提供现成的答案。只有深刻地掌握理论、全面地了解国际经验、充分地结合中国国情,最大限度地发挥我们的智慧,才能为中国的发展提供有价值的建议。

　　本书从城市化、城市形态、城市理性发展、城市交通与住房、城市土地、城市房地产税与公共财政六个方面讨论城市发展及其问题和相应的城市政策对策响应,既从理论上探索问题的成因和机制,又从实证研究归纳分析政策实施的效果;既总结国外发展的经验和教训,又分析中国快速发展时期面临的问题和挑战;既分析市场机制下城市发展的轨迹和模式,又揭示政策干预城市发展的必要性、迫切性,并根据国际经验分析总结许多城市政策没有达到预先设计目标的缘由。本书分六部分,共25章。

　　第一部分,城市化(一至三章)。第一章通过国际比较分析了国家首位城市的集聚规模及其在国家经济发展中所起的显著作用,进而提出大城市、特大城市发展战略应该重新评估。第二章介绍了日本东京的发展,指出东京作为世界上最大的都市在日本快速城市化接近尾声、日本人口不再增加的情况下仍然在发展，说明城市集聚规模效应不容忽视。第三章介绍和分析了韩国首尔都市发展、城市政策及其评估，指出刚性、行政手段式的城市增长政策和规划措施难以实现预期的目的，只有结合市场机制，顺应发展趋势才有可能更好地管理和控制城市增长。

第二部分，城市形态（四至七章）。第四章首先定义城市空间结构和城市劳动力，然后论证城市空间结构与城市竞争力之间的关系。第五章论证了如何通过土地资源、资本资源、外部效应的优化组合来提高城市竞争力，并从区位、空间形态角度阐述城市空间土地利用中的失效。第六章揭示市场经济体系下城市密度的决定机制，说明城市密度静态和动态的空间变化，分析控制城市密度的后果，指出控制高度（或密度）的目的是减少密度，提高人居环境质量，减少交通压力，实际上，控制高度后可能的后果是造成人口密度不降反升，环境质量更加恶化，交通日益拥挤。第七章通过国际比较和理论分析，分析中国城市人口密度，指出中国许多城市人口密度不是太高了，而是太低了，特别是就业中心的密度。

第三部分，城市理性增长（八至十二章）。第八章介绍美国城市理性增长理念，并结合中国国情分析探讨对中国城市发展的启示。第九章论证就业空间集聚对经济发展的贡献。第十章论证城市空间连续扩张（"摊大饼"）有利于最大限度地发挥土地资源和资本资源，并能通过城市劳动力市场整合来最小化城市交易成本（如交通成本）。第十一章通过国际卫星城发展战略实例分析，指出卫星城的建立使大都市区的劳动力市场破碎，限制了大都市区劳动力空间的聚集效益，增加了交通通勤时间、距离、成本。卫星城市的发展必然增加政府对城市基础设施的投资，也会提高城市居民对小汽车的依赖程度，从而对交通、环境造成负面影响。因而，国际的经验表明卫星城发展战略总体是失败的。第十二章分析城市中央商务区空间格局，兼评中国一些新商务中心区。指出城市经济效益需要相对集聚的土地利用才能发挥极大。

第四部分，城市交通与住房（十三至十六章）。第十三章通过国际城市比较，表明土地利用与交通高度整合是城市可持续发展的必要前提之一。社区范围内的就业—住宅平衡违背了劳动力市场原则带来了城市经济低效率。沿主要交通通道实现就业—住宅平衡被证明是获取最大空间集聚效率并实现社会成本最小的有效方式。国际比较进一步证明环状交通路网产生最大的人均交通量，鼓励小汽车的使用，不利于公共交通的发展。第十四章分析总结城市以公共交通为导向的发展模式（Transit Oriented Development, TOD）的社会经济好处，如提升公共交通承载量、推动公共车站周围房地产价值的升值、改变城市出行模式等。第十五章分析中国城市住房价格持续上涨的原因，论证"预售制"是其主要的原因。第十六章分析中国城市楼市泡沫、宏观调控、土地供给与房价的关系等。

第五部分,城市土地(十七至二十一章)。第十七章介绍美国土地开发和使用的制度和法律框架,以及地方政府规划管理土地利用和开发的法律来源、工具和实施措施。第十八章介绍美国土地开发转让制度。土地开发权转让是试图引进市场机制、间接地管理和控制城市土地开发一种制度上的创新,通过改变土地开发的经济动力机制,进而达到引导城市向理性发展模式的方向发展,实现传统规划预期目标。第十九章通过实证研究分析中国城市土地供给对城市经济增长的贡献,结论指出中国城市土地扩展的经济动力巨大,远远大于耕地保护的经济回报,因而仅仅从行政手段上保护耕地很难达到保护耕地的终极目标,至多是实现短期的保护目标。第二十章论证中国征地补偿机制的经济分析,指出征地补偿过高过低都有问题,过高意味着国有资产的流失。分析结果倾向于许多征地补偿可能是过高了。第二十一章在讨论中国土地问题、根源、挑战的基础上探讨土地制度方向,着重论证了农村土地所有权的流动,并就中国严格的耕地保护提出十个问题。

第六部分,城市房地产税(二十二至二十五章)。第二十二章论述房地产税与城市发展。根据国际经验,房地产税对地方政府的财政能力可以发挥重要的作用。本章同时也论述了房地产税作为地方税种的优势及房地产税的本质等。第二十三章论述中国房地产税发展的理论依据、可能的目标设定和功能。第二十四章针对中国国情,就房地产税制提出几方面建议。第二十五章讨论中国房地产税改革意见。

作者

2007年1月8日

# 目　录

## 第一部分　城　市　化

**第一章　路在何方——中国城市化道路探索** …………………… （ 3 ）
　第一节　城市与城乡差别 ………………………………………… （ 3 ）
　第二节　城市化动力及其模式 …………………………………… （ 5 ）
　第三节　中国城市化和城市发展政策回顾 ……………………… （ 7 ）
　第四节　国际大都市发展 ………………………………………… （ 7 ）
　第五节　中国城市化落后于工业化吗？ ………………………… （ 18 ）
　第六节　中国城市化道路及其对策 ……………………………… （ 22 ）

**第二章　东京都市发展** …………………………………………… （ 24 ）
　第一节　工业化和城市化 ………………………………………… （ 25 ）
　第二节　日本都市发展 …………………………………………… （ 28 ）
　第三节　东京都市发展 …………………………………………… （ 32 ）

**第三章　韩国城市化及其首尔都市发展** ………………………… （ 38 ）
　第一节　韩国的地理概况 ………………………………………… （ 38 ）
　第二节　韩国的经济发展 ………………………………………… （ 39 ）
　第三节　韩国城市化与工业化 …………………………………… （ 40 ）
　第四节　首尔都市发展 …………………………………………… （ 44 ）
　第五节　都市发展政策与规划 …………………………………… （ 48 ）
　第六节　城市政策与规划评价 …………………………………… （ 53 ）

## 第二部分　城　市　形　态

**第四章　为什么空间结构影响城市竞争力** ……………………… （ 59 ）
　第一节　城市空间结构 …………………………………………… （ 59 ）
　第二节　城市竞争力 ……………………………………………… （ 70 ）
　第三节　城市竞争力与城市空间结构 …………………………… （ 70 ）

## 第五章　为什么"规划"能够提高城市竞争力 (74)
第一节　城市空间结构与土地利用效率 (74)
第二节　区位选择与城市效率 (75)
第三节　城市土地利用之间的负面外部效应 (77)
第四节　城市用地功能分区域与城市效率 (77)
第五节　城市发展与城市基础设施的利用效率 (79)
第六节　城市规划、市场、城市竞争力 (81)

## 第六章　为什么不需要控制城市密度 (85)
第一节　城市密度的决定机制——静态模型 (85)
第二节　城市密度的决定机制——动态模型 (87)
第三节　控制城市密度的后果 (89)

## 第七章　为什么中国城市人口密度不太高 (93)
第一节　城市人口密度的国际比较 (93)
第二节　城市空间结构及其度量 (101)
第三节　城市密度的合理性 (101)
第四节　中国的城市密度太高吗？ (103)

# 第三部分　城市理性增长

## 第八章　为什么城市需要理性增长 (107)
第一节　美国城市蔓延及其空间表现 (107)
第二节　城市蔓延的后果 (109)
第三节　城市蔓延的原因 (110)
第四节　城市的理性增长 (112)
第五节　市场主导的"理性"空间形态 (114)
第六节　对中国城市快速发展的启示 (115)

## 第九章　为什么发展CBD (117)
第一节　集聚经济 (118)
第二节　经济空间聚集与城市经济发展 (120)
第三节　就业中心与城市交通 (124)
第四节　城市实例研究 (126)

## 第十章　为什么需要"摊大饼"式地发展城市 (132)
第一节　城市发展与土地需求 (133)
第二节　城市空间发展的经济学基础 (134)
第三节　国际城市空间发展 (136)

第四节 "摊大饼"式城市发展的理论分析 …………………………… (137)

## 第十一章 为什么卫星城发展战略失败 ………………………………… (142)
第一节 国际卫星城发展战略 …………………………………………… (143)
第二节 卫星城的积极作用 ……………………………………………… (147)
第三节 卫星城发展战略的失效及其负面后果 ………………………… (148)
第四节 卫星城失效的原因 ……………………………………………… (156)

## 第十二章 为什么城市绿地与建筑不能相互分割
——中央商务区 ………………………………………………… (158)
第一节 中国城市发展的流行模式——上海浦东的建设 ……………… (159)
第二节 城市建设的弊端 ………………………………………………… (160)
第三节 城市绿色空间发展 ……………………………………………… (161)
第四节 城市土地利用集聚模式 ………………………………………… (165)
第五节 中国快速城市化及其城市规划战略 …………………………… (168)

# 第四部分 城市交通与住房

## 第十三章 为什么需要整合土地利用与城市交通 ……………………… (175)
第一节 城市交通增长 …………………………………………………… (175)
第二节 城市土地利用与城市交通 ……………………………………… (176)
第三节 城市交通时空分布 ……………………………………………… (182)
第四节 选择最优的城市空间结构,最大限度地减少城市交通 ……… (184)
第五节 城市公交导向的城市发展 ……………………………………… (185)
第六节 优化地方政府财政体系,充分利用城市交通对土地的经济影响 … (186)
第七节 中国的城市交通问题 …………………………………………… (189)

## 第十四章 为什么中国需要发展 TOD …………………………………… (195)
第一节 什么是 TOD ……………………………………………………… (195)
第二节 TOD 与城市交通 ………………………………………………… (196)
第三节 TOD 与城市发展 ………………………………………………… (202)
第四节 TOD 与城市社会发展 …………………………………………… (209)
第五节 TOD 与城市环境 ………………………………………………… (214)

## 第十五章 为什么中国(某些)城市房价持续增长 ……………………… (216)
第一节 房价与地价——理论与国际经验 ……………………………… (216)
第二节 房价变化的历史趋势(国际经验) ……………………………… (217)
第三节 中国房价上升的原因分析 ……………………………………… (218)

## 第十六章　为什么楼市宏观调控效果不显著 (223)
- 第一节　中国房地产市场"泡沫" (223)
- 第二节　国家的宏观调控为什么对价格没有起到预想的效果 (224)
- 第三节　土地供应和经济适用房能否缓解房屋价格走高的趋势 (225)

# 第五部分　城市土地

## 第十七章　为什么干预私有产权土地——美国土地利用和规划 (231)
- 第一节　美国土地使用法律的来源 (231)
- 第二节　各级政府在对私有土地使用的规划调控中的作用 (233)
- 第三节　私人财产权和政府规划权力之间的制衡关系 (235)
- 第四节　地方政府管制规划土地利用的政策工具 (240)
- 第五节　开发过程的主要步骤——地方政府和开发商各自的作用 (244)
- 第六节　美国的城市功能分区规划 (247)

## 第十八章　为什么需要利用市场杠杆来间接地管理土地开发——美国土地开发权转让制度 (251)
- 第一节　土地发展与土地保护 (252)
- 第二节　土地开发权转让 (254)
- 第三节　中国耕地保护政策及其评价 (258)
- 第四节　土地开发权转让对中国耕地保护的启示 (260)

## 第十九章　为什么中国城市空间快速扩张——土地供给对城市经济发展的影响 (262)
- 第一节　中国土地的使用制度和法律框架 (263)
- 第二节　农业用地转换的激励机制 (265)
- 第三节　计量模型与数据 (267)
- 第四节　估计结果 (269)

## 第二十章　为什么中国现行征地补偿(标准)不低 (273)
- 第一节　中国征地补偿制度的经济分析 (274)
- 第二节　征地制度的缺陷 (278)
- 第三节　征地改革探索 (278)

## 第二十一章　中国土地制度改革探索 (283)
- 第一节　土地问题 (283)
- 第二节　土地问题的根源 (286)
- 第三节　土地制度评价 (290)

| 第四节 | 土地制度挑战 | (297) |
| 第五节 | 土地制度的改革建议 | (298) |
| 第六节 | 中国耕地保护的"十"问 | (303) |

# 第六部分  城市公共财政与房地产税

## 第二十二章  为什么要实施房地产税——城市公共财政效率 (313)

- 第一节  房地产税 (314)
- 第二节  房地产税与地方政府公共财政 (315)
- 第三节  为什么对房地产课税? (316)
- 第四节  房地产税的本质 (318)
- 第五节  房地产税的功能 (319)
- 第六节  房地产税税基及其理论基础 (322)
- 第七节  税率 (329)

## 第二十三章  中国房地产税发展 (333)

- 第一节  征收房地产税的理论依据 (333)
- 第二节  中国征收房地产税的现实依据 (338)
- 第三节  国际经验对中国发展房地产税的启迪 (339)
- 第四节  中国房地产税改革的目标与房地产税制 (341)
- 第五节  有关房地产税的几个争议 (343)

## 第二十四章  中国改革与实施房地产税的几点建议 (347)

- 第一节  房地产税制的基本要素 (347)
- 第二节  房地产税与住宅财产 (348)
- 第三节  实施房地产税改革的艰巨性和长期性 (349)
- 第四节  中国房地产税改革之路是渐进式的实施 (350)

## 第二十五章  中国房地产税改革 (360)

**参考文献** (366)

# 第一部分
# 城市化

# 第一章

# 路在何方——中国城市化道路探索

"十六大"制定的中长期社会经济发展目标是到2020年国内生产总值再翻两番(以2000年为准),城市化水平达到55%。简单地根据现有的总人口和城市化水平,就可以推算出平均每年新增城市人口都会在1 000万左右。这意味着20年内我国的城市人口将增加2亿人,而世界上总人口超过2亿的国家只有中国、印度、印度尼西亚和美国。如此规模的城市化进程必然对城市就业、住房、基础设施、公共服务等带来一系列的问题和压力,相应的,经济、土地、住房、公共财政、环境等方面的政策和制度也需要科学地制定和改革,以适应时代发展的趋势。

国内学者就中国城市化发展战略和道路有相当热烈的争论,基本上可以分成两大派别:大城市派和小城镇派。大城市派的论点主要是基于资源(水和土地等)和能源效率、城市基础设施效率、吸纳农村向城市转移人口的能力、对经济增长的带动作用等方面;而小城镇派则强调历史发展与国情、潜在的城市贫民窟及其后果、农业文明及其农民的乡土观念、城镇对农村地区经济发展的带动作用和对大中城市人口增长的抑制作用等。

中国在全面走向小康社会的同时,城市化是一个非常重要的课题,直接关系到可持续发展、平稳转型过渡、进而实现和平崛起等战略目标。

本章不是想要简单地回答中国未来大规模的城市化究竟是要走"大城市"发展道路还是"小城镇"发展道路,而是通过理论综述和国际经验,加深我们对城市化发展的理解,拓宽我们的思路,为中国城市化发展献计献策。

## 第一节 城市与城乡差别

城市有两种定义:一是行政上的定义,主要根据行政边界来划定(行政意义上的城市英文是 city);另一个是经济上的定义(经济意义上的城市英文是 urban),主要是根据城市规模和人口密度来定义,如美国的经济城市就是如此。

为方便起见,前者称之为行政城市(city),而后者称之为经济城市或都市(urban)。城市规模指的是城市最低人口规模,而人口密度门槛界定了城市人口密度的最低限度。在美国,城市定义的标准是:城市人口不少于2 500人,城市人口密度不应小于1 000人/$km^2$。中国将城市人口规模和非农业人口比例两个指标结合起来,来定义城市。

城市(本书中的城市,如不特指,指的是经济城市)的边界是根据劳动力市场来划定的。也就是说,住在同一个城市的人在同一个劳动力市场上就业。无论两地之间的空间距离有多远,也无论它们是否隶属于同一个行政城市,只要它们的居民在同一个劳动力市场上工作,它们就隶属于同一个城市。反之,无论两地之间的空间距离有多近、并隶属于同一个行政城市,只要它们的居民在不同的劳动力市场上就业,那么它们就应划分为两个不同的城市。用劳动力市场定义城市边界意味着城市是一个统一的劳动力市场,一个城市内的劳动力和住宅总是平衡的。以美国的芝加哥为例,说明行政城市与经济城市的区别。芝加哥都市(经济城市)包含有130多个行政城市,其中最大的行政城市是芝加哥市,有200多万人口,最小的行政城市只有几万人。芝加哥都市横跨伊利诺伊和印第安纳两个州,最大跨度近100 km。尽管空间跨度如此之大,但由于交通发达,整个区域隶属于同一个统一的劳动力市场(城市内可以存在劳动力子市场)。一城市的劳动力市场、土地市场、房屋市场都有明显的地理局限性,这些要素市场所能波及的范围与城市的(经济)边界相吻合。城市的这一特性非常重要,对城市发展、管理、规划的模式有着深刻的影响。这一点在以后的章节中将得到进一步的阐述。

一些地区都市连片区的发展正是由于交通的发展促使都市的劳动力市场得到进一步的空间扩展和整合,强化了都市劳动力市场。在中国,城市城区的边界主要是根据建城区来划定。计划经济体系、经济和交通都不发达的情形下城市劳动力市场与城市建成区比较吻合,因此这种城市边界划定有其现实基础。但随着经济和交通的发展,根据连成片的建成区或行政界线来定义城市已经很难满足认识和深刻了解城市的需要。现代城市发展需要城市规划和政策制定应立足于经济城市,而不是仅仅局限于行政城市。也就是说,城市规划和政策制定应着眼于统一和整合的劳动力市场、就业和住宅平衡的城市。

经济上,城市最突出的两个特征是开放性(或依赖性)和非垄断性。城市的开放性指的是城市不能够独立地生存和发展,城市需要外界的支持,如城市所赖以生存的农产品是在城市以外的地方生产的。城市的非垄断性指的是一个城市无论有多大、有多重要,都不能够垄断市场(包括市场价格)。城市对它们所在的国家或地区可能非常重要,如首尔大都市区的人口为2 125.8万,占韩国人口的45.87%(2000年);东京和伦敦大都市区的城市人口分别为2 640万和1 394.5万,分别占各自国家总人口的23.47%和20.7%(2000

年)。这些城市在各自国家的社会经济生活中的主导地位是不言而喻的,但是无论这些城市的首位度有多高,它们都不能主宰市场,它们都不能决定商品的价格。

城市化与城市发展战略是国家社会经济发展战略的重要组成部分之一。这主要反映在城市经济占国民经济中的比重。例如,1976年海地城市人口占总人口的24%(城市化水平为24%),但城市经济占国民经济的比重为58%;1970年印度城市人口占总人口的20%,但城市经济占国民经济的比重为39%;1976年肯尼亚城市人口占全国总人口的12%,但城市经济占国家经济的比重为30%;1981年土耳其城市人口占总人口的47%,但城市经济占国民经济的比重为70%。发达国家中,国民经济活动的主要部分也集中在城市。比如首尔都市、哥本哈根都市分别集中了各自国家近50%的国民生产总值。加拿大的多伦多市、蒙特利尔市、温哥华市等国民生产总值分别占其所在省份的50%以上。伦敦市占英国全国GDP的31.6%,斯德哥尔摩市占瑞典GDP的31.5%,东京市占日本GDP的30.4%,巴黎市占法国GDP的27.9%(OECD,2006)等。

城市与乡村的差别主要体现在密度的差别:人口(就业)密度、资本密度(如建筑密度、建筑高度等)、知识密度、基础设施密度(如道路网络等)和社会问题的空间集聚密度等。城市人口密度可以高达近4万人/km$^2$(见第七章)。与亚洲城市相比,欧洲城市的人口密度小得多,北美城市的人口密度更低。城市人口或就业密度比乡村要高出几十倍或上百倍,甚至更多。

城市人口的高度集聚意味着城市首先是一个高度集中的劳动力市场。韩国首都首尔建成区面积为605 km$^2$,占韩国总面积的0.6%,但集聚了全国人口的21%(首尔市人口为1 000多万),国民经济产出的24%(2004年)。城市中央商务区的就业密度可以达到几十万人每平方千米,许多国际大都市中央商务区的就业密度平均都在5万人/km$^2$以上(见第四章)。

城市又是一个相当集中的住房市场。许多住房问题也大多集中在城市,如住房可支付性问题、低收入家庭的住房问题、房地产投机与泡沫对宏观经济的影响,等等。为支持城市经济以及城市居民生活的需要,城市基础设施和公共服务(道路、学校等)也应得到相应的发展。由于所有人的活动(经济、住房、城市基础设施和公共服务等)都需要土地,因而,城市土地也变成重要的经济要素之一。

## 第二节 城市化动力及其模式

人类文明经历了5 000多年,但是人类的城市文明(城市大规模出现)一直等到工业革命才开始出现。城市文明与工业革命的必然联系表现在城市化的必要前提是农业生产力的提高,一方面能够以较少的人从事农业生产就能满足社会对农产品的需求,另一方面解放了农村劳动力。在过去的200年间,农业生产力的提高主要来自于机械投入、肥料投入、农药使用、生物改良等科技进步,这些都与工业革命密不可分。比如,美国在1775年左右,95%的人口从事耕作,而现在,只有不到2%的人口从事农业生产,并且还是粮食出口大国。①

城市化不同于城市发展或增长。城市化的定义是城市人口占总人口的比重不断增加,因而,城市化一定意味着农村人口向城市的净转移。城市化过程存在必要条件和充分条件。城市化的必要条件是工业化带来的农业生产力的提高解放了农村劳动力,为工业扩张提供了劳动力供给。城市化的充分条件是工业化发展带来的劳动力需求,是从农村转移出来的劳动力能够被工业扩张需要的劳动力需求所吸纳。可见,城市化的健康发展既需要农村能够有剩余的劳动力,又需要工业扩张来吸纳这些剩余的劳动力,两者缺一不可。

正是由于城市文明与工业革命之间的联系,城市化与工业化相互匹配与否就取决于城市化过程中的劳动力供需平衡,进而出现城市化的三种模式——当农村转移出来的劳动力完全被工业发展所吸收,(城市)劳动力供需平衡时,城市化与工业化是相匹配的城市化模式;当农村转移出来的劳动力不能完全被工业发展所吸纳,城市劳动力市场出现供大于求劳动力过剩时,就出现"城市化有余、工业化不足"的城市化模式;当农村转移出来的劳动力不能满足工业扩展所需要的劳动力时,就会导致工业或城市劳动力供不应求的劳动力市场失衡,即"城市化不足、工业化有余"的城市化模式。

纵观世界城市化轨迹,第一种城市化模式,即城市化与工业化匹配模式,发生在北美、欧洲、亚洲的一些国家如日本、韩国等。这些国家在城市化发展过程中,由于工业发展,大量新增城市居民带来的就业、住房、社会治安、城市社会基础设施和服务等方面问题的严重性远远弱于第二种城市化模式。第二种城市化模式,即"城市化有余、工业化不足",在南美洲比较突出和典型。由于大量的、来自农村的移民不能在城市找到工作,这些人常常从事非规范性的职业(informal jobs)如摆地摊,他们及其家庭更有可能定居在城市贫民窟。进而引发一系列派生的社会问题(如治安、健康、教育)。国内学者倾向于中国的城市化模式属于第三种城市化模式,即"城市化不足、工业化有余"。这意味着工业化发展超前使得城市劳动力供不应求,任何来自农村的在城里想找工作的人都能找到工作,中国的城市发展真是这样吗?

城市发展和城市化战略必然是国家社会经济发展战略的最重要的组成部分之一。探索可持续的城市发展道路、协调城市化与工业化进程,是城市规划和管理的重要内容。当城市化或城市发展与经济发展或工业化相协调时,城市发展

---

① 1890年美国的工业产出首次超过农业产出,1913年,美国的工业产出占世界总产出的1/3。(http://usinfo.state.gov/usa/infousa/facts/factover/ch5.htm)。

就可持续,城市问题如就业、环境、交通、住房、社会保障、公共安全和健康等就不太突出。

## 第三节 中国城市化和城市发展政策回顾

中国城市数量从1978年的192个增加到1990年的464个,而2000年达到659个,相比而言,建制镇的数目增加得更快,1983年建制镇为2 968个,1988年达到11 481个,1999年为19 216个。1978年城镇总人口为17 245万,1990年为30 191万,2000年第五次全国人口普查的数据是45 844万,城市化水平达到36.22%。小城市人口是城市总人口的主体,占54.72%,中等城市占32.38%,而大城市、特大城市、超大城市的比重仅为13%。

造成这种城市系统结构的原因主要有:① 20世纪80年代以来采取了"控制大城市规模,合理发展中等城市,积极发展小城市"的发展战略。通过行政手段("地改市、县改市")增加城市数目和规模;② 城乡"二元"结构和户籍管理制度直接或间接地成为实施城市发展战略的历史基础和管理手段,使"离土不离乡、进厂不进城"成为中国城市化过程中的一个显著特点;③ 农村工业化提供的就业需求一定程度上缓解了农民向大城市流动的压力。

需要指出的是,"控制大城市规模,合理发展中等城市,积极发展小城市"这一发展战略,一方面是基于城市病的顾虑,另一方面从当时城市交通基础现实出发也有一定的合理性。这是因为城市主要的出行方式是步行、自行车和公共交通。中小城市无疑便于步行和自行车的发展和使用,因而中小城市发展战略相对地对地方政府公共财政带来的压力和需求要比大城市小,至少是在城市交通方面。同理,"分散组团式"城市发展模式如果是公交导向的(也就是说组团之间主要以公交为主,组团内部以步行或自行车为主),这种模式有一定的可取之处,其发展模式在空间上也应该是线性的,否则,分散组团式城市发展模式很有可能带来小汽车的最大使用频率,对小汽车的依赖和小汽车的吸引力随着经济和收入的发展而快速增加。所以,"分散组团式"发展模式在很多情况下可能是无效率或低效率的城市发展模式,故应该小心地倡导。

## 第四节 国际大都市发展

都市化的加速度加强了大都市或者城区的重要性及其在全国的地位。今天,在经济合作与发展组织(Organization for Economic Cooperation and Development,OECD)国家中,超过一半人口(53%)居住在主要都市地区。经济合作与发展组织的一项研究很好地说明了经济集聚与人口集聚之间的关系。该研究包含经济合作和发展组织中成员国家的78个都市区域,它们的人口都超过150万。78个都市的数据分析表明经济活动在都市中的集聚强度都是非常高的。例如,布达佩斯、首尔、哥本哈根、都柏林、赫尔辛基、任仕达(Randstad,荷兰)和布鲁塞尔等都市都集中各自国家几乎50%的国民生产总值,奥斯陆、奥克兰、布拉格、伦敦、斯德哥尔摩、东京和巴黎等都市经济总量所占比重也高达1/3。更加重要的是,经济合作与发展组织国家中多数都市区域或城市(78个中的66个)无论是人均国民生产总值还是劳动生产率都高于他们所在国家的平均值。大多数都市的经济增长率也高于国家平均水平。

## 一、大都市的发展动力

经济要素在大都市的集聚是有其内在的动力的。

(1)集聚经济使大都市吸引了全球性或地方公司的总部,提供了多种选择,集中很多专业性很强的经营业务和基础设施。大都市集聚经济规模优势通过规模与收入之间的正相关性得到证实,特别是当大都市集中了超过20%的全国国民生产总值时。

(2)大都市提供的优势又体现在专业化和多样性两个方面。通常高附加值的经济活动的专业化程度比较高,这与大都市教育与研究的集中密切相关。或者说,大都市经济发展的潜力和活力取决于研究发展能力和创新能力。

(3)大都市拥有巨大的资源支持(人力资源和物质资源)。大都市里人员的劳动技能高于全国平均水平,大都市的物质资源优势体现在厂房、设备、机器,以及城市基础设施和通信设备。

国际经济发展经验表明,由于交通技术发展、高速公路建设的高速发展以及通信技术的提高,城市作为人类经济活动高度集聚的地理载体在空间上得到最充分的延伸和扩展,跨越了行政辖区和边界。这就是为什么有城市与都市之分别。城市是一个行政概念,以政府管理的地理范围来划分,而都市是一个经济概念,根据劳动力市场来划分地理边界,也就是说一个都市可能包含多个不同且同级的行政市,其劳动力市场是整合和统一的。一个统一的都市劳动力市场可以有一个或多个城市中心(就业中心)或次中心(subcenter)。

实证研究表明,正是都市劳动力的统一和整合带来的集聚效益,一方面维持大城市的存在;另一方面也成为大都市不断发展的动力。统一的劳动力市场之所以能够成为推动大城市发展的动力源于劳动力市场的规模递增性,这一点在知识经济时代尤为突出。科学、技术和现代化管理对劳动生产率提高发挥着越来越重要的作用,大且统一的劳动力市场有利于科学技术的发明、创造、传播、推广。

另外,大且整合的劳动力市场不仅有利于企业,同时也有利于就业者。对企业而言,大且整合的劳动力市场可以降低劳动力成本。这是因为当一个企业靠近大城市(大劳动力市场)时,它在规模扩张时能很容易和相对廉价地雇佣到所需劳力(包括有特殊技能的劳力)。对就业者而言,大城市意味着众多同样的行业或企业的集聚,从而增加了就业机会。每个企业都有其自身的经济周期,这个周期也许会和整个国家的经济周期一致,也许不一致。一致与否是由企业的发展规律来决定的,一个企业的经济波谷很可能对应的是另一个企业的经济波峰,这样大城市的就业机会就会保持相对稳定,有利于就业者相对容易地找到新的就业机会。

大都市的出现和发展有两个最重要因子:现代交通和劳动力集聚效率。前者的发展极大地降低了交通成本和时间,降低了城市交易成本,使城市空间扩展成为可能,后者提供了吸引企业和居民所需的经济动力。

需要指出,大都市发展也是不平衡的。国际经验表明,一些大都市的发展速度滞后于全国发展的平均水平,如柏林(德国),福冈(日本),里尔(法国),那不勒斯(意大利)和匹兹堡(美国)。对一些大都市而言,它们在产品、生产力、就业等方面与全国的平均水平并没有多大的差别,创新能力也可能被夸大。大都市可能集聚了相当规模的失业人口和贫困人口,这无疑会影响都市及其整个国家的健康发展。

最后,都市堵塞成本(交通拥挤、空气和水污染、城市噪声、绿地减少)等都是突出并日益严重的问题,这些问题无疑会对城市可持续发展带来负面的影响。

## 二、都市与经济发展

### (一) 研究方法和思路

研究城市化与经济发展之间的关系主要从3个方面:① 城市化与工业化之间的关系;② 城市系统人口分布(rank-size distribution)与经济增长;③ 首位都市(primacy city)现象与城市发展。①

从这三个角度研究城市各有利弊。城市化与工业化之间的关系揭示经济发展对人口在工业与农业之间的劳动力的再分配的影响,但是不能提供从农村转移出来的人流向何处(大城市还是小城市)。同时,同样水平的工业化,但是由于工业劳动生产力、技术构成及其贡献、要素投入及其密集程度等都对城市发展和城市化有很大影响,因而在解读工业化与城市化之间的统计关系或规律时需要特别小心。城市系统人口分布有助于了解现状,但不能告知城市系统发展演化的动力机制和动态变化。

研究城市间(或城市系统)的人口分布,Zip法则(Zip's Law)广为人知。Zip法则通过统计数据分析,揭示城市规模与城市等级之间的关系。根据该Zip法

---

① 首位都市是指一个国家中超大都市人口超过第二大城市人口2倍至15倍,但未必是该国的首都,如巴西的圣保罗。

则,如果将城市根据人口规模从大到小排序,那么城市等级与城市人口规模成反比。也就是说,城市人口规模服从如下规律:

$$P_R = \frac{A}{R}$$

式中:$R$ 为城市等级;$P_R$ 为第 $R$ 级城市或第 $R$ 大城市的人口规模,如 $R=2$,则为第 2 大城市的城市人口;$A$ 为最大城市的人口规模。

更一般的表达城市等级与人口之间的关系为:

$$P_R = KR^{\alpha}$$

式中:$K,\alpha$ 为参数,当 $\alpha = -1$ 和 $K$ 为最大城市人口规模时,上式就是 Zip 法则。

尽管有关城市间人口分布的研究很多(特别是 20 世纪 60—80 年代),但是 Zip 法则不是基于行为学或者是市场机制下经济要素空间流动的规律,而是通过国家之间的统计比较而归纳的。因而,不同国家(在文化、制度、经济体系、历史、发展等方面)可能有着相似的城市体系和人口分布规律,或者,相似的国家(在文化、制度、经济体系、历史、发展等方面)可能有着不同的城市体系。显然,Zip 法则难以满意地解释国家之间的相似和差异,再加上 Zip 法则仅仅静态地描述城市体系,无法解释城市发展及其演变,因而也缺少政策含义。这些都是 Zip 法则的缺陷。

首位都市指的是一个国家内的最大城市特别突出,往往是第二大城市的几倍(一般都在 2 倍以上)。首位城市研究方法和思路也有局限性。主要原因是有些国家有两个以上的特大城市,而其他城市规模都比较小,出现中等规模城市发展不足的情况,如日本。

**(二) 城市人口及其经济空间集聚**

城市人口集聚与经济集聚有着密切的关系。图 1.1 显示两者的关系。根据 25 个 OECD 国家 78 个城市的资料,发现城市人口比重(占全国的总人口的比重)与城市经济比重(占全国 GDP 的比重)两者之间的相关系数高达 0.95 以上。在这些城市中,23 个来自美国,6 个来自德国,英国、日本、意大利和墨西哥各有 4 个,加拿大、法国、西班牙、土耳其和韩国各有 3 个。在这些城市中,城市 GDP 占国家 GDP 的比重平均为 14.15%,美国波特兰市的经济比重最小,只有全国 GDP 的 0.7%,比重最大的是荷兰的任仕达(Randstad)市,占全国 GDP 的 53.1%;城市人口占全国人口的比重略小于经济的比重,平均为 11.69%,比重最小的是美国波特兰市,只有 0.7%,而比重最大的是韩国的首尔都市,占 48.16%。

图 1.1 还说明城市经济集聚强度一般都超过城市人口集聚强度。这反映在两个方面:一是经济比重与人口比重的回归方程,即:

城市经济比重 = 0.576 5 + 1.160 6 城市人口比重
     (1.16)  (40.20)

括号内为 $t$ 值，$R^2$ 为 0.955。回归方程中的斜率大于 1。另外，78 个城市中，只有 13 个城市人口比重高于经济比重，经济比重与人口比重之比平均为 1.215，最低值为 0.64（意大利的那不勒斯（Naples）），最高值为 1.67（土耳其的伊斯坦布尔）。

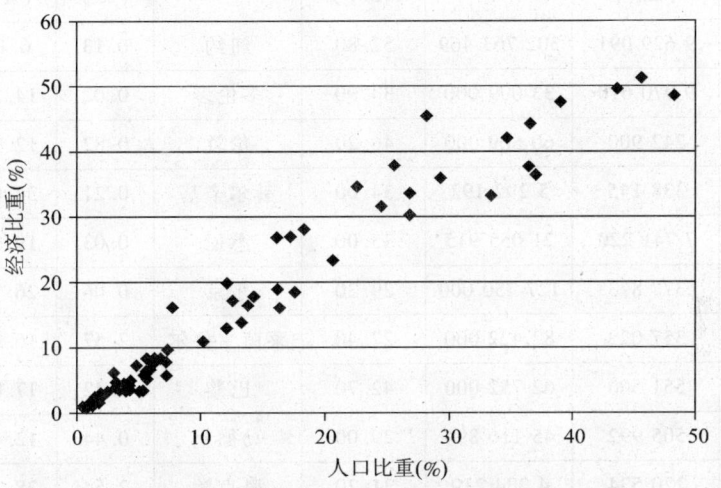

图 1.1 经济集聚与人口集聚之间的关系

### （三）国际首位城市发展及其经济贡献

通过研究一个国家最大的都市（可能是首位都市、也可能不是）的人口和经济集聚来说明都市发展的作用（表 1.1）。这里为分析方便起见，将一个国家最大的城市暂且称之为首位都市（无论根据定义是否为首位城市）。

表 1.1 将 40 个国家分成两类，一类是 OECD 国家，一类是非 OECD 国家，前者首位都市人口和经济占全国的平均分别为 23.72% 和 38.68%，而后者的比重分别为 17.41% 和 19.82%。显然，经济发达国家首位都市人口和经济的集聚强度高于发展中国家，特别是经济集聚强度，发达国家平均水平是发展中国家的将近两倍。[①] 在 OECD 国家中，人均 GDP（可购买力）平均为 3 万美元，而非 OECD 国家不到 1 万美元。20 个 OECD 国家中，只有美国的首位都市集聚规模小于 10%（人口和经济），表中显示有一半国家的城市在其所占的国家中的人口比重和经济比重都超过 20%，经济比重超过 40% 的有芬兰、冰岛、匈牙利、韩国、荷兰 5 个国家。经济比重最高的是荷兰，而人口比重最高的是韩国。无论是人口比重还是经济比重，在 OECD 国家中美国都是最小的。另外，所有 OECD 国家中的首位都市经济集聚强度都高于人口集聚强度，人口和经济集聚的比重之间的相关系数高到 86%。

---

① 需要指出的是，由于 OECD 国家的数据是统一收集的，因而统计数据相对地具有可比性，而非 OECD 国家在都市的定义和资料的收集等方面的问题可能会对结论有一定的影响。

表1.1 首位都市人口和经济集聚

| OECD国家 | | | | 都市 | | | |
|---|---|---|---|---|---|---|---|
| 国家 | 国土 (km²) | 人口 (人) | 人均GDP (PPP) | 都市 | 土地 (%) | 人口 (%) | GDP (%) |
| 美国 | 9 629 091 | 302 763 469 | 52.80 | 纽约 | 0.13 | 6.18 | 8.5 |
| 加拿大 | 9 970 610 | 33 099 000 | 34.90 | 多伦多 | 0.02 | 14.20 | 17.7 |
| 英国 | 242 900 | 60 609 000 | 46.20 | 伦敦 | 0.82 | 12.21 | 19.9 |
| 芬兰 | 338 145 | 5 292 192 | 34.00 | 赫尔辛基 | 0.21 | 34.01 | 42.1 |
| 澳大利亚 | 7 741 220 | 21 055 915 | 35.00 | 悉尼 | 0.03 | 19.95 | 23.5 |
| 日本 | 377 873 | 127 750 000 | 29.30 | 东京 | 0.06 | 26.77 | 30.4 |
| 德国 | 357 022 | 82 422 000 | 27.40 | 莱茵-鲁尔 | 2.57 | 16.26 | 16.4 |
| 法国 | 551 500 | 62 752 000 | 42.70 | 巴黎 | 1.42 | 17.85 | 27.9 |
| 西班牙 | 505 992 | 45 116 894 | 29.00 | 马德里 | 0.44 | 12.41 | 16.7 |
| 新西兰 | 270 534 | 4 234 219 | 31.20 | 奥克兰 | 2.54 | 28.34 | 36.1 |
| 希腊 | 131 957 | 11 147 000 | 20.10 | 雅典 | 1.03 | 34.99 | 37.6 |
| 韩国 | 99 538 | 48 847 000 | 19.10 | 首尔 | 11.00 | 48.11 | 48.6 |
| 墨西哥 | 1 958 201 | 107 450 000 | 14.30 | 墨西哥市 | 0.02 | 17.12 | 26.7 |
| 土耳其 | 783 562 | 74 877 000 | 10.90 | 伊斯坦布尔 | 1.53 | 15.22 | 27.1 |
| 捷克 | 78 886 | 10 306 709 | 25.6 | 布拉格 | 1.33 | 22.32 | 34.7 |
| 爱尔兰 | 70 273 | 4 301 000 | 38.9 | 都柏林 | 0.16 | 37.20 | 47.6 |
| 匈牙利 | 93 032 | 10 030 000 | 23.5 | 布达佩斯 | 1.97 | 27.92 | 45.6 |
| 葡萄牙 | 91 982 | 10 623 000 | 27.1 | 里斯本 | 0.79 | 25.42 | 37.9 |
| 荷兰 | 41 528 | 16 491 000 | 32.9 | 任仕达 | 2.54 | 45.48 | 51.3 |
| 意大利 | 301 318 | 59 131 287 | 35.6 | 米兰 | 0.03 | 12.51 | 17.2 |
| 非OECD国家 | | | | 都市 | | | |
| 国家 | 国土 (km²) | 人口 (人) | 人均GDP (PPP) | 都市 | 土地 (%) | 人口 (%) | GDP (%) |
| 沙特阿拉伯 | 2 149 690 | 27 020 000 | 17.7 | 利雅德 | 0.13 | 18.50 | 20.42 |
| 阿根廷 | 2 780 400 | 39 531 000 | 17.1 | 布宜诺斯艾利斯 | 0.02 | 34.44 | 39.17 |

第一章　路在何方——中国城市化道路探索　　13

续表

| 非OECD国家 | | | | 都　　市 | | | |
|---|---|---|---|---|---|---|---|
| 国家 | 国土（km²） | 人口（人） | 人均GDP（PPP） | 都市 | 土地（%） | 人口（%） | GDP（%） |
| 智利 | 756 096 | 16 598 074 | 13.8 | 圣地亚哥 | 0.14 | 34.23 | 42.82 |
| 南非 | 1 221 037 | 48 577 000 | 13.5 | 约翰内斯堡 | 0.38 | 15.18 | 13.05 |
| 俄罗斯 | 17 098 242 | 142 894 000 | 13.2 | 莫斯科 | 0.06 | 10.23 | 10.44 |
| 马来西亚 | 329 847 | 27 199 388 | 12.6 | 吉隆坡 | 0.21 | 25.49 | 23.69 |
| 罗马尼亚 | 238 391 | 22 304 000 | 10.7 | 布加勒斯特 | 7.89 | 9.86 | 20.88 |
| 泰国 | 513 115 | 64 632 000 | 9.6 | 曼谷 | 0.13 | 15.83 | 15.31 |
| 巴西 | 8 514 877 | 188 078 000 | 9.5 | 圣保罗 | 0.17 | 10.44 | 13.52 |
| 伊朗 | 1 648 195 | 71 208 000 | 9.1 | 德黑兰 | 0.08 | 17.54 | 14.91 |
| 哥伦比亚 | 1 141 748 | 44 000 000 | 8.5 | 圣菲波哥大 | 1.18 | 18.39 | 23.41 |
| 阿尔及利亚 | 2 381 741 | 33 858 000 | 8.3 | 阿尔及尔 | 0.09 | 17.54 | 13.88 |
| 委内瑞拉 | 912 050 | 27 657 000 | 7.4 | 加拉加斯 | 0.88 | 17.35 | 14.69 |
| 秘鲁 | 1 285 216 | 28 303 000 | 7.1 | 利马 | 0.03 | 28.19 | 36.71 |
| 菲律宾 | 300 000 | 89 469 000 | 5.6 | 马尼拉 | 1.31 | 20.67 | 24.34 |
| 埃及 | 1 001 449 | 78 887 000 | 5.1 | 开罗 | 0.35 | 19.19 | 29.00 |
| 厄瓜多尔 | 283 561 | 13 548 000 | 5.0 | 瓜亚基尔 | 0.55 | 24.71 | 24.96 |
| 印度尼西亚 | 1 904 569 | 245 453 000 | 4.6 | 雅加达 | 0.20 | 7.44 | 10.69 |
| 印度 | 3 166 414 | 1 169 016 000 | 4.0 | 孟买 | 0.22 | 1.78 | 3.12 |
| 中国 | 9 598 086 | 1 320 108 000 | 8.5 | 上海 | 0.05 | 1.15 | 1.41 |

数据来源：OECD国家的都市人口和GDP比重来源于OECD；非OECD国家GDP数据来源于国际货币基金组织国家数据，城市GDP数据来源于联合国城市经济数据和Wikipedia；人口资料来源于World Gazetter，国土面积资料来源于Wikipedia World's Largest Cities List。[①]
另注：人均GDP单位为1 000美元。

---

① http://en.wikipedia.org/wiki/List_of_metropolitan_areas_by_population。

非OECD国家中,拉丁美洲5个国家的首位都市的人口和经济比重都比较高,人口比重平均为26.52%,经济比重平均为31.36%,亚洲首位城市比重最低,人口比重平均为12.53%(包括中国和印度)和16.96%(不包括中国和印度),经济比重平均为12.79%(包括中国和印度)和17%(不包括中国和印度)。东欧和非洲国家的首位城市人口比重和经济比重居亚洲和南美洲之间。

除中国外,这39个国家的首位都市平均占国土面积的1.1%,但平均集聚了1/5以上的全国人口,为全国GDP平均贡献超过1/4。这39个国家中,只有4个国家最大都市占全国人口的比重不到10%。他们是美国(7.51%)、罗马尼亚(9.86%)、印度尼西亚(7.44%)、印度(1.78%)。如果从经济集聚来看,这些城市的作用就更加显著。只有两个国家的最大都市占全国GDP的比重不足10%,他们是:美国(8.65%)和印度(3.12%)。

图1.2揭示经济发展水平对城市经济集聚和人口集聚之间的关系有着明显的影响,即无论是发达国家(OECD)还是发展中国家(非OECD),城市经济集聚与人口集聚成正比。也就是说城市人口集聚规模越大,经济集聚也越大。

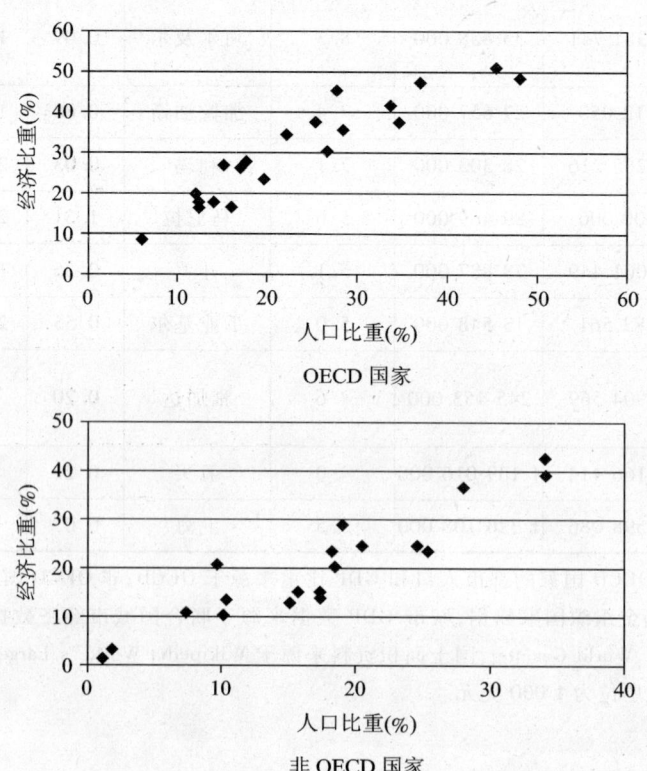

图1.2 不同类型的国家城市经济集聚与人口集聚

表 1.2 将国家根据人均 GDP 购买力、人口和国土分类进一步分析最大都市的贡献。简单分析可用的一般性规律:首位都市的集聚规模(人口和经济)与国家人口和国土面积成反比,与人均 GDP 成正比。[①] 也就是说,一个国家国土面积越大,首位都市的人口和经济集聚强度(占全国的比重)越小,人口越多,集聚强度越小,经济越发达,集聚强度越强。[②] 40 个国家首位城市人口集聚与经济集聚相关性非常高,达到 82%,说明大城市、特大城市不仅是人口密集,更重要的是经济密集,是经济文明的高度体现。

表 1.2 国际首位都市分类及其比较

| | OECD 国家 | | 非 OECD 国家 | |
| --- | --- | --- | --- | --- |
| 按人均 GDP(美元)分类 | 人口集聚(%) | 经济集聚(%) | 人口集聚(%) | 经济集聚(%) |
| 10 个大国 | 22.79 | 29.18 | 19.17 | 21.42 |
| 10 个小国 | 24.65 | 32.17 | 15.64 | 18.22 |
| 按人口分类 | 人口集聚(%) | 经济集聚(%) | 人口集聚(%) | 经济集聚(%) |
| 10 个大国 | 18.46 | 23.94 | 11.95 | 13.58 |
| 10 个小国 | 28.98 | 37.41 | 22.87 | 26.06 |
| 按国土(平方千米)分类 | 人口集聚(%) | 经济集聚(%) | 人口集聚(%) | 经济集聚(%) |
| 10 个大国 | 18.00 | 23.70 | 14.73 | 16.43 |
| 10 个小国 | 29.45 | 37.65 | 20.09 | 23.22 |

## 三、都市发展战略

尽管大城市有很多通常所指的"城市病",如交通拥挤、环境恶化、城市基础设施不足、住房紧张等,但是国际发展的经验表明,大城市、特大城市并没有因为城市病而衰退,相反,它们增长的动力依然强大,增长速度依然惊人。研究美国最大的 56 个城市及其所在的都市过去 40 年的发展(1960—2000 年)发现如下一般性的结论:① 20 世纪 60~70 年代为城市负增长时期,而减少的高峰为 20 世纪 70 年代,其他年代为正增长;② 50% 以上的特大城市的城市人口在 1950—1980 年都减少,城市人口减少在 1970 年代达到高峰;③ 2/3 城市的人口在减少;④ 20 世纪 80 年代以后,50% 以上的城市规模在增加,90 年代以后,2/3 城市的人口有所增加。

---

① 人均 GDP 购买力超过 1 万美元时,经济增长对首位都市经济集聚强度影响不显著。
② 简单的统计分析表明,经济和人口首位度(集聚强度或比率)与人口和国土面积成反比,且统计上显著,与人均 GDP 成正比,但是统计上并不显著(可能的原因是我们用了人均 GDP 购买力数据,而不是人均 GDP)。

进一步分析发现,美国最大的城市纽约、洛杉矶、芝加哥都市都是增长的。[①] 同期美国城市持续衰退的城市不是最大的城市(美国 56 个最大的城市中的 21 个经历了持续的衰退,如匹兹堡、布法罗、克里夫兰、底特律等)。同时进一步研究发现,这 56 个城市中没有一个城市和其所在的都市是持续衰退的(如匹兹堡、布法罗所在的都市在 1960—1970 年间是增长的,而在 1960—1970 年、1990—2000 年克里夫兰、底特律是增长的。1990—2000 年美国城市增长的总的态势是:大城市增长、小城镇衰退。这个发展趋势无疑需要引起我们的重视,重新回顾和评价城市病、大城市发展战略等问题。

分析美国最大的 56 个城市的发展,得出如下初步结论:① 经济结构变化和区域经济转移对城市发展影响很大;② 人口和就业郊区化趋势非常明显。如果将美国分为南北两个区域,研究发现北部城市都是负增长,而南部城市都是正增长。显然,前者与区域经济发展有关,如钢铁和石化工业向南部阳光地带迁移,从而使南部城市得到迅速发展。即使在城市平均负增长的时期(20 世纪 60 年代),南方城市也是正增长的。城市交通发展改变了人们的工作和生活方式,同时收入的提高使人们追求更宽敞、更舒服、更大庭院、更加隐私的居住环境成为可能,因而郊区化可能导致城市人口的下降,这也是人口减少的城市发展的基本趋势,即城市人口减少,但是(城市所在的)都市人口增加。

又如,东京市的人口从 1970 年的高峰 879 万持续减少到 2000 年的 813 万,但是同期东京都市圈的人口从 2 411 万持续增长到 3 341 万,净增长了 1 000 多万。

表 1.3 显示拉丁美洲主要城市的发展。表 1.3 说明如下规律:① 首位都市人口规模与全国人口规模、城市化进程同步,在 1950—1990 年不断增长;② 首位都市人口规模占总人口的比重总的趋势是增加的(32 个中只有 6 个时期是负增长);③ 首位都市人口规模占城市总人口的比重总的趋势是前期增长,后期减少,说明其他城市发展更快。

表 1.3　拉丁美洲最大城市人口发展

| 城市 | 人口 | | | | |
| --- | --- | --- | --- | --- | --- |
| | 1950 | 1960 | 1970 | 1980 | 1990 |
| 圣菲波哥大 | 647 429 | 1 682 667 | 2 892 668 | 4 122 978 | 4 851 000 |
| 布宜诺思艾利斯 | 4 622 959 | 6 739 045 | 8 314 341 | 9 723 966 | 10 886 163 |
| 加拉加斯 | 683 659 | 1 346 708 | 2 174 759 | 2 641 844 | 2 989 601 |

---

① 纽约都市在 1970—1980 年有过短暂的人口衰退。纽约市和芝加哥市在 1960—2000 年间是属于前期衰退后期增长类型,而洛杉矶市和洛杉矶都市都是持续增长的。

续表

| 城市 | 人口 | | | | |
|---|---|---|---|---|---|
| | 1950 | 1960 | 1970 | 1980 | 1990 |
| 利玛 | 645 172 | 1 845 910 | 3 302 523 | 4 608 010 | 6 422 875[a] |
| 墨西哥城 | 3 145 351 | 5 173 549 | 8 900 513 | 13 811 946 | 15 047 685 |
| 里约热内卢 | 2 885 165 | 4 392 067 | 6 685 703 | 8 619 559 | 9 600 528[a] |
| 圣地亚哥 | 1 509 169 | 2 133 252 | 2 871 060 | 3 937 277 | 4 676 174[a] |
| 圣保罗 | 2 333 346 | 4 005 631 | 7 866 659 | 12 183 634 | 15 183 612[a] |

| 城市 | 占全国人口比重(%) | | | | |
|---|---|---|---|---|---|
| | 1950 | 1960 | 1970 | 1980 | 1990 |
| 圣菲波哥大 | 5.4 | 9.6 | 14 | 14.8 | 16.4 |
| 布宜诺思艾利斯 | 29.1 | 33.7 | 35.6 | 34.8 | 33.4 |
| 加拉加斯 | 13.6 | 17.9 | 20.3 | 18.2 | 16.5 |
| 利玛 | 10.4 | 18.6 | 24.4 | 27.1 | 29.0[a] |
| 墨西哥城 | 12.2 | 14.8 | 18.5 | 20.7 | 18.5 |
| 里约热内卢 | 5.6 | 6.2 | 7.2 | 7.2 | 6.6[a] |
| 圣地亚哥 | 25.4 | 28.9 | 32.3 | 34.8 | 35.0[a] |
| 圣保罗 | 4.5 | 5.7 | 8.4 | 10.2 | 10.4[a] |

| 城市 | 占城市总人口比重(%) | | | | |
|---|---|---|---|---|---|
| | 1950 | 1960 | 1970 | 1980 | 1990 |
| 圣菲波哥大 | 12.7 | 18.5 | 22.9 | 22 | 22.3 |
| 布宜诺思艾利斯 | 46.5 | 45.7 | 45.1 | 41.9 | 38.4 |
| 加拉加斯 | 25.2 | 26.5 | 26.3 | 21.6 | 19.6 |
| 利玛 | 29.4 | 39.3 | 41 | 41.5 | 41.3[a] |
| 墨西哥城 | 28.6 | 29.2 | 31.4 | 31.2 | 26 |
| 里约热内卢 | 22.3 | 13.9 | 12.8 | 10.7 | 8.7[a] |
| 圣地亚哥 | 42.2 | 42.4 | 43 | 42.3 | 42.0[a] |
| 圣保罗 | 18 | 12.8 | 15.1 | 15.1 | 13.8[a] |

来源：National census figures.
a. Preliminary figures.

鼓励大都市区竞争力的发展,战略目标的制定是必不可少的。以下一个战略需要认真对待(OECD,2006)。

1. 一个多元化的,以产业群聚为基础的方法有助于降低战略目标制定的风险

大规模集聚效应的一个主要优势在于多元化的经济包含了各种专业化的产业群聚。专业化与多元化应该通过恰当的政策来加以促进,同时要考虑产业群聚的发展阶段,以避免损害各阶段的多元化优势。

2. 建立资产联系,提供地方性的公共物品十分必要

网络是大都会地区得以发展的主要资本。政策应该以建立大学研究所和科技产业或经纪人服务之间的联系为目标,以促进公司之间的联系以及中小企业的参与。其他的公共物品例如,运输和其他的公共基础设施等,也是同样必要的。

3. 并非所有大都会地区都能成为高技术活动的世界领导者

需要在这一范围之外寻找具有活力的适于高新技术发展的城市环境。大都会地区的决策者往往会鼓励过去并没有取得什么成功经验的新部门的发展;甚至还鼓励凭借现有的能力和被认可的潜力进行更激进的创新。

4. 广泛吸收各类参与者有助于减少战略目标制定的风险

大都会地区的政府应该识辨出各个参与者彼此之间的重要关系,因为这些关系将很有可能塑造一个地区未来的发展前景。

## 第五节  中国城市化落后于工业化吗?

很多研究都指出中国城市化落后于工业化。比如,郑新立认为,当前城市化水平滞后工业化约10个百分点,工业和建筑业占GDP的比重达到51.1%,但城市化水平只有36.2%,其中5个百分点由外来务工者提供。① 这一水平比发达国家低很多,比许多工业化程度相近的发展中国家也要低10个百分点以上。由此,低城市化率愈发显现出经济发展中的深层次矛盾。② 孔祥智认为2000年,城市化滞后于工业化8.1个百分点,滞后于非农化(47.9%),而如果把中国城市化放在世界整体城市化进程来考察,其落后程度更是极为明显的。1997年,我国的城市化率仅比低收入国高1.9个百分点,比世界平均数低16.1个百分点。③ 刘卫东引用世界银行的研究,也认为中国工业化高出城市化10个百分点左右。④ 当然,还有其他意见和相应的论证(表1.4)。

---

① 本文城市化与城镇化等同,或如不特指某个城市或镇,城市人口与城镇人口可互用。
② http://www.fsa.gov.cn/web_db/sdzg2004/software/trial/csgd01-17.htm。
③ http://www.cctv.com/lm/131/61/76199.html。
④ http://www.998833.cn/guanli/2007/200701/2007-01-27/23986.html。

中国城市化落后于工业化结论主要是依据:① 城市化与经济发展之间的关系;② 城市化与工业化、非农化之间的关系。前者最典型的是钱纳里等学者的"多国模型",将城市化与人均 GDP 对应起来,根据人均 GDP 计算相应的城市化水平,而后者则基于 IU 和 NU 的国际比较分析。IU 指标度量劳动力工业化率与城镇化率之间的比值,而 NU 指标度量劳动力非农化率与城镇化率之间的比值。一般地,IU 指标为 0.5 时和 NU 指标为 1.2 时,城市化与工业化相匹配,IU 和 NU 分别超过 0.5 和 1.2 时认为城市化过度,而分别低于 0.5 和 1.2 时,认为城市化不足或滞后(钟水映,2003)。

笔者认为不能利用几个指标和几个因子之间的关系的国际经验来简单地得出中国城市化落后工业化,并推算中国城市化落后工业化的几个百分点。数量关系应该基于坚实的理论支持。钟水映(2003)指出用这些指标或因子之间关系,反应了城市化与工业化之间关系的缺陷,但没有指出这些指标本身并不能充分地反映本质。

正如前文指出的那样,城市化与工业化匹配与否的本质是城市化导致的城市(或工业)劳动力供给与工业化带来的城市(或工业)劳动力需求是否平衡,这应是衡量城市化与工业化是否匹配的最高标准,而不是几个指标或因子之间的数量关系式。如果城市化超前,城市中大量待业人员现象应该普遍存在(如南美洲的城市化),而如果城市化滞后城市就业供给短缺现象应该普遍。

根据劳动力供需关系分析和评价中国城市化与工业化之间的关系,笔者认为中国城市化与工业化是匹配的,并且中国需要极大地推动工业发展。这是因为城市和工业发展没有出现劳动力供不应求的现象,尽管许多城市,特别是大城市有结构性的劳动力供不应求,如中高端技术管理人员、有一些就业机会对城市居民缺乏吸引力等,中国未来总的就业形势还是相当严峻的,需要保持一定的经济增长速度才能在一定程度上缓解就业压力。

表 1.4　20 世纪 90 年代以来对中国城市化发展水平评价的不同意见

| 研究者 | 时间 | 分析依据 | 基本结论 |
| --- | --- | --- | --- |
| 发展滞后论 | | | |
| 辜胜阻 | 1991 | IU 比、NU 比、亚洲模型 | 城市化发展水平滞后 10 多个百分点 |
| 杜辉 | 1992 | 工业化与城镇化的偏差 | 城镇化滞后于工业化 |
| 余立新 | 1994 | 钱纳里模型、经济计量模型 | 城镇化发展水平滞后约 15 个百分点 |
| 俞德鹏 | 1994 | 城市化发展经验数据的"大国模型" | 城市化发展水平滞后约 10 个百分点 |
| 付晨 | 1995 | 114 个国家人均 GNP 水平与城市化水平的国际比较 | 城市化水平提高幅度差距为 7 个百分点 |

续表

| 研究者 | 时间 | 分析依据 | 基本结论 |
|---|---|---|---|
| 孙立平 | 1996 | 修正后的人均GDP及其城镇化水平的国际比较 | 中国城镇化发展水平落后于同等发达程度国家13~33个百分点 |
| 叶裕民 | 1999 | 中、日工业化与城市化发展比较 | 1997年中国的工业化和城市化水平与1965年的日本相比,城市化发展的差距为38.2个百分点 |
| 周一星 | 1999 | 人均GDP与世界下中等国家及平均水平的比较 | 城镇化发展水平滞后12~14个百分点 |
| 孙永正 | 1999 | 中国城镇化率、农村人口与农业劳动力比重差异与世界中低收入国家组的比较 | 城镇化至少滞后于工业化水平10个百分点以上 |
| 孙永正 | 2001 | 与同期世界城市化进程相比较 | 城市化水平比世界城市化平均率低12个百分点 |
| 王茂林 | 2000 | 工业人口比重与城市化比重国际比较 | 1990年,中国城市化水平应该达到43%左右,滞后约17个百分点 |
| 基本适度论 | | | |
| 刘连银 | 1997 | 与印、巴、泰等经济发展水平相当的发展中国家相比较 | 中国的城市化水平与这些国家基本相当,并没有滞后 |
| 刘勇 | 1999 | 中国的发展水平与"世界平均模式"相比较 | 中国的城市化发展与经济发展基本相符,仅稍显滞后 |
| 郭克莎 | 2001 | 人均GNP与城市化水平关系的国际比较、城市化与非农就业关系比较 | 中国的城市化并没有严重滞后,城市化与人均收入水平和非农就业比重基本相适应 |
| 发展超前论 | | | |
| 陈阿江 | 1997 | 把已经城市化了的农村人口统计进城市人口 | 中国城市化率已经超过50% |
| 董黎明 | 1999 | 20世纪90年代中国城市的"超常规"发展 | 中国的城市发展脱离了经济发展现实、城市发展过快 |
| 邓宇鹏 | 1999 | 把乡镇企业和乡城流动人口算入城市人口 | 1997年中国的隐性城市化率加上公开的城市化,实际水平超过60% |

注:摘自"经济结构、城市结构与中国城市化发展"一文,网上检索,作者不详

中国城市人口应该是(在某个时间点上)居住在城市的所有人口(工作、消费、娱乐等),而不是仅计算居住一定时间以上的人口。中国城市人口规模只包括六个月以上的流动人口,不包括短期的流动人口。这种只将六个月以上的流动人口纳入计算极大地低估了城市人口规模,这是因为:① 实际上不(常)住在农村的非城镇人口数量巨大,包括农民外出打工人数、通过婚姻关系迁移到城市来的人数(无此类数据)、长期探亲人数(老人、双亲以及其他亲属关系)、被抚养人口(老人和孩童)等①。基本上,除了农民工外出打工人口有统计数据外(2002 年统计数据为 9 400 万)②,其他类型都没有数据;② 不住在农村、具有农村户口的可能有相当一部分人既不登记注册,也可能不在一个城市长期居住;③ 农村乡镇企业中的劳动人数也不计入城市人口,这部分人数是相当可观的。

作者认为中国城市人口应等于城市人口(有城市户口的人数)加上所有不在农村居住的农村人口,再加上住在城市郊区从事非农业活动的农业人口。2005 年估计的全国流动人口总数为 1.5 亿,其中有一部分有相对固定的住所(六个月以上),故被统计在城市人口内,还有一部分没有被统计在内,其数量很可能相当可观。由于社会发展和转型,有相当一部分农村人口长期住在城市,且没有被统计在流动人口或城市人口内。

作者认为中国城市化根据中国户籍制度和城市人口的界定与国际上的定义有差别。根据中国城市人口统计,中国城市化应该是落后于工业化。这首先是因为,农民工没有全部计入城市人口,如果将农民工除外,城市或工业的劳动力市场就业就出现短缺,即劳动力供不应求,因而根据上面的理论,城市化滞后于工业化。但是如果将农民工全部纳入城市人口,就没有劳动力市场失衡问题,故城市化与工业化是相互匹配的。也就是说,由于统计口径和城乡定义的原因(与国际不接轨),中国城市化水平小于实际的城市化水平,表象是城市化滞后于工业化,而实质上城市化与工业化是相匹配的。

需要指出的是,用农民工平衡城市和工业就业需求既有短期的好处,也有长期的负面影响。短期的积极影响主要表现在农民工廉价的劳动力、低或无的城市基础服务和社会保障需求,一方面提升了中国产品在国际贸易中的竞争力,另一方面降低了地方政府在提供公共服务方面上的公共财政压力。长期的负面影响主要体现在经济和社会两个方面。经济上,拒农民工于城市居民之外是国内需求疲软的主要原因之一,这是因为城乡居民消费水平和观念有着很大的差别。社会上,拒农民工于城市居民之外不利于在城市化过程中不同背景、阶层人之间的融合,增大城市居民与流动人口之间的矛盾和冲突,不利于和谐社会的构建。

---

① 不知在城镇住校上学的农村学生(包括中学生)算不算在城镇人口之内。
② http://www.okwang.cn/h/090130810/517513.htm。

## 第六节 中国城市化道路及其对策

毫无疑问,中国城市化和城市发展将在未来的 30～50 年内不断推进。问题是:大、中、小城市应如何发展。是继续按照"控制大城市规模,合理发展中等城市,积极发展小城市"的发展战略走,还是走不同的道路,如推动和鼓励大城市、小城市既不限制也不鼓励的城市发展战略?本文简单地阐述一下作者的观点,仅以"抛砖引玉"为主要目的。

第一,中国特大城市(或首位都市)不够大,其人口和经济集聚规模还有相当大的增长空间。上海作为最大的城市,其人口(包括郊区)和经济占全国的比重仅略高于 1%,远远小于 50 个国家的平均水平(表 1.1)。同美国相比(国土面积相当,人口为中国的 1/4～1/5,人均 GDP 购买力为中国的 5～6 倍),上海的集聚规模远小于纽约都市的 7%～8% 人口和经济集聚规模;同日本相比(国土面积仅为中国的 1/25,人口是中国的 1/10,GDP 购买力为是中国的 4 倍),东京人口和经济集聚强度分别是上海的 25 倍和 20 倍;[①] 同加拿大比(国土面积相当,人口是中国的 1/40,GDP 购买力是中国的 4.3 倍),多伦多都市人口和经济集聚强度分别是上海的 16.5 倍和 13 倍。中国和印度类似,首位都市集聚规模都较小。

中国这样一个大国(人口与印度相当、土地面积与俄罗斯、美国、加拿大等国家可比),在走向全面小康社会的发展过程中,特大都市的发展相当重要。通过 40 个世界主要国家的比较分析,上海的人口和经济集聚规模不能像东京、首尔等都市那样的规模,甚至也不可能达到纽约都市的水平,但是上海都市圈内总的人口规模达到 3 000 万～4 000 万(甚至更高)都不是不可能的(东京都市人口为 3 700 万)。上海规模达到 5 000 万时,假设全国总人口不变,其聚集规模也只有 3%～4%,远远低于 40 个城市的平均,也低于大国(分别按人口、国土、经济发展来划分)的平均水平(表 1.1)。加上国情(土地资源、能源、水资源等)考虑,中国首位都市或特大都市(如上海、北京等)更应该是现在规模的 2～3 倍,中国城市住宅发展模式不能走西欧、北美模式。

第二,中国特大都市(或首位都市)密度不够高。中国特大城市不仅应在工业化的进程中发挥重要作用,更应该在工业结构调整和产业升级方面独领风骚。这必然意味着产业结构的技术密集、知识密集。因而城市内就业中心不仅需要规模,同时也需要密度。如纽约中央商务区 3.11 km² 提供近 74 万人的就业机会(丁成日,2004)。只有充分地增加城市人口面对面的交往机会才能最充分地发挥特大都市集聚效益和劳动力市场优势,并抵消城市病带来的负面影响。

第三,根据国际城市发展的经验,中等规模城市的发展速度要比特大城市的

---

① 这里集聚强度是根据占全国的比重来度量的。

发展速度快(城市发展收敛理论),但是规模不会超过特大城市和首位都市。因而城市发展政策应该对中等城市的发展给予充分的重视和倾斜。

第四,小城镇发展战略应该侧重于具体问题具体分析,不能够一刀切。在有条件的地区积极地发展,在没有条件或条件不成熟的地区如果不限制,也不应该鼓励和人为地促进和推动。总体上小城镇的发展应该集中在东部发达地区,西部相对落后地区的发展应该侧重在中等城市,通过建立新的"增长极"来带动区域经济的发展。

第五,推动特大都市圈的发展和区内经济联系。现代都市发展的趋势之一是郊区化。由于城市劳动市场的空间覆盖范围可以扩展至几十千米以外(市中心),这主要归功于城市交通的发展,因而城市居住和就业都有向郊区迁移的趋势。但是由于经济专门化和分工协作发展并不充分,中国城市交通发展并不一定能够带来发达国家同样的都市影响。因而,在发展城市交通的同时,应鼓励和扶持经济专门化和专业化的发展,只有这样才能最充分地提高和促进都市内的经济联系和合作。

上述城市发展道路既考虑了中国的国情,又基于国际城市发展经验。实现上述城市化战略需要相应的制度配合:

(1)户籍制度改革:城乡统一的户籍管理是中国大规模城市化的前提之一。户籍管理制度的落后不仅使我们难以准确掌握城市发展的规模,同时也使我们难以制定和实施城市管理的政策和手段。

(2)土地制度改革:现代人类文明来自城市文明,城市经济集聚了高附加值的经济部门。城市化如果不相应发展的话,全面实现小康是不可能的。而城市发展一定是发生在(当地)最肥沃的土地(良田),城市经济发展一定会占用耕地,而这种占用是不可逆的。为实现经济发展的宏伟目标,应该建立土地供应制度。需要指出的是,国外耕地保护的主要目的和动机是环境保护、促进城市土地利用效率和强度、避免土地浪费。中国城市建成区的面积占全国总面积不足0.3%~0.5%(2003年底建成区面积为2.8万$km^2$),即使城市在未来的20年内翻一番,也占不到全国总面积的1%。因而限制城市发展的土地政策应该予以改革。当然,城市盲目扩张、以土地财政为目的的城市扩张等发展模式应该制止,城市土地浪费现象也要予以重视。

(3)产业制度改革:这应该侧重于发达地区产业升级、专业化和专门化发展。

(4)社会保障制度改革:城乡居民统一的社会保障制度有利于城乡人口的转移。

总之,目前中国在城市户籍、产业政策、社会保障等方面都在向着有利于城市化和城市发展的方向发展。但是土地制度与城市化发展目前还有着很大的矛盾和冲突。

# 第二章

# 东京都市发展

中国过去30年经历了巨大的变化,2005年的全国GDP约是1978年的38倍,人均GDP将近28倍。中国中长期的宏伟发展目标(2020年进入全面小康、城市化达到55%等)揭开了社会迈向根本性的变革和发展的新序幕。现代化发展无疑充满着种种荆棘和挑战,城市化和城市发展可以说集中地体现了现代化发展面临的诸多挑战或者说是这些问题的载体。

中国快速发展的同时也带来了许多问题,如城乡差别的增大。建设现代化的新农村是历史的必然。但同时需要认识到,解决农村的根本出路在于城市。这是因为:① 创造国民经济总量80%甚至更高的城市经济如果不翻两番的话,中国中长期发展目标难以实现。农村经济比重小、低附加值使其难以在目标期内实现翻两番的增长;② 只有城市和工业得到充分的发展才能为政府提供足够的财政能力,来支持和扶持农村和农业;③ 城市化带来的人口净转移意味着,人口转移可能是解决城乡差别更为有效的方式,因而妥善地解决和安置进入城市的农民不仅有利于城市和经济发展,同时又是有效地减少城乡差别、增加国内需求、减少农村发展建设压力进而加速农村发展的有力措施。当然,农村建设也很重要,故要两手抓。

城市化通过从农村向城市移民将社会发展的两个重要的前沿紧密地联系在一起。这两个前沿是:城市与农村。城市将最充满活力的商业和工业活动在有限的地理空间上实现了高度集聚,是现代科学和技术的最重要发源地,是现代文明的代名词,是人与自然冲突最为激烈,现实与政策最为互动的场所。城市的这些特性与人口、资本的高度聚集密切相关。

日本过去50多年的城市化发展对中国可能有很多启示。这是因为中、日两国有着许多共性:① 文化上的同源是城市发展趋同的原因之一;② 历史悠久,因而协调发展与历史承继(保护)之间的关系成为快速发展过程中的挑战之一;③ 人－地矛盾突出,都是在有限的土地资源上承载着巨大数量的人口及其活动;④ 50多年前日本与中国现阶段所处的状况有很多相似之处。比如,日本1950年的城市化水平(38%)与中国现阶段大体相当,同样面临城乡"二元"结构,第一产业 GDP 比重为 13%(中国 2000 年为 15%)等。

经过 40~50 年的发展,日本基本上消除了城乡差别,2000 年的人均 GDP 达到 36 000 美元,城市化达到 78%。① 可能中国在未来的 20~30 年内还不能达到日本 2000 年的水平,但是对中国走向全面小康社会,在中国面临史无前例的崛起时代的前夜,了解和回顾日本经济高速发展阶段的城市发展模式,它们在快速工业化和经济腾飞时期走过的城市化道路,对中国正在发生的大规模农村—城市人口转移和中国特色的城市化道路有着深远的影响和现实意义,日本的城市化和工业化道路还是值得借鉴的。

## 第一节 工业化和城市化

日本 16% 的土地用于农业耕作,11% 的劳动力从事农业(包括渔业),90% 的农地用于粮食生产。东京都市区的制造业主要是钢铁、石化和造船。大阪是第二大纺织基地。名古屋是日本最重要的纺织业中心。②

1955 年日本的 GDP 仅为 43 万亿日元(1985 年价格),1992 年猛增到 421 万亿日元。③ 1950—2000 年的 50 年里,日本经济发展总的特征是前期发展快速、中期发展缓慢、后期经济萧条。具体地,1950—1973 年是日本经济发展最快的时期,年平均增长率为 8.8%,随后是缓慢发展时期。1973—1990 年的增长率仅为 3.8%,1990 年以后则是经济萧条期,增长率仅为 1.3%(图 2.1)。

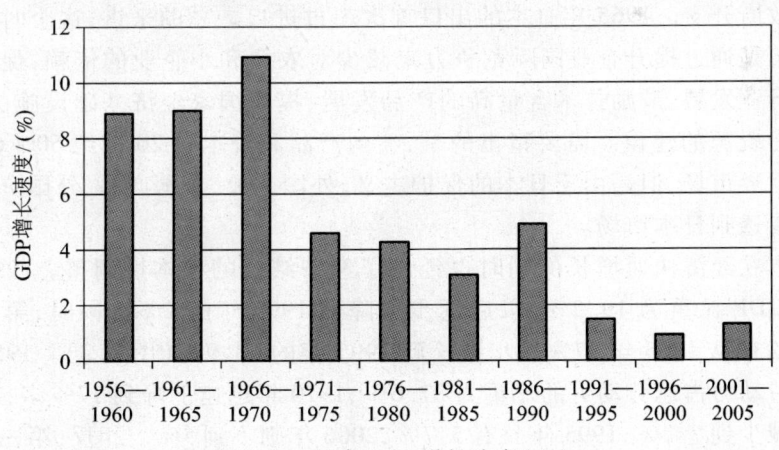

图 2.1　日本 GDP 增长速度(%)

---

① http://books.google.com/books?id=t_cBFpWHJSEC&pg=PA13&lpg=PA13&dq=japan+gdp+1955&source=web&ots=_cKYWUPOTQ&sig=BaBMOjVk-HkW_G9iVaemXR9Qzog#PPA6,M1。

② 除非特别明,这里的城市指的都是都市,如东京为东京都市,而东京市则指的是东京行政设置市。

③ http://books.google.com/books?id=t_cBFpWHJSEC&pg=PA13&lpg=PA13&dq=japan+gdp+1955&source=web&ots=_cKYWUPOTQ&sig=BaBMOjVk-HkW_G9iVaemXR9Qzog#PPA13,M1。

日本战败以后的1945—1952年,主要任务是非军事化和民主化。朝鲜战争时期(1950—1953)是日本经济发展的转折点,主要特征是:① 战争供给基地;② 工业复苏;③ 经济重建。战后1945—1973年之间,日本经济发展可以大致分为三个阶段。①

1. 经济复苏和重建(1945—1955)

1945—1950年经济增长率为9.4%,1950—1955年为10.9%,1952年经济水平达到战前的水准。

2. 经济独立和高速发展(1955—1962)

实现了经济高速发展,政府的目标为:实现经济的独立、充分就业、提高出口竞争、保持高的国内需求,能源和原材料主要依靠进口,巨大规模的重工业投资。

3. 经济转轨和高速发展(1963—1973)

政府的发展目标是10年之内实现国民收入翻一番,规划的年平均发展速度是9%。这期间经济的高速发展与大规模的基础设施投资建设分不开,如新干线铁路、奥林匹克运动场馆、港口、道路和铁路、人力资源等,同时劳动力密集行业开始下滑,资本密集型行业兴起,大规模企业的发展速度是一般企业发展速度的10~20倍。如农业补贴、纺织业生产能力过剩和破产、煤炭也严重萎缩。政府对经济结构转型采取的对策是鼓励重组和提供补贴、对技术改进和设备现代化提供政府保护(计算机行业的行业政策)。此外,政府采取了积极主动的出口政策,所有与国外竞争的企业都得到政府的保护,国内市场不对外开放。政府严格控制政府开支。1965年日本的出口首次超过进口。总的来讲,这个时期国家宏观政策是通过提升企业国际竞争力来减少对农业和小企业的依赖、促进资本密集型行业发展、鼓励技术含量高的产品发展、提高国家经济基础设施的建设、提高人力资源的建设。需要指出的是,美国产品和资本在20世纪50~60年代主导了世界市场,但是由于日本的保护主义,外国企业、外国产品、外国资本基本上没有渗透到日本市场。

日本在经济快速增长的同时也经历了经济结构的根本性调整。1955年第一产业GDP比重为19.2%,以后逐步下降到1995年的2%。同时,第三产业GDP的份额从1955年47%逐步增长到1995年的63.9%(图2.2)。1955年日本农业劳动力占总劳动力的比重为37.6%,1970年迅速下降到17%多,1990年进一步减少到7.2%,1995年只有5.7%,2006年则不到5%。相反,第三产业劳动从业比重从1955年的47%逐步增长到1995年的60.9%。1950—1960年是日本第一产业比重下降最快的时期,以劳动就业为例,第一产业的劳动就业比重下降了15.2个百分点(同期45.2%下降到30%),1960—1970年,第一产业劳动就业比重下降了12个百分点。

---

① http://www.olemiss.edu/courses/pol387/japan60s.ppt。

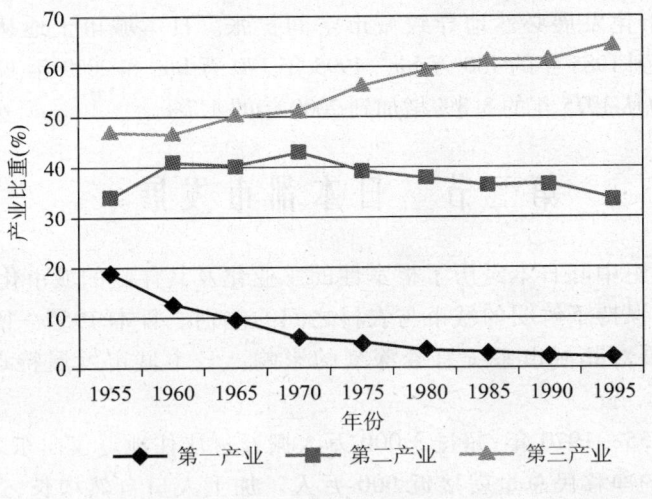

图 2.2　日本经济结构变化①

与经济快速发展相对应,日本城市化在 1950—1970 年发展最为迅速,城市人口年平均增长速度超过 3%(前 10 年为 3.3%,后 10 年为 3.19%),远远大于日本总人口的增长速度(是 3 倍左右),城市数量增加了 288 个(1950 年为 213 个,1960 年为 439 个,1970 年 501 个)(图 2.3)。城市数量在以后的 30 年共增加了 76 个(2000 年城市数为 577 个)。日本 1950 年的城市化率只有 38%,1960 年迅速增加到 64%,在以后的 40 年里逐步增加到 2000 年的 77% 以上。2000 年日本总人口是 1950 年的 1.5 倍多,但是城市人口是 13 倍多。

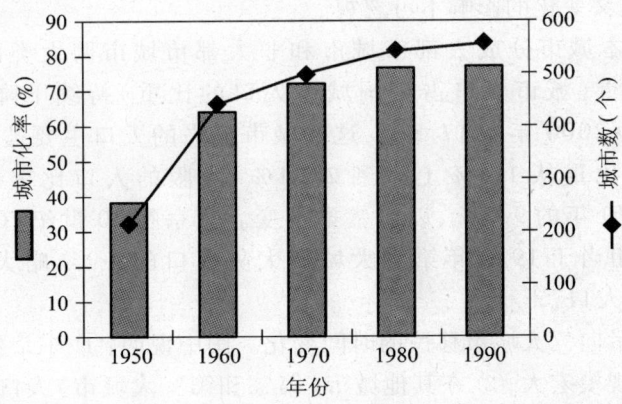

图 2.3　日本经济和城市化发展②

---

① http://stds.statcan.ca/english/voorburg/1997%20copenhagen/papers/008334.pdf。
② 日本城市化有不同的数据,由于没有注明数据来源和统计方法,我们无法判断哪一个数据是准确的。

经济和城市化发展必然地导致城市空间扩张。日本城市土地从1975年的124万 $hm^2$ 增加到1985年的150万 $hm^2$，1995年170万 $hm^2$ 和2000年179万 $hm^2$。[1] 城市土地比重也从1975年的3.3%增加到2000年的4.7%。

## 第二节　日本都市发展

尽管19世纪中叶日本经历了根本性的工业化及其伴随的城市化过渡，但是日本1950年前保持了鲜明的城市与农村之间的差别。日本1955—1970年快速的技术经济发展对其城市系统有着深刻的影响。日本城市发展特点是大都市发展。

据估计，1955—1970年，超过3 000万人搬迁过居住地。仅向东京、大阪、名古屋三大都市的净移民总量就接近900万人。加上人口自然增长，这三大都市人口增长总量超过1 000万人。1950—1960年，城市人口增加了2 800多万，其中东京一个都市就增加了481万，占总增量的17%，考虑到同期城市数量增加了226个，其他城市人口增加绝对值就远远小于东京。

日本大都市城市发展的特点还可以从特大都市的比重得到说明。东京、大阪、名古屋三大都市占城市总人口和全国总人口的比重不断上升，意味着三个最大的都市人口发展增长高于这三个都市人口所占的比重，说明最大的都市人口增长快于其他城市（这里需要指出的不是增长率，而是增长量）。三个大都市占城市人口比重在1950—1960年略有所下降，这主要是因为同期新增200多个城市，这里城市定义变化的影响不可忽视。

如果将日本城市分成大都市城市和非大都市城市两大类的话，非大都市城市人口比重（城市人口占全国城市人口的比重）持续下降，从1920年的35.4%降到2000年的17.9%，这些城市流失的人口主要被东京吸收，同期东京的人口比重从11.%上升到25.1%，大阪的人口比重从1920年的6%上升到1970年的9.5%，以后基本不变。东京在20世纪70年代人口净增450万，这相当于1970年第二大城市大阪人口的一半，略大于第三大城市名古屋的总人口。[2]

图2.4显示向三大城市移民的时间变化。图中说明：① 东京作为最大的都市人口净增长规模宏大；② 在其他城市（第二和第三大城市）人口衰减的时期，东京的人口规模仍然增长；③ 东京有三个明显的人口输入高峰，目前正在走向第三个高峰。

---

[1] http://tochi.mlit.go.jp/h14hakusho/setsu_1-2-1_eng.html。
[2] http://www.econ.brown.edu/faculty/henderson/Japan-China-ReferencesPaper2.pdf。

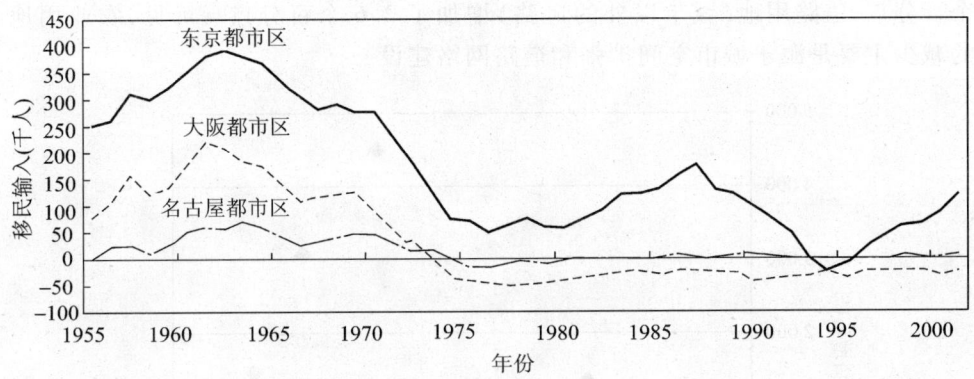

图 2.4　三大都市净移民输入

资料来源：http://www.econ.brown.edu/faculty/henderson/Japan-China-ReferencesPaper2.pdf

研究日本最大的 20 个都市在 1970—2000 年的人口增长发现人口增长率与城市规模并没有相关性，但是人口增长规模与人口规模表现极强的正相关性（图 2.5）。图 2.5 说明，1970—2000 年，城市人口增长规模最大的是东京，也是人口规模最大的都市，其次是大阪，然后是名古屋。利用面板数据进行简单分析，[①] 得到估计回归方程：

人口增长 = -25.563 + 0.000 191 × 人口 - 0.000 086 1 × $T_1$ × 人口 - 0.000 145 × $T_2$ × 人口
　　　　　 (1.20)　　 (31.83)　　　　　　 (11.50)　　　　　　　　 (20.07)

式中：$T_1$ 为虚拟变量，1980—1990 年为 1，其余为零；$T_2$ 为虚拟变量，1990—2000 年为 1，其余为零。$R^2 = 0.960\ 9$，说明曲线拟合得很好。从回归方程结果得出两个结论：① 城市规模越大，人口增长越快；② 城市化越快，城市规模对城市人口增长的影响越大。

与城市经济和人口发展相对应，城市建成区面积也在不断地增长。1975 年全国城市用地面积为 124 万 $hm^2$，占全部土地的 3.3%。1975—1985 年城市用地净增加 26 万 $hm^2$，比重增加到 4.0%，1985—1995 年又净增加了 20 万 $hm^2$，达到 170 万 $hm^2$，所占比重增加到 4.5%，1995—2005 年城市空间扩展有所减缓，净增加了 15 万 $hm^2$，城市用地面积达到 185 万 $hm^2$，占国家土地面积的 4.9%。[②]

日本城市发展的又一特点是城市空间扩张是以农业用地为代价的。日本全国土地面积约 3 780 万 $hm^2$，主要是森林用地，森林面积 1975—2005 年基本上没有变化，维持在 2/3 左右，而农业用地 1975 年的比重为 15.3%，持续减少到

---

[①] 1970、1980、1990、2000 年共四个年份，共有 60 个样本。

[②] http://tochi.mlit.go.jp/h19hakusho/chapter3_sec1/setsu_3-1_eng.html。

2005年的11.4%,30年减少了近4个百分点,同期,城市用地比重增加了1.6%个百分点,道路用地(城市以外的道路)增加了2.6个百分点。可见,农业用地的减少主要是源于城市空间扩张和道路网络建设。

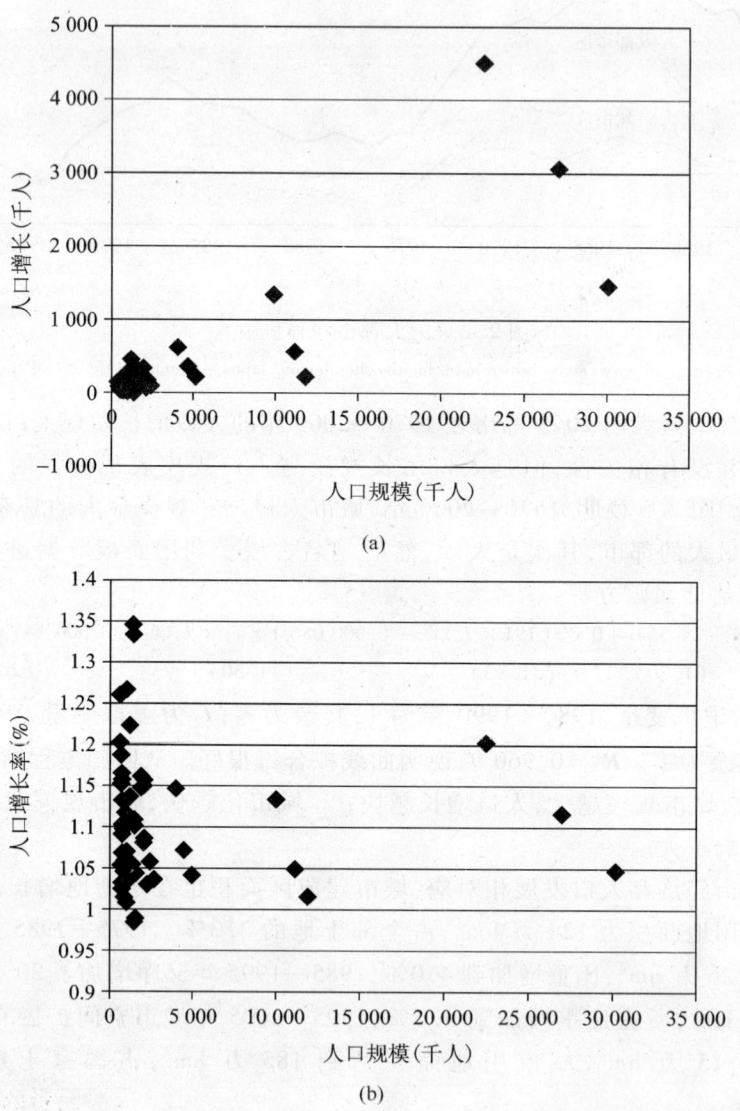

图2.5 人口规模与人口增长

日本人口超过1.2亿,属于土地资源相对贫瘠的国家。随着城市经济和人口规模的不断增长,土地需求(住房、工业、基础设施等)随之增长,使土地资源变得越来越相对短缺(供给不变),土地价格也会不断提升。然而,实际情况并非如此简单。图2.6显示日本土地价格变化,以1974年为100,土地价格在

1974—1991年是不断地上涨,而1991—2006年持续地下降。以东京为例,日本土地价格的变化实际上主要取决于住房价格(房地产价格)(图2.7)。图2.7中,深黑线代表住宅用地的官方土地价格,而浅黑线代表单个住宅价格(房产与地产之和)。显然,土地价格与住房价格有非常高的相关性。

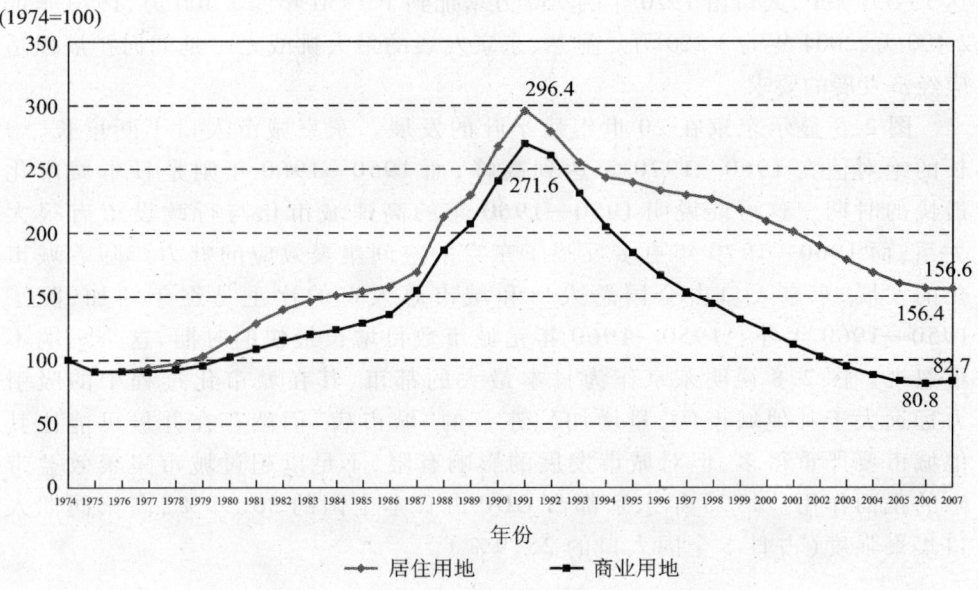

图2.6 日本土地价格

资料来源:"公布土地价格",土地、基础设施和交通部

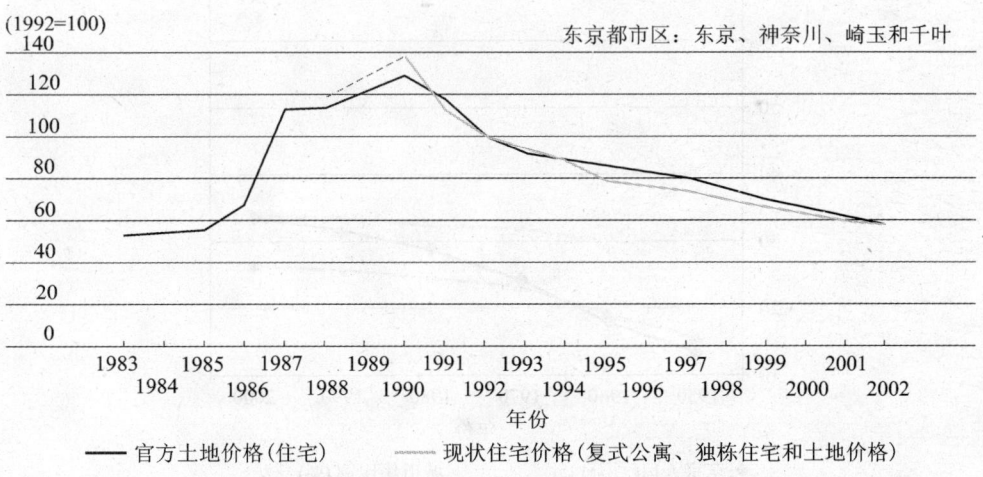

图2.7 东京土地价格与住房价格

资料来源:"公布土地价格",土地、基础设施和交通部

## 第三节 东京都市发展

东京大都会包括东京行政辖区、神奈川地区、崎玉地区和千叶地区,总面积达 13 551 km²,人口由 1920 年的 750 万增加到了 1950 年的 1 300 万,1970 年的 2 400 万,2004 年的 3 200 万。显然,东京发展的最大挑战之一是如何扩展以适应经济发展的要求。

图 2.8 显示东京在 20 世纪后半叶的发展。东京城市人口不断增长,增长的绝对值在 1960—1970 年达到高峰,而 1950—1960 年则是日本城市化最快的时期。这可能说明 1950—1960 年的高速城市化与行政设市有很大关系,而 1960—1970 年更多反映了东京的空间集聚效应的魅力。随着城市化的发展,东京人口占全国总人口和城市总人口的比重是逐年增加,除了 1950—1960 年外。1950—1960 年是城市数目增长最快的时期,这个影响不可忽视。图 2.8 说明东京作为日本最大的都市,其在城市化过程中的吸引力远远大于其他城市(总量增加),东京的"城市病"固然存在并极可能比其他城市要严重得多,但对城市发展的影响有限,不足以超过城市集聚效益带来的正面作用。1995 年东京都市 GDP 占日本全国的 35.99%,高于同期人口集聚强度(占日本全国人口的 25.9%)。

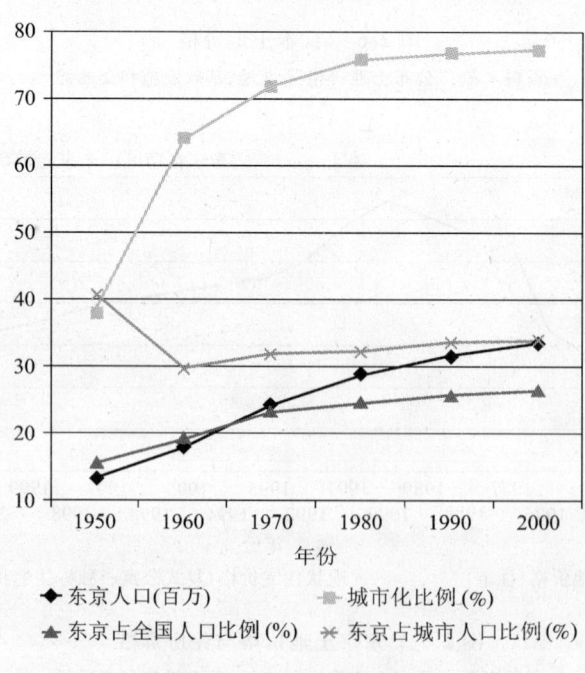

图 2.8　东京城市发展

# 第二章 东京都市发展

东京是典型的"摊大饼"式扩张(图 2.9)。东京的城市扩张主要得益于各个铁路站周围铁路建设的长足发展(图 2.10)。铁路建设是日本国家现代化政策的题中之意。早在 19 世纪,东京和日本的其他城市之间就有了全国性的铁路网络系统相连接。从 20 世纪 20 年代起,私人铁路公司就在东京郊区购买了大量的土地,并在那里开发了大片的住宅区。通过出售或出租已开发房屋,私人铁路公司可以从中获取利润并将其投资到铁路建设中。同时,在当时一些郊区如 Tama 新区和千叶地区的铁路沿线,国有公司已经大规模地兴建了许多住宅区和商业区。另外,东京市中心(东京的二、三环以内)的地铁网络已经从 1927 年起得到了持续的发展。其结果是早上有 73% 的人搭乘地铁到东京市中心上班,而只有 9% 的人选择开私家车上班。还有一些人使用公交车、自行车或步行上班(Akito Murayama 等,2006)。

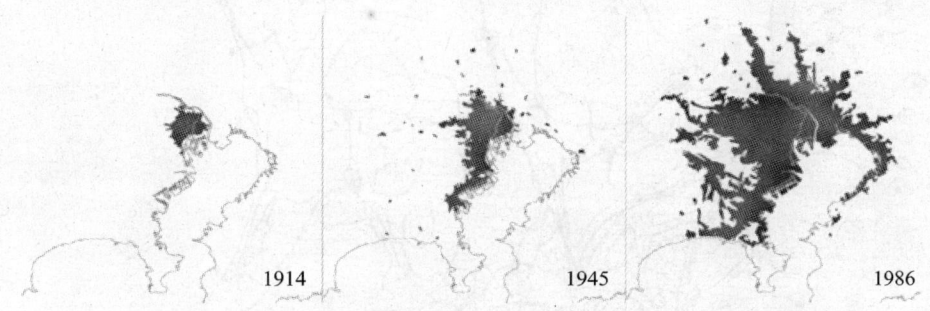

图 2.9　东京地区高密度人口居住区域的扩展

资料来源:http://homepage.mac.com/a.murayama/docs/2006WPSC_murayama.pdf

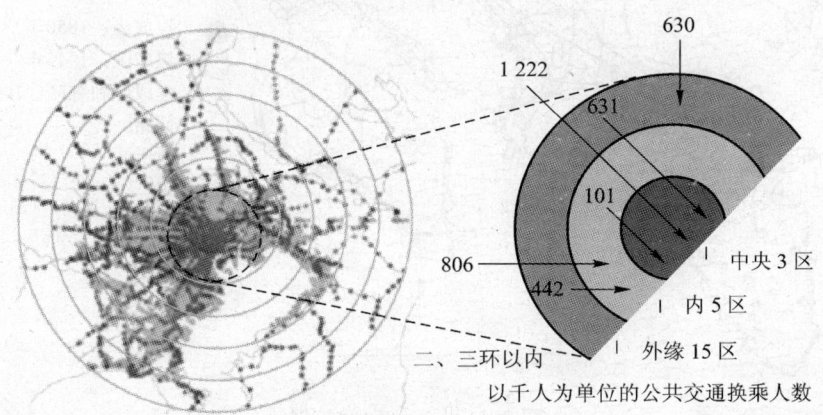

图 2.10　左:东京地区的地铁网络(深灰色部分表示距离地铁站 800 m 以内的地区,浅灰色部分代表人口密集的地区);右:往返东京市中心(二、三环以内)的方式

资料来源:http://homepage.mac.com/a.murayama/docs/2006WPSC_murayama.pdf

图 2.11 更好地描述了东京轨道交通对城市的影响或与城市发展之间的互动。东京城市发展沿城市轨道交通发展的特点非常明显,这也是为什么东京人均 GDP 很高但同时公交出行比例也高的重要原因之一。当推动不鼓励使用私家车政策时,只有同时提供方便、快速、舒服的公交系统才能使该政策有效地推行下去。

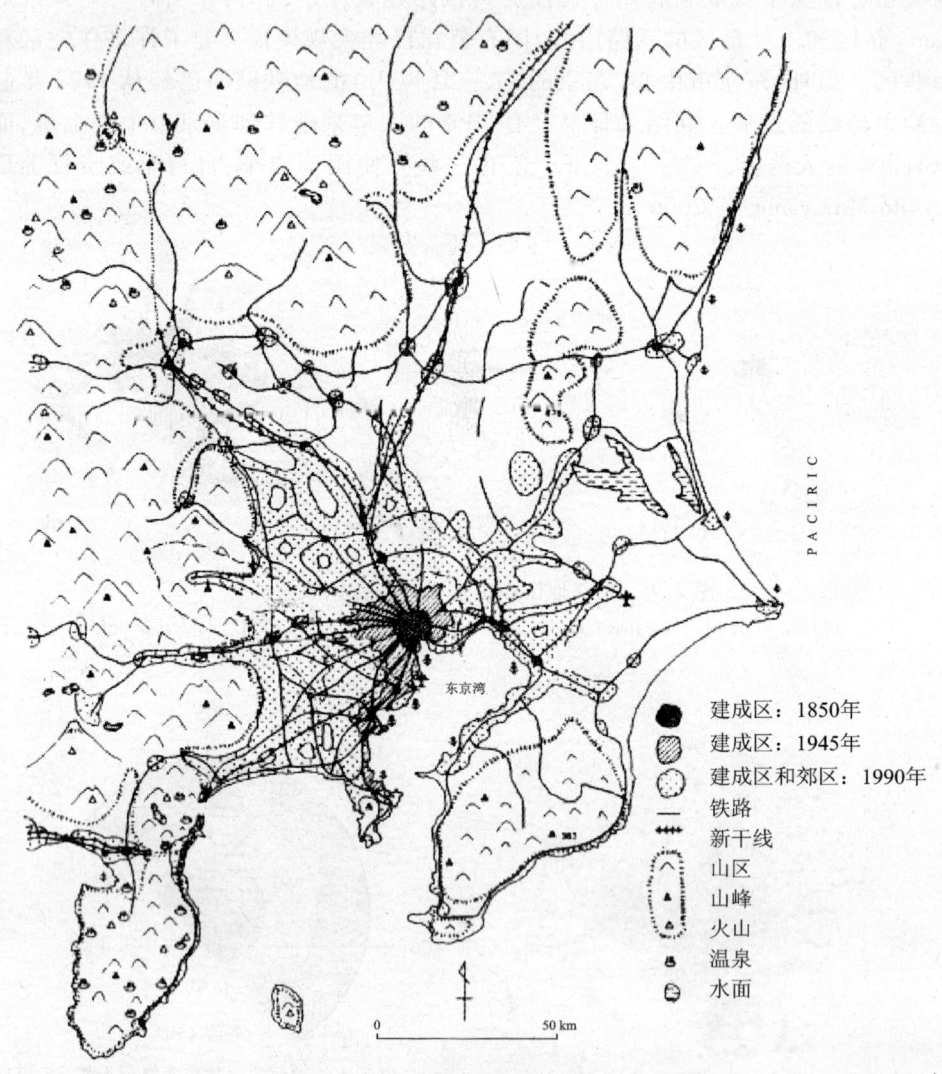

图 2.11　东京空间扩展

资料来源:http://books.google.com/books?id=zjASWo54WKgC&dq=asian+city+processess+of+development+characteristics+and+planning&printsec=frontcover&source=web&ots=QFYVu0_7Ec&sig=6W5Ev0Gt_PSpCG0cD70k2VSnRiY#PRA1-PA119,M1

图 2.12 显示了东京地区夜间人口密度的单一中心结构。在机动车普及和人口向郊区扩散之前，白天人口密度的单一中心结构更为显著，因为东京市中心聚集了大量的办公楼群(图 2.13)。这也是东京白天和晚上人口密度存在巨大差别的主要原因之一(第七章)。

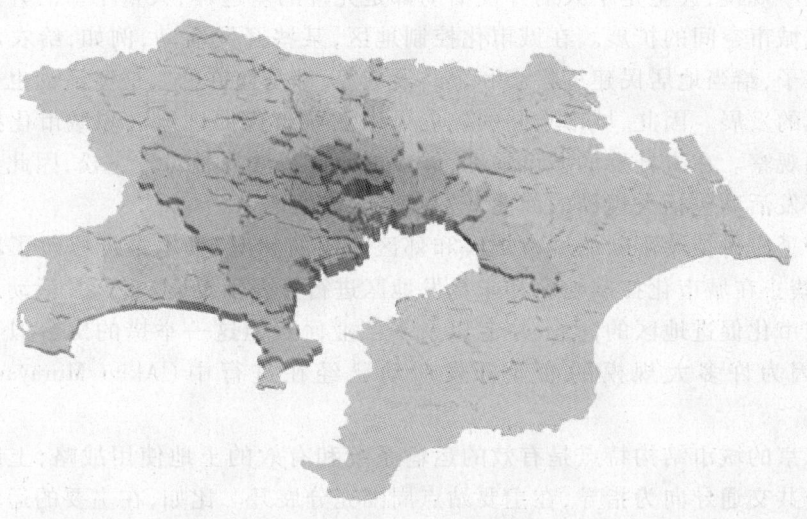

图 2.12　2000 年按市政辖区划分的东京地区的夜间人口密度

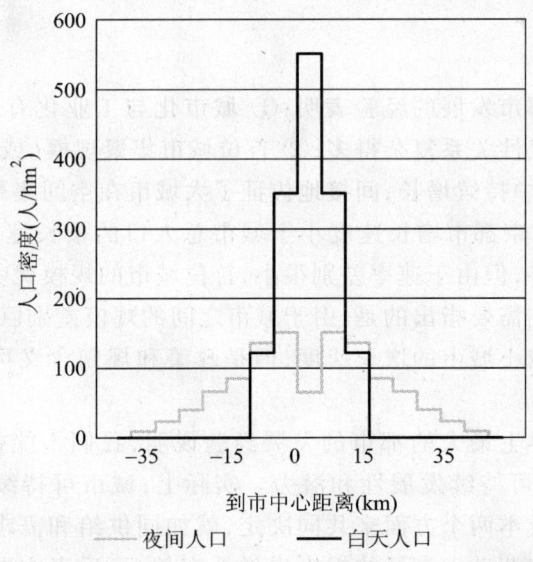

图 2.13　2000 年按距东京市中心的远近划分的白天与夜间的人口密度
(深色代表白天人口，浅色代表晚上人口)

http://homepage.mac.com/a.murayama/docs/2006WPSC_murayama.pdf

城市地区的空间扩展主要涉及几个问题。城市地区包括:① 城市化促进地区,其目的在于促进城市发展;② 城市化控制地区,原则上不允许在其中进行开发活动;③ 未开发的城市地区,包括除上述两类地区外的所有城市地区。在城市化促进地区,只要开发项目与宽度不小于 4 m 的街道相连接,那么无论是大规模还是小规模,甚至是个人的开发活动都是允许的。这样,大量小型的开发活动会造成城市空间的扩展。在城市化控制地区,某些开发活动,例如,给农民的孩子建房子,给当地居民建零售店和公共设施等,都是允许的。这些活动也会导致城市化的发展。因此,城市空间的扩展可以在城市化促进地区和城市化控制地区得到观察。在未开发的城市地区,城市土地使用法规相对较宽松,因此各种类型的开发活动包括大规模的商业开发都是允许的。

为了应付持续不断的城市扩展和郊区萎缩的状况,日本最近修改了城市规划法,禁止在城市化控制地区和未开发地区进行开发活动,并将开发活动严格限制在城市化促进地区的商业、住宅以及半工业区。但这一举措的出台似乎为时已晚,因为许多大规模的商业开发活动已经在进行中(Akito Murayama 等,2006)。

东京的城市结构特点是有效的运输系统和有效的土地使用战略,土地利用多以公共交通导向为指导,在主要站点周围充分展开。比如,在主要的运输中转站,例如东京、大津、浅草、原宿、上野、川崎、横滨、冲绳和千叶等的周围,集中了大量的零售、商业和办公用地。

## 小结

日本和东京都市发展的经验表明:① 城市化与工业化有显著的关系,但是两者的关系要比线性关系复杂得多;② 首位城市集聚规模(或最大城市)在经济发展、城市化过程中持续增长,间接地佐证了大城市在空间集聚效率方面的优势和潜力;③ 尽管东京都市增长速度小于城市总人口的增长速度,说明不同城市有趋同发展的趋势,但由于速率差别很小,首位城市的规模优势将不会在中长期内明显弱化。特别需要指出的是,由于城市之间的规模差别巨大,首位城市的增长速度可能小于较小城市的增长速度,但是政策和规划含义可能要深刻和重要得多。

东京作为世界上最大的都市的发展经验说明,我们不能简单地因为"城市病"来否定大城市可持续发展性和潜力。实际上,城市可持续发展最终由城市集聚效益和城市成本两个方面来共同决定,就如同供给和需求来共同决定价格一样。前者主要与劳动力市场的规模递增性有关,而后者主要表现在城市交通(拥挤)、环境(恶化)、城市基础设施(压力)、住房(紧张)、资源(压力)等方面。日本城市系统的实证研究发现大城市的集聚效益和城市病两个方面都比小城市大,所以我们不能简单地从一个方面(城市病)来引导和规划未来城市发展(丁成日等,2004)。

实际上,城市增长的边际成本和边际效益是很难计算得出来的,因而,应让市场来决定城市规模,也就是说让企业和个人来决定是否让城市发展,他们会根据经济规律来作出最佳决定。同时,市场经济越发达,政府就越不能直接控制城市规模,只能通过制定政策影响价格(如住房价格、交通成本、环境价格等),进而影响城市规模。

结合中国国情,当中国有55%~60%的人口居住在城市时,目前的特大城市如一些省会城市必然要承担起接纳大规模的农村向城市的移民。所以,这些有潜力的大城市应该在城市发展、规划、政策方面有所准备,迎接大规模城市化带来的就业、住房、社会保障、公共安全和健康、教育等方面的压力和挑战(丁成日,2007b)。

# 第三章

# 韩国城市化及其首尔都市发展

韩国曾经是一个非常贫穷的以农业为主的国家,1962年人均GDP仅有87美元,城市化为35%左右,第一产业占36%多。但是自1962年以来经历了快速的经济发展。尽管自然资源非常贫瘠,韩国在不到40年内创造了"经济奇迹"。1962—2002年,韩国的经济经历了一个迅速发展的时期,韩国的GDP总值(按当前美元价格计算)增长了200多倍,人均GDP增长了115倍。韩国经济的迅速发展主要得益于制造业的发展,这使得韩国在较短的时间内得以挤入工业化国家的行列。2002年韩国人均GDP首次超过1万美元,第一产业比重也急剧下降到4.1%。

自1980年以来,经济增长速度每年都在5%~11%,GDP在1985—1995年之间增长一倍。1996年加入经济合作与发展组织,目前在30个成员国中GDP排在第10位。GDP是9 415亿美元,人均GDP是19 600美元(可购买力平价,2002)。服务业占国民生产总值的54%,工业占41%。农业比重在过去的50年里稳定地减少。主要产业是能量和物质密集的产业,像电子、汽车生产、化学制品、造船、钢或者纺织品生产。[①]

中国面临史无前例的崛起时代,在正在发生的大规模农村—城市人口转移和实现中国特色的城市化道路的时期,韩国经济高速发展阶段的城市发展模式、政策选择值得借鉴和参考,特别是城市政策及其评估可能更有价值。

## 第一节 韩国的地理概况

韩国地处朝鲜半岛。该半岛北部与中国东北和俄罗斯东部接壤,其余部分与日本隔日本海相望。由于朝鲜半岛是连接亚洲大陆和日本的重要通道,其地理位置对于其邻国来说具有重要的战略意义。因此,整个朝鲜半岛在历史上屡

---

① http://www.iisd.org/pdf/2004/measure_sdsip_korea.pdf.

遭邻国入侵。1945 年,朝鲜半岛被划分为朝鲜和韩国。整个朝鲜半岛面积约为 221 000 km²,其中 45%(99 000 km²)的领土属于韩国。

在韩国,多于 65% 的国土面积为山区。北部和东部的山区海拔要高于西部和南部。由于这一地形特征,韩国的人口大部分分布在国土的南北轴上,而东西轴则人口稀少。多于 70% 的人口和制造业生产都集中在首尔—釜山这一轴线上。

韩国是一个人口密集的国家。人均土地占有量为 2 310 m²,比法国(12 540 m²)、英国(4 290 m²)、日本(3 102 m²)的人均土地占有量都小。其每平方千米土地的人口为 460 人,人口密度排名世界第三(除新加坡这样的城市国家外),仅次于孟加拉国、德国。由于许多山地不宜居住,所以韩国实际的人口密度比计算的值还要大。

## 第二节 韩国的经济发展

按当前美元价格折算,韩国的国民生产总值从 1962 年的 23 亿美元增长到了 2002 年的 4 766 亿美元。1970—2000 年是经济跳跃发展时期。1970—1980 年国民生产总值从 81 亿美元增长到 622 亿美元,1980—1990 年,10 年内增长了 1 900 多亿美元,1990—2000 年增长了近 2 100 亿美元。1970—2000 年,经济增长速度逐年递减,但是增长的总量还是在增加。人均国民生产总值同期也从 1962 年的 87 美元增长到 2002 年的 10 013 美元。与此同时,第一产业(农业和渔业)的产出比例由 36.6% 下降到了 4.1%,而第二产业(矿业和制造业)和第三产业的比例则分别由 16.5% 和 46.9% 上升到了 27.2% 和 68.7%。出口是韩国经济增长的主要发动机,韩国的总出口额从 1962 年的 1 000 万美元上升到了 2002 年的 1 630 亿美元(表 3.1)。

20 世纪 60 年代和 70 年代韩国经济发展奇迹与政府采取的出口导向工业化政策密不可分,同时又得益于廉价的劳动力和农产品。人均国民生产总值从 1970 年的 250 美元增长到 1977 年的 1 000 美元,在如此短的时间内实现了翻两番。国际贸易的重要性可从其在国民生产总值的比重中体现,1962 年国际贸易的比重仅为 20.6%,到了 1991 年上升到 60.6%。考虑到韩国的自然资源、国内市场规模、资本和技术限制,韩国的经济成功很大程度上取决于对国际市场的开放和连接,而首尔市通过服务于国际贸易、第三产业、金融、国际投资和跨国公司等,在韩国的国际贸易中起到了极其重要的作用。

表 3.1 韩国主要的经济指标

| 年 份 | 1962 | 1970 | 1980 | 1990 | 2000 | 2002 |
| --- | --- | --- | --- | --- | --- | --- |
| 国民生产总值(亿美元) | 23 | 81 | 622 | 2 525 | 4 617 | 4 766 |
| 第一产业(%) | 36.6 | 26.7 | 14.9 | 9 | 4.6 | 4.1 |
| 第二产业(%) | 16.5 | 22.5 | 31 | 29.4 | 31.8 | 27.2 |

续表

| 年份 | 1962 | 1970 | 1980 | 1990 | 2000 | 2002 |
|---|---|---|---|---|---|---|
| 第三产业(%) | 46.9 | 50.8 | 54.1 | 61.6 | 63.6 | 68.7 |
| 人均国民生产总值(美元) | 87 | 249 | 1 598 | 5 886 | 9 770 | 10 013 |
| 出口(亿美元) | 1 | 8 | 175 | 650 | 1 722 | 1 625 |

## 第三节 韩国城市化与工业化

韩国城市人口在1960年不足900万,超过5万人口的城市只有27个。但是20世纪60年代和70年代经济(工业化)的快速发展极大地推动了韩国的城市化和城市发展。至1995年,城市总人口超过3 800万,城市化水平达到85%,超过5万人的城市个数增长到73个(表3.2)。

表3.2 韩国的城市化与工业化

| 年份 | 城市化(%) | 工业化(%) |
|---|---|---|
| 1960 | 35.8 | |
| 1970 | 49.8 | 42.1 |
| 1975 | 58.4 | 49.6 |
| 1980 | 66.7 | 66 |
| 1985 | 73.8 | 75.1 |
| 1990 | 79.6 | 81.7 |
| 1995 | 85 | 87.4 |

韩国的城市化主要发生在1960—1995年,特别是20世纪60年代(表3.2)。城市化从1960年的35.8%增加到1970年的49.8%,10年内增加了14个百分点,70年代也是一个城市化高速发展的时期,城市化率提高了近16个百分点。80年代城市化持续保持高速增长,10年增加了近13个百分点。城市人口增长最快的时期是1966—1970年,年增长率为6.3%,其次是1970—1975年,为5.2%,再次是1960—1966年,年增长率为5%,1975年以后,城市人口增长率逐年减小。城市人口增长率与全国人口增长率之间的差别也有同样的规律,1966—1970年差别最大(4.4%),其次为1970—1975年(3.2%),再次是1960—1966年(2.4%)(Kwon,2001)。

韩国工业化也可从表3.2中得到反映。工业(非农业)产值占国民经济的份额1960年仅略高于40%,但是到1995年,工业份额接近90%(87.4%)。工业化提高最快的是1975—1980年,这也是韩国人均国民生产总值首次超过1 000美元的时期。

韩国快速城市化意味着巨大规模的人口从农村向城市转移。韩国2002年的总人口为4 800万。1960—1995年,大约有3 000万农村居民迁移到了城市。但是由于韩国的工业化和经济发展,快速城市化带来的大量的城市劳动力供给基本上被工业化和工业扩张带来的城市劳动力需求消化,因而城市失业率保持在较低的水平,使韩国的快速城市化并没有产生如拉丁美洲国家城市化带来的诸多问题[如贫民窟、非规范经济(informal economy)、社会治安、健康等]。

韩国城市发展根据人口的来源可以分成三个阶段:① 1960年以前的城市增长主要是来源于人口自然增长,自然增长占总增量的70%。② 1960年以后受工业化影响,城市化和城市增长主要是来源于农村向城市的移民,这部分占总增量的70%。20世纪70年代开始实行的离心化政策减缓了移民对城市增长的贡献。③ 1980年以后,城市增长的主要来源是人口自然增长,而不是农村向城市的移民。比如,1981—1990年,首尔市人口增长了230万,其中移民只占60万,而自然增长占170万。随着农村地区年轻人不断地流向城市,农村已经没有年轻人可以再向城市移民,因而城市人口增长主要由自然增长和城市间的移民来构成(Song Naghun等,1994)。

韩国的城市化可以归纳为以下几个方面的显著特征:

1. 行政边界的变更和扩展对城市人口的影响比较小

1960—1995年间发展了46个新增城市(人口达到5万人的标准),1960—1990年城市人口增加了2 560万人(1960年城市人口为894万,1990年为3 455万),但是只有10%的增加量源于行政边界的调整和扩张。1971年以后,由于实施了城市绿化带政策,城市空间扩展受到了极大的限制(Song Naghun等,1994)。

2. 韩国快速城市化在带来人均收入显著提高的基础上没有显著地加大城乡收入的差别

韩国快速城市化与城乡协调发展得到了很好的兼顾和统筹。1961年人均收入只有150美元(没有经过价格调整),1991年增长到6 330美元(World Bank,1993)。尽管首尔市和其他工业化地区得到了极大的发展,他们与不发达地区的个人收支之间的差别一般在10%~30%之间(Ahn和Ohn,2001)。

理论认为,随着工业化的发展,城乡收入差别加大,会引发农村向城市的移民。韩国城市化初期城乡收入有加大的发展趋势。这使政策决策者认识到,没有农村的平行发展,城市发展几乎是不可能的,进而提出了农村的发展口号:"为农民再建农村"(rural reconstruction for rural people)。然而,工业化加剧城乡收入差别的假设并没有得到实证研究结果的支持。韩国统计局的数据显示,城乡之间的收入并没有显著的差别,这个结论也得到其他实证研究的支持(Mills 和 Song,1979)。但是不可否认,城市收入平衡发展的主要原因是自 1970 年起韩国政府就开始关注农村的发展及其制定的相应的政策所起的作用。

需要指出的是,"为农民再建农村"政策制定的初衷是为了让农民留在农村,而实际上并没有阻挡住可能向城市移民的农民(年轻人)向城市移民的步伐,从这一点来看政策是失效的,但是由于该政策推动了农村发展,从城乡协调发展的角度来看,农村发展政策有助于平稳地实现工业化和城市化的推进,特别是在快速增长时期(Song Naghun 等,1994)。

快速的工业化把大量的人口从农村地区迁徙到了城市地区。移民数量在持续增加,1967—1970 年间总共有 350 万移民,1971—1975 年间上升到 541 万,1976—1980 年间更上一层楼,达到 763 万,1981—1985 年间 886 万,1986—1990 年间高达 934 万。1960—1970 年间移民主要流向首尔和釜山两大城市,特别是省际移民。城市化初期的移民以农村里的年轻人流向城市为主要特征。城市吸引年轻人的原因有:经济发展和工业化带来的非农业就业机会、城市生活品质、城市社会交往和交际机会、及其社会心理等方面的原因。

3. 韩国城市化主要表现在特大城市,特别是首位城市—首尔市—的快速发展

尽管小城市的数量在 20 世纪 80 年代得到很大发展(表 3.3),但是城市人口分布基本上没有很大的改变(表 3.4)。也就是说,城市化过程中农村出来的移民主要流向两个大城市——首尔和釜山。比如,1960 年这两个城市的人口分别为 244.5 万和 116.4 万,逐步增长到 1990 年的 1 062.8 万和 379.8 万(表 3.4)。两个城市之和占全部城市人口的比重为 40%~47%,基本上变化不大,同时除了首尔市、釜山市、大邱市、仁川市四个最大的城市,其他城市人口占全国人口的比重在快速城市化过程中基本上已没有什么变化,1960 年最高为 48%,1970 年和 1980 年降到 43%,1990 年又回升到 47%。

表 3.3 韩国城市体系

| 城市个数 人数 \ 年份 | 1960 | 1970 | 1980 | 1990 |
|---|---|---|---|---|
| 超过 100 万 | 2 | 3 | 4 | 6 |
| 50 万~100 万 | 1 | 1 | 2 | 5 |
| 20 万~50 万 | 3 | 3 | 11 | 15 |
| 10 万~20 万 | 3 | 11 | 17 | 14 |
| 5 万~10 万 | 17 | 14 | 6 | 30 |

表 3.4　韩国大城市的发展

| 城市 | 人口(万) | | | |
|---|---|---|---|---|
| | 1960 | 1970 | 1980 | 1990 |
| 首尔市 | 244.5 | 542.3 | 835.1 | 1 062.8 |
| 釜山市 | 116.4 | 183.9 | 315.7 | 379.8 |
| 大邱市 | 67.7 | 106.1 | 160.4 | 222.7 |
| 仁川市 | 40.1 | 63.1 | 108.1 | 179.8 |
| 四个城市总和 | 468.70 | 895.40 | 1 419.30 | 1 845.10 |
| 全国城市人口 | 894.64 | 1 565.71 | 2 497.92 | 3 455.44 |
| 其他城市 | 425.94 | 670.31 | 1 078.62 | 1 610.34 |
| | 占全国城市人口的比重(%) | | | |
| 首尔市 | 27 | 35 | 33 | 31 |
| 釜山市 | 13 | 12 | 13 | 11 |
| 大邱市 | 8 | 7 | 6 | 6 |
| 仁川市 | 4 | 4 | 4 | 5 |
| 其他城市 | 48 | 43 | 43 | 47 |

人口总量也可以说明大城市的快速发展。首尔市在20世纪60年代人口净增了将近300万人,占全国城市人口增量的44%,同期全国城市人口增加了670万,近2/3归功于四个最大城市的发展。

4. 韩国的经验表明城市发展速度与规模关系并不明显

1960—1970年,首尔城市发展速度超过所有其他城市,而其他三个大城市发展速度与其他城市基本相当。20世纪70年代首尔市和大邱市的发展略低于全国平均和其他城市平均(除四个最大城市之外的城市),釜山和仁川两个城市的发展速度最快,快于全国的平均发展速度。20世纪80年代,与60年代正好相反,其他城市发展速度快于全国平均,更快于四个城市平均。同期,在四个最大的城市中,60年代的特征是主要发展首尔市,70年代仁川市和釜山市发展较快,80年代,仁川的发展特别引人注目(图3.1)。

韩国城市发展模式与政府采取的发展战略密不可分。城市化快速发展初期(20世纪60年代),工业比较落后、基础薄弱、资本的原始积累还仅仅是刚刚开始,因而为了追求经济效率,政府采取了"增长极"政策,将发展的重点倾向于首尔市和釜山市。到了70年代(自1971年),考虑到区域差异的加大,韩国政府采取了区域平衡发展政策,并开始限制大城市发展。

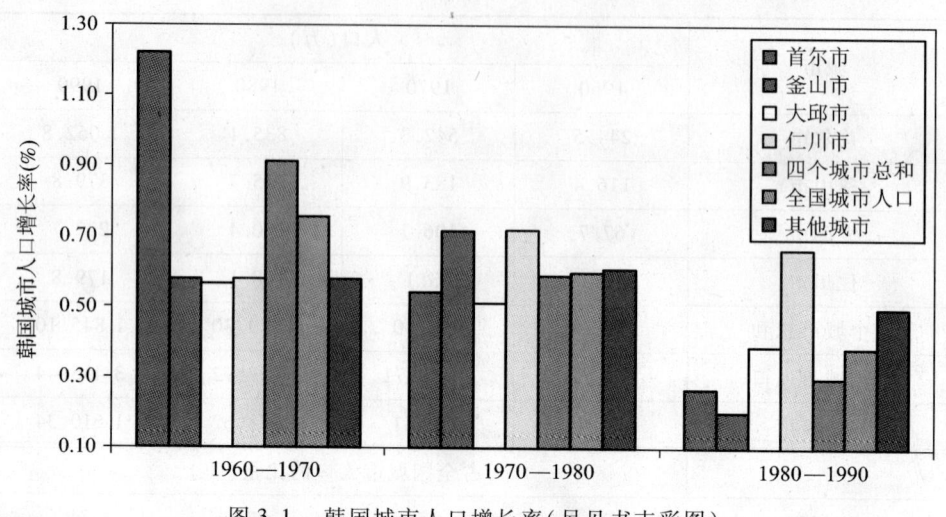

图 3.1　韩国城市人口增长率(另见书末彩图)

## 第四节　首尔都市发展

首尔市(原汉城市,2005 年,1 月 19 日改为首尔)自 1394 年作为朝鲜国都(Chosun 朝代)以来一直是经济、政治、文化的中心。20 世纪初首尔市只有 30 万人口,到了 1942 年增长到 100 万,朝鲜战争以前达到 140 万(1949 年)。行政区面积 1963 年为 597 km$^2$,1973 年扩展到 627 km$^2$,与现在的边界基本吻合。

首尔市 1960—1990 年是世界上发展最快的城市之一。1960 年首尔市人口(244.5 万)占全国总人口的比重不到 10%。随着城市化的推进,首尔市的人口比重逐年提高,1970 年为 17.6%(人口为 540 多万),1980 年达到 22.3%(人口为 836 万),1990 年进一步提高到近 24.4%(人口超过 1 000 万)。与城市人口空间集聚相一致,首尔市集中了全国 1/4 左右的国民生产总值。

随着城市人口规模的快速增长,首尔市的建成区也在不断地扩张。20 世纪 60~70 年代是突飞猛进的时代,首尔市的建成区面积从朝鲜战争之前(1949 年)的 268 km$^2$,增长到 594 km$^2$,增长 1 倍多。汉江将首尔市分割为南北两部分,中央商务区在江北,因而 1970 年以前城市发展主要集中在北部,而南部人口占的比重略高于 1/5(21.8%)。20 世纪 70 年代江南开始得到快速发展,到 1995 年,江南、江北人口大致相当,各占一半的城市人口(图 3.2)。

第三章 韩国城市化及其首尔都市发展 45

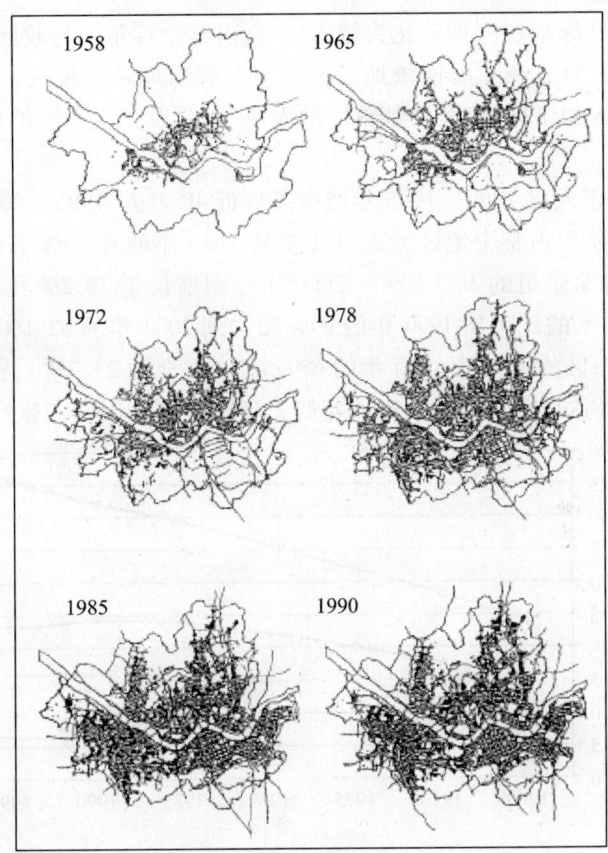

来源：首尔市政府，首尔综合规划，1997

图 3.2 首尔市空间扩张

资料来源：Kwon,2001

20 世纪 80 年代中叶首尔都市开始出现。首尔都市包括首尔市、仁川市和围绕首尔市周围的京畿道(Kyonggi)，基本占据自市中心向外延伸 50～60 km 的整个地区，面积为 11 753 km²。2000 年整个首尔都市地区的人口为 2 130 万，占全韩国人口的 46.3%(Kim 和 Jung,2001)。

首尔都市空间发展有两个主要阶段。1985 年以前城市发展主要发生在距离市中心 25km 的范围内，空间表现形式是紧凑的，同时空间扩展主要沿首尔—仁川、首尔—水原(Suwon)—平泽(Pyongteak)两条交通通道上发展。1985 年以后，城市已经扩展到距离市中心 40 km 的范围，空间发展也表现出多样和分散的特点，除了沿着现有的两个交通通道发展外，又开辟了首尔—城南(Songnam)—龙仁(Yongin)、首尔—高阳(Koyang)—坡州(Paju)、首尔—利川(Ichon)—骊州(Yoju)三条交通通道。首尔都市建成区 1985 年为 777.7 km²，发展到 1998 年的 1172.6 km²，增长了 50%。首尔市、仁川市和京畿道的建成区分别增长了 22%、66% 和 65%。这意味着

444 km² 的农地和绿地在同期转化为城市用地,占整个首尔市行政区面积的 3/4。

首尔都市的形成和发展使该地区的空间发展出现新的模式:

1. 首尔市人口下降,而整个都市区的人口(总量及其在全国的比重)不断上升(图 3.3)

比如,首尔市人口 1990—1995 年减少了将近 40 万人,1995—2000 年又减少了近 35 万人。首尔市占整个地区的人口比重从 1980 年的 62.9% 下降到 2000 年的 46.3%。仁川和京畿道的人口 1990—2000 年分别增长了 36.2% 和 45.9%,其中京畿道人口在都市区的比重从 1990 年的 29% 增加到 2000 年的 42.1%(Kim 和 Jung, 2001)。首尔都市区的人口从 1960 年的 689.5 万(占全国 23.7%)持续增长到 1995 年的 2 000 多万(占全国 45.4%),2006 年的 2 257 万(占全国 46.2%)。

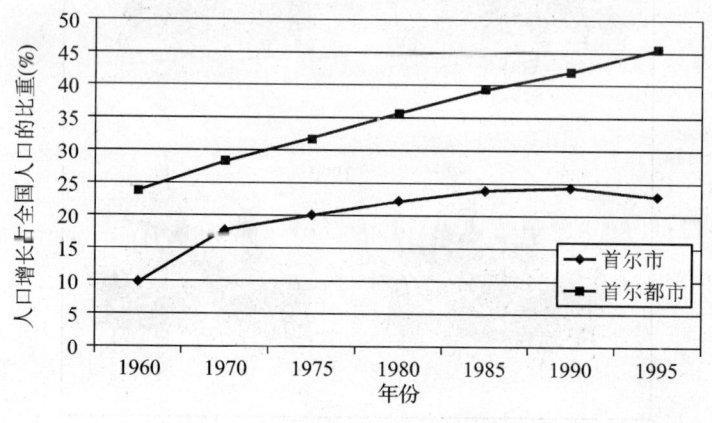

图 3.3　人口增长占全国人口的比重

2. 首尔市作为韩国经济发展的牵引机继续发挥重要作用

首尔市企业个数和就业机会 1980—1996 年持续增长,分别从 1980 年的 36 万和 240 万增长到 1996 年的 70 万和 410 万。1997 年的经济危机使企业个数和就业人数分别减少了 10% 和 20%。首尔都市占全国总就业人数的比重在 1980—2000 年的 20 年间基本没有发展变化,但是首尔市占首尔都市的比重却一路下降,1981 年为 72%,1991 年为 63%,2000 年为 54%。随着仁川和京畿道的发展,首尔都市产业布局发生了演变。建筑、仓储零售、交通、通信、生产性服务和商业性服务等行业主要集聚在首尔市,制造、电子、水气供给、公共管理服务以及其他社会和个人服务等行业主要集聚在京畿道。首尔市的生产类服务业(服务于生产的服务业)就业为全国同类行业的 45%,高端专业化的服务业就业为全国同行就业的 57%。仁川的行业专门化优势表现在工业制造、电子、水气供给等行业。图 3.4 显示制造业的区域重组,首尔市制造业的比重从 1973 年的近 70% 多下降到 1995 年略高于 1/4。相反,仁川和京畿道的制造业得到很大的发展。首尔都市经济总量将近占全国的 1/2。

3. 首尔都市内部分区就业和住宅之间的不平衡进一步加大

第三章 韩国城市化及其首尔都市发展

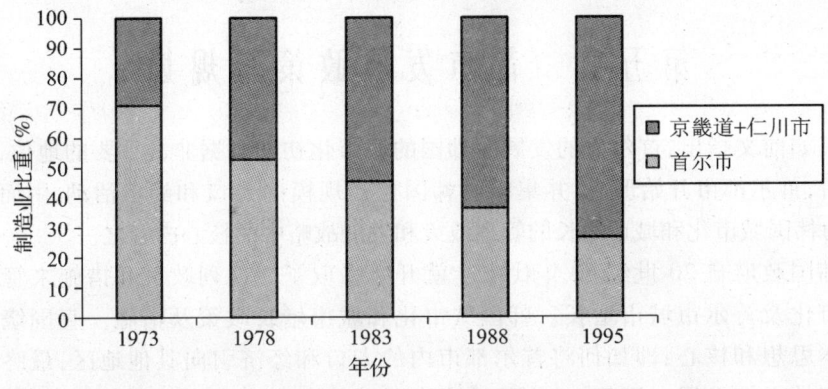

图 3.4 首尔都市区内制造业分布
资料来源：Kwon，2001

这种情况与首尔市人口减少，就业增加，首尔市周围地区就业增加速度落后于人口增长速度有密切关系。一般用地区的就业机会跟从业人数之比来度量就业与住宅之间的平衡。这个比例在首尔市 1980—1997 年从 1.03 增长到 1.15，而京畿道同期从 0.92 减少到 0.84，仁川基本上维持不变。

4. 首尔都市区域内部联系发生改变

表 3.5 显示首尔市—首尔都市的通勤比例从 1980 年的 65.3% 减少到 1995 年的 45.8%，同期首尔市与其周围地区的通勤联系不断增加，首尔周围地区内部的通勤联系也是在不断地增加。

表 3.5 首尔都市区内部交通联系

| 年　　份 | 1980 | 1990 | 1995 |
| --- | --- | --- | --- |
| 平均通勤距离 | 9.1 km | 9.82 km | 10.28 km |
| 首尔市—首尔市 | 65.3% | 55.3% | 45.8% |
| 首尔市—京畿道和仁川市 | 3.9% | 4.7% | 4.8% |
| 京畿道和仁川市—首尔市 | 5.9% | 10.1% | 11.1% |
| 京畿道和仁川市—京畿道和仁川市 | 24.9% | 30.2% | 38.2% |

资料来源：Kwon，2001

5. 首尔市与周围地区的联系在不断增加

首尔市与周围地区特别是在距市中心 25~35 km 的范围内的交通量自 1980 年以来一直是增加的，如在 1989 年开始新建的 5 个新城（盆唐（Bundang）、逸山（Ilsan）、中洞（Chungdong）、山本（Sanbon）、并川（Pyongchon））里居住的居民 45%~73% 都到首尔市就业，在各自卫星城市内就业的比例只占 12%~28%。正是由于就业和人口的空间演变，首尔市外围形成了一些卧城，特别是盆唐、逸山和并川。由于首尔市具有巨大的比较竞争优势，40km 范围内的城市（除个别城市外）就业机会发展不足，因而就业和住宅严重失衡。

# 第五节　都市发展政策与规划

正如前文指出,首尔市的发展在韩国的城市化初期占据非常重要的地位,1985年前后,首尔都市开始形成,并集中了韩国相当规模的人口和经济活动,因而首尔市成为韩国城市化和城市增长的管理政策和发展战略中的核心内容之一。

韩国政府自20世纪60年代中叶就开始采取了一系列政策和措施来管理快速城市化及首尔市城市增长。韩国城市化和城市增长政策及措施一直围绕着一个基本思想和核心,即如何将首尔都市内的人口和经济引向其他地区,最终实现区域间的平衡发展。因而,韩国的城市发展政策既包含为增长服务的内容,又体现限制增长的原则,也就是说推动和鼓励首尔市以外的其他地区的发展,限制首尔市的发展。

尽管管理城市化和城市发展的政策和措施的基本目标没有变,实际采取的战略在不同阶段是不同的。过去40年来,城市化和城市发展政策可以分成四个阶段(Ahn 和 Ohn,2001)。

第一阶段:(首尔市)城市增长管理的建立(1960—1971)

1964年韩国政府通过了"限制首尔市人口增长的特别措施"(Special Measures for the Restriction of Population Growth in Seoul)。特别措施包括:将政府职能部门从首尔市迁移到其他主要城市,在首尔市以外选定的发展战略地区推动并促进增长极(花园城市和工业园)的发展、限制性控制工业企业的扩张和高等教育研究机构的发展。这些特别措施得到了广泛的支持,出于战后不久国家安全的考虑(远离军事分界线),决策者和学者都认为首尔市的发展及其相应的区域不平衡发展不利于国家资源的有效分配,进而影响社会的公平和公正,最终影响国家经济繁荣和发展(Ahn 和 Ohn,2001)。

相应的,政府在韩国的东南地区开始建设工业园项目,扩展其他城市的工业园项目,并建设高速公路连接首尔、釜山两大城市。同时,政府积极地解决首尔人口增加带来的城市空间需求,沿着现有的主要交通通道(公路和城铁),特别是首尔—仁川、首尔—水原通道,建立大批新的工业园。办公和写字楼、住房项目扩展到汉江的南部。汉江北部和旧城中的贫民区被大量清理,让位于中央商务区的扩展和住宅项目。城市穷人被迫迁移到城市郊区(Ahn 和 Ohn,2001)。

尽管实施了这些增长管理措施,没有任何迹象显示首尔市的人口增长速度减缓或停止。1969年政府通过综合离心化政策,采取了更加限制性的政策措施,具体包括:禁止工厂的建设、将污染工业和违反城市功能分区规定的企业从首尔市迁移出去、限制高等教育学府的建设和扩张、限制从外地学校向首尔市内的学校转学、将政府机构和公共机构总部从首尔市迁移出去等。

第二阶段:绿化带和新城战略(1972—1979)

韩国和首尔都市的发展经验和政策/规划评价有助于我们加深如下的认识：

（1）限制一个城市的发展将带来其他城市的相应发展这样的观点或认识是幻想性的。限制一个城市的增长与其他城市的发展之间没有必然的联系。

（2）城市增长本身并不是一个问题，相反，增长还是一个机会。因而我们应该将注意力集中到促进城市集聚规模效益的发挥，减少城市集聚带来的负面外部效益，而不是简简单单的增长控制。

（3）城市问题是综合性的、区域整体性的，因而解决城市问题（如交通）需要综合和全局的视角。

（4）城市问题（如交通）可以从许多个不同的视角来解决，如就业－住宅平衡、公共交通发展、公共交通导向发展模式、高速公路拥挤收费等。

# 第二部分
# 城市形态

# 第四章

# 为什么空间结构影响城市竞争力[①]

不同的学科从不同的角度来看待城市空间结构。城市空间结构既有美学价值,又有社会学的内涵;既与经济学的效率发生联系,又是很多城市问题的根源;既是社会经济分工的产物,又是分工下社会经济交往的摩擦因子。本章主要从资源效率的角度来分析城市空间结构,论证城市空间结构与城市竞争力之间的关系。

## 第一节 城市空间结构

城市空间结构反映城市形态方面的特征,主要从三个方面来表现:① 土地利用强度;② 土地利用类型;③ 就业中心分布。

城市土地利用的强度反应土地资源利用的强度。土地利用强度由以下几方面来衡量:人口分布、就业分布、建筑分布(高度、密度、容积率)等。这些分布与房地产价格和房地产市场有着非常密切的关系。人口分布、就业分布、建筑分布等分别从不同的侧面描述城市的空间结构。密度是衡量分布最主要的指标,如人口密度、就业密度、资本密度、容积率等。人口密度和就业密度从城市经济活动强度反映土地利用强度,而资本密度和建筑密度则从物质形态反映土地利用强度。资本密度和建筑密度是人口和就业活动的物质载体,具有"刚性"的特征,而人口密度和就业密度是城市物质空间(建筑空间)上的"填充",具有"流性"的特征。资本密度与建筑高度、建筑密度、容积率呈正相关关系。建筑密度和就业密度等方面的资料收集起来非常困难,且成本极高。相对而言,人口密度资料比较容易获取,这也是人口密度被广泛利用的主要原因。

城市空间结构由7大因子共同来决定:① 市场力量;② 城市规划;③ 土地法规;④ 城市基础设施投资;⑤ 房地产税;⑥ 城市土地发展的融资机制;⑦ 私

---

[①] 丁成日.《地理学报》.2004.有增删。

有经济。城市规划和土地法规约束城市土地开发和使用的类型和强度。城市基础设施的投资可以改变区位的交通条件,可提高周边土地的价格,促进土地的开发和利用。私有经济成分和土地开发的融资机制直接或间接地影响城市土地开发的资本投入量,因而影响土地的开发强度。城市空间结构反映在3个大的方面:城市土地利用类型、城市土地利用强度、就业分布。

## 一、城市土地利用类型

城市土地利用类型一般分为以下几个大类:住宅(单体、公寓、别墅等)、商业(零售和批发)、工业、政府和公共用地、交通和城市基础设施、城市绿地和开放空间等。由于政府和公共用地、交通和城市基础设施、城市绿地和开放空间等土地利用类型所承担的功能是非经济的,因此下文的分析主要局限于住宅、工业和商业等深受市场力量驱动和影响的土地利用类型。

类似于杜能农业区位理论和农业区位环模式,城市土地利用也有相似的空间分布特征,如图4.1所示。城市土地利用呈现圈状结构,内圈为中央商务区(商业用地),向外依次为住宅、工业和农业。这些环状分布是极端的情形,在现实生活中基本不存在,因为该圈层模式是基于城市交通成本在各个方向上相同(交通设施没有空间差别)和城市空间不存在差别等严格的假设。尽管如此,该圈层模式所揭示的一般规律,即商业用地靠近市中心、而住宅用地相对地远离市中心的结构,在很多城市都有所表现。

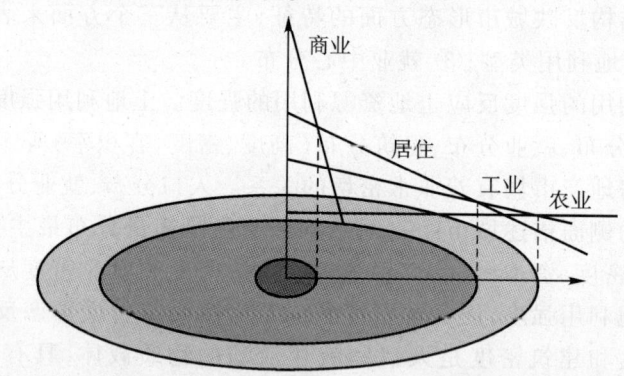

图4.1 城市土地利用类型空间分布
第一环为中央商务区;第二环为住宅用地;第三环为工业用地,最外环为农业用地

## 二、城市土地利用强度

土地利用强度主要反映在人口密度和城市资本密度(容积率、建筑密度、建筑高度)。城市资本密度度量的是单位土地面积上的资本投入。由于城市的发展经历几十年,甚至上百年,城市建筑的资本投入资料基本上是无法得到的。同时由于建筑质量,所用材料的不同,没有可靠的方法可以用于相对准确地推测

(推算)资本密度。近来的地理信息系统及其数据库的发展有可能收集容积率、建筑密度和建筑高度的资料,文献说明这方面的资料很难获得,或获得资料所需的成本非常昂贵,让研究者可望而不可及。图4.2显示资本密度的空间递减规律(二维)。图4.3揭示不同城市的资本密度(容积率、建筑密度、建筑高度)的三维空间分布。

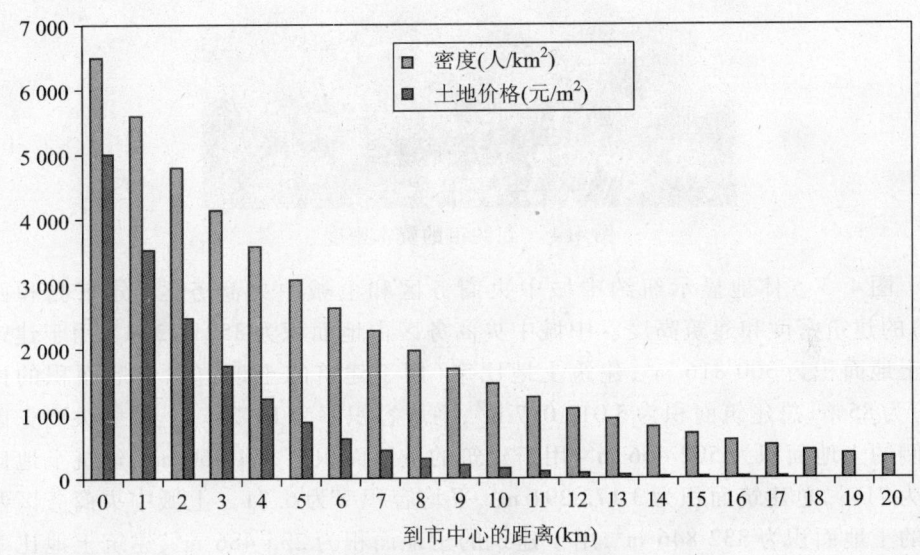

图4.2 城市空间递减

纽约时代广场　　　　纽约第五大道一角　　　　上海旧城一角
图4.3 资本密度(容积率、建筑密度、建筑高度)

资本密度度量的是单位土地面积上的资本投资总额。容积率度量的是生产出的建筑面积与土地利用面积之间的比率。单位土地面积的资本投入越多,建筑高度或/和密度越大,容积率也越高。反之,单位土地面积上的资本投入越少,建筑高度或/和建筑密度就越小,容积率也就越低。资本密度是衡量城市土地资源和资本资源配置效率的一个非常重要的概念。但由于无法得到有关土地开发投入的资金资料,并且城市的发展经历几十年,甚至上百年,建筑材料、建筑技术等都有了很大的进步和改变,因而衡量城市土地利用强度的资本密度是无法计算的。但是,因为资本密度与容积率、建筑密度、建筑高度之间的正相关关系,可以利用容积率、建筑密度、建筑高度近似地估算资本密度。近年来迅速发展的地理信息系统技术、遥感技术和地理数据库有利于测算城市的容积率、建筑密度和建筑高度。

图 4.4 显示纽约市建筑密度和建筑高度。纽约城市的共同特点是：① 高的建筑密度和高度；② 建筑高度和密度都是空间递减的，因而资本密度也是空间递减的。世界上很多城市如芝加哥、休斯敦等也表现出类似的空间模式。

图 4.4　纽约市的资本密度

图 4.5 立体地显示纽约中城中央商务区和上城中央商务区（分东侧和西侧）的建筑密度和建筑高度。中城中央商务区占地面积为 352 673 m²，用于建筑的土地面积为 300 816 m²，建筑土地比率（用于建筑的土地占总土地面积的比率）为 85%，总建筑面积为 5 012 017 m²，平均容积率为 14.21。上城中央商务区东侧的土地面积为 502 466 m²，用于建筑的土地面积为 354 366 m²，建筑土地比率为 71%，总建筑面积为 3 172 291 m²，平均容积率为 6.31。上城中央商务区西侧的土地面积为 332 846 m²，用于建筑的土地面积为 235 486 m²，建筑土地比率为 71%，总建筑面积为 1 924 201 m²，平均容积率为 5.78（表 4.1）。中央商务区的建筑密度、建筑高度、容积率要远远高于其他地区（图 4.5）。

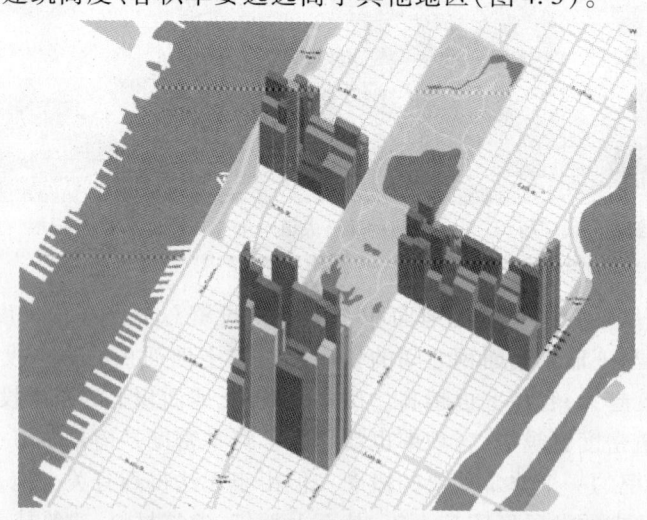

中城和上城的东侧与西侧，中间灰色表示的是中央公园

图 4.5　纽约市中城和上城商务区一角（另见书末彩图）

资料来源：http://www.mid-tokyo.com/

中城中央商务区内部建筑土地比率和容积率的变化也是相当大的。最高的土地利用率为100%,最低的土地利用率为69%,1/3 的地块的土地利用率都大于90%。容积率最高值为26.21,最低值为3.75。容积率超过20的地块和低于10的地块分别占总地块的1/6,容积率在15~20的地块占1/3强(资料来源:http://www.mid-tokyo.com/)。

表4.1 纽约中城中央商务区资本密度

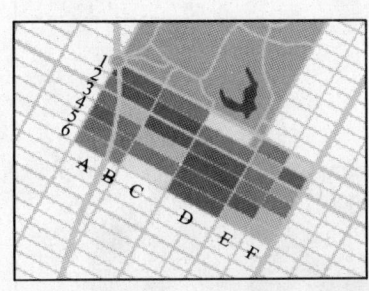

左图表示表中地理编码的空间位置(另见书末彩图)

| | 土地面积<br>(m²) | 建筑土地面积<br>(m²) | 建筑土地面积的比重<br>(%) | 总建筑面积<br>(m²) | 容积率<br>(%) |
|---|---|---|---|---|---|
| 总计 | 352 673 | 300 816 | 85 | 5 012 017 | 1 421 |
| A - 总计 | 31 801 | 28 114 | 88 | 311 383 | 979 |
| B - 总计 | 42 449 | 34 862 | 82 | 569 775 | 1 342 |
| C - 总计 | 90 349 | 78 577 | 87 | 1 376 589 | 1 524 |
| D - 总计 | 97 713 | 81 356 | 83 | 1 234 850 | 1 264 |
| E - 总计 | 46 072 | 39 578 | 86 | 754 390 | 1 637 |
| F - 总计 | 44 289 | 38 329 | 87 | 765 030 | 1 727 |
| | 土地面积<br>(m²) | 建筑土地面积<br>(m²) | 建筑土地面积的比重<br>(%) | 总建筑面积<br>(m²) | 容积率<br>(%) |
| A - 1 | 413 | 413 | 100 | 4 130 | 1 000 |
| A - 2 | 2 936 | 2 928 | 100 | 65 732 | 2 239 |
| A - 3 | 5 205 | 4 491 | 86 | 112 361 | 2 159 |
| A - 4 | 7 266 | 6 251 | 86 | 27 259 | 375 |
| A - 5 | 7 069 | 5 834 | 83 | 48 738 | 689 |
| A - 6 | 8 912 | 8 197 | 92 | 53 163 | 597 |
| 总计 | 31 801 | 28 114 | 88 | 311 383 | 979 |

资料来源:http://www.mid-tokyo.com/

图 4.6 显示东京中央 4 区容积率分布图。东京中央 4 区的面积为 6 033 hm$^2$，与纽约曼哈顿和北京二环以内的城区大体相当。东京市容积率最高仅为 12.29，不及纽约曼哈顿的一半。东京市中央商务区容积率低的主要原因是日本皇室占据了城市中央区的位置，因而城市规划对城市的高度实施了严格的控制。

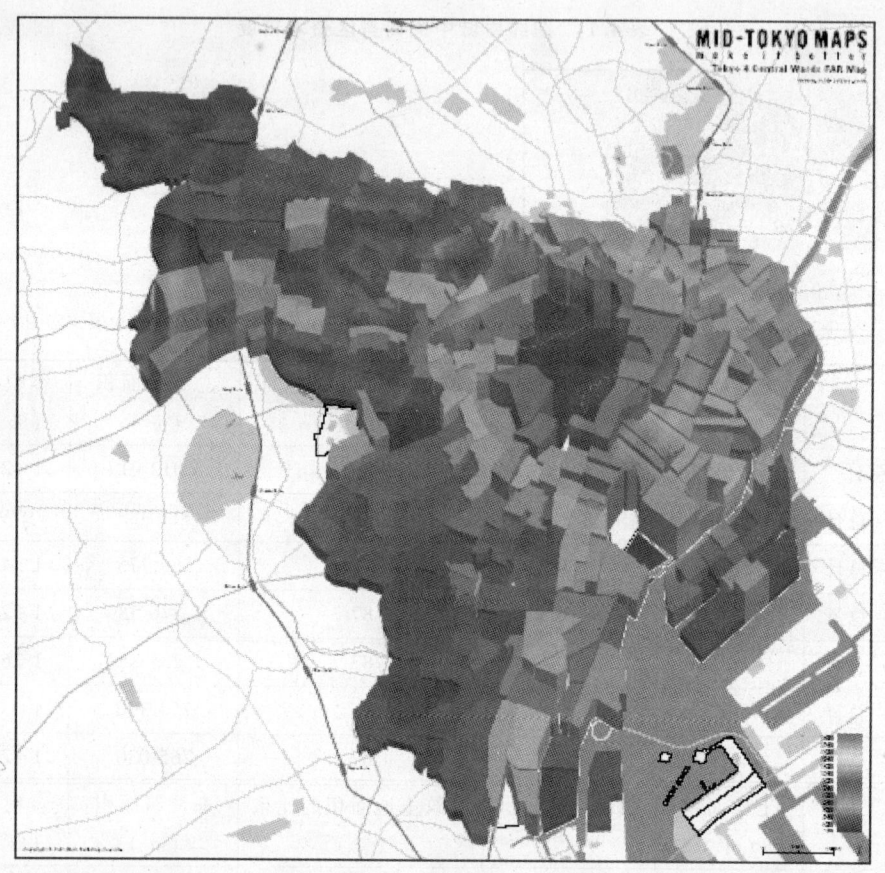

图 4.6　东京中央 4 区容积率分布图（另见书末彩图）
资料来源：http：//www.mid-tokyo.com/

## 三、人口密度

人口密度是衡量城市人口空间分布的重要指标。人口密度是单位土地面积上的人口数。人口密度从一个方面反映城市经济活动和土地利用的强度。其他不变，人口密度越高，城市活动强度越集聚，土地利用强度越高；反之，人口密度越低，城市活动和土地利用强度都越低。需要指出的是，人口密度计算所依据的人口数据是根据城市人口的居住地统计的，可以认为城市居民晚上都要回去睡觉，因而城市人口密度表征的是午夜 12：00 至凌晨 6：00 城市夜间人口活动

第四章 为什么空间结构影响城市竞争力　65

强度。

人口密度分布是城市人口特征的一个重要方面。城市人口特征及其分布与劳动力分布(供给)、城市住房、城市房地产市场、城市基础设施等都有密切的关系。城市人口密度分布一般有3种形式:平面图、三维立体图、空间截面图。

图4.7描述世界7个城市的人口密度三维分布。除莫斯科市以外,其他6个城市(雅加达、巴黎、上海、柏林、伦敦、纽约)的人口密度空间分布有着明显的相似性,即人口密度的空间递减性,这6个城市人口密度空间分布所表现的不同,仅仅反映在中心城区最高点的人口密度和空间递减的速率(递减曲线的斜率)。印度尼西亚首都雅加达和上海中心城区的人口密度远远高于伦敦和纽约,

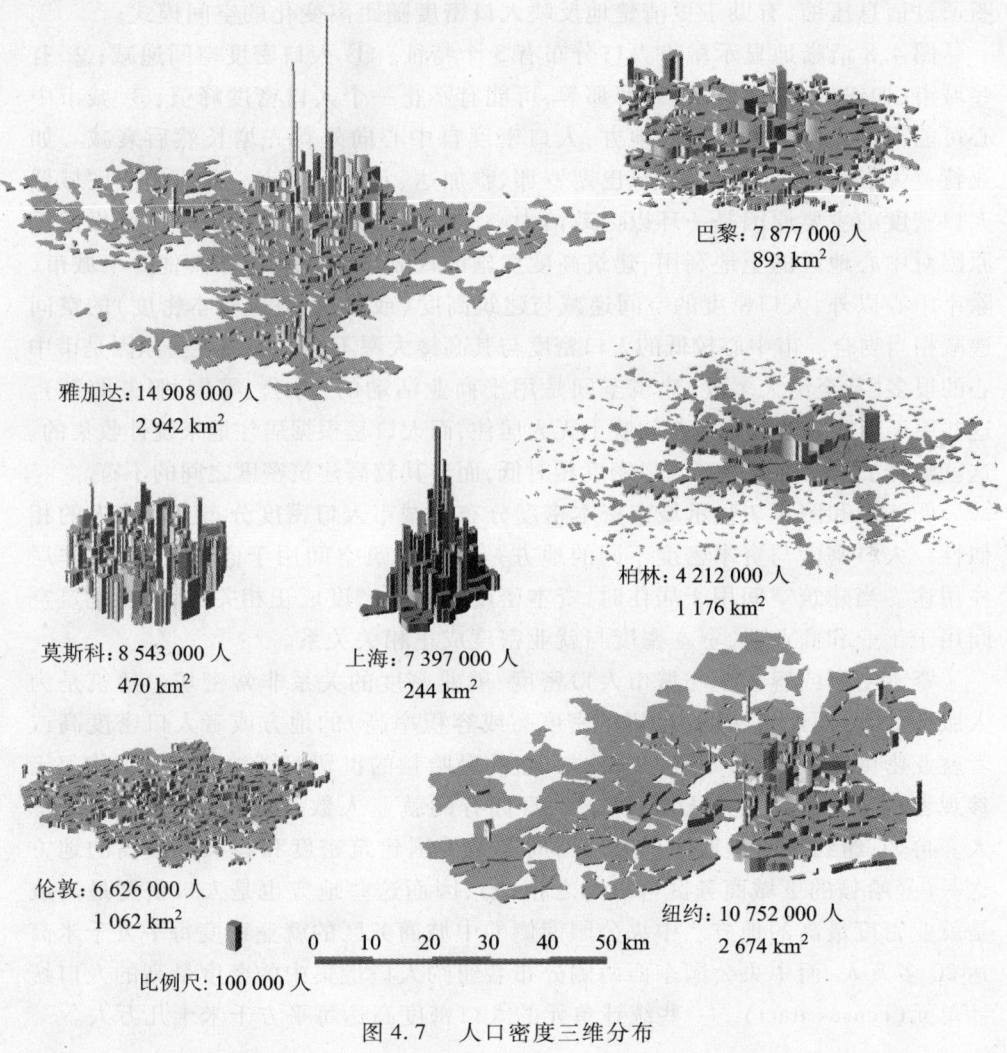

图4.7　人口密度三维分布

资料来源:Bertaud,2003

且上海的人口密度的空间递减速率是相当高的。正是由于上海中心城区的高人口密度和陡峭的人口密度空间递减使上海的建成区面积远远小于同类规模的城市。上海人口(739.7万)是纽约人口(1 075.2万)的73%左右,但是上海建成区(244 km$^2$)不及纽约建成区(2674 km$^2$)的10%。两者相差甚远。需要特别强调的是,中心城区人口密度的高低和空间递减速率的快慢只是"量"上的不同而非"质"上的区别,因而可以说这6个城市的人口密度分布有着惊人的相似。

空间截面图压缩了空间信息,能够将人口分布与房地产市场和城市基础设施的利用效率直接联系起来。图4.8描述亚特兰大、洛杉矶、纽约、巴黎、华沙、巴塞罗那、雅加达、北京、曼谷等城市人口密度的二维空间截面分布。空间截面图通过信息压缩,有助于更清楚地反映人口密度随距离变化的空间模式。

图4.8清晰地显示城市人口分布有3个特征:① 人口密度空间递减;② 有些城市,如纽约、洛杉矶、巴塞罗那等,可能有不止一个人口密度峰值;③ 城市中心可能不是人口密度最高的地方,人口密度自中心向外首先增长然后衰减。如亚特兰大、纽约、洛杉矶、巴黎、巴塞罗那、雅加达、北京等城市。北京中心区域低人口密度的主要原因是一环以内政治中心、历史建筑保护、传统街道房屋保留等原因对中心地区的土地利用、建筑高度实施的规划限制所致。在其他8个城市,除市中心以外,人口密度的空间递减与建筑高度(或建筑密度、资本密度)的空间递减相当吻合。市中心较低的人口密度与其高楼大厦不相一致的主要原因是市中心的很多(甚至绝大多数)建筑空间是用于商业活动的(办公、零售、服务业等)。这些用于商业活动的建筑空间晚上无人居住,而人口是根据居住地来统计收集的。这就解释了市中央商务区人口密度相对低,而与其较高建筑密度之间的不符。

图4.6和图4.7显示城市资本密度分布与城市人口密度分布有着惊人的相似性。人口密度与资本密度不同的地方是城市建筑空间用于商业、工业等非居住用途。当建筑空间用于居住时,资本密度与人口密度成正相关关系,当建筑空间用于工业和商业时,资本密度与就业密度成正相关关系。

资本密度或容积率与城市人口密度、就业密度的关系非常密切。建筑是为人服务的,因而建筑密度高(资本密度高或容积率高)的地方或者人口密度高或者就业密度高,两者必具其一。比如,纽约曼哈顿的世贸双塔被撞之前平均每天参观者数量高达十几万人次,加上本身拥有的就业人数,白天人口密度高得惊人。再如,纽约曼哈顿地区中央公园周围是美国建筑密度和容积率最高的地方之一(曼哈顿的下城商务区可以与之相比),因而这些地方也是人口密度最高或是就业密度最高的地方。中央公园南侧的中城商务区的就业密度每平方千米高达20多万人,而中央公园东西两侧分布着纽约人口最集中的密度最高的人口统计单元(census tract)。一些统计单元的人口密度高达每平方千米十几万人。①

---

① 见:http://lewis.sppsr.ucla.edu/GIScontest/OsgoogEtAl_LANYDensity_report.pdf

尽管东京市中心的4个区与纽约曼哈顿区有大体相当的人口密度,每平方千米都在5.5万人左右,但是两者的资本密度(容积率或建筑高度)却有相当大的差别。纽约曼哈顿资本密度远远高于东京市中心的资本密度(图4.5、图4.6)。纽约曼哈顿高楼林立,东京市中心楼层大多不高。同样的人口密度、不同的建筑密度意味着人均建筑空间的不同。因而,很容易地推出在东京生活与工作的人,要比在纽约曼哈顿生活与工作的人享受的空间小,东京市中心要比纽约曼哈顿拥挤得多。

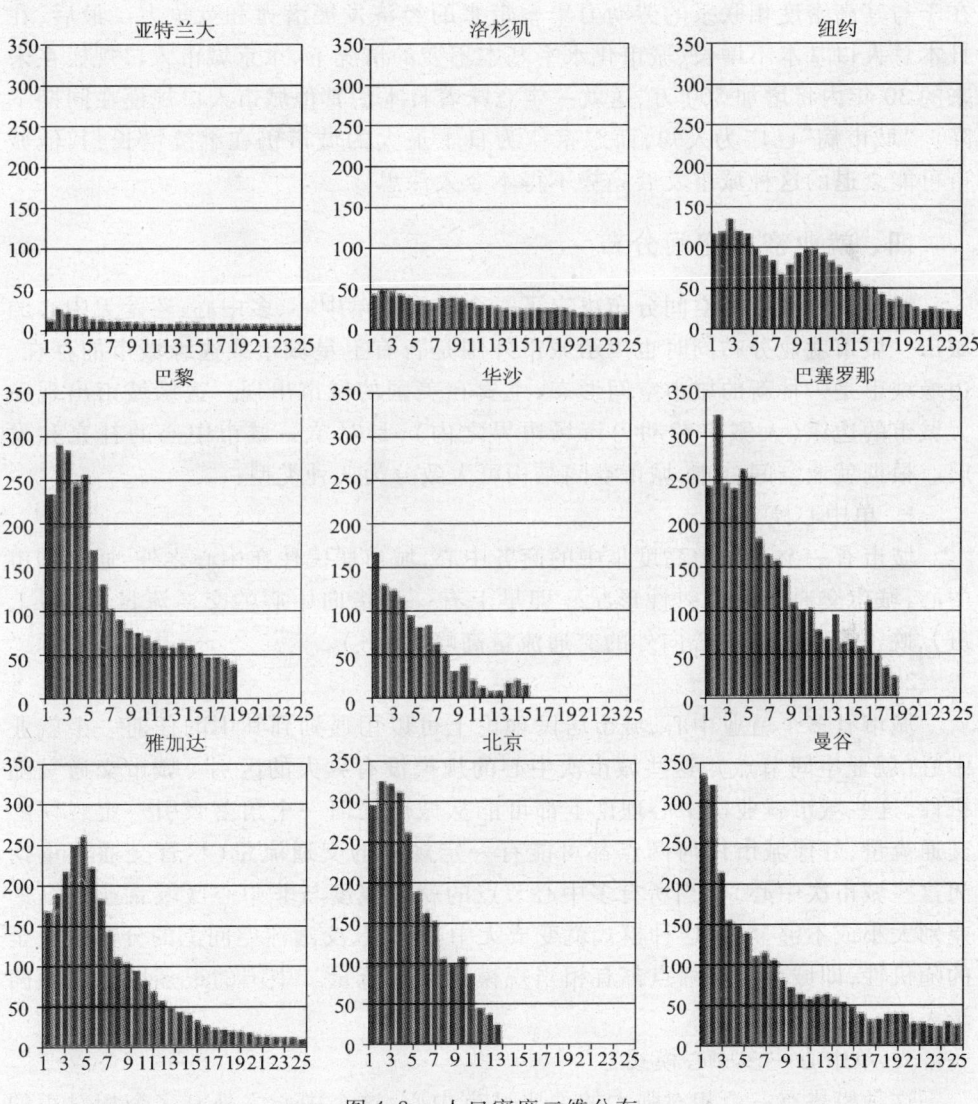

图4.8　人口密度二维分布

资料来源：Bertaud, 2003

东京过去几十年的持续发展说明了东京的经济集聚效益远大于东京大都市"病"给企业和个人带来的经济成本,这是东京城市增长的原动力。东京仍然闪烁着"魅力",吸引着企业和个人来寻求更大的经济机会。尽管东京要比中国任何一个城市都要拥挤,它的高密度并没有影响它发挥经济功能,也并没有降低东京在日本、亚洲、甚至世界范围内的经济地位。此外,东京大都市 2000 年的人口为 2 500 万,城市规划正在为 2030 年 3 000 万的城市人口作准备。可见,与东京的高密度和拥挤相联系的"城市病"并没有抑制城市的发展。东京的经济活力在于与其高密度相联系的劳动力集聚带来的经济发展潜力和竞争力。最后,在日本总人口基本不增长、城市化水平基本不变的情况下,东京城市人口规模在未来的 30 年内将增加 500 万,这就一定意味着日本的其他城市人口规模在同期下降。"城市病"已广为人知,而东京作为日本最大的城市仍在继续增长,其他城市可能衰退的这种城市发展趋势不得不令人深思。

## 四、就业密度空间分布

城市就业密度的空间分布决定了一个城市是单中心、多中心,还是无中心的城市。城市就业分布同时也揭示城市外围是否有卫星城市或边缘城市的存在。边缘城市是一种新的城市空间形态,主要在美国的城市出现。边缘城市出现在大城市的边缘(大城市劳动力市场边界之内),是对单一城市中心的补充和发展。根据就业空间分布,城市空间结构可大致分为 3 种类型:

1. 单中心模式

城市有一个劳动力高度集中的商务中心,城市居民住在中心之外,通勤到市中心,城市交通流呈放射性形状。即早上有一个指向中心的交通流量高峰(上班),晚上有一个自中心向外的交通流量高峰(下班)。

2. 多中心模式

城市有多个就业中心,城市居民理论上可以用通勤到其中的任何一个就业中心(就业空间节点),这些城市次中心的规模没有太大的区别。城市交通呈随机性,这些城市就业次中心理论上都可能从城市任何一个角落吸引一定规模的交通流量,好像城市任何两点都可能有一定规模的交通流量(尽管交通流量指向这些城市次中心)。当所有多中心节点的就业强度与非中心区域就业强度的差别大小或不够显著,这种模式就变成无中心模式,交通流空间上的分布呈完全的随机性,即城市任何两点都有相当规模的交通流量。中国的很多城市更倾向于无中心的城市形态。

3. 单中心—多中心模式

这种模式有一个相对强大的主要城市中心,这个中心之外有多个相对小的子(次)中心。交通流量的空间分布既有放射状,又有随机状。

图 4.9 是描绘洛杉矶市就业密度的空间分布图。从该图可得出如下结论:

① 就业密度是空间递减的;② 就业分布要比人口分布紧凑得多,即就业分布更加集聚(对比图 4.8);③ 就业密度的最高值远远大于人口密度的最高值,这意味着就业密度空间递减的速率要远远大于人口密度空间递减的速率,即前者的斜率远远大于后者的斜率。这与就业分布的高峰值和空间紧凑密切相关;④ 就业密度最高值与人口密度最高值在空间上并不一定重合。

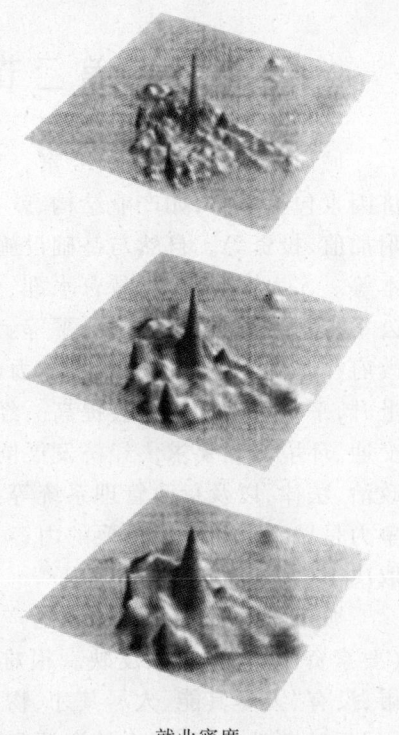

就业密度

图 4.9　洛杉矶市就业密度分布图(逐步放大)

人口密度与就业密度的空间分布可能有相当大的差别。人口密度度量的是晚上12:00至凌晨6:00的城市活动(人口密度是从人口统计资料计算而来)(Ding,2004a)。无论是东京还是纽约,人口密度高的地方并不是就业密度高的地方。东京市中心和纽约曼哈顿的白天人口密度(主要是就业人口)分别是夜间的6倍多和2倍多。有意义的是,东京的就业与住宅在 1970—1990 的 20 年里持续不断地向一个方向演变(图 9.2)。越靠近市中心,就业的聚集程度越高,夜间人口聚集程度越低。靠近市中心的 3 个区,大约 45 km², 在 1979—1990 的 20 年里,白领工人上升了 37%,白天人口上涨了 29%,而同期夜间人口下降了 35%。内 8 区(114 km²)的白领工人上升了 50%,白天人口上涨了 25%,而同期夜间人口下降了 29%。东京 23 个区(621 km²)白领工人上升了 46%,白天人口上涨了 8%,而同期夜间人口下降了 8%(表 4.2)。这说明,随着城市的发展,城市中心的商业活动越来越集聚,导致该区位人口集聚的分散,也就是说原来用于住宅的建筑空间被商业或其他经济活动所替代,导致城市中心人口密度的下降。这种城市中心经济活动强化、人口集聚弱化的趋势称之为城市中心人口的"空心化"。这种现象在日本东京表现得非常明显。

表 4.2　东京就业和住宅时空演变

| 年份<br>地区 | 1970 年 | | | 1990 年 | | |
| --- | --- | --- | --- | --- | --- | --- |
| | 白领工人 | 白天人口 | 晚上人口 | 白领工人 | 白天人口 | 晚上人口 |
| 3 个中央区 | 100 | 100 | 100 | 137 | 129 | 65 |
| 8 个中央区 | 100 | 100 | 100 | 150 | 125 | 71 |
| 23 个区 | 100 | 100 | 100 | 146 | 108 | 92 |

注:以 1970 年的人口为 100。

## 第二节 城市竞争力

城市竞争力包含4大要素:经济、自然与基础设施、人力资源,以及制度。经济因素包括很多,如产业结构、就业结构、收入结构、劳动生产率、生产总量、劳动附加值、投资等。自然与基础设施,包括地理区位、基础设施、生活成本、企业成本等。人力资源,包括教育水准、劳动技能等。制度因素包括奖励与惩罚机制与公平,监督机制的效率与公平等。经济因素是最重要的要素之一。经济发展了,政府在基础设施方面的投资能力就能相应提高;经济发展了,人均教育投入就会上升,平均劳动技能就会提高。经济发展带来收入的增加,由此可提高对住房、交通、环境等高要求。经济发展同时也促进教育和基础设施的投资,改善社会、政治、法律,以及行政管理系统等方面的公平性和效率。由此可见,城市经济竞争力是城市竞争力最重要的内容。然而,城市经济竞争力强弱在很大程度上又取决于城市(资源)效率。

城市竞争力可以用经济的产出(经济生产率)来度量,也可以从要素市场(要素资源的效率)来反映。很难想象在一个用经济产出衡量很有竞争力的城市,没有"人尽其能、人尽其才、物尽其用"。这里,"人尽其能、人尽其才、物尽其用"反映劳动力资源、土地资源和资本资源都得到最大限度的利用,这些资源的效率也最大化。总之,城市经济竞争力强弱很大程度上取决于城市(资源)效率。此外,城市基础设施建设直接或间接地影响城市的生产和生活。因而,城市效率反映在土地资源效率、资本资源效率、劳动力资源效率,以及有效的城市基础设施投资和城市基础设施的最有效利用等四个方面。

## 第三节 城市竞争力与城市空间结构

大城市有很多问题,如交通拥挤,环境污染,住房紧张,城市基础设施不足等。这些问题被统称为"城市病"。顾名思义,只有城市才会得城市病,城市规模越大"城市病"就越突出(如交通拥挤)。很多社会学家和地理学家认为城市范围达到一定规模就会得"城市病","城市病"会产生反城市化力量,促使城市居民向外迁移,城市规模将开始下降。如果这一理论是正确的话,我们观察到的应是最大规模的城市的城市病最严重,因而最大城市的规模应率先缩水。实际上,世界城市发展的经验表明城市发展道路并不这么简单。世界最大城市中的纽约(美国最大)、东京(日本最大)在过去的50年里规模在不断地增长。尽管日本已进入老年化社会,总的人口增长已相当缓慢,但是东京近郊都市圈的人口预计将从目前的2 500万增长到2020年的3 000万。而美国规模不是最大城市的布法罗(Buffalo)、底特律等城市却经历了20世纪70年代至20世纪末的衰退。

因而,我们要问,尽管"城市病"比较普遍(特别是大城市),为什么有的城市规模在不断地增长,而有的城市在衰退?研究文献表明城市增长或衰退与城市规模本身并没有直接必然的联系。西方城市经济理论指出,城市发展的主要原动力是城市经济的空间集聚效应(agglomeration)(Papageorgious,1999)。城市空间集聚效应的主要内容之一是劳动力市场的规模和整合(labor pooling)。具规模和统一的劳动力市场,一方面有利于企业;另一方面有利于就业者。对企业来讲,有规模和统一的劳动力市场有利于企业很容易地雇用到企业扩张时所需的劳动力,同时又可以在企业萧条时期廉价地解雇雇员。之所以廉价地解雇雇员是因为对雇员而言,他们在大的劳动力市场中(有很多同样的企业)比在只有独一无二的企业的城市更容易再找到同样的工作。

### 一、城市空间结构与劳动力市场的效率

以纽约曼哈顿为例,城市的特点是:① 高密度(高资本密度、高建筑密度、高人口密度。纽约曼哈顿是美国最高人口密度的地区);② 建筑相互连接;③ 劳动力的高度凝聚;④ 集中的城市绿地。纽约曼哈顿的城市发展有3个优点:① 劳动力市场高效率;② 土地资源和资本资源的最有效率的利用(在下一节详细介绍);③ 生态和环境的最优化(纽约曼哈顿城市发展是有过多的私人小汽车使用和没有制定与土地利用密度相适应的交通政策2个缺陷)。一个 $7\sim8\ km^2$ 的中央公园集中地建在市中心昂贵的地段上,这种模式比同样 $7\sim8\ km^2$ 的绿地但是零散地分布的模式能取得更大的生态环境效应(整体大于部分之和),为多种动植物提供了休息、生养的场所的2个优势。

世界性的城市都有高的劳动力密集点(所称的城市商务中心)(第七章)。高的就业密度提高了人与人面对面的交往机会。而人与人面对面交往不仅是各种各样合作交流(经济、商业、科学技术、管理、文化等领域)的必要条件,而且是思想、文化、科学技术等方面发明创造和推广的必要条件。两个人随意的一个午餐聚会可能会带来意想不到的创新想法。高科技和第三产业的很多部门都要去人与人面对面的交往。城市高就业密度不仅是现代城市发展的结果,同时也是促进城市发展的动力。

世界城市发展经验表明,当大城市有更有效的劳动力市场时,大城市的劳动生产率比小城市高。大且整合的劳动力市场和劳动力市场的规模递增性是大城市存在和发展的内在动力。劳动力市场规模递增性指的是每增加一个劳动力所带来的边际效应是递增的。这解释了尽管"城市病"在东京和纽约都相当突出(比其他城市),但这些城市规模仍在不断增长的原因。

相反,中国的城市空间形态的特点是:① 低资本密度;② 低建筑密度;③ 与

附近的住宅相连（新型式混合模式）；④建筑分割绿色空间，绿地分割建筑。这种城市空间模式带来以下几个方面的低效率：①（没有必要地）增加人与人面对面的交往机会和成本——降低劳动力市场效率；②低的资本投入（地的资本密度）降低了资本资源和土地资源的利用效率；③分散的绿色空间除了美观以外并没有任何生态和环境功能；④低密度发展一方面增加了政府在城市基础设施方面的负担（投资增长），另一方面减少了政府财政收入（美国地方政府财政收入的70%以上来自于城市房地产税。中国还没有像美国那样的房地产税，但是新一轮的税制改革中的一项重要任务是发展和建立中国的房地产税和物业税）；⑤小区范围内的就业和住宅平衡既限制城市商务区功能的充分发挥（郑州的新商务区太小），又增加了交通成本，违背劳动力市场原则。产生这种中国城市低效率模式的原因有：中国城市规划等同于完美的竞赛，不考虑劳动力聚集效率，不考虑土地利用与交通的整合，不考虑土地利用对公共财政的影响（无物业税），很少考虑城市经济的发展规律。

## 二、城市空间结构与土地市场和资本市场的效率

在市场经济条件下，土地开发商根据土地与资本的相对价格，来选择最优的土地投入量和资本投入量，以求利润的最大化。在其他因子不变的假设下，当地价上升时，开发商应（并被允许）用资本去替代土地投入，结果资本密度上升。当地价下降时，开发商就会用土地去替代资本投入，结果资本密度下降。资本和土地的自由替代关系保证了城市土地市场和资本市场最有效的利用。在一个土地市场发育的城市里，土地价格与城市资本密度的关系表现出相当程度的正相关（如图4.9）。巴黎的城市密度与土地价格呈高度的相关性（图4.10）。因为没有资本密度资料，这里用人口密度来替代。假设人均建筑面积消费水平不随空间距离变化，人口密度能够用来替代资本密度来说明土地价格与资本密度的关系。越靠近市中心，土地价格越高，人口密度也越高。假设人均建筑面积消费水平不随空间距离变化，人口密度越高说明资本密度也越高。根据城市经济理论，城市住房消费与土地价格也成正的相关关系。因而，是否假设人均建筑面积消费空间纪录不变，就变得并不重要了。总之，土地市场发育的城市空间结构如图4.10所示，资本资源和土地资源都得到最大化地利用和开发。相反，在一个土地市场不发育的城市里，城市人口密度（或资本密度）与土地价格的关系就复杂（如图4.11）。例如，波兰华沙市的人口密度不随土地价格的下降而下降，反而上升（6~7 km，10~11 km，15~16 km和16~17 km处）。

## 三、城市空间结构与城市基础设施和公共财政

不协调的城市发展降低城市基础设施的利用效率。城市青蛙式向外跳跃的发展，一方面增加城市居民的交通成本；另一方面增加地方政府的城市基础设施

的负担,减少单位道路长度的人口承载量(地区总人口除以总的道路长度),减少道路的利用率。美国现阶段流行的城市理性增长的核心目标之一就是鼓励能最大限度地利用城市交通设施的城市发展模式(压缩紧密型(compactness))。在一个过于拥挤的地区(地方)进行高密度的房地产开发,如果没有相应的公共交通措施,无疑是让已经拥挤的城市交通雪上加霜,增加该地区城市基础设施投资的成本(第七章)。

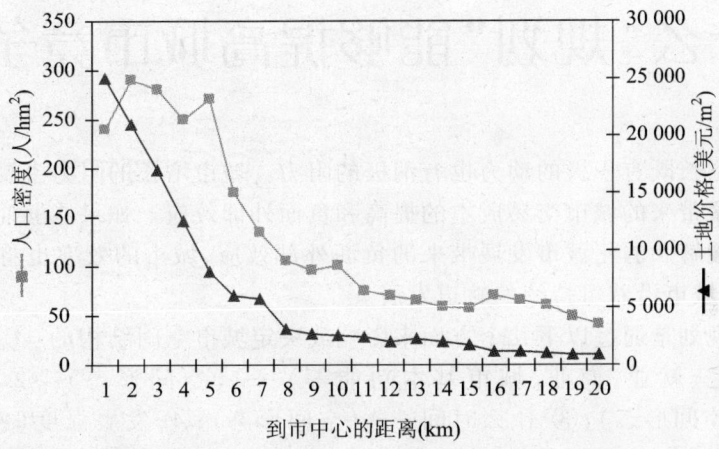

图 4.10　巴黎市(土地市场发育的城市)密度与土地价格的关系

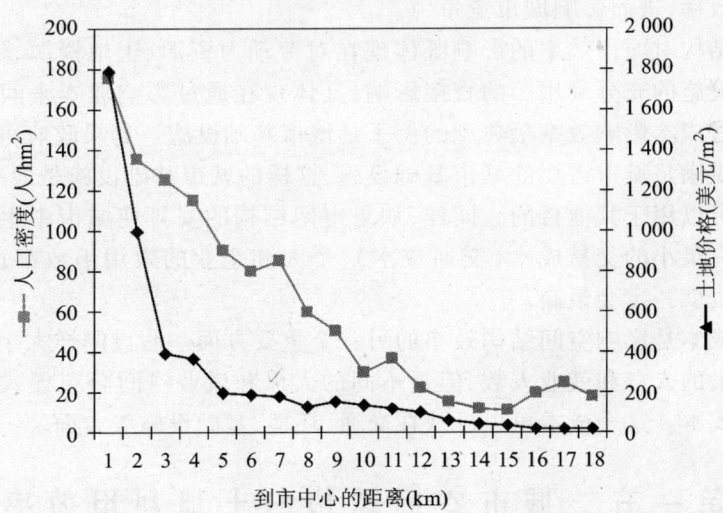

图 4.11　华沙市(土地市场不发育的城市)人口密度与土地价格的关系

# 第五章

# 为什么"规划"能够提高城市竞争力[①]

城市增长既有积极的动力也有消极的阻力。城市增长的阻力主要来源于城市规模集聚带来的城市交易成本的提高和负面外部效应。如果能够通过政策和规划手段缓解和弱化城市发展带来的负面外部效应,城市的效率也将得到显著的提高,使城市沿着可持续的轨道发展。

城市规划是通过以下几个方面来影响或决定城市空间结构的:① 哪项人类活动(住宅、就业、商业、城市基本功能等)——(空间形态);② 在哪(区位)——(空间形态);③ 什么时间——(空间形态);④ 发展强度(密度)——(空间形态);⑤ 人类活动如何联系(交通)——(空间形态)。上面的每一项规划内容都直接或间接地影响城市劳动力效率、土地效率、资本效率、城市基础设施的利用效率,进而影响城市竞争力。

空间结构对城市效率的影响既体现在对劳动力资源、土地资源、资本资源、城市基础设施的充分利用等的直接影响,又体现在通过影响成本来间接地影响效率。通过成本影响效率最典型的例子是城市基础设施。如果政府可以用最小的资金提供满足城市需要的城市基础设施,这样的城市基础设施是最有效的,节省的资源可以用于其他目的。同样,如果空间结构的安排使城市中生活和工商业活动都有最小的交易成本(交通成本),个人和企业的效用函数都达到最大,城市效率也就一定会最高。

城市成本是影响空间结构效率的另一个重要方面。假设同样大小的区域拥有同样数量的人口和就业人数,但是不同的人口和就业空间分布模式可能意味着不同的成本。这个成本可以反映在交通、环境、基础设施等方面。

## 第一节 城市空间结构与土地利用效率

土地地租是在土地上从事经济活动的残差。也就是说,土地上的经营活动

---

[①] 部分内容发表在《国外城市规划》,2005,作者丁成日。

带来的收入减去除土地成本之外的所有成本后所剩余利润就是土地地租（Richard）。土地上的建筑面积的市场价格随着距城市中心距离的增加而递减，且自由市场均衡条件是市场利润为零，导致土地地租也呈空间递减规律（Brueckner，1986）。由于不同的土地利用类型有不同的劳动生产力，因而不同的土地会带来不同的经济回报。结果，不同的土地利用类型在纵坐标上的截距是不一样的。另外，不同的土地利用类型对交通有不同的依赖程度，因而，不同的土地利用类型的土地地租曲线的斜率也不同（图4.1）。

在市场体系下，土地的拥有者为获取最高利益，将把土地出租或卖给出最高价格的租者或买者。这样，市场体系下，城市结构由土地地租曲线来决定，城市的边界定在城市地租等于农业土地地租的点上。当土地地租由于收入的增加，对交通的投资，使城市化的发展向外推移、城市区域向外扩张。由于社会发展和技术进步（生产技术的进步改变了制造业的生产流程，实现从垂直流程向水平流程的转变，交通技术的发展使交通成本在总的生产成本中微不足道，可忽略不计），不同的土地利用类型的土地地租曲线发生了不成比例的变化（截距和斜率）。由于土地价格对城市土地利用的作用，土地地租的变化带来了城市空间结构的重整。这种城市土地利用和空间结构的演变是由市场来支配和决定的。因而，判断城市土地利用效率高低的准则是，城市土地利用是否应用"最高和最好原则"来决定土地利用类型和强度。上面论述了土地价格与土地利用类型的关系。土地价格又决定土地利用强度，土地利用密度或强度与土地价格成正比（丁成日，2005a）。

承认市场在城市发展中的地位和作用并不等于说市场是万能的。市场是可能失效的。市场不仅降低资源的利用率，还给城市发展带来一系列社会经济、环境等问题。市场失效在城市发展中具体体现在以下几个方面：① 区位选择；② 城市土地利用之间的负面外部效益；③ 城市功能分区；④ 城市发展与城市基础设施的提供。

## 第二节 区位选择与城市效率

企业的主要指标是企业的效益最大化。而效益最大化是由企业的边际成本与边际效益来决定的。假设消费者购买商品时所承担的交通成本不计入企业的成本构成中，企业的选址会选从企业的角度是最优的，但从社会的角度不是最优的地方。图5.1很好地说明这一点。假设有一条街，人口密度均匀分布，人的收入和消费倾向都一样。再假设有两个卖冰淇淋的人（A和B），她们从同一个厂家进货，因而价格和质量都一样。两个人都有同样的服务态度，消费者将从最近的人卖冰淇淋（他们不会多走一步路去以同样的价格买同样的产品）。假设初始位置如图5.1所示。根据前面的假设，A的市场是A的左侧的人数，而B的市场是 B 的右侧的人数。显而易见,B 的市场要远大于 A 的市场。A 想,我不比你聪明,但我绝不比你笨。为使自己的利益最大化,A 就挪到 B 的右侧(图 5.1 的博弈阶段)。这样,A 的市场份额就大于 B 的市场份额。看到 A 的行动,B 想,我不比你聪明,但我绝不比你笨。为使自己的利益最大化,B 就挪到 A 的右侧。这样博弈的结果,两人最终停在街道的中心点上(图 5.1 的第三阶段)。这一点是市场均衡的,对每个人都是效益最大的,也是稳定的。每个人都不会增大市场份额从而获取最大的利益。无论是谁,无论向哪个方向移动都会降低市场份额。

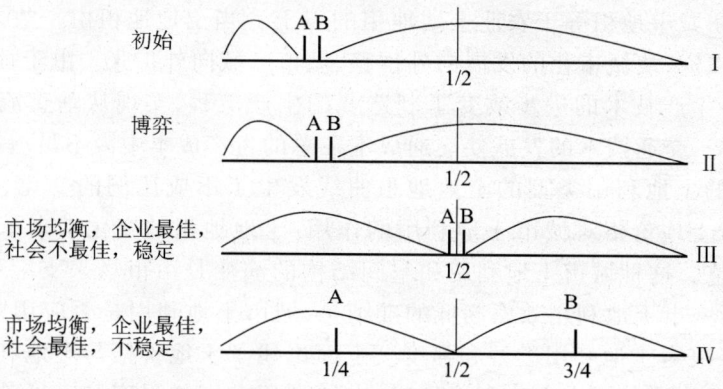

图 5.1　优化与区位选择:Hotelling 模型

然而,街道中心点不是社会最优的区位。假设卖冰淇淋的两个人的区位选择如图 5.1 所示(1/4 和 3/4 点上)。两个人的市场份额各为 50%,与市场自由竞争是一样的。也就是说,个人是最优的,市场是均衡的。因为这种分布大大地降低了消费者的交通成本,我们也取得了社会最优。然而,这种分布是不稳定的,卖冰淇淋的人有极大的倾向向另一个人靠拢,以图扩大自己的市场份额。我们面临的是如何在不影响个人利益的基础上同时追求社会最优。前面的例子说明,如果我们能够通过规划的手段将卖冰淇淋的区位选择定在 1/4 和 3/4 点上,我们对市场的干预是最成功的:个人的利益不受影响,社会的利益达到最大。这应该是城市规划的最高原则之一。规划师的任务之一就是寻找能够同时达到个人最优和社会最优的区位。遗憾的是,当我们将研究去扩大到三维空间时,不得不借助于复杂的工具(如数学模型)来帮助我们去寻求这样的区位。有时问题的复杂性超出了我们能够处理的范围,或者说我们在现有的基础上无法求得这样的最优区位。这时候,让市场去决定城市发展可能是最好的策略。因而,我们需要知道"规划"介入的范围,不是什么时候"规划"都应该干预市场的。

## 第三节 城市土地利用之间的负面外部效应

城市里有各种各样的土地利用类型。如住宅、工业、交通、商业、办公等。一种土地利用类型对其他土地利用类型有负面的影响。如污染工业（污染）、飞机场（噪音）、垃圾处理场（心里感觉）等对住宅的负面影响。Nelson 等（1993）、Cartee（1989）、Pettit 和 Johnson（1987）等通过实证研究发现,垃圾处理场的存在可降低附近房地产价格的 7%～12%。同时,房地产价格还受下面几个因子的负面影响：空气污染（Ridker 和 Henning,1967）、地下油气罐（加油站）（Dotzour,1997）等都显著地降低周围房地产的价格。

在美国,房地产税每年都要由房地产的拥有者向地方政府纳税。房地产税是地方政府的最主要财政来源,占地方政府税收收入的 75%（平均）,占地方政府所有收入（包括政府间财政转移）的 45.3%（平均）。房地产税等于房地产的税率乘上房地产税基。房地产税率一般在 1%～3% 之间。一般地说,房地产税的税基是房地产市场评估价值。[①]

房地产不仅对个人（家庭）的财富很重要,而且是美国地方政府重要的财政来源。因而,保护房地产价值既满足了房地产拥有者的利益,又符合地方政府的自身利益。在美国,最常规消除或弱化不同土地利用之间的负面外部效应的规划手段是土地利用功能分区（zoning）。土地利用功能分区将互不相容的土地利用类型在空间上分隔开,即住宅集中在一起,工业（特别是重工业和污染工业）集中在一起,他们之间用城市绿地分开。

## 第四节 城市用地功能分区域与城市效率

城市规划通过规划手段如功能分区,来最小化土地利用间的负面效应,以此来提高城市效率。然而,城市效率是由很多方面组成的。下面的例子可很好地说明功能分区对城市效率的贡献和局限性。假设有两种土地利用类型：A 和 B。如果没有土地利用外部效应,土地市场的均衡要求 A 和 B 的土地地价相同。假设 A 是工业用地,B 是住宅用地。同上,工业土地利用对住宅有影响,而住宅用地对工业没有影响。也就是说,A 用地对 B 用地有负面影响,而 B 用地却对 A 没有负面影响。土地利用的负面外部效应最终通过土地地价反映出来。其他所有条件都一样,如果住宅用地靠近工业用地,地价将低于远离工业用地的住宅用地。因为住

---

① 个别州不征收房地产税,如科罗拉多州、康涅狄格州、特拉华州、夏威夷州、爱达荷州、艾奥瓦州（衣阿华）、纽约州.俄克拉何马州、俄勒冈州、南达科他州、田纳西州、得克萨斯州、犹他州,但州内的城市征收房地产税。

宅对工业没有影响,工业用地的价格不受距离住宅用地距离 B 的影响。

图 5.2 说明两种土地利用空间的分布模式。第一种是高度混合模式。这种模式是基于如下假设:就业和住宅在微观上平衡。即在居住地上班。很显然,这种模式有最小的交通成本。然而,因为工业用地对住宅用地有负面的外部影响,这种外部效应的存在影响土地价格,使靠近工业的住宅用地的土地价格比正常的价格低。图 5.2 中的深色部分代表的是土地价格因不相容土地利用类型的空间集聚的下降总量。如果我们用土地价值来代表社会福利(social welfare),图 5.2 中 11 个深色方框表示的是总的社会福利的损失。图 5.2 中的土地利用高度混合理论上带来了最小的交通成本,最大的土地利用负面效应。

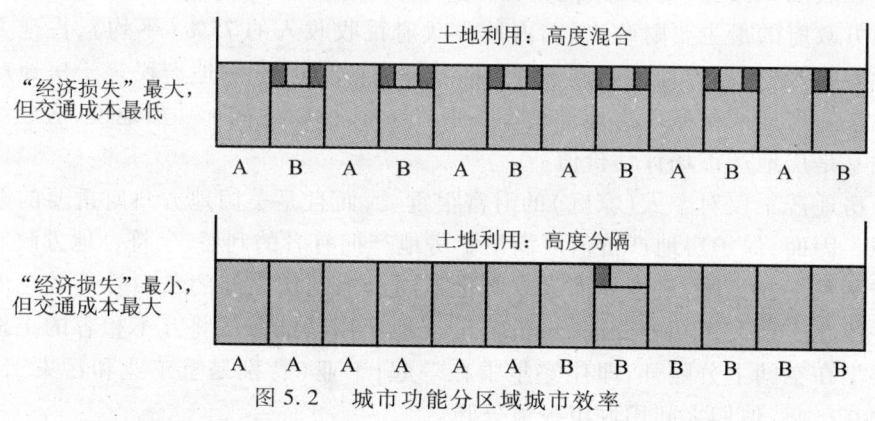

图 5.2　城市功能分区域城市效率

然而,需要指出的是,高度的混合模式并不一定会带来最小的交通成本。只有在下列的情形下,高度的混合模式才有最小的交通成本:① 每户人家只有一个人工作;② 当户主换单位时,就可以变换居住地,或当户主搬家(变换居住地),也可以换单位;③ 变换工作或变换居住地的交易成本忽略不计。当每户有多于 1 人工作时,我们可以把他们看成一个人,"同进同出"。也就是说,当一个人换工作时,其他人也跟着换到同一个地区工作;但一个人搬家,其他人也跟进。这三个条件是相当苛刻的,在大城市特别是特大城市是很难满足的。因而,高度混合模式很难取得最小交通成本的优势。同时,因为很多情况下每户有两人(夫妇)在不同的单位工作,理论上他们可以在城市空间的任何一点上,结果高度混合模式带来了城市交通流的混乱和无序。这种交通流的混乱和无序,一方面增加了交通管理的成本和难度,另一方面因为城市各个点之间都需要联系,而公共交通又无法经济地服务城市空间上各个点间的联系,增加城市交通需求(车千米数),降低公共交通的效率。

此外,高度混合模式又意味着:① 每个企业都可以在企业的周围找到最好的雇员;② 每个人都可以在所居住地的周围找到最理想的工作;③ 每个家庭都可以在居住地的周围得到最好的房屋、公共和城市服务(学校、消防、社区安全、健康设施等)。社会分工和专门化、规模效益、聚集效益,使高度混合模式的劳动生产率最低,这是因为高度混合的土地利用模式不利于城市基本服务和政府提供产品专门化发展,不利于政府经济规模效益的发展,不利于劳动力资源最大限度的发挥。试想,如果就业人员只在住地附近找工作,很难想象这个工作是最理想的;同样,如果一个企业雇员都是来自附近的居民,这也很难保证所雇员工是最适合的。

图 5.2 中的土地利用分隔模式与美国城市规划中的功能分区概念相吻合。将工业都集中在左侧,住宅集中在右侧,这种做法无疑将土地利用的外部效应最小化。因为土地利用的高度分隔,城市交通成本最大化。一般地讲,这种土地利用模式产生的城市交通流量要比严格意义上的土地利用高度混合产生的交通流量要大。但是,因为交通流在这种模式下是有规律的,交通管理就比较容易,同时可能经济有效地提供城市公共交通。理论上讲,两种土地利用模式各有其优缺点。哪种土地利用模式应在哪种情形下采用应在充分的成本效益分析的基础上做出决定,不能仅凭感觉。

## 第五节 城市发展与城市基础设施的利用效率

房地产开发商是以利益为驱动的。他们基本上不考虑他们所从事的房地产开发项目对城市基础设施和城市交通的任何影响。房地产开发商的开发项目直接或间接地决定着城市形态。这是因为开发项目影响城市人口和就业分布。住宅项目影响人口密度,而工业和商业项目影响就业密度。人口分布和就业分布是城市空间结构(形态)的最主要的因素(丁成日,2006b)。

图 5.3 对比了巴黎市和莫斯科市的空间结构,前者人口密度距离市中心的

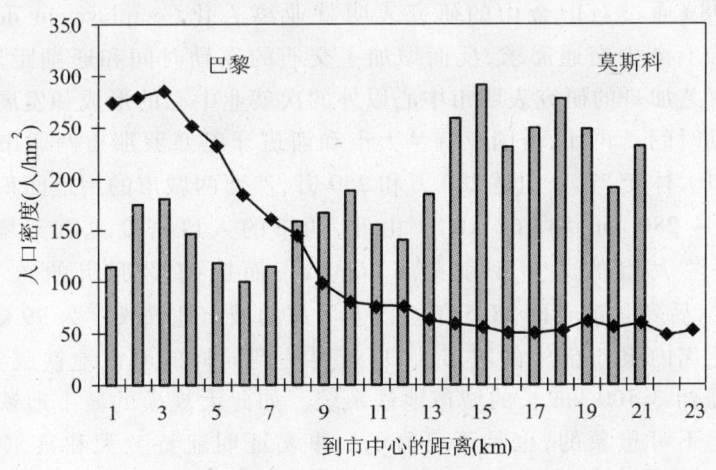

图 5.3 交通成本与人口-就业空间分布的关系

资料来源:Bertaud,2001

距离递增而递减,而后者正好相反,随距离的增加而增加。前者需要较少的道路建设就可以满足城市交通的需求,而后者需求建设相对密集的道路网,特别是在郊区。整个道路长度和交通通勤长度莫斯科都远远大于巴黎。

图 5.4 描述了不同的城市发展密度。显而易见,若支撑同等数量的城市人口,左边(城市蔓延式)的发展模式比右边(理性增长式)的模式需要多几倍的土地投入,需要的道路长度也会成倍数关系。蔓延式的低密度发展模式带来两种高交通成本:一是政府需要提供更长的道路建设所引发的建设资金投入;二是城市居民因更长的通勤距离所引发更高交通花费。无疑,这两种不必要的高额的交通成本必然降低城市竞争力和城市效率。

图 5.4　不同的城市发展密度有不同的城市基础设施建设成本

一般来讲,在其他所有条件相同的情况下,减小城市就业空间的集聚程度(如单中心向多中心变化),将增加城市交通成本和城市基础设施投资。Cervero 和 Wu(1998)通过对旧金山的研究表明就业离心化(employment decentralization)不仅没有减少交通需求,反而增加了交通的通勤时间和通勤距离。例如,McMillen 对芝加哥的研究表明市中心以外的次就业中心的形成和发展增加了城市平均通勤时间。再如,美国亚特兰大市和西班牙巴塞罗那市两城市中心建成区的总人口大体相当,分别是 280 万和 250 万,然而两城市的用地面积却差别巨大,分别为 4 280 km$^2$ 和 162 km$^2$。由此,两市的人口密度也有天壤之别(图 5.5),亚特兰大市的人口密度是 6 人/hm$^2$,而巴塞罗那市的人口密度是 171 人/hm$^2$,后者是前者的 28.5 倍。巴塞罗那的城市地铁长度为 99 km,其站点能在步行距离内服务 60% 的城市人口;若要达到同样的城市地铁服务水平,亚特兰大却需要 3 400 km 长的城市地铁系统。如此大规模的城市地铁系统所需要的投资是不可想象的,也是不可行的。事实证明亚特兰大和富尔顿、(FULTON),迪卡尔布(DE KALB)郡(1971 年)希望通过改进公共交通(The Metropolitan Atlanta Rapid Transit Authority,MARTA)来减少小汽车使用比例的努力都付之东流。虽然 MARTA 是全美第九大大众捷运系统,却普遍被认为是失败的大众捷运系统。具体来说,MARTA 的失败表现在以下几个方面:① 投资巨大、乘客率低、空载率高、营运成本高、浪费严重;② 未能有效地减少交通堵塞问题;③ 没有减轻空气污染严重的问题;④ 亏损严重。MARTA 失败的核心原因正是城市人口密度太低,因此无法用有限的城铁线路保证足够的承载率。

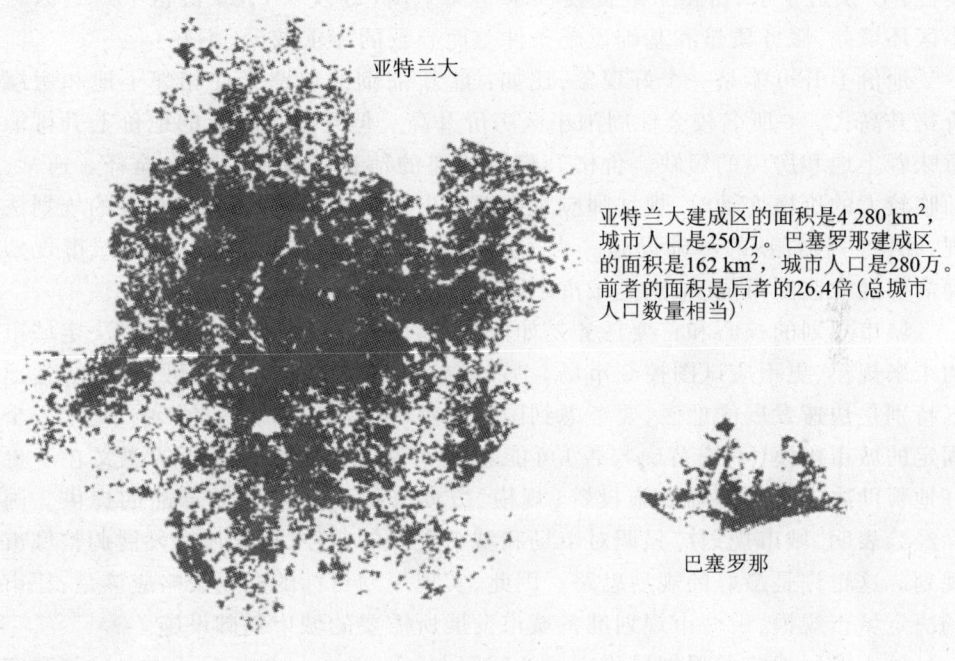

亚特兰大建成区的面积是4 280 km$^2$,城市人口是250万。巴塞罗那建成区的面积是162 km$^2$,城市人口是280万。前者的面积是后者的26.4倍(总城市人口数量相当)

图 5.5  亚特兰大与巴塞罗那的比较
资料来源:http://alain-bertaud.com/images/AB_The_spatial_organization_of_cities_Version_3.pdfSource

## 第六节 城市规划、市场、城市竞争力

城市规划应基于市场运作的基础,不应凌驾于市场之上。规划人员不仅要充分了解和把握市场发展趋势,同时也要分析和预测城市规划和政府法规对市场的影响,以及这种影响可能对城市空间发展造成的更进一步的影响等。比如,一个"过度"限制土地开发密度的土地法规,不仅会降低土地价值,同时,为了容纳同样数量的人口需要更多的土地,因此会增加基础设施的投资。一个允许提高土地开发密度的土地法规,不仅会提升土地价值,同时也可以限制城市在空间扩张。相对于低密度开发,高密度开发通常导致较低的房价(虽然此时土地价值较高)。

城市规划中一个重要的任务是基础设施规划和建设。城市规划人员应了解

基础设施与城市发展、与城市房地产市场的关系，并能利用这种关系指导城市发展和落实城市规划。

城市规划人员应当注意和理解土地价值变化所传递的信息。价格上升，通常说明供不应求；价格下跌，通常说明供过于求。虽然较低的房价可能使更多家庭有能力购房，但是价格下跌并非总是好现象。例如，社区内房价下跌有两种可能性：① 供过于求，价格下跌促使供求趋向平衡（好现象）；② 价格下跌是因为小区环境差，服务质量和基础设施条件差而导致的需求减少（不好）。

地价上升可能是一个好现象，比如：① 新铺砌的道路会使相邻土地和房屋价格升高；② 一所名校会使周围小区房价升高。但是整个城市的地价上升可能意味着土地和房屋的短缺。价格升降所传递的信息需要规划师来诠释。通常，面临较大的价格变动时，规划师应对规划作出以下一些调整：改变相关的规划法规，和（或）投资新的基础设施。为了能够及时对价格变动做出反应，城市规划师需要经常监测市场，特别是城市不同地区的房地产价格变化。

城市规划的核心和首要任务是如何服务、指导和管理市场，而不是决定城市的未来规模，更不应试图控制市场。另外，针对市场和未来的不可预见性，各地区特别是快速发展的地区，要考虑到国家宏观政策对地区发展的影响，确定一个固定的城市规模（不论精确与否）可能意义不大。预测城市规模的意义在于更好地帮助决定城市基础设施投资（规模、方向、时序等）和公共产品的提供。国际经验表明，城市规划应强调对市场和城市发展的监控，根据城市发展调整城市规划。这也许是最好的规划思路。因此，实现规划目标的规划策略应该是：让市场决定城市规模，由城市规划准备城市发展所需要的城市基础设施。

城市发展战略及规划风险应注意的问题：① 理论上未来不可预测性与现实预测的必须性之间的矛盾；② 基于预测制定的规划和发展战略可能带来的后果、成本、及其负面影响，或者说城市发展中不完全预测性的挑战；③ 任何政府行动一定会到来的后果，这些后果都隐含着风险和潜在的成本；④ 城市发展中的相互依赖性带来的挑战；⑤ 城市发展中不可分割性带来的挑战。

城市与区域发展是综合的，因而城市与区域（或城乡）发展战略和规划也应是综合的。规划的宗旨是如何影响未来空间格局的：① 最大限度地提高城市竞争力，进而推动城市经济的可持续发展；② 如何最大限度地提升劳动力资源、土地资源、资本资源的效率；③ 如何最大限度地发展城市基础设施建设和提高投资效率，进而同时最大限度地达到公共财政效率；④ 如何最大限度地协调发展与保护之间的矛盾，协调效率与公平之间的矛盾。这些是发展中所面临的并迫切需要解决的实际问题。

城市空间结构与城市竞争力的关系如图5.6所示。城市空间结构通过城市资源（土地、资本、劳动力）、城市基础设施、公共财政等方面的效率影响城市竞争力①。城市空间结构影响劳动资源的原因主要是：① 通过城市空间结构是否是有利于面的交往和沟通，从而使城市集聚效益发挥最大；② 是否最大限度地降低城市交易成本（包括城市交通成本），从而使城市负面外部效应降低到最低。城市空间结构影响土地资源和资本资源主要体现在城市发展过程中土地投入和资本投入是否能够根据它们之间的相对价格来相互替代。城市空间结构影响城市基础设施效率主要表现在在一定的城市规模范围内单中心城市能够以最小的成本提供有效率的交通网络，使城市内部得到最充分的连接。当城市人口超过一定的规模后，多中心城市可能有利于更有效地组织城市交通。

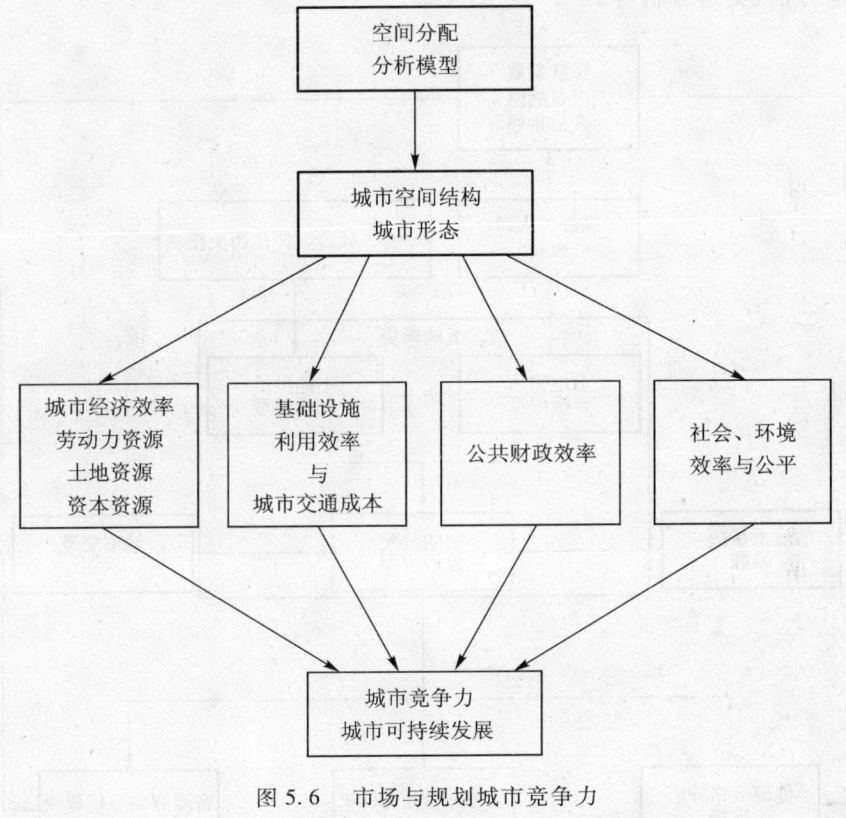

图 5.6 市场与规划城市竞争力

城市发展规划是综合性的，包括经济预测（类似中国的社会经济发展规划）、土地供给预测（类似于土地利用总体规划）、土地需求预测（类似于建设部系列的城市总体规划）、经济活动空间布局（类似于城市总体规划）、交通规划等；同时也涉及现有的城市建成区和非建成区（或农村），特别是未来将成为城市建成区组成部分的非建成区（或农村），这一点对快速城市化的中国有着特别

---

① 见丁成日. 城市空间规划——理论、方法与实践. 2007.

的借鉴意义。这是因为城市化的发展不仅意味着城市人口规模的迅速发展,同时也意味着城市空间扩展的必然。因而,中国主要规划(如社会经济发展规划、国土规划、城市规划、交通规划等)需要整合和相互协调。国外在这方面已积累了相对丰富的理论和经验,引进、吸收并结合中国国情加以应用是非常有必要的。图5.7显示整合的城市规划(相当于中国的社会经济发展规划、土地利用规划、城市交通规划、城市总体规划等整合为一体)。

相应的,规划采用了定性和定量方法来帮助规划和发展战略的制定。定量的方法主要有预测技术、经济结构分析方法(投入产出模型)、计量经济发展、空间分析方法、交通分析等。

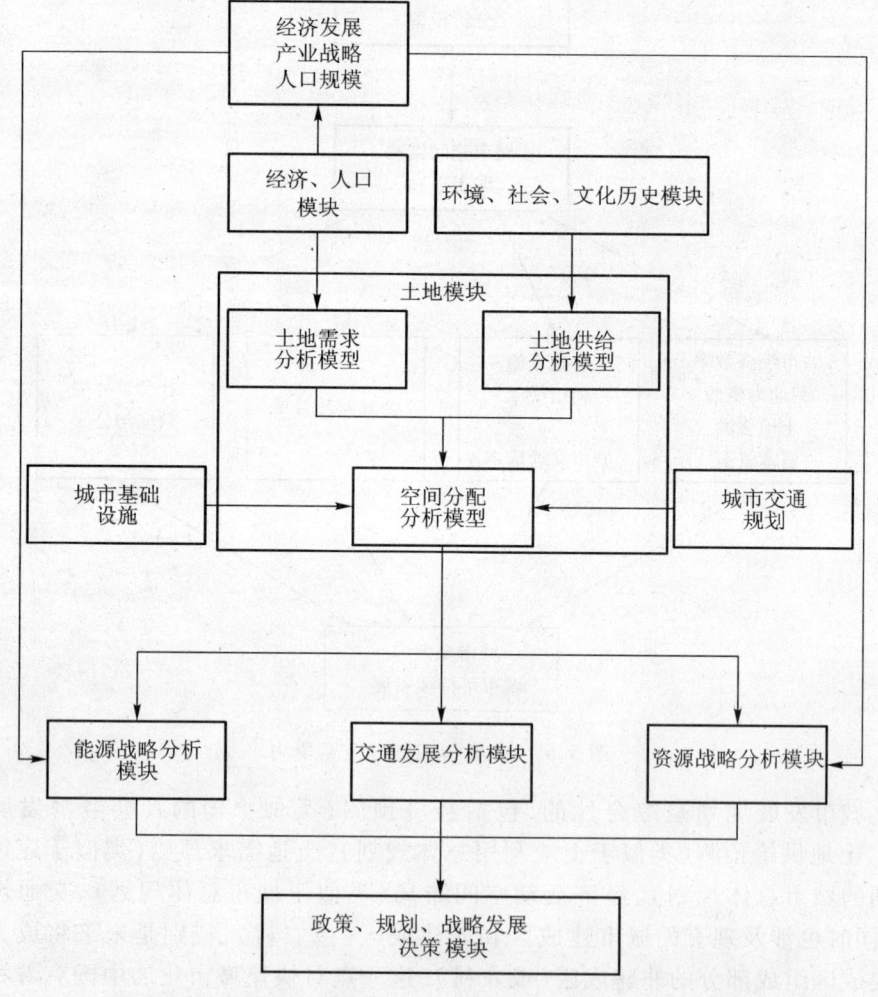

图 5.7　城市可持续发展与城市规划(整合的规划)

# 第六章

# 为什么不需要控制城市密度

经济上的巨大成功带来了中国城市的大发展,随之而来的是日益严重的"城市病"①,如交通拥挤、住房紧张、环境污染等。这些问题在一定程度上与城市密度(如人口密度)密切相关。一些学者和决策者倡导通过降低城市密度来缓解或解决这些"城市病"。此外,随着社会经济的发展,生活水平的提高,市民对城市发展的要求也越来越高:高效率的交通系统,舒适的居住休闲环境,良好的生活服务设施,以及对个人隐私的保护,等等。满足这些要求意味着,提高基础设施(道路等)、绿色空间、居住空间等土地利用类型在城市土地利用构成中的比重将提高,并降低城市密度。而增加城市密度则被认为是恶化城市问题的原因,是与高品质城市建设背道而驰。于是,控制城市密度的呼声也越来越高(丁成日,2004a)。

控制城市密度是真的可以给我们带来所期望的舒适的环境、通畅的交通吗?这是一个非常重要的政策问题。为了回答这个问题,我们不仅需要了解为什么要控制城市人口,更需要深入地认识控制城市人口所带来的种种社会经济后果;不仅需要了解城市密度是如何在市场机制与政府共同作用下形成的,更需要掌握城市密度是如何随着时间的推移,在市场机制的作用下,而发生调整。因此,掌握城市密度形成及演化的机制是我们把城市规划得更好,建设得更好的诸多前提之一。只有这样,我们才能提出合理的城市发展对策,使城市规划和建设能更好地结合市场规律,充分发挥城市有限的资源(劳动力资源、资本资源、土地资源以及政府的财政资源)。

本章将简单地从理论上阐述决定城市密度的市场机制,说明不应该控制城市密度、应该控制城市密度或高度的理论基础,指出控制城市密度所带来的后果。

## 第一节 城市密度的决定机制——静态模型

假定城市的商业中心(CBD)坐落于一均质平原的几何中心。所有的就业

---

① 发表在《国外城市规划》,2004,有删减,作者丁成日。

机会都集中在它的 CBD,而城市居民住在 CBD 的外围,通勤到 CBD。假定交通网络是均质分布,城市居民从居住地到 CBD 的总交通费用就只决定于从住所到市中心的距离。进一步假定所有城市居民具有相同的收入、消费倾向和效用函数。城市居民的效用函数有两个要素:住房与住房以外的其他所有商品。城市居民是理性的,也就是说,他们通过选择最优的住房消费和住房以外的所有商品来最大化他们自己的满意度(效用函数的值)。城市空间是均衡的,均衡的条件是城市居民无论住在哪里,他们的满意度都是一样的。换句话说,城市居民不可能通过改变居住地来提高效用函数的值。

在这些基本假设的基础上,城市经济理论模型偏微分运算推导出城市土地(房屋)价格的空间变化(图4.2)(Mills,1967;Muth,1969;Alonso,1964;丁成日,2006b)。土地价格的空间递减规律说明靠近城市中心的居民比远离城市中心的居民花费的交通成本要少。为保证城市居民的满意度空间不变,靠近城市中心的居民比远离城市中心的居民要支付高的土地价格(房屋)。也就是说,城市居民要在下面的两个选择作出抉择:一是高的交通成本、低的土地(房屋)价格(市郊区);二是低的交通成本、高的土地(房屋)价格(市中心)。

通过引进住房(建筑)生产函数,城市经济理论推导出资本密度(资本密度与容积率,建筑密度和建筑高度密切相关)、土地地租(土地价格)和人口密度的空间递减规律(Brueckner,1987;丁成日,2006b)。住房(建筑)生产函数的产出是以建筑面积来度量的。住房(建筑)生产函数有两个投入要素:一个是土地的投入,另一个是资本的投入。住房的生产函数表现规模不变的特性。即对每个要素投入(土地和资本)都增加 $n$ 个倍数,生产函数的产出也就增加相应的 $n$ 个倍数。

建筑空间的总产出是这两个要素投入的函数(建筑业的生产函数表达建筑空间的产出与要素投入之间的数量关系)。同样的建筑面积可由不同的土地与资本投入组合来实现。也就是说,要素的投入可以相互替代。如 40 000 m² 的建筑面积可在 10 000 m² 的土地面积(100%的土地使用率,4的容积率)的四层建筑来实现;也可以在 5 000 m² 的土地面积上(50%的土地使用率,8的容积率)的八层建筑来实现。也正是要素投入之间的相互可替代性,使房地产商能够通过要素的相对价格来决定要素的投入量。要素投入的相互可替代性是保证市场经济效率的基本前提之一。在市场经济条件下,土地开发商根据土地与资本的相对价格来选择最优的土地投入量和资本投入量,以求利润的最大化。在其他因子不变的假设下,当地价上升时,资本变得相对便宜,开发商为了获取最大利润,就会增加资本使用量,减少土地使用量,这样就提高了建筑密度和资本密度。当地价相对便宜时,资本变得相对昂贵,开发商为了获取最大利润,就会增加土地使用量,减少资本使用量,这样就降低了建筑密度和资本密度。简单地说,在城市中心,由于地价较高,土地开发商用资本去替代土地投入。结果是,市中心建筑高度高和资本密度高。在城市边缘,由于地价较低,土地开发商用土地去替代资本投入。结果是,建筑密度和资本密度都小(图4.2)。

总之,在单一就业中心的城市,房屋价格、资本密度、土地价格和人口密度都随距离城市中心的距离而下降。这种空间递减反映了城市交通成本对城市空间结构的影响。需要指出的是,城市的资本密度(建筑密度)同时受城市房地产宏观市场的影响,而城市住房市场决定城市人口密度。

## 第二节 城市密度的决定机制——动态模型

在一个静态的分析中,城市空间结构表现得非常简单(图4.2)。西方很多城市表现出与静态模型预测的结论大体相一致的空间构架。然而,当对城市空间形态进行微观分析时,城市空间结构的规律就不明显。主要原因有三:

一是城市发展是一个动态过程。城市是经过几十年,甚至上百年的建设(新城的数目相当稀少)。每一个城市建筑都是在建时的市场状况下与相应的法律法规的制约下建造的。一个建筑单体在建时是符合当时的价格水准的,如果10年后建(当时不建),开发商很可能建造不同的建筑单体(如不同的建筑面积、不同的建筑高度或不同建筑设计等)。

二是城市建筑结构的耐用和可持续性。房子一旦盖好将存在几十年,甚至上百年。建房需要大量的成本,拆除已建好的房子同样需要相当的成本。所以城市资本密度不会随着土地价格的上升而时时地调整。就是说,城市资本密度会随着土地价格的变化而变化,但这种变化是有条件的(详细论证见下文)。

三是城市是一个历史的产物。很多城市的历史悠久(如北京、南京、东京、首尔、伦敦等)。他们不仅有现代建筑,同时保留了无数的历史建筑。这些历史性建筑不仅承担一些经济功能,同时也可能代表着历史、文化和传统的延续。保护这些建筑(如故宫)是义不容辞的。这些建筑的使用,改造等都不能以市场原则来运作。他们的非经济(历史,文化,传统等)价值远远大于经济价值。

城市经济学理论指出,一块地的发展或再发展都是有条件的。一个区位的土地是否开发成城市土地(农地转化成城市用地)决定于土地开发后的土地收益是否不小于土地开发前的土地收益加上土地开发成本。当土地开发后的土地收益大于或等于土地开发前的土地收益加上土地开发成本两项之和,那块土地就会被开发,开发的强度取决于开发时的土地价格(丁成日,2006b)。同理,已开发的城市土地的再开发也是有条件的。当土地再开发后的土地收益大于或等于土地再开发前的土地收益加上土地再开发成本(包括拆迁安置等),土地将被再开发,再开发的强度取决于该区位的土地价格。

为简化分析,特进行第二步假设:假设城市没有历史建筑需要保护,每一个城市建筑都可以遵循市场规律来进行改造或重建。在第二步假设的基础上,进一步假设城市发展是分阶段的。就是说,在每一个阶段,土地是同时开发的,开发的强度取决于区位的土地价格。在第一阶段,城市发展如图 6.1 所示。靠近城中心的地方因其地价高而开发强度大,即密度高;远离市中心的地方因土地价格低而使其土地利用强度低,即密度低。随着城市化的发展以及城市居民收入的提高,城市土地地租将向右移动。这样,第二阶段的城市土地地租曲线在第一阶段的城市土地地租的右边(如图 6.1)。在第二阶段,城市持续地在第一阶段已发展的城区之外的地方发展。在此阶段中,靠近第一阶段发展的城市边界的区位,因其区位优势,地价上升得很快,土地开发的强度也高。相对地远离第一阶段发展的城市边界的区位,因无区位优势,地价上升就慢,土地开发的强度也就小(图 6.1)。尽管市中心的地价变得更高,理论建筑密度应该更高,但是由于已经建了房子,拆除并重建可能不经济,所以城市发展会从原来的城市边缘向外发展。当到了第三阶段,城市边缘地带的城市发展如第二阶段一样。即城市仍然向外扩张。不同的是,在第一阶段发展的地方,因土地价格上涨,一些区位的土地将被拆除,再开发。开发后的土地利用强度与第三阶段的土地价格相一致。就是说,内城区一些地方的再开发市中心的时机已经来到。结果,城市中心的密度也随之增加。由于城市发展的时间性和土地与资本投入的可替代性,使城市在某一时段的某一空间截面(资本密度)表现出相当复杂的模式(Breuckner,1981)。

图 6.1 说明的城市动态模型很好地预测了香港城市发展的过程(图 6.2)。建成区随着土地价格的上涨,而不断调整其土地利用密度或强度,城市不断地向外扩张,同时建筑的高度也在不断的上升。

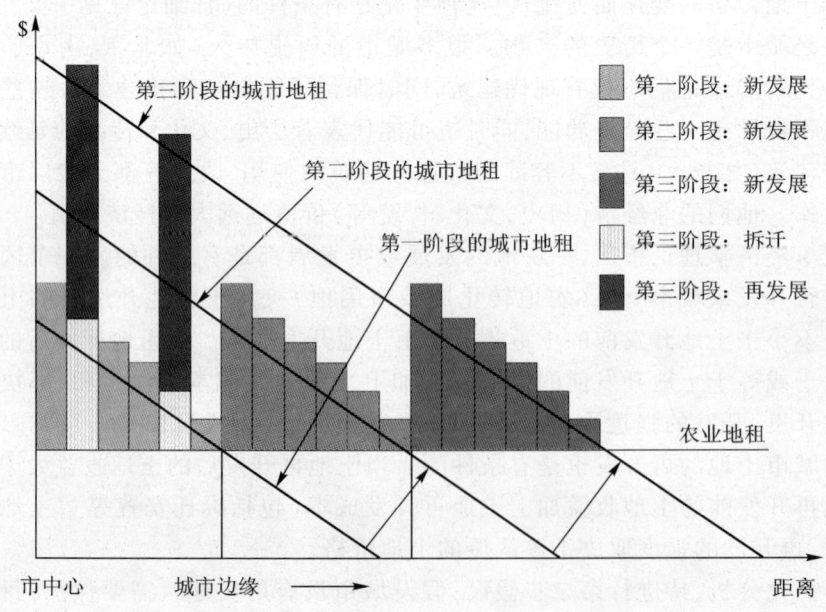

图 6.1　城市动态发展的城市空间结构

图 6.2　香港的发展过程

## 第三节　控制城市密度的后果

前文讲到控制城市密度的诸多理由。因为无法直接控制,限制建筑高度与建筑密度就成为有效的规划手段。在图 6.1 城市动态模型的基础上,我们引进限制城市建筑高度的约束条件(图 6.3)。当没有城市限高时,城市的发展与图 6.1 没有区别。当城市建筑高度被限制时,城市的空间结构就变得大不一样。

图6.3中曲线(标有"如果进行城市密度控制"的线)代表密度控制曲线,可以理解为规划的最大建筑高度曲线。在第一阶段,建筑限高对城市发展没有影响。这是因为,土地价格所要求的土地发展强度远小于建筑限高。然而,在第二阶段,靠近市中心的区域的土地不能充分地得到发展。这是因为,按市场机制和价格规律,这些地方因其高的土地价格,理应高密度地发展;但因建筑限高,只能建设比土地价格低的建筑高度。由于这些地方的发展强度比市场要求的高度低,城市总的建筑面积供给不足,为满足建设面积的市场要求,城市必然外延式地扩张,发展本应在第三阶段发展的城市边缘地带(图6.3),这必然增加了城市的土地消费。同理,在第三阶段,城市边缘地带因建筑高度的限制,只能走低密度的发展道路,使土地资源、资本资源都不能充分地发挥出最大效应。在第三阶段,因高度的限制,市中心区的再发展也不能充分发展,土地利用强度大打折扣。高度限制降低了建筑面积的供给,迫使城市向外推移,这必将大大地消费土地资源。

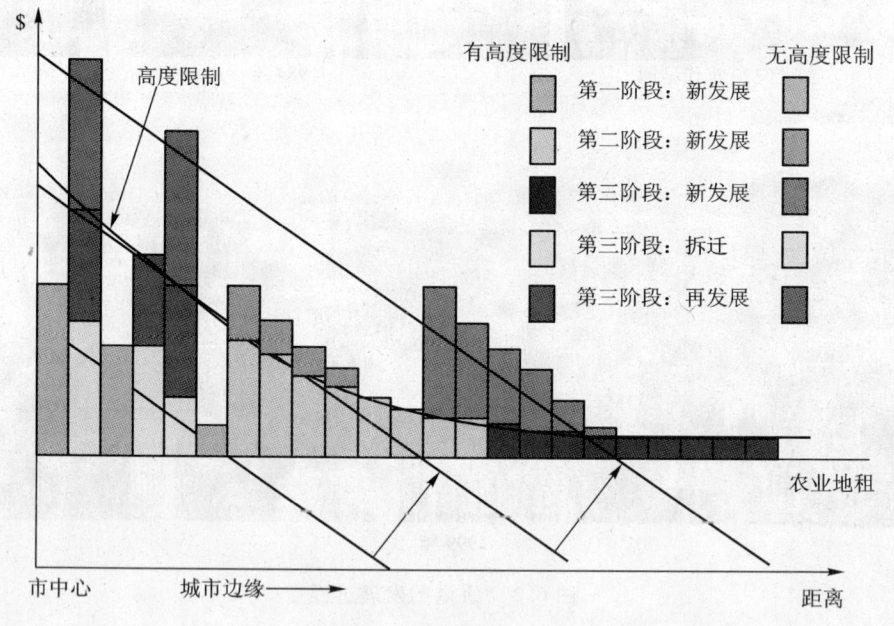

图6.3 高度限制下的城市动态发展的城市空间结构

通过以上的分析,我们得出如下关于建筑高度控制(限制)对城市发展及城市资源利用效率等的负面影响:

(1) 导致建筑结构面积短缺,提升土地和住房价格。
(2) 促使土地提早发展。
(3) 导致土地的低密度发展。

(4) 促使已开发的城市土地提早再发展。
(5) 导致已开发的城市土地低密度地再发展。
(6) 导致土地市场与资本资源低效率地利用。
(7) 增加城市土地的消费，造成土地和资本利用的浪费和低效率，城市的"饼"摊得更大。

除了以上直接的影响，建筑高度控制还将间接地增加城市的人口密度。这是因为：控制城市密度将会减少住宅的供应量，而供应量的减少又会导致房价的升高；高房价自然使人均住房面积下降，这样有可能反过来增加了城市密度。控制高度（或密度）的目的是减少密度，提高人居环境质量，减少交通压力。实际上，其后果是，控制高度造成人口密度不降反升，环境质量更加恶化，交通日益拥挤。最后，低密度的发展必然减少房地产价值（原因之一是由于少的资本投入）。当房地产税为地方政府主要的财政收入时（如在美国，房地产税收占地方财政收入的70%），所以控制城市密度也造成了城市财政收入下降，进而使城市基础设施投入下降，导致城市竞争力下降。

研究表明，放开对容积率的控制可以降低城市住房价格（丁成日，2002a）。假设房地产生产函数不变，成本构成不变，如果目前将容积率呈线性相关的基准地价转变为房地产生产函数的不变成本，容积率从4上升到10，房屋的单位平方米的价格在北京可以下降40%。

### 结论

支持城市密度或高度控制的人认为：① 缓解交通拥挤，减少政府在城市基础设施（包括交通）的压力；② 改善居住环境（增加绿地空间及人均住宅面积。有一个私宅并带有后花园，如果不是每个人，也是大多数人梦寐以求的）；③ 有限的现有城市基础设施的承受能力，加上昂贵的城市基础设施投入，要求控制城市密度在一定的范围，以保证正常供水、供电、消防、治安等社会需求；④ 城市美化也许需要低的城市密度。

我们从理论上阐明了不应该进行城市高度或密度控制的理由为：① 控制容积率会减少住宅供应量，导致房价的提高；② 高房价降低了住宅的可支付性，进而提高了密度，造成了与法规目标相左的结果；③ 限制密度加大了土地的消费（空间横向扩张），一方面增加基础设施的投资需求，另一方面降低基础设施的承载率。政府负担加重；④ 应该提高基础设施能力来适应由于地价而产生的高密度需求，或者说，由于城市密度增加而出现的基础设施供应不足，应该从提高基础设施服务水平方向去解决问题，而不是转而控制城市密度；⑤ 应让房地产市场按其自身的规律运作，按市场规律，给房地产商应有的自由空间，使他们可以根据土地的价格与资本的价格关系，来决定最优的土地和资本投入，使土地与资本之间的替代关系充分显现出来。最终达到对土地资源与资本资源最大化利用。

  一些历史名城、风景区、存在地质灾害的地区、地层承载力有限的地区,等等,在这些地区,进行城市密度控制不但是合理的,还是必要的。但是对于一般的城市来说,为了城市经济的健康发展,为了城市竞争力的提高,城市密度控制是不经济的(丁成日,2004b)。

# 第七章

# 为什么中国城市人口密度不太高[①]

2004年3月1日,《中国城市发展报告(2002—2003)》在北京问世。该报告指出中国城市发展面临的五大挑战,首先就是中国城市群人口密度过大。报告指出,"目前上海浦西区的人口密度为3.7万人/km²,北京和广州城区的人口密度分别为1.4万人/km²和1.3万人/km²,而目前世界主要大城市如东京只有1.3万人/km²,其余城市如纽约、伦敦、巴黎和香港的人口密度最多也只有8 500人/km²。"报告专家团的首席科学家、中国科学院可持续发展战略组组长牛文元在报告首发式上指出,"城市人口密度过大必然给城市的可持续发展带来挑战。"

中国城市的人口密度真的过高了吗?应该用什么标准来评价和衡量一个城市密度的过高(过大)或过低呢?能否通过国际城市的比较来评判一个城市或一个国家内诸多城市的人口密度过高或过低?市场经济体系下,决定城市密度的机制是什么?在城市规划、城市管理、城市发展等领域,这些都是非常重要的问题。这些问题的回答无疑对中国城市发展道路的选择,城市政策和城市规划的制定,都有着深远的现实和指导意义。本文也对城市人口密度作了国际比较,借助城市经济理论,试图回答这些问题,并对中国的城市发展和规划提供建议。

## 第一节 城市人口密度的国际比较

### 一、城市平均人口密度

Alain Bertaud(2003a)对世界48个主要城市的人口密度作了比较。表7.1列出了其中的22个城市。从表7.1中可以看出,香港的平均人口密度为3.67万人/km²,孟买的人口密度为3.89万人/km²,首尔为3.22万人/km²。与亚洲城市相比,欧洲城市的人口密度小得多,如巴塞罗那为1.71万人/km²,圣彼得堡

---

[①] 发表在《城市规划》,2004,有增删,作者丁成日。

(俄国)为 1.21 万人/km², 巴黎是 8 800 人/km², 伦敦为 6 200 人/km²。北美城市的人口密度就更低了,纽约大都市区为 4 000 人/km², 亚特兰大大都市区的人口密度仅为 600 人/km²。中国城市的人口密度高于欧美城市,但低于亚洲其他城市。尽管这些城市的人口密度存在着如此大的差别,他们都是各自国家国民经济的生力军,是国家或地区经济的"龙头"。

表 7.1 城市人口密度的国际比较

| 城市 | 人口密度（人/hm²） | 城市 | 人口密度（人/hm²） | 城市 | 人口密度（人/hm²） |
| --- | --- | --- | --- | --- | --- |
| 孟买 | 389 | 新加坡 | 107 | 纽约 | 40 |
| 香港 | 367 | 突尼斯 | 102 | 洛杉矶 | 22 |
| 首尔 | 322 | 墨西哥城 | 101 | 华盛顿特区 | 21 |
| 莫斯科 | 182 | 巴黎 | 88 | 旧金山 | 19 |
| 巴塞罗那 | 171 | 华沙 | 67 | 芝加哥 | 16 |
| 北京 | 145 | 伦敦 | 62 | 休斯敦 | 11 |
| 圣彼得堡 | 121 | 曼谷 | 58 | 亚特兰大 | 6 |

资料来源:Alain Bertaud,2003,"Order without Design"(未发表文章)

## 二、城市人口密度的空间变化

上面的资料表明的是城市平均人口密度。平均人口密度等于总人口除以所占总面积。如果将计算城市人口密度的空间面积单位(分母)缩小,就会发现城市人口密度在空间上表现出极大的差距。如巴黎市中心(105 km²)的人口密度是 20 190 人/km²。东京 23 个区(wards),618 km² 的平均密度是 13 155 人/km², 纽约曼哈顿占地面积是 61.4 km², 其人口密度为 25 684 人/km²。众所周知,统计学证明当方差很大时,用均值来说明样本间的差别有相当大的局限性。

## 三、城市人口密度的昼夜变化

人口数据是按照居住地收集和统计的。因而,城市人口数据代表某地点或某地方的常住人口,即城市午夜至凌晨 6 时的人口规模。白天人口活动的分布应由就业密度和非住宅建筑密度来反映。就业数据可以从两个方面来统计:劳动力供给和劳动力需求。劳动力供给指的是劳动力的居住点。包括可就业人数、已就业人数、待业人数等。这些数据与常住人口呈正相关关系。在很多国家或城市,劳动力就业资料与人口资料同时统计。可见,人口主要反映了劳动力的供给及其空间变化。劳动力需求指的是劳动力的就业地点与经济活动密切相关。就业相当集中的地方可能没有多少人居住,如北京目前的亦庄就是一个白天繁忙,晚上消停的就业城。如果用人口密度来反映城市活动的强度,亦庄一定是一个不活跃或"非热点"的地方。

对于人口川流不息的大都市来讲,以居住地人口统计得出的数据与实际经济活动强度可能有着巨大的差别,特别是当城市有一个大而高度集聚的就业中心时。如,1995年,东京的四个中心区(wards)的面积大约61 km$^2$,居住在该区的人口不到52万,人口密度为8 600人/km$^2$。然而,四个中心区提供了280万人的就业机会,加上居住人口,白天(非周末)的总人口为330多万,人口密度高达5.48万人/km$^2$,白天人口密度是夜晚人口密度的6.37倍(表7.2)。

表7.2 城市人口密度昼夜变化

| 1995年 | 面积(km$^2$) | 夜间人口 | 人口密度(夜间)(人/km$^2$) | 白天就业人数 | 白天人口 | 人口密度(白天)(人/km$^2$) |
|---|---|---|---|---|---|---|
| 东京 | | | | | | |
| 中心四个特别区 | 60.33 | 518 809 | 8 600 | 2 835 105 | 3 306 646 | 54 809 |
| 中心外四个特别区 | 49.51 | 757 447 | 15 300 | 1 136 161 | 1 648 621 | 33 299 |
| 外围15个特别区 | 506.51 | 6 658 955 | 13 100 | 3 296 664 | 6 236 078 | 12 312 |
| 23个区总计 | 621.15 | 7 935 211 | 12 800 | 7 267 930 | 11 191 345 | 18 017 |
| 曼哈顿 | 61.39 | 1 487 536 | 24 200 | 2 071 019 | 3 389 200 | 55 208 |
| 纽约 | 833.47 | 7 322 564 | 8 800 | 3 726 760 | | |

注:白天人口数为白天就业人数加上居住人口。
资料来源:http://www.mid-tokyo.com/map.e

我们再来看一看美国的纽约。纽约市的平均人口密度为4 000人/km$^2$,远远低于亚洲的很多城市。这容易使人们产生误解:美国的地大物博,人口稀少(与中国相比)是纽约较低的人口密度的原因。实际上,同东京一样,纽约市的人口密度存在着很大的空间和昼夜变化。曼哈顿占据着不到62 km$^2$的土地,其居住人口不到150万(1995年),人口密度为2.42万人/km$^2$,是大纽约平均人口密度的6.05倍。另外,曼哈顿提供了200多万的就业机会。这样,除周末外,曼哈顿每天为近340万人提供经济活动的舞台。白天的人口密度(居住人口加上就业人口)为5.52万多人/km$^2$,是曼哈顿人口密度(统计资料)的2.28倍(见表

7.2),是大纽约平均人口密度的十几倍。

以城市统计人口密度为指标来衡量,东京内四区的人口密度仅为曼哈顿的1/3;而从白天活动人口密度来看,东京却与曼哈顿水平相当。东京市中心与纽约曼哈顿如此高的城市活动,与东京和纽约曼哈顿分别为日本和美国经济发展繁荣的象征相一致。由此可见,用统计数据来反映城市经济活动强度的局限性。

东京四个中心区的就业人口密度与人口密度在空间上巨大的差异,是产生大流量的城市交通(城市通勤)的根本原因。每天(除周末外),有近370万人从东京大都市区(自中心,覆至65km)通勤至东京的四个中心区。在整个东京大都市区内,每天(除周末外)有500多万人上下班(Haruya Hiroka,2000年)。尽管东京有世界上最发达的城市轨道交通,人均通勤时间是每天3小时。如果东京的城市规划采用小汽车作为主要交通工具的话,交通拥挤将不可想象,人均通勤时间将是目前通勤时间的几倍,甚至几十倍。

以大约 60 km² 为分母来说明东京市中心与纽约曼哈顿的城市活动强度还是不够准确。如"911"之前,仅纽约曼哈顿的世贸双塔每天就平均吸引十几万的游客,世贸双塔的城市经济活动密度可想而知。表 7.3 列出了各国经济中心城市中央商务区的就业密度。纽约的中城商业中心区在 3.11 km² 集聚了 73.9 万多就业者,就业密度高达近 23.4 万人/km²,下城商业中心区(2.07 km²)集聚了 34 万多就业者。纽约 59 街道以南 23.4 km² 的地区提供了 196.7 万的就业机会,平均密度为 8.55 万人/km²。香港在 1.67 km² 的中心区集聚了 19.3 万多的就业者,就业密度高达 17.1 万多人/km²。香港的九龙区不到 23 km² 集聚了 110.7 万的就业者,平均密度为 7.7 万人/km²。首尔中央商务区 21 km² 多的面积集聚了 120.7 万的就业者,就业密度为 5.7 万人/km²。洛杉矶以低城市密度著称,可是最高的就业密度也达 4.5 万人/km²。表 7.3 说明,尽管欧洲城市有比北美城市高的人口密度,北美城市中心区的就业密度却高于欧洲的城市。其他城市都有着显著的经济中心(也叫中央商务区),同时也是就业中心。纽约、东京、香港、多伦多等城市有两个以上的经济中心。

表 7.3　城市就业密度

| 城市 | 商务区 | 就业人数 | 面积(km²) | 就业密度(人/km²) | 年份 |
| --- | --- | --- | --- | --- | --- |
| 布鲁塞尔 | CBD | 144 906 | 3.11 | 47 047 | 1990 |
| 芝加哥 | CBD Core(Loop) | 385 399 | 2.59 | 144 638 | 1990 |
| 芝加哥 | CBD + | 592 301 | 16.05 | 36 964 | 1990 |
| 香港 | Core CBD | 193 520 | 1.04 | 171 257 | 1990 |
| 香港 | Victora - Kowloon + | 1 107 593 | 14.24 | 77 508 | 1990 |

续表

| 城市 | 商务区 | 就业人数 | 面积（km²） | 就业密度（人/km²） | 年份 |
|---|---|---|---|---|---|
| 休斯敦 | CBD | 118 889 | 3.88 | 30 329 | 1990 |
| 伦敦 | CBD | 1 260 500 | 29.77 | 42 372 | 1990 |
| 洛杉矶 | L. A. CBD Core | 167 297 | 3.62 | 44 822 | 1990 |
| 洛杉矶 | Freeway Loop + | 310 321 | 11.65 | 26 605 | 1990 |
| 墨尔本 | CBD | 126 286 | 2.33 | 53 061 | 1990 |
| 纽约 | Midtown Core | 739 452 | 3.11 | 233 838 | 1990 |
| 纽约 | Downtown Core | 340 028 | 2.07 | 170 368 | 1990 |
| 纽约 | South of 59 St. + + + | 1 967 000 | 23.04 | 85 522 | 1990 |
| 大阪、神户、京都 | Osaka Core CBD | 1 317 926 | 37.28 | 35 383 | 2001 |
| 大阪、神户、京都 | Osaka Loop + | 1 532 745 | 51.00 | 30 002 | 2001 |
| 大阪、神户、京都 | Kyoto CBD | 107 629 | 6.73 | 15 788 | 2001 |
| 大阪、神户、京都 | Kobe CBD | 255 904 | 25.63 | 10 013 | 2001 |
| 巴黎 | La Defence | 140 000 | 1.55 | 90 021 | 2000 |
| 巴黎 | CBD | 1 025 000 | 29.00 | 35 345 | 1990 |
| 旧金山 | CBD | 291 036 | 3.88 | 74 434 | 1990 |
| 西雅图 | CBD Core | 98 620 | 1.81 | 56 367 | 1990 |
| 西雅图 | Seattle CBD + | 171 510 | 6.99 | 24 964 | 1990 |
| 首尔 | CBD | 1 226 830 | 21.23 | 57 951 | 1990 |
| 新加坡 | CBD | 280 000 | 7.25 | 38 621 | 1990 |
| 悉尼 | CBD | 175 620 | 4.14 | 42 216 | 1990 |
| 东京 | CBD Core | 2 434 163 | 42.20 | 57 791 | 2001 |
| 东京 | Yamanote Loop + + | 4 245 853 | 119.35 | 35 506 | 2001 |
| 东京 | Shin juku | 604 468 | 18.12 | 33 173 | 2001 |
| 东京 | Shibuya | 438 895 | 15.02 | 29 044 | 2001 |
| 东京 | Yokohama CBD | 312 446 | 27.70 | 11 308 | 2001 |
| 多伦多 | CBD | 143 650 | 1.81 | 76 410 | 1990 |
| 温哥华 | CBD | 104 000 | 3.37 | 30 861 | 1990 |
| 华盛顿 | CBD | 316 723 | 4.66 | 68 853 | 1990 |

注：因统计口径的差别，就业密度（人/km²）不等于就业人数除以面积（km²）。
资料来源：http://www.demographia.com/db-intlcbddensa.htm

表 7.3 还说明许多城市有两个以上的城市中心，如纽约、芝加哥、东京、洛杉矶、巴黎、香港等城市。这些就业中心集中了绝大多数城市就业人群，如东京五

个就业中心总共集聚了800多万的就业人数,纽约3个商务中心集聚了300多万就业人数,芝加哥两个商务区集聚了近100万的就业人数。

无论从规模上,还是从密度和交通流上讲,东京和纽约等城市都是超一流的。它们的经济功能也是国际一流的。国际文献检索表明,没有证据可以证明,如此高的密度会导致东京和纽约等城市经济活力不够,或者使这些城市规模大得不可以有效地管理。

当然,我们也不是说要把中国的城市都建设成东京或纽约那样的城市。只是想说明,国际城市发展经验表明,城市的发展有其自身的规律,东京及纽约等城市都是在经济规律的作用和驱动下建成的。这不等于否认市场经济失效和城市规划的失败带来的城市建设的失当,影响城市的可持续发展。如美国内城区的衰败,城市交通发展政策与城市空间形态,城市密度的脱节(如美国亚特兰大的城市地铁的建设与其城市密度的不相符,纽约没有制定相应的交通政策来限制私人小汽车的使用,是美国两个典型城市发展失效的例子)。

因为城市人口密度反映的是午夜至凌晨6时的人口分布,又因为在高度集聚的就业中心区里居住的人数相当少,城市就业中心的存在弱化了平均人口密度的规划价值。单一的城市人口密度指标不能全面衡量城市的经济活动。平均城市密度只能提供非常有限的信息,详细的城市密度资料(人口密度空间变化、就业密度空间变化等)对城市规划才有意义。城市人口密度的昼夜变化越大(城市白天与夜晚的人口数量有很大差别),城市就业中心的空间集聚强度也就越强,人们的就业地点与居住地点的空间分离也就越明显。在理论上,城市就业中心的人口密度可能是零或极低。因而,如果城市人口密度的昼夜变化大,那么依据平均城市密度来制定城市规划和城市发展战略,很可能将城市发展引向错误的方向。

## 四、城市人口密度发展趋势

表7.4列出了24个城市的人口密度在过去40年里的变化(1960—2000年)。除北京、上海、香港、东京之外,其他20个城市的人口密度至少有一个增长期(10年一个增长期,个别城市因大都市区的边界有所调整,有的城市的面积下降了,这不等于说城市的建成区也跟着变小了)。特别是1990—2000年,大多数城市的人口密度都在上升,如洛杉矶、旧金山、温哥华、丹佛、波特兰、太阳城、休斯敦等。人口密度增加的趋势反映了通过对过去城市发展模式(低密度的,以私人汽车为主的城市发展模式)的反思,认识到这种城市发展模式的不可持续性,进而提出城市理性增长(smart growth)这一理念,试图解决城市发展中的经济、环境、社会、自然等方面的问题。城市理性增长首先推崇高密度的,紧凑密集型的城市发展模式;同时,为减少对个人汽车的依赖,主张土地利用与交通规划的高度整合,使公共交通的使用者感受到公共交通的便捷性和经济性。在美国,城市理性增长越来越被广泛地用来指导城市发展与规划。

## 第七章 为什么中国城市人口密度不太高

表 7.4 城市人口密度趋势

| | 人口（千人） | | | | | 土地面积（平方英里） | | | | | 人口密度（人/平方英里） | | | | |
|---|---|---|---|---|---|---|---|---|---|---|---|---|---|---|---|
| | 1960 | 1970 | 1980 | 1990 | 2000 | 1960 | 1970 | 1980 | 1990 | 2000 | 1960 | 1970 | 1980 | 1990 | 2000 |
| 香港 | 3 130 | 3 937 | 4 987 | 5 522 | | | 46 | 66 | 75 | | | 85 587 | 75 561 | 73 627 | |
| 上海 | 2 462 | 3 967 | 6 726 | 7 561 | 9 000 | | | 69 | 141 | 212 | | | 97 883 | 53 623 | 42 453 |
| 马尼拉 | | 1 522 | 5 926 | 7 948 | | | 83 | 137 | 155 | | | 47 795 | 43 255 | 51 277 | |
| 泗水 | | | 2 018 | 2 473 | | | 33 | 39 | 54 | | | | 51 744 | 45 796 | |
| 北京 | 1 646 | 2 075 | 4 985 | 5 659 | 7 500 | 61 | 86 | 141 | 166 | 200 | 26 984 | 24 128 | 35 286 | 34 133 | 37 500 |
| 新加坡 | | | 2 414 | 2 705 | | 699 | 1 108 | 112 | 120 | | 22 203 | 19 378 | 21 554 | 22 542 | |
| 东京-横滨 | 15 520 | 21 471 | 25 829 | 31 797 | 12 493 | 1 370 | 1 572 | 1 389 | 1 728 | 1 859 | 4 736 | 5 312 | 18 595 | 18 401 | 6 720 |
| 洛杉矶 | 6 489 | 8 351 | 9 479 | 11 402 | | 183 | 259 | 1 827 | 1 966 | | 4 661 | 4 710 | 5 188 | 5 800 | |
| 迈阿密 | 853 | 1 220 | 1 608 | 1 915 | 1 538 | 122 | 184 | 340 | 353 | 260 | 6 484 | 5 587 | 4 729 | 5 425 | 5 915 |
| 温哥华 | 791 | 1 028 | 1 170 | 1 543 | 4 015 | 223 | 277 | 245 | 286 | 758 | 2 704 | 3 700 | 4 776 | 5 395 | 5 297 |
| 圣何塞 | 603 | 1 025 | 1 244 | 1 435 | | 572 | 681 | 326 | 338 | | 4 250 | 4 388 | 3 816 | 4 246 | |
| 旧金山 | 2 431 | 2 988 | 3 191 | 3 630 | 2 674 | 276 | 381 | 796 | 874 | 782 | 3 029 | 3 144 | 4 009 | 4 153 | 3 419 |
| 圣迭戈 | 836 | 1 198 | 1 704 | 2 348 | | | | 611 | 690 | | | | 2 789 | 3 403 | |

续表

| | 人口(千人) | | | | | 土地面积(平方英里) | | | | | 人口密度(人/平方英里) | | | | |
|---|---|---|---|---|---|---|---|---|---|---|---|---|---|---|---|
| | 1960 | 1970 | 1980 | 1990 | 2000 | 1960 | 1970 | 1980 | 1990 | 2000 | 1960 | 1970 | 1980 | 1990 | 2000 |
| 丹佛 | 804 | 1 047 | 1 352 | 1 518 | 1 985 | 167 | 293 | 439 | 459 | 499 | 4 814 | 3 573 | 3 080 | 3 307 | 3 978 |
| 萨克拉门托 | 452 | 641 | 796 | 1 097 | 1 393 | 134 | 254 | 278 | 334 | 369 | 3 373 | 2 524 | 2 863 | 3 284 | 3 775 |
| 波特兰 | 652 | 825 | 1 026 | 1 172 | 1 583 | 192 | 267 | 349 | 388 | 474 | 3 396 | 3 090 | 2 940 | 3 021 | 3 340 |
| 凤凰城 | 552 | 863 | 1 409 | 2 006 | 2 907 | 248 | 388 | 641 | 741 | 799 | 2 226 | 2 224 | 2 198 | 2 707 | 3 638 |
| 克里夫兰 | 1 785 | 1 960 | 1 752 | 1 677 | 1 787 | 587 | 646 | 629 | 636 | 647 | 3 041 | 3 034 | 2 785 | 2 637 | 2 762 |
| 圣安东尼奥 | 642 | 773 | 945 | 1 129 | 1 328 | 192 | 223 | 354 | 438 | 408 | 3 344 | 3 466 | 2 669 | 2 578 | 3 255 |
| 河畔－圣贝纳迪诺 | 378 | 584 | 705 | 1 170 | 1 507 | 169 | 310 | 359 | 460 | 439 | 2 237 | 1 884 | 1 964 | 2 543 | 3 433 |
| 休斯敦 | 1 140 | 1 678 | 2 412 | 2902 | 1 309 | 431 | 539 | 1 049 | 1 177 | | 2 645 | 3 113 | 2 299 | 2 466 | |
| 密尔沃基 | 1 150 | 1 252 | 1 207 | 1 226 | 1 394 | 392 | 457 | 496 | 512 | 487 | 2 934 | 2 740 | 2 433 | 2 395 | 2 688 |
| 弗吉尼亚海滩－诺福克 | 508 | 668 | 770 | 1 323 | 1 362 | 109 | 299 | 418 | 664 | 527 | 4 661 | 2 234 | 1 842 | 1 992 | 2 645 |
| 堪萨斯市 | 921 | 1 102 | 1 098 | 1 275 | | 282 | 493 | 589 | 762 | 584 | 3 266 | 2 235 | 1 864 | 1 673 | 2 332 |

注:1 英里 = 1.609 km。

资料来源:International Urbanized Area Data:Population,Area,and Density,Demographia

## 第二节 城市空间结构及其度量

城市空间结构由以下方面来衡量：人口密度、资本密度、建筑密度、就业密度等。这些因子又与房地产价格和房地产市场有着非常密切的关系。资本密度与建筑高度、建筑密度、容积率呈正相关关系。将资本密度、建筑密度、就业密度和房地产价格等方面的资料收集起来非常困难，且成本极高。相对而言，人口密度资料比较容易获取，这也是人口密度被广泛利用的主要原因。人口密度、资本密度、建筑密度、就业密度等从不同的侧面描述城市的空间结构。

人口密度只能在一定程度上反映城市经济活动的强度。人口密度（这里指的是居住人口密度）最高的地方不是资本密度（容积率或建筑高度）最高的地方。工厂、商务建筑等场所的人口密度白天很高，晚上可能是零。相反，宾馆、住宅的人口密度白天可能低，晚上将很高。人口密度与资本密度（容积率或建筑高度）根据建筑用途呈现正或负的正相关性。对非住宅建筑，人口密度与资本密度呈负相关关系；对住宅建筑，人口密度与资本密度呈正相关关系。

尽管东京与纽约有大体相当的人口密度（内城区），两者的资本密度（容积率或建筑高度）却有相当大的差别。纽约曼哈顿资本密度远远高于东京市中心的资本密度。纽约曼哈顿高楼林立，东京市中心楼层大都不高（详见图 4.4，图 4.5，图 4.6 等，也可见：http://www.mid-tokyo.com/map.e）。因而，我们很容易地推出在东京生活与工作的人，要比在纽约曼哈顿生活与工作的人享受的空间小，东京市中心要比纽约曼哈顿拥挤得多。

东京过去几十年的持续发展说明了东京的经济聚集效益远大于东京"大都市病"给企业和个人带来的经济成本，这是东京城市增长的原动力。东京仍然闪烁着"魅力"，吸引着企业和个人来寻求更大的经济机会。尽管东京市要比中国任何一个城市都要拥挤，它的高密度并没有影响它发挥经济功能，也并没有降低东京在日本、亚洲，甚至世界范围内的经济地位。

正是因为城市就业密度与城市人口密度的差别，我们应该非常谨慎地解读人口密度资料，更应该谨慎地用人口密度资料分析城市空间活动，非常谨慎地应用人口密度来指导城市规划和城市政策的制定。城市人口密度的趋势如表 7.4 所示。

## 第三节 城市密度的合理性

### 一、判断城市密度合理性的理论基础

图 4.2 说明了在一个有效的土地和资本市场中，城市人口密度的空间变化

与土地价格的空间变化相一致,地价高、密度高,地价低、密度低,土地利用和资本利用效率达到最高。基本过程是:当地价越高,为了降低单位建筑面积成本以及获取更高利润,开发商就会用更多的资本替代相对昂贵的土地,从而提高资本密度(或建筑密度、容积率)。因此,在地价高的市中心,开发商倾向于用较少的土地,开发高的楼层建筑。相反,在远离市中心的地区,地价比较低,为了降低单位建筑面积成本以及获取更高利润,开发商就会用更多的土地投入替代相对昂贵的资本投入,从而减小资本密度,稀疏建筑密度或降低建筑高度(丁成日,2002a)。

实证研究表明,在有土地市场的城市里(西方的城市),城市人口密度与土地价格的关系与理论模型预测的关系相当吻合。如巴黎(图4.7)(Bertaud,2003b)。相反,在没有土地市场或土地市场不发育的城市里,人口密度与土地价格的关系与理论模型推断的结论相差甚远。如波兰首都华沙(图4.8)(Bertaud,2003b)。从图4.8可得出如下结论:在华沙市,土地价格对土地利用强度的支配作用差,土地投入与资本投入之间的替代关系很弱,市场机制在资源的利用支配上发挥作用不大。

## 二、决定城市人口密度的市场机制

城市人口密度由房地产市场、城市规划法规和基础设施能力的相互作用共同确定(Bertaud 和 Malpezzi,1999)。通常,人口密度由城市居民对建筑面积的市场需求来决定。如果城市房源不足,市场供不应求,居民的居住环境必然拥挤,人口密度可能很高。如果城市房源充足,但房价太高,居民的购买能力不足以承担市场房价,居民同样面临无房可住,或几家人共用一套房子的处境,人口密度同样可能很高(Bertaud,2003a)。

一般来说,城市规划法规只能控制资本密度和建筑密度,无法直接控制人口密度。资本密度和建筑密度直接影响城市住房市场,而人口密度正取决于城市住房市场。因此,规划法规虽然不能直接控制城市人口密度,但是能够通过控制资本密度和建筑密度间接影响城市人口密度。目前很多土地使用法规试图通过减小土地使用面积和(或)限制容积率来降低密度,即通过限制建筑面积来达到限制人口密度的目的。但事实上,控制容积率最直接的后果是减少了城市住宅供应量,在一定程度上造成城市住房市场供不应求的现状,进而导致房价提高。高房价势必降低住宅的可支付性,使更多的人因无力买房而挤住在一起。因此控制容积率的最终结果不但不能降低城市人口密度,反而提高了人口密度。与此同时,无论限制人口密度还是降低容积率,都会刺激土地消费的横向空间扩张,一方面增加基础设施的投资需求,另一方面降低了基础设施承载率,使地方政府财政负担加重(Bertaud,2003a)。

如果不顾市场规律,一味地想通过限制容积率来降低人口密度,就可能扰乱房地产市场,因住房供给不足,不仅不能降低人口密度,反而可能提高人口密度,进而恶化居民居住环境。在很多情况下,我们应该提高基础设施能力,以适应由于地价升高而产生的高密度需求。只有当提高基础设施能力比开发土地更为昂贵时,控制密度才有意义。

## 第四节 中国的城市密度太高吗?

正如上文指出的,国际经验显示,没有一个所谓正确的城市密度标准,中国城市人口密度不能简单地被认为高或低。事实上,中国城市的主要问题在于无序,而不是人口密度过高。

城市规划和发展过于追求就业和住房在微观上的平衡,造成北京的就业分布过于均衡(基本没有像西方城市那样的就业中央商务区),客观上造成了交通的"混流"或"盲流"。加上人均收入低的原因,骑自行车与步行成为两种主要的交通方式。小汽车、公交车、城铁与轻轨、自行车与步行五种交通方式共存,使不同交通方式相互间干扰,客观上增加了交通规划和管理的难度。但这不等于说北京的交通规划做得好。实际上,交通规划极不合理的主要原因是土地利用规划与交通规划的脱节。北京的环线交通网络,不仅阻断了城市环与环之间、环内与城市外围的联系,限制了城市的发展活力,而且造成了严重的交通堵塞。国际经验表明,环状交通加放射线状的交通网络产生最大的人均车千米数,因而有最大的交通需求。

北京基础设施在三环内外差别很大。由于历史文化等原因,好的医疗设施,(初等)教育设施等城市公共服务系统主要集中在三环以内,个别在三环以外,而四环外服务设施远远跟不上内城区的水平。因此,有经济能力的居民不愿意外迁,新来的人也不断涌向市中心,使中心人口密度相对较高。此外,由于北京城市规划对建筑密度的限制,不仅减少了北京市住房的供给量,而且拉高了北京市的住房市场价格,使更多的人无处买房,也使更多的人买不起房。在一定程度上造成居民居住拥挤、居住条件简陋的后果。要解决这些城市问题,不是通过限制容积率就能解决问题的。城市应沿着以下几个方向发展:

(1) 应该充分利用市场规律,改善交通状况,增加基础设施投资,增强基础设施能力。

(2) 合理规划发展就业中心,提高就业中心的就业密度,提高土地利用的空间均质性,从而使城市交通流空间有序。

(3) 协调土地利用与城市交通的关系,统一规划土地利用和城市交通。

(4) 鼓励公共交通。现有的北京城市密度不适合大规模地发展小汽车。

(5) 应通过价格杠杆来限制发展小汽车及其在城市中心区的使用。

本文通过国际比较,得出如下结论:

（1）世界各国主要城市的平均人口密度有着天壤之别：从美国亚特兰大的每公顷6人到近每公顷400人的印度的孟买。尽管这些城市有着极大的城市人口密度，他们都是各自国家的主要经济城市之一，经济活动旺盛。因而，一个城市或大或小，其密度或高或低，只要它还持续增长，就说明它的经济空间聚集效应仍然大于"城市病"所带来的经济成本（表现在交通拥挤、环境污染、住房紧张等）。

（2）一般地讲，亚洲城市的平均人口密度高于欧洲的城市，欧洲的城市又高于北美的城市。因而，一个城市或大或小，其密度或过高或过低，应由该城市的土地市场、资本市场和住房市场来决定，而不能用国际城市的密度作为评判依据。城市密度由市场、规划法规、历史文化、自然地理、城市基础设施等综合因素来共同决定。

（3）学者和政策决策者应谨慎地解读人口密度资料，特别是平均人口密度资料。当城市人口密度的方差很大，或当土地利用的均质程度高以及就业地点与居住地点存在着很大差别时，平均城市密度只能为城市规划与城市发展提供非常有限的信息，详细的城市密度资料（人口密度空间变化、就业密度空间变化等）对城市规划才有意义。

（4）一个城市的密度是否过高或过低，应由密度是否与房地产价格相一致，是否能使城市土地市场和城市基础设施以最小的投资达到最大的效益来衡量和判断。当密度与土地价格不符时，我们能够推断土地价格没有使土地资源和资本资源发挥出最大效益，因而，密度相对于土地价格过高或过低了。城市密度的绝对值不能用来评判一个城市是否有足够的经济活力，不能用来评判一个城市是否能够被有效地管理。

# 第三部分
# 城市理性增长

# 第八章

# 为什么城市需要理性增长[①]

美国经过对近半个世纪的发展的反思,发现美国许多城市的发展模式存在很多问题。美国城市的发展模式主要表现为以小汽车为主的青蛙跳跃式城市扩张。这种模式导致经济、环境、交通、生态和农地、公共财政等方面的代价很高。针对过去的模式通过反思,提出了理性增长的理念,并试图通过城市规划来落实。

## 第一节 美国城市蔓延及其空间表现

美国的城市蔓延(urban sprawl)是指在服务和城市就业核心区以外的一种低密度、青蛙跳跃式的空间发展模式。这种模式将居住与就业、购物、娱乐、教育等分离,因而要求通过小汽车实现空间移动。从社会经济可持续发展的角度而言,城市蔓延是一种不负责任的城市发展模式,因为它会带走内城社区的税基、破坏农地和空地,增加城市成本(交通和环境),在美国有助于社会收入阶层和种族的隔离。

张明,丁成日,Robert Cervero(2005)是这样描述城市蔓延的:

"蔓延可以说它是美国地方政府土地使用与管理实践的直接产物。蔓延式土地使用形态的典型特征就是低密度,不同土地使用功能相隔离和以尽端路(指只有一个进出口的城市街道,或称为死胡同)为基本要素的机动车尺度空间组织结构。其结果是空间缺少场所感、社区感、过度地依赖小汽车以及由此而带来的拥堵和空气污染等问题。公共交通在低密度的社区运行效率低下,由于缺少足够的乘客公交难以得到政府在政策和财政上更大的支持,致使公交服务质量进一步下降,使得更多的人转向私人交通,由此走向另一种恶性循环。"

一个普遍的认识是,蔓延就是低密度或跳跃式(空间不连续)发展的代名词。这是相当不全面的。不错,低密度和跳跃式发展是美国城市发展的主要问

---

[①] 部分内容发表在《城市发展研究》,2007,作者丁成日、孟晓晨。

题之一。但是,美国城市蔓延包含的内容更广,它还涉及城市设计、城市规划的失误或不当而带来的相当显著的负面效应和城市成本(如不必要的交通需求及其成本投入增加了对小汽车的依赖等)。图 8.1 很好地说明了城市规划不科学带来的显著负面效应。该图的上半部分(主要交通干道以上部分)是城市蔓延所表现的一种空间模式。主要特点是:① 不同的土地利用类型高度分离,每种土地利用类型相对地"封闭",自成一体。如单体住宅是沿着一条"死胡同"式发展的。公寓式住宅的发展模型也是如此;② 仅有限的道路(或道路出口)承担着与外界联系的通道。

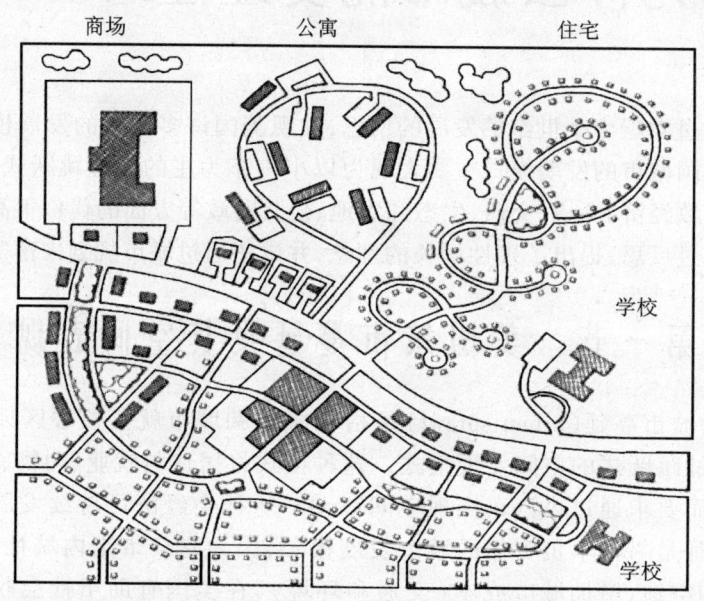

图 8.1　城市蔓延,形态与城市规划
引自 Gerrit Knaap 的报告,2005 年 8 月 2 日,广州

这样的空间结构带来了以下几个方面的后果:① 增加了对小汽车的依赖和使用。如住在单体住宅的居民无论上学、购物,或到住在公寓里亲朋好友家里做客都需要开车,而不能利用其他的交通方式(如步行或自行车);② "封闭"式小区极大地限制了交通路径的选择,使居民无论是上学还是购物都要开车并且一定要使用(如图所示的)主要交通干道,加剧了主要交通干道的压力;③ "封闭"式道路极大地限制了居民间的交往和沟通。一个单体住宅可能与一个公寓住宅在空间上(直线)的距离很短,但是它们之间的"交通"距离可能是其空间距离的很多倍,这无疑无助于社会不同(收入)阶层之间的联系和沟通,"人为"地制造社会隔离(包括城市规划或设计);④ 由于汽车是唯一的交通工具,商场需要建设很大的停车场来满足需求。

图 8.1 的下半部分是与城市理性增长理念相一致的空间模式。从城市密度

而言,上、下两部分没有任何区别,不同的仅仅是空间结构或模式。由于城市空间结构或土地开发模式是"开放"式的,城市居民可以:① 有更多的交通方式来选择,如步行、骑自行车,或开车去上学(或在学校上班)、购物(或在商场上班);② 汽车不是唯一的交通工具,商场不需要建设很大的停车场就能满足需求(有相当部分的人使用其他交通方式,如步行、骑自行车等);③ 有更多的交通路径供选择,既可以走主要的交通干道,也可以走城市街区道路,选择哪条路径则取决于交通流量的空间分布、时间和距离成本等因素,而不是如图8.1的上半部分那样没有选择;④ 开放的模式会促使居民开放,增加交流,有利于和谐社会的发展。总之,相对而言,图8.1下半部分所示的格网式道路设计是交通高效率,有利于环保、有利于社区的人性化和和谐发展、方便了居民之间及对外的交通联系,缩短了通勤时间,并且有利于摆脱对小汽车的依赖,增加步行和骑自行车的比例。

## 第二节 城市蔓延的后果

文献研究表明,城市蔓延带来几方面的后果,并严重地影响城市的可持续发展。后果主要表现在以下几个方面:

第一,交通拥挤。美国人均车千米数从1980年到1995年增加了59%(http://www.plannersweb.com/sprawl/focus.html#what)。如图8.2所示的交通拥挤成为美国大城市通勤者的"家常便饭"。更长的通勤时间和对小汽车的依赖增加又带来了健康问题。对健康的直接影响包括因污染空气带来的呼吸道疾病,而间接影响体现在城市蔓延、小汽车,以及与城市居民的体重过重之间的关系上(Ewing等,2003)。

图 8.2 城市蔓延与交通堵塞

第二，城市蔓延带来巨大的，而且是可以避免的交通成本。这里的交通成本体现在：① 政府需要投入大量的资金来建设基础设施，如道路等。支持同等数量的城市人口，城市蔓延要求地方政府对基础设施的投入要远远高于城市紧凑式的发展。城市蔓延所需的高政府投入既体现在总量上，也体现在人均上（从供给者的角度）。政府高投入意味着纳税人的课税负担加重了；② 由于低密度和分散式空间分布，城市蔓延提高通勤距离和时间，因而增加城市居民和企业的交通成本（从消费者角度）；③ 由于城市蔓延不利于公交系统的发展和使用，城市蔓延增加了对私人小汽车的依赖，相对地减少了对公交汽车的需求。一般地说，地铁（或城市轨道交通）和公交汽车能够比较有效地承担市中心与郊区之间的联系，但在位于城市外围郊区之间的联系上就比较不经济和无效。

第三，在城市蔓延空间上转移了地方政府的税基。在美国，地方政府财政税收的平均收入的75%来源于房地产税。当城市蔓延发生时，中高收入阶层的家庭普遍向郊区迁移，以此来享受城市郊区带来的较低的房价、宽敞的住房、更大的且可以保护私人隐私的庭院。低收入者由于收入的原因限制了他们的住宅选择的移动性（mobility），而只能选择留在城市中心。中高收入家庭的外迁导致内城的房地产价格下跌，继而减少了内城（inner city）的房地产税基，减少了内城地方政府的财政税收入。

第四，离散式、青蛙跳跃式的发展使大量农田和绿地被用作房地产开发，造成土地资源的浪费。根据统计，在1982年—1992年间，美国全国平均每小时失去农地45.7英亩[①]，每天损失400万英亩。

第五，由于蔓延会导致更多的、更长距离的交通通勤和对小汽车的过分依赖，城市蔓延增加步行与骑自行车的安全风险。步行和骑自行车面临的高交通风险进一步促使城市居民对小汽车的依赖和使用。

第六，城市蔓延带来了环境污染。环境污染源有：点源污染、线源污染和面源污染。工厂和农业分别是点和面污染源。交通是线污染源，已成为城市污染的主要症结。

## 第三节 城市蔓延的原因

城市蔓延的原因很复杂，归纳起来主要有以下六点：

1. 能源与环境服务的低定价（under-pricing）

油价：20世纪90年代，美国国内的油价十分低，仅相当于日本、加拿大及许多欧洲国家的1/3~1/4，这种低油价是政府对能源消费的间接补贴，从而产生

---

① 1英亩 = 4 046.86 m$^2$

了鼓励私人汽车使用的效果。环境成本：由于缺少有效的环境政策，企业和开发商并不支付（至少不全部支付）他们的土地利用方式或土地开发决定对环境施加的影响。结果，一方面导致土地的过度开发，并使社会来承担其产生的负面外部效应；另一方面，导致土地利用的无效率或低效率。

2. 基础设施的低定价

表现为高速公路使用者所需支付的使用费低于高速公路建设和运营的实际成本，根据微观经济学原理，低价刺激了消费需求，从而导致对高速公路的过多需求和使用。

3. 政府对交通和住房的补贴

美国政府对住房的补贴分为两种：其一，购房者用于支付购房贷款利息部分的收入可以免除收入所得税。单纯从经济学来讲，如果不考虑税收减免的话，租房和买房是没有差别的，但是政府对支付购房贷款利息部分的收入免税，实际上可以看做是对购房行为的一种鼓励。其二，对交通的补贴，这在前面两点已有介绍，包括交通基础设施建设和使用成本的补贴，因为实际上政府在交通基础设施方面的收入并不足以支付其成本，因而依靠政府财政补贴的差额部分可以看做政府对住房补贴的另一种形式。

4. 破碎的土地利用政府框架（governance）

在美国，城市不论人口多少，其政府是互相独立的，每个政府拥有独立的人事权、财政权等，如芝加哥大都市区内就有一千多个独立的政府，这是一种破碎的政府框架。Charles Tiebout 在其论点——用脚来投票（vote on the feet）中曾经指出这种破碎的政府框架结合土地分区（zoning）在公共财政效率方面有无与伦比的优势。但另一方面，对于一些跨区的政府服务如修建高速公路等，这种破碎的互相独立的政府结构则十分低效，因而出现了区域性中央集权来协调城市间的政府行为，在这方面俄勒冈州的波特兰市所实行的区域政府管制（regional governance）比较有效。需要说明的是，这种区域政府管制仅是针对美国这种相对破碎、独立的政府结构（fragmented government structure）而言有效，在中国集权式的政治体制下并没有很大的可借鉴性。

5. 收入的增加和交通成本的下降

基本上人们对住房的消费会随着收入的增长而逐渐增长，直到一定年龄时，对住房面积的人均需求才有所降低，因而随着经济发展和人民收入水平的提高，对更大面积住房的需求刺激了人们向地价较低、环境优美的郊区迁移，从而导致城市蔓延的出现；同理，交通成本的下降使得更远距离的通勤成为可能，同样会导致城市蔓延，这样的例子很常见，如北京中心城与通州区的交通联系得到改善后，通州卫星城发展十分迅速。

6. 对低密度住宅的持续需求

随着收入的增长，人们对低密度、高质量住宅的需求也逐渐增长，为满足这种需求,城市周围将出现越来越多的低密度住宅,产生蔓延。

## 第四节　城市的理性增长

　　针对城市蔓延所带来的后果,城市理性增长在美国发展并流行。理性增长是一种精心、科学规划过的发展模式,这种模式保护农地、复兴城市已有社区、保持住房的可支付性、提供多种交通方式的选择等。它具有可持续发展、可操作性的特点。

　　理性增长不是一个全新的理念。美国政府对土地开发的干预已有相当长的历史,其手段包括土地利用功能分区(zoning)、规划(planning)、增长管理/可持续发展(growth management/sustainable development)和理性增长(smart growth)等。这些措施从根本上来讲都是政府为"更好"地发展所采取的行动。

　　这种"更好"发展的概念包含如下几方面的考虑:① 环境影响,兼顾长期与短期效益;② 土地利用影响,通过规划使不相容的土地利用类型间的冲突弱化或者最小化;③ 经济影响,保证城市的就业与收入,促进城市的发展;④ 财政影响,使地方政府的收入和支出与当地的需求、居民的愿望相结合;⑤ 社会影响,努力促使社会分配实现公平。

### 一、美国的城市理性增长有十大原则[①]

　　(1) 混合型的土地使用,将不同的住宅类型(单体住宅、联体多层住宅等)混合起来,在住宅区提供零售、个人服务业、工业园、学校和其他公共设施。

　　(2) 充分利用紧凑式城市设计,通过更高密度、垂直的而非水平增长来保护绿色空间;同时减少建筑之间的空间,以达到减少土地需求,增加步行比例、减少交通需求的双重目的。

　　(3) 创造多种住宅机会和选择,提高城市住宅的可支付性,为各个收入阶层的家庭提供优质的住宅。

　　(4) 创造易于步行的邻里(walkable neighborhoods),为促进步行,社区必须有混合的土地利用类型、紧凑的建筑、对公共安全的保障和步行专用道。

　　(5) 培养具有强烈空间感的特色型、魅力型社区,设定社区发展和建设标准,并与建筑美学和特性相结合,推动有特色的、吸引人的社区发展。

　　(6) 保留开放空间、耕地、自然美景和主要环境保护区域,实现财政收益、环境质量和健康收益的共赢。

　　(7) 加强现有社区的发展建设,充分利用已开发地区所能提供的资源,也就是要求避免跳跃式发展。

---

　　① 见网站:http://www.smartgrowth.org/about/default.asp? res=1024。

(8) 提供多种交通选择,提升高质量公交服务的可利用度,保证步行、骑自行车、公交系统和道路之间的连接,更好地协调土地利用与交通的关系。

(9) 使发展决策具有可预测性、公平性和成本经济性,激励私人资本(投资者、银行家、开发商、建筑商及其他)积极参与土地开发利用,因为只有私人资本市场能够提供大量的、满足城市理性增长所需要的资金。

(10) 鼓励社区和业主(stakeholder)在发展决策制定过程中与政府和规划机构相互合作,这是因为真正能够理解、实现城市理性增长的正是工作和生活在那里的城市居民。

## 二、美国城市理性增长十大原则的理论或理念

(1) 通过土地和交通的整合,在不影响城市功能和职能的前提下最大限度地减少城市成本(如交通成本)。

(2) 追求经济、环境、生态和社会之间的平衡。

(3) 强调地方政府公共财政能力,特别是其提供基础设施和公共服务方面的能力的重要性。

(4) 强调社区在凝聚社会力量方面的重要性。

(5) 强调共同参与的重要性。

美国实证研究表明,理性的城市增长模式可以很大程度地减少政府在基础设施方面的投入(表8.1)。理性的增长模式与城市蔓延模式相比,道路的需求减少25%,基础设施的需求减少15%,学校的需求减少5%。

表 8.1 理性增长对基础设施成本的影响

| 道 路 | 基 础 设 施 | 学 校 |
|---|---|---|
| 减少 25% | 减少 15% | 减少 5% |

资料来源:Economic and Fiscal Impacts of Alternative Land Use Patterns, by Robert Burchell, Rutgers University

人们对城市蔓延带来的后果的一致认可性要远远高于就如何解决城市蔓延带来的问题或防止城市蔓延所应采取的政策。美国学者和官员就如何制止城市蔓延,可以说是"仁者见仁,智者见智"了。经济学家认为城市蔓延是市场经济选择的结果。由于收入的提高,城市居民希望改善居住条件或更好的居住环境;城市郊区土地价格相对低廉,使在那里建设可支付的、宽敞的、带有花园和隐私的庭院成为可能,这是城市蔓延的经济需求方面。城市交通的延伸大大地改善了城市郊区的通达性,为城市蔓延提供了物质基础。由于城市居民没有全额地支付城市高速公路建设所需的资金,利用城市高速公路的人间接地得到了政府的补贴,这进一步地促进了高速公路的使用。基于此,经济学家认为城市蔓延应该通过经济手段(如高速公路的使用费,高速公路拥挤费(congestion toll))来解决。

相反,非经济学家如规划人员则认为,经济学家所能做的是有限的,如无法确定公共产品或服务的边际成本,因而公共产品或服务的最优价格也就无法确定。再如,规划人员认为城市蔓延并不一定是城市居民市场选择的结果。实证研究表明,城市居民愿意为所在理性发展模式的社区额外地支付相应的房屋价格(Song 和 Knaap,2003)。由于理性发展模式的社区提供了良好的社区环境(如开放的格网式街道,充分的绿色空间、有人行道的城市道路等),这些社区品质都会体现在社区的房屋价格上,因而其他不变,理性发展模式的社区内的房屋价格要高,且城市居民对理性发展模式的社区是有需求的(Song 和 Knaap,2003;Tu 和 Eppli,1999)。

## 第五节 市场主导的"理性"空间形态

由于数据等方面的原因,城市空间结构需从三个大的方面加以描述:① 人口密度;② 就业密度;③ 城市交通(丁成日,2004b)。城市交通网络既是城市的"骨架",又是城市的"循环"系统。

城市就业可以从不同的角度分类:如基本行业与非基本行业,由劳动空间集聚效应的就业(如政府、IT、广告、金融保险、文化教育研究等)与劳动力空间集聚效应不明显的就业(如制造业)等。国际上的实证研究表明,尽管就业地点决策和住宅地点决策有很大的因果关联性,我们还无法肯定两者"因果"关系中谁是"因"谁是"果"。一般地说,想象性的结论是:基本行业或有劳动力空间集聚效应的就业的区位选择相对独立,较少受当地区位因子的影响,因而更有可能成为就业和住宅两者因果关系的"因",即"人跟着就业走"。相反,非基本行业或没有劳动力空间集聚效应(如日常服务业,如理发、花店等)受当地居民收入、消费倾向、家庭结构等因素的影响就要大,更有可能是"就业跟着人走",即就业分布就是"果"。

世界性大都市至少都有一个高密度的商务中心区,集聚了相当规模的基本行业或有劳动力空间集聚效应的行业。1990 年,纽约的中城商业区在 3.11 $km^2$ 的土地上集聚了近 74 万个就业者;香港的中城商业区在 1.67 $km^2$ 的土地上有近 20 万人口就业,另一就业中心九龙在 14 $km^2$ 土地上容纳了近 110 万人口就业;首尔中央商务区 21 $km^2$ 土地上有 120 多万人口就业;东京中心区 42 $km^2$ 的土地上近 240 万人口就业。一般来讲,国际大都市平均每平方千米的就业人口在 5 万左右(丁成日和 Bethke,2005)。

高就业密度为人与人之间面对面的交往提供了机会,高科技及第三产业的很多行业需要人与人之间的碰撞来产生创新的火花,并且这些交往不拘泥于正式场合,随意的午餐聚会可能就会产生意想不到的思想碰撞。因而,那些需要面对面交往的行业,如广告、服装设计、政府部门、金融等,通常倾向于聚集于城市中心高密度地区来增加面对面交往的机会,尽管这些地区的地价相对较高。这些城市所表现的劳动空间集聚效应大于"城市病"带来的城市成本,因而,这些城市的规模在过去的半个世纪里仍然在扩大(丁成日,2004a)。

Bertaud(2003)认为,5百万人口以下的城市最好有一个就业中心(即所称的单中心城市),这样的城市有最小的城市交易成本。在单一中心城市里市场这个无形手的支配下,土地资源和资本资源可以得到最佳组合,这意味着土地资源和资本资源同时得到最佳利用。如图4.1所示的人口分布和空间结构,一方面使土地资源和资本资源得到最大限度的利用,另一方面也引发了最小的城市交易成本。

## 第六节 对中国城市快速发展的启示

美国城市理性增长的理念和原则是基于美国的城市发展而发展的。具体的内涵可能与中国的具体国情不一定相符合。正因为如此,我们应该学习的不是具体的城市理性增长的"内涵",而是美国城市理性增长理念背后所包含的理性思辨。比如,美国城市在市场的强力影响下,就业和住宅空间过于分离,一些就业(如服务与城市居民的行业——零售、个人服务等)远离其服务的对象,因而试图通过一定程度的土地利用混合来减少交通需求。所以,美国城市理性增长所倡导的土地混合利用,是针对其根深蒂固的就业与住宅分离产生的问题而提出对策的。

在美国城市理性增长中的土地利用混合并非一定适合中国的国情。这是因为,中国城市发展长期在"先生产,后生活"的政治宣传下,同时又由于城市发展缺少资金、单位包住房分配和建设等种种原因,中国城市空间发展具有以下几个特点:

(1)单位式住房分配导致就业和住宅在微观上高度混合,这种经过几十年发展演变而来的空间格局很难在短期内得到根本的改变。

(2)由于单位的空间分布相当零散,使城市就业(无论是基本行业还是非基本行业)相对均匀地散落到城市的每一个角落。加上单位式住房分配,城市土地利用的宏观表现犹如城市是由无数个相同的"细胞"——每个"细胞"就是一个就业、住宅高度混合的单元构成。

(3)单位的空间零散式分布使城市表现为就业不够集中,城市是"无中心"城市(丁成日,2004b;丁成日和Bethke,2005)。

这种(相对地)"无"就业中心,一方面使土地利用与占主导地位的交通方式——步行或骑自行车相匹配,使城市能够在有限的城市基础设施(交通)投资的情况下运转;另一方面,对目前城市发展带来的负面影响也是相当深刻的,是新时期城市交通拥挤的主要原因之一。这是因为:①劳动人事制度改革从根本上改变了雇佣与被雇佣之间的关系,大大地减少了家庭有2个人以上同在一个单位上班的数目;② 随着经济的发展和收入的提高,将有越来越多的家庭拥有小汽车,这也正是北京等城市正在经历的事情;③ 住房制度改革必将使越来越多的人无法在就业地附近找到合适的住房,导致就业地和居住地的空间分离,特别是新的就业人员;④ 城市缺少高度集聚(且高密度)的就业中心(丁成日,2004b),理论上,使二维空间上的任何一点都有可能成为某个就业人员的就业所在地。因而,二维空间上的任何两点都有可能有一定规模的交通需求。可以说,我们不可能组织一个经济上可行和有效的城市公共交通来满足二维空间上任何两点之间的交通联系,这是不可能的。

加上经济发展水平的原因,中国大多数城市有五六种不同的交通方式共存:步行、自行车、公交车、出租车、私家小汽车和城市轨道交通。多种交通方式共存,空间上任何两点都有交通需求,造成交通的无序和混杂,也正是交通流的空间无序和混杂使城市交通极易产生拥挤。我们认为,这才是中国大多数城市交通问题的主要症结。就业中心不明显或太多的中心,是计划经济体制下城市发展的后遗症之一,它使得城市内部的交通难以管理,中长期影响将是深刻的。

还有,遗憾的是,国内很多开发项目盲目的崇拜国外的发展模式,将国外很多不成功的例子当成成功的经验来学习,机械地照搬照套。在现今的中国,这样失败的例子比比皆是。最典型的例子莫过于图 8.1 上半部所示的"封闭式"或"半封闭式"发展模式。不同开发商的住宅项目各自封闭,仅靠少数几个交通出口对外联系,由于缺少交通和土地利用的整合,很多开发项目模式从微观上看起来还很吸引消费者,但从宏观上看这种近于封闭的模式会给居民带来相当大的不便。这种不便利在近期可能还没有表现出来,将来一定会的。

一个"理性"的城市空间模式一定是能使城市的资源(土地、资本、劳动力)得到最大的利用的模式,一定是能使城市的交易成本最小的模式,一定是能使城市的集聚效应最大化的模式,一定是能使经济、环境、社会等多方面平衡发展的模式(丁成日,2004b;丁成日,宋彦,Gerrit Knaap,黄艳,2005)。具体地讲,一个"理性"的城市空间模式应该是:① 有一个相对集中和高密度的就业中心,特别是大城市、特大城市、和国际性城市;② 有一个与其相协调的城市交通系统,它能使城市居民(就业者)能够经济有效地接近所有的就业机会;③ 要求政府在基础设施上最小的投入即可满足需求。

综上所述,中国目前快速城市化过程中出现的一些问题,可以通过借鉴美国的城市理性增长理念得到解决。但是,更为重要的是,通过学习借鉴城市理性增长,来防止产生新的问题,避免重蹈覆辙。特别需要指出的是,我们学习国外的经验,更应着眼于具体做法背后包含的理性思辨和逻辑及其前因后果,而不是具体做法本身。总之,美国城市理性增长有些值得我们借鉴,有些则与中国国情不甚符合,我们的理性增长可能要求我们所走的路正好与美国的理性增长背道而驰,但可能都是各自的理性增长模式。这一点正是我们需要深入探讨和研究的。

# 第九章

# 为什么发展 CBD[①]

在经济学家的眼里,一个城市就是一个巨大的劳动力和消费者市场。随着城市发展,交易成本会被内部化,不断降低。随着城市规模增大而逐步降低的交易成本,又会吸引新的商业或个人来到城市,使得城市规模继续扩大,直到边际效益与边际成本相等。规模经济、交通技术、城市集聚、地区和工业部门间的专业化带来的日益增加的边际收益,促使城市规模不断扩大;同时因城市问题而产生的边际成本又在阻止城市扩大。城市问题包括拥挤而高价的住房,城市基础设施供给的不足,环境污染,交通拥挤等问题。在理论上,边际成本等于边际收益的平衡点是存在的,这一点也定义出了最优的城市规模。而现实中,这一平衡点却无法确定,原因很简单:边际成本和边际收益都太复杂了,现实中根本无法计算。因此,尽管有学者力图阐明这一重要问题,最优城市规模问题仍是一个没有答案的问题。

然而,当城市发展时,使城市成本增加的各种负面影响也在不断发展。这些因城市发展而产生的负面影响,被称为"城市病"。几十年前,这种"城市病"就已经出现在东京、纽约等诸多城市,然而一直以来,并没有人提供令人信服的证据证明是"城市病"导致了城市的衰退。以布法罗为例的很多城市,都有商业、人口往其他城市或者郊区转移。但是布法罗城的退化,应归咎于经济结构调整,而非简单地源于"城市病"。

经济学家认为,城市市场规模(劳动力和消费市场)越大,交易成本越低,经济就越繁荣。一个无效率的空间结构是因为它把劳动力市场和消费市场肢解和打碎成小的低效率市场(劳动力市场表现出规模递增规律,换句话说,整体大于部分之和)。这样做的结果是,工作和居住之间距离的不必要的增加导致交易成本上升,增加城市基础设施的长度,进而提高了城市基础设施的投资和运营成本,最终降低城市的经济竞争力。

---

[①] 发表在《国外城市规划》,2005,有较大增删,作者丁成日、Bethke。

## 第一节 集聚经济

随着经济活动规模与经济活动水平在空间上地不断集中,从而集聚降低了成本,并增加收益。集聚经济有多种形式:内部集聚经济、工业部门之间的联系、地方化经济集聚(localization agglomeration)和城市化经济聚集(urbanization agglomeration)。集聚经济不仅是城市存在的基本现象,也是城市经济发展的基本特征。

西方城市经济理论指出,城市发展的主要原动力是城市经济的空间集聚效应(agglomeration)。城市空间集聚效应的主要内容之一是劳动力市场的规模和整合(labor pooling)。具有规模和统一的劳动力市场,一方面有利于企业,另一方面有利于就业者。对企业来讲,有规模和统一的劳动力市场有利于企业很容易地雇用到企业扩张所需劳动力,同时又可以在企业萧条时期廉价地解雇雇员,这是因为对雇员而言,他们在大的劳动力市场中(有很多同样的企业)比在只有独一无二的企业的城市更容易再找到同样的工作。较高的就业密度提高了人与人面对面的交往机会,这不仅是各种各样合作交流(经济、商业、科学技术、管理、文化等领域)的必要条件,而且是思想、文化、科学技术等方面发明创造和推广的必要条件。两个人随意的一个午餐聚会可能会带来意想不到的创新想法。高科技和第三产业的很多部门都要人与人、面对面的交往。城市高就业密度不仅是现代城市发展的结果,同时也是促进城市发展的动力。

### 一、地方化经济聚集

当某一工业部门随着总产出的增加,企业生产成本降低,就会出现地方化经济聚集现象。地方化经济聚集有多种原因:

(1)一组相同类型的工业活动产生了一群拥有相似技能的劳动力群体,这进一步提高了劳动力市场的效率。商业周期性波动带来就业的波动,造成劳动力需求的不稳定性。一些需要相同劳动力技能的企业空间聚集,要比在空间上分散的并相互隔绝的企业分布模式所产生的劳动力需求更为稳定。这是企业空间聚集产生的劳动力需求在很大程度上平缓了每个企业表现的较大的就业波动。当然,这有一个前提(一个正确的前提),即不是所有企业都有相同的商业周期(相同的周期指的是同振幅、同相位和同频率)。如果一个企业位于偏远的地方,与其他相同类型的企业相隔离,那么在它恢复发展的时期会在雇用专业技术员工方面有困难。

(2)地方化经济聚集的第二个原因是外溢效应。如果公司地点相互靠近,那么在同一行业内传播技术的潜在可能性就更大。此外,经营理念和市场信息在企业相互临近要比相互隔离时传播得更快,因而使市场的参与者能够快速对市场条件变化做出反应。偏远地区发展滞后,一部分原因就是缺乏获得市场信息的途径。对市场的反应速度是决定时装行业成败的关键因素之一。这就解释了为什么时装设计公司在纽约市内高度密集的现象。

(3) 地方化经济聚集的另一个原因是购物的外部性:一个商店的销售受其他商店位置的影响,有两类产品具有购物的外部性特征:一类是不完全替代产品,另一类是互补产品。销售不完全替代产品(如汽车、衣服、鞋子、珠宝及电子配件)的商店聚集,可以降低购物交通成本,有利于吸引潜在的客户。比如,假设有两家商店,销售不完全替代的两个品牌的汽车。如果他们相距很远,两家商店销售量相同,设为每月 50 辆汽车。若两家店相邻,为购买者提供了相互比较的机会:比较价格、特征、功能、可靠性等。这样来逛店的人数会增加。假设实际销售量与逛店的人数呈正比,那么两家店的需求曲线都会外移,或者销售量增加,进而提高了利润,或者价格升高(如果销售量不变)而使利润提高。

对于互补产品,道理一样。销售互补产品的商店愿意互相临近。因为顾客喜欢在一个购物旅程中买到这些互补的产品,可以节省购物时间和交通成本。假设一个顾客想买一条裤子和一双鞋。若裤子店与鞋店在一个地方,他就可以一次买到,而不需要跑两趟。这样,他可以节省交通上的花费。而裤店与鞋店也相互受惠,因为对方的存在吸引了更多的消费者。

## 二、城市化经济聚集

城市化经济聚集意味着,公司将因坐落于城市内部而节省成本,获得收益。换句话说,当城市活动扩大时,一个公司的平均生产成本会降低。最常用的城市活动衡量指标是总人口与总产出。这些数据很容易获得。

城市化经济聚集的产生有很多原因:① 在公共基础设施供给方面,规模经济使得经济活动的每单位产出分担较低的基础设施费用。这种成本节约可能最终传递给消费者,比如让生产厂商和消费者缴纳较低的房地产税。② 临近大城市所提供的大市场降低了将产品运往市场的交通成本。③ 城市化经济聚集产生的原因是大城市存在小城市不具备的广泛而多样的专门化服务。因为需要这些专门服务的企业如果建在大城市中,将节约成本。最后,行业间潜在的知识与技术渗透潜力在大城市中也是很大的。

重要的是要了解规模经济带来的成本节约不仅有益于企业,而且有益于整个社会。因为一个地方的生产率提高并不是以另一地方的生产率降低为代价的。但是,经济活动聚集也会带来交通拥挤、高房价、环境污染、高犯罪率等问题。在交通拥挤与高工资使企业运行成本增加的地方,这些城市问题将降低城市对个人和企业的吸引力。城市集聚效应的正面影响需要超过这些负面影响，使城市能够继续吸引个人和企业。否则，城市人口将不断减少，城市商业也将减少。

从理论上讲，只要集聚效应的边际收益超过城市病带来的边际成本，城市规模就将扩大，反之城市规模将减少。但实际中很难（如果不是不可能的话）衡量那些真正带动城市发展的集聚效应。相对来讲，通过城市发展对交通拥挤、污染、房价等的影响，可以衡量边际成本。但完全的成本（如公共健康、公共安全等社会成本）计算是不可能的。因此，一方面在理论上存在着最优的城市规模，另一方面，却无法就任何具体的城市确定出其最优规模。这留给我们唯一的选择是：让市场决定城市是否应当增长，通过制定城市政策和城市管理手段，来影响或改变城市发展或衰退的因素，进而影响城市发展。在市场经济体系下有效的措施和手段主要是投资和税收政策。

## 第二节 经济空间聚集与城市经济发展

也许，在哪里以及按多大数量安置就业是城市规划的最大挑战之一。就业可以安排在一个新的地点，使其就业密度高、就业地点集中或者成群；也可以分散安排就业，使就业地点在整个都市区展开。在前一种情况中，有明确的就业中心，就业中心的数目因城市而不同。美国东部地区，大部分城市有一个中央商务区（CBD），大部分城市就业都位于中央商务区（到达80%以上或更高的就业比例）。

这种模式称为单中心城市，纽约就是一个极好的代表，华盛顿都市也属于这一类（图4.9）。在美国西部地区，大多数城市除了一个显著的CBD外还拥有多个就业中心。CBD内的就业密度最高，其他就业中心对整个都市经济的发展也非常重要。该模式称为多中心城市，洛杉矶就是其中的一个例子。多中心的就业分布比单一中心的城市就业分布更为平坦。

关于密集城市发展的成本效益的争论，已从经济活动的多个维度对经济增长的影响展开论述。其中考虑的维度包括经济活动的空间分布和产业构成。经济增长通过工业增长、公司增长（establishment growth）、创新产品及创新专利、工人工资等指标加以衡量。下面的文献详细地综述了研究成果，证明城市就业密度与城市规模的集聚效应是存在的。

有大量的研究探讨了空间分布与经济活动构成的关系（Glaeser等，1992；Henderson，Juncoro，Turner，1995；Feldman 和 Audresch，1999；Beeson，1987）。这些研究试图寻求在集聚经济动态外部性中明显显露的城市人口规模和密度的收益。动态外部性的例子有MARs外部性理论、Porter理论，以及Jacobs外部性理论。MARs外部性预测，产业在一个城市的集中会产生知识外溢，带来更大的经济增长。它还预测地方性垄断比地区竞争更有利于发展,因为地方性垄断将知识外溢效应集中在几个公司内,促使创新与经济增长的速度更快。类似的,Porter 理论也预测,产业在一个地区内的集中会带来更大的知识外溢与更高的经济增长。但是相对地方性垄断来讲,Porter 理论更支持地区竞争,认为竞争更能促进经济增长。Porter 强调一个产业内公司之间的竞争会孕育更大的创新和经济增长,因为公司必须创新使自己的产品不同于竞争者的产品,否则他们就会失败。Jocobs 外部性理论与 MARs 和 Porter 理论相反,他认为是地区内更高的产业多样性孕育了创新和经济增长。Jacob 外部性同时强调,是地区竞争而不是垄断刺激了创新(Glaeser 等,1992)。

在这些研究中,城市经济增长由各种经济指标来衡量。Beeson(1987)用 48 个相连的州内制造业部门的总要素生产力衡量。Ciccone 和 Hall(1996)用州总产出和劳动力生产率衡量。Beeson 还用技术变化率指标和规模经济指标作为经济增长的要素(1987),前者即新技术进入市场并结合在商业实践中的程度,后者即城区提供专门化服务与专门劳动力的容量。Gabe(2004)的研究用的是企业工资与企业增长(establishment wages and establishment growth)指标。Glaeser 等(1992)和 Henserson,Kuncoro,Turner(1995)的研究中用产业就业增长指标衡量经济增长。最后,Feldman 和 Audresch(1999)用了各工业群体的创新数量衡量,Sedgley 和 Elmslie(2004)用了州经济中每万人劳动力的平均专利数目衡量。表 9.1 列出了就业与城市经济发展的关联。

## 一、城市就业密度对城市经济发展的影响

关于经济活动的空间分布和产业构成对经济和社会产生的效益和成本存在显著的影响。有研究发现,人口与就业高密度集中在城市中心的单中心模式,产生的经济和社会效益要高于其带来的成本。这些效益一部分是因为单中心城市交通效率高,表现在机动车里程数减少、对于那些能够负担密集发展地区较高租金的人来说公共交通的便利性及其到就业中心可达性提高(Bertaud,2003)上。此外,单中心模式产生地方化经济,即同样的产业在同一地理位置聚集时效益增加。单中心模式还有利于产生城市化经济,即产业选择位于城区时收益增加。

## 二、就业(经济活动)空间分配对经济增长的影响

关于经济活动的最佳空间分配和产业构成的各种争论,已经从经济活动的各个维度对经济增长的影响进行了研究。一些研究集中关注了经济活动的空间分配(Sedgley 和 Elmslie,2004;Ciccone 和 Hall,1996;Gabe,2004)。以 Sedgley 和 Elmslie 为代表的研究,探讨了集聚和拥挤力量对创新的速度影响,这通过确定州经济中的规模变量对每万名职工的平均专利个数的影响来表示

(2004)。由 Ciccone 和 Hall 进行的研究,探讨了外部性的空间维度对递增的报酬和平均劳动生产率的关系(1996)。最后,由 Todd Gabe 进行的研究,探讨了产业地方化与人口规模在农村企业增长与农村企业工资中发挥的作用(2004)。

当一些研究为人口尺度和规模对经济增长有正面的影响这一论断提供支持时,另一些研究探讨了城市人口尺度和人口密度的集聚效益对经济增长率的影响。实证研究结果支持 MARs 外部性的观点,即同种工业经济活动在一个城市地区的集中有利于经济增长。在 Henderson 等的研究中,1970年机器行业在当地总就业中的份额每增加一个标准差,就会带来 17 年后机器就业 25% 的增长。Gabe 的研究发现,县工业区位商(一种衡量工业集中性的指标)每增加 10%,平均产生 0.251% 的企业增长。工业集聚还与本地工资相对于全国工业工资率的增长有关。在 Beeson 的研究中,当非集聚变量与集聚变量对经济增长的作用作出分离估计时,耐用品制造业在州内的百分比与规模经济程度呈正相关。但是,在耐用品占总制造业产品比率比较高的州内,技术变化率相对较低。最后,Sedgley 的研究也证明了同种工业集聚的重要性。他发现高科技工业的集中与每研究时间段的专利产出在统计上呈正的显著关系。

表 9.1　就业与城市经济增长

| 实证研究 | 就业密度与规模 | 工业行业多样性 | 工业集中(集聚) |
| --- | --- | --- | --- |
| Ciccone 和 Hall | 一个县的就业密度增长一倍,劳动生产力增长 6%,总的要素生产力增长 4% | | |
| Henderson 等 | | 在 1970 年没有某个工业行业的城市中,工业行业的多样性增加了这些城市在 1987 年有这个工业行业的可能性。这说明 Jocob 外部性对城市最初吸引新的工业行业的重要性 | 1970 年机器制造业专门化(该行业的就业比例)的一个标准差的增长带来 17 年后 25% 的机器制造业就业的增长 |

续表

| 实证研究 | 就业密度与规模 | 工业行业多样性 | 工业集中(集聚) |
|---|---|---|---|
| Black 和 Henderson | | | 计算机制造企业数量的1%的增长可以在不改变企业的要素投入的情况下增加0.09%的计算机企业的产出。同时,计算机与电子器件企业数量的增加对企业的产出有积极的影响 |
| Beeson | 国家级大都市(人口规模)的存在对技术变革的速率有积极的影响。一个大都市在其所在州的人口比率与规模经济存在着正相关关系 | | |
| Sedgley 和 Elmslie | 一个标准差的人口密度增加使每万个就业人数专利数增加1.5 | | 高技术工业的空间集聚与专利产出呈正的、统计上显著的关系 |
| Gabe | 城市规模10%的增加带来0.207%的工业企业数量的增加。城市规模与工资也成正比 | | 10%的工业区位商(区位商衡量工业集聚度)带来0.251%的工业企业数量的增长 |
| Beardsell 和 Henderson | 城市规模的增加提升城市就业水平增加的可能性 | 在计算机行业比较弱的城市,如果这些城市有相关的电子器件行业部门,计算机行业增长的可能性将增加 | 在单一的制造业行业中,城市工业就业总数增长一倍将增加6%的制造业企业的产出,这些行业的就业人数增长一倍将使这些企业的产出增加11% |
| Feldman 和 Audrestch | | 一般地讲,工业专门化与创新活动呈负的显著关系 | 在科技工业部门,专门化带来更高比例的创新 |

### 三、城区尺寸与规模对经济增长的重要性

一些研究发现,与经济活动所在的城市尺寸和规模相关的因素在经济增长中起着重要的作用。Sedgley 和 Elmslie 的研究发现,人口密度与创新结果之间存在显著正相关关系。他们以 1990—1995 年间产生的创新为例,表明人口密度平均值每增加一个标准差会导致每万名工人增长近 1.5 个专利。Ciccone 和 Hall 的文章发现,在一个县内的就业密度翻番会提高 6% 的劳动生产率和 4% 的全要素生产率。Beeson 研究发现以平均人口规模进行全国排名的 SMSA 和衡量其间外溢效应存在的变量,对技术变化率有一个正向作用。这一发现表明技术变化随着人口密度的增加而增加。

关于人口规模,Beeson 研究发现:虽然住在 SMSA 的人口比例与技术变化之间存在一种负相关关系,但是在 SMSA 人口占州人口的比例与规模经济之间存在正相关关系。作者认为这种不一致性是因为最近制造业部门增长率下降,更多的是因为技术变化而不是规模经济的原因。Gabe 的研究没有在县规模和企业增长(establishment growth)之间发现联系,但是他发现 10% 市规模的增长与企业平均 0.207% 的增长是相联系的。Gabe 还发现县和市域的人口规模对职工工资(establishment wages)都有一个正面的影响。

### 四、工业多样性对经济增长的重要性

其他研究认为是 Jacobs 外部性和城市地区经济活动的多样性促进了经济发展。在 Henderson 等的研究中,为决定动态外部性是否存在于高科技工业中所建立的模型发现,工业多样性使工业就业在 1987 年存在的可能性提高了,不过这仅是对于 1970 年没有工业的城市而言的。这一结论建议 Jacob 外部性对于一个城市最初吸引新工业的能力非常重要,但是对于已经拥有工业的城市就不重要了。Feldman 研究发现工业专门化与创新活动之间是显著负相关的,证明那些只有一种工业的城市具有较低的创新率。只有当工业是以科学为基础的工业时,这种专门化才会产生较高的创新率。

## 第三节 就业中心与城市交通

也有人认为,人口和就业的高密度不如低密度、多中心的城市发展模式更有利。这一论断引用的理由,仅仅是因为低密度住房是美国人的选择,并且复兴城市中心区的成本高于其潜在的收益。另一个理由是,郊区化发展将吸引就业机会远离拥挤的城市中心,使就业机会离劳动者居住的地方更近,从而减少通行时

间和通行里程。新的就业-住房比率转移了中心区的交通压力,使其总量降低并且分散在更广的区域内(Gordon 和 Richardson,1997)。然而,其他的实证研究表明就业的分散(多中心)不仅没有通过多中心增加就业与住宅的平衡来减少城市交通需求,反而使城市居民有更长的交通通勤距离(Cervero 和 Wu,1998;McMillen,2003)。

根据就业分布可以将城市分成单中心城市与多中心城市两大类。单中心城市有一个空间上就业高度密集的地方,称之为商业中心区。城市居民大多住在这个商业中心区之外,每天通勤到中心区去上班。交通流的模式呈放射现状[图 9.1(a)]。另一个模式是一个大都市区有两个以上的就业密集区或商业中心,这种模式称之为多中心模式。在多中心格局中,交通模式有两类:一类是多就业中心的规模都一样,城市居民可到任何一个中心去上班,交通流呈随机状[图 9.1(b)];另一类是由一个比其他中心强的中心。这个中心比其他中心吸引更多的人来上班,因为它提供的就业机会比其他中心多。这种模式产生的交通流成放射线状与随机状混合[图 9.1(c)]。一些城市规划师经常把多中心城市理想化,他们认为在每个就业点自给自足的社区可能更容易发展。根据他们的观念,会有一些自给自足的"城市村落"聚集形成一个大规模的多中心都市[图 9.1(b)的变种,城市居民就近上班]。在这样的大城市中,交通旅程很短;甚至理想化的状态是,每个人都可以步行或者骑自行车去上班。然而这样的模式在实际中观察不到。没有人在任何大城市中观察到这样的现象。由大量自给自足的"城市村落"组成的大都市,与大都市赖以生存和发展的基础相矛盾:劳动力市场表现的规模递增规律。也就是说,城市规模越集中越大,城市劳动力市场的效率也越高。城市村落的概念意味着主要的劳动力市场被分割了(丁成日,2005a)。

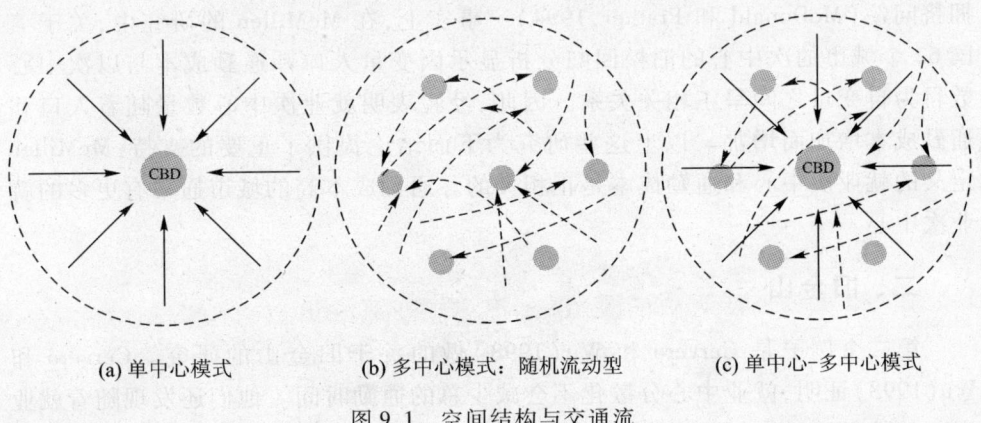

(a) 单中心模式　　　(b) 多中心模式:随机流动型　　　(c) 单中心-多中心模式

图 9.1　空间结构与交通流

## 第四节 城市实例研究

### 一、芝加哥

国际上第一个可比较的案例是关于芝加哥就业次中心的研究。这一研究由McMillen(2003)领导完成。在他的研究中,他首先定义就业次中心是一个空间上连续的,不少于1万名雇员,就业密度不小于10人/英亩的区域。利用多元回归分析,将就业密度作为因变量,将与传统城市中心的距离、与O'Hare机场的距离、与最近的次中心区的距离的倒数等作为解释变量,将对周围地区经济发展有影响的公路和城市铁路的换乘车站用0~1变量。作者发现,1970年就业密度以距离芝加哥市中心每英里5.6%的速度递减,到1980年以每英里2.2%的速度递减,到1990年以2.3%的速度递减。他预测在2020年每远离市中心1英里,就业密度会降低1.9%。1994年McDonald和Prather做了相关的研究,构造了多中心的就业密度模型,利用与就业次中心的距离的倒数作为自变量,消除自变量之间的多元共线性后,作者得出统计上显著的结果。作者发现当邻近次中心时就业密度梯度急剧变化,但与就业中心距离超过10英里时密度梯度很快变得平缓。

考虑到就业次中心在确定城市空间形态时的相对重要性,考虑到这些区域现存的土地利用和交通网络情况,就业次中心附近的就业密度梯度能够为就业－住房混合程度与通勤情况提供重要的信息依据。正如在与Cervero(1996 b)和Garreau(2001)等研究结果一致,在Schaumburg极不方便搭乘货运和通勤铁路系统,而制造业就业却非常集中,这带来了就业－住房不平衡和交通拥挤问题(McDonald和Prather,1994)。事实上,在McMillen的研究中,关于美国62个城市的次中心的泊松回归分析显示因变量人口和通勤成本与以次中心数目为自变量之间呈正相关关系。因此,经验表明就业次中心数量随着人口和通勤成本增加而增加。以上这些研究为下面结论提供了重要的支持:McMillen定义的就业次中心和通勤成本是正相关的。通勤成本高的城市通常有更多的就业次中心。

### 二、旧金山

第二个例子是Cervero和Wu(1998)做的关于旧金山的研究。Cervero和Wu(1998)证明,就业中心分散化不会减少总的通勤时间。他们还发现随着就业中心的数量、规模和密度的增加,人均通勤的车千米数也随着增加。

这项研究的第一步是根据对面积与密度的最低要求定义了旧金山大都市地区的22个就业中心,并且分析了这些就业中心在20世纪80年代的发展趋势。

第二步则是基于 5 项输出指标的上下班通勤里程的统计数据。这 5 项指标是：平均单程通勤时间、平均单程通勤距离、交通方式、平均机动车载客率、人均机动车里程数。就业中心选定和收集通勤数据后，这些信息就被汇编成"出发地—目的地"通勤矩阵，从而估算出每一就业中心的平均通勤距离和每个就业人口的平均通勤里程。

根据 20 世纪 80 年代就业中心的变化情况，研究人员得出如下结论：就业中心的数量和密度从 1980 年到 1990 年有所增长。就业次中心的就业量在整个都市区就业量中所占的比重从 47.5% 提高到 48.3%，说明就业的空间集中性增加了。关于就业次中心与其到旧金山之间的距离的关系，发现位于城市边缘的就业次中心的规模和就业密度要比城市核心区的就业次中心增长得更快。但是，西部海湾一带的主要就业次中心（奥克兰、伯克利、Emeryville）其就业密度仍是位于城市边缘的就业次中心的两倍。除硅谷外，一般随着距离旧金山越远，就业密度和就业中心规模越低。

除了就业次中心的增长趋势之外还发现了就业次中心增长和通勤距离和通勤时间之间的关系。对于所有的就业次中心进行综合发现，不仅平均的单程通勤距离增长了 12%（由 10.6 英里增加到 11.8 英里），而且平均的单程通勤时间也增长了 5%（20 世纪 80 年代期间由 27.7 分钟增加到 29 分钟）。关于交通方式选择的分析也发现一些变化。20 世纪 80 年代单独驾车通勤的比例有所增加，合伙驾驶汽车的比例从 17.3 降到 13.8%，公共交通所占的份额则从 19.3% 降到 15.4%。所有 22 个就业中心的人均雇员的平均通勤里程由 7.1 英里增长到 8.7 英里，增长了 23%。

对于每一个就业次中心的分析也有些具体的发现。两个增长最快的就业次中心 San Ramon 和 Pleasanton，其就业人员的平均通勤距离和平均通勤时间增长最快。这两个就业中心都位于旧金山大都市区东部的边缘地区。关于交通方式，在西部海湾核心区域，单独驾车通勤占就业中心就业者通勤的比例从 55.7% 增长到 61.3%。关于平均通勤里程数，位于郊区的就业中心 Pleasanton、Vallejo 和 San Ramon 增长最大。需要特别说明的是，偏远就业中心的平均单位雇员通勤里程要比市中心的就业中心高得多，而且这种差别在 20 世纪 80 年代不断增加。

综合关于就业中心的增长、通勤距离、通勤时间的各项结果之后，进行了因素分解分析，来评价各个因素对于平均通勤里程数增长的相对贡献。分析发现，在三个检测的分析因素（增加的距离、下降的公共交通份额、与人合伙驾车通勤的份额）中，平均每位雇员通勤里程数的增长 80% 以上的原因可以归功于通勤距离的增加。该分析还发现，郊区的就业中心的平均通勤距离的增长对于每位雇员的通勤里程数的影响，要比中心区的就业中心的影响更大。

该项研究的重要意义在于，以空间小尺度为单元，根据"个体"就业中心数据进行的空间分析得出的结论,比用以前根据就业中心"集合"数据得出的"分散就业将减少通勤距离和通勤时间"的结论更为准确和可信。

综合通勤距离的衡量、交通方式选择上的转移变化,以及汽车载客率水平的研究,研究人员认为,就业的分散不仅不能缩短平均通勤距离,而且其分散程度越高,平均每位雇员的通勤里程数就越长。

### 三、奥斯陆(Oslo)

国际上第三个可比较的例子是挪威大奥斯陆都市区不同城市空间形态对能源利用的影响。从两个方面研究了这个问题:通勤距离和交通模式选择的影响。通过调查城市边缘区和城市中心区的雇员、研究人员计算出企业迁到城市边缘区后对通勤所需要的能源消费的影响。

调查指标包括:公司到市商业中心的距离、平均通勤距离、平均每天的能源利用量、平均的交通方式选择份额,以及一系列社会经济变量。研究发现,这些指标中,最引人注目的是关于通勤距离、交通方式份额和能源利用的研究成果。在 6 个被调查的大公司中,研究发现 2 个位于市中心的公司的平均通勤时间最高,剩下的 4 家公司随着距离 CBD 越远通勤时间越高。对于交通方式,则发现位于郊区的公司使用私人轿车的比例远远高于乘用公共交通的比例。对于能源利用,则发现位于郊区的公司的雇员能源利用最高。

除了说明每个就业中心的指标特性之外,作者还给出了不同指标的相关分析。分析表明,到 CBD 的距离和能源利用这两个指标之间存在很强的正相关关系,而人均能源利用和工作地点的环境密度、工作地点附近的公共交通设施这两个指标之间则是负相关关系。

在以公司为单元的分析基础上,该研究中还利用多元回归分析,分析了个人的旅行行为。最重要的结论之一是解释了当其他变量保持不变时,工作地点到奥斯陆市中心的距离对于员工通勤距离的影响。当工作地点到奥斯陆市中心之间的距离增加时,平均通勤距离也会增加。如果工作地点到奥斯陆市中心的距离由 2 km 增加到 12 km,则平均通勤距离由 10.5 km 增加到 12.4 km,增长 17%。其他重要的结论是关于交通方式选择和能源利用的。到奥斯陆市中心的距离和就业密度这两个指标对公共交通通勤量与私人汽车通勤量两者的比例有着相当大的间接影响。就能源利用而言,三个影响雇员通勤所消费的能源量的变量是:工作地点与奥斯陆市中心之间的距离、平均成人家庭拥有的私人轿车数量和平均家庭收入。

除了个人通行行为之外,该研究还分析了 1981 年和 1993 年间平均通勤距离的差别。1981 年企业首次从市中心迁往郊区。研究表明,1981 到 1993 年间通勤距离有所增长。其中增长最快的是 Atlas Copco,距离奥斯陆商业中心区最远的一家公司(距离为 18.81 km),通勤距离增加了 26%。距离商业中心区

3.24 km 的一家公司,其通勤距离从 1981 年到 1993 年仅仅增加了 15%。通过这两个公司的平均通勤时间的增长,作者得出结论:员工搬往就业地附近居住产生的通勤距离减少,已经被一种在更大范围内雇用职工的雇用趋势带来的影响所抵消,这种雇用模式不再仅仅面向原来雇员居住的地区招聘。

  在所有这些发现的基础上,作者得到以下结论:工作地点到城市中心的距离对于交通方式选择的影响,相比对于通勤时间的影响更大。但是,尽管私人轿车使用的增长和到商业中心区距离的增长之间存在着很强的联系,在到商业中心区距离和通勤时间之间依然存在重要的因果关系。作者重申了 3 个重要的发现以支持这一相互关系:① 所有调查的 6 家公司都从所处区域外招募雇员;② 平均来讲,靠近城市中心的公司的通勤里程要比位于城市边缘地区的公司的通勤里程短。③ 到处于最边缘的公司上班的通勤主要依靠私人轿车。既然边缘地区通勤距离增长,并且雇员乘私人汽车通勤上班,作者认为他们的研究弱化了 Gordon 和 Richardson 提出的假设:城市内工作地点分散可以缩短通勤里程、减少交通的能源利用。

  作者指出,挪威与美国在两个方面条件的不同,可能说明了为什么他们的研究发现在边缘地区有更长的通勤时间。这两方面的条件是:① 相对美国来讲,在挪威有更多是夫妻都工作的双收入家庭;② 相对于美国城市来讲,在挪威城市人口更集中在市中心地区。因为这两方面的限制,作者认为,就业定位的选择应考虑其所处城市的特点以及就业中心的功能。如果一个城市在一个较小的城市区域内有着很高的人口密度,比如奥斯陆,那么分散就业可能不是最好的方案。此外,如果就业岗位的专门化程度很高,需要在一个大的区域范围雇用招聘,那么将就业集中在市中心可能就是一个最好的方案了。相反,如果就业性质是为地方使用或消费,那么从能源利用前景来说,分散就业可能更合适。

## 四、东京

  东京大都市区的人口 2000 年为 2 500 万,占地面积为 1 000 多平方千米。2030 年的都市规划预测,都市人口届时将达到 3 000 万。由于日本的人口增长极其缓慢(接近零),同时日本已过了城市化高速发展期,东京新增 500 万城市人口意味着这些人将从其他城市移居到东京。去过东京的人都有感觉,东京的城市交通相当拥挤,高峰期苦不堪言。东京内三区(称为 Ward)为最繁华的市区,占地 42 多平方千米,8 区占地 104 多平方千米,23 区占地 621 多平方千米。2001 年,内三区提供了 2 434 000 人的就业机会(平均就业密度为 57 791 人/km²)。8 区提供了 3 979 266 人的就业机会,加上 8 区内的居住人口 1 276 256(其中有一部分在 8 区以外上班、上学等),8 区白天共有 4 955 276 人。东京 23 区居住 7 935 211 人,提供了 7 267 930 人的就业机会,白天城市人数为 11 191 345 人,说明白天从 23 区以外到 23 区的人要远远大于白天从 23 区到 23

区以外的人数。东京白天人数与居住人口的时空差别（就业与住宅时空差别）是东京通勤模式的基础。每天（周末除外）有 300 多万人到三区上班，有 500 多万人到 8 区上班，一般的通勤距离为 35~50 km，最高达 65 km。

此外，东京作为日本的政治、经济、文化等中心，1970—1990 年 20 年的发展很有启示。图 9.2 说明了东京都市区的空间演化。20 年里，内三区就业上升了 37%，白天人口上升了 29%，而居住人口下降了 40%。8 区（包含内 3 区）有同样的趋势，就业增长了 50%，白天人口增长了 25%，居住人口下降了 29%。23 区里就业增长了 46%，白天人口增长了 8%，居住人口下降了 8%。这说明东京都市区里，越靠近市中心就业越聚集（就业取代住宅），而越远离市中心，住宅越发展。就业的聚集与东京都市的国际化和国际经济地位密不可分。纽约有着同东京类似的高就业聚集（丁成日，2004a；2005a），与纽约城市经济的国际地位相一致。

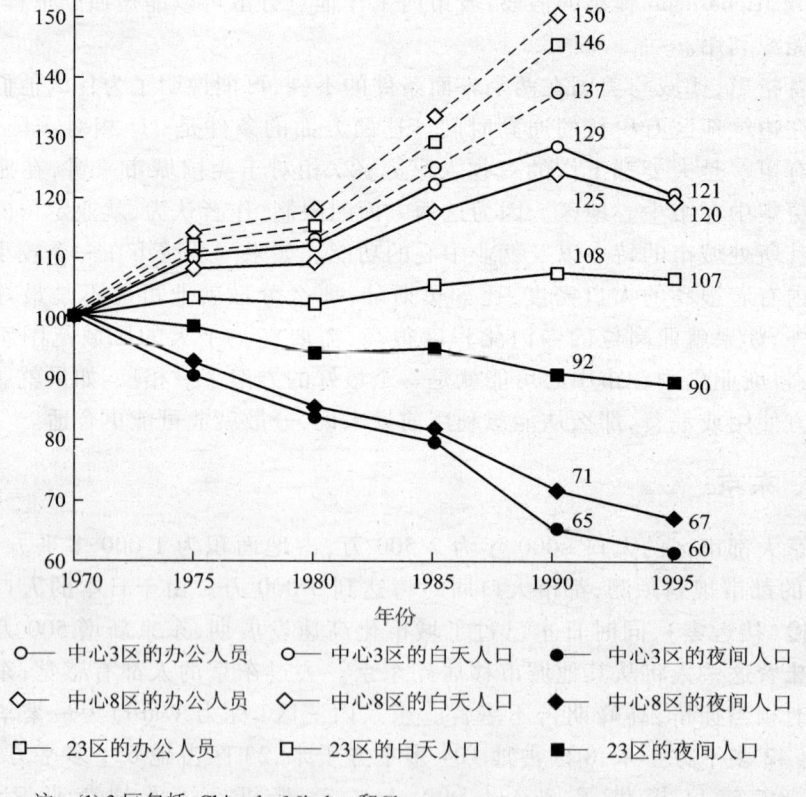

注：(1) 3 区包括：Chiyoda, Mindato 和 Chau
(2) 8 区包括：Chiyoda, Mindato, Chau, Shinjuku, Shibuya, Bunkyo, Taito 和 Toshima
(3) 办公人员是所有专业技术领域的工作人员、管理人员以及办公人员
(4) 1995 年的数据包括不确定年龄的乘客

图 9.2 东京昼夜人口密度变化趋势（指数：1970 = 100）

资料来源：http://www.mid-tokyo.com/map.e

## 五、结论

高度集中的就业分布具有以下优势:① 提高劳动力市场效率,因为很多工业部门需要面对面的接触联络,如 IT、政府部门、服务和商业部门,而就业高度集中减少了交通成本,并且方便面对面沟通,降低交易成本;② 减少交通系统投资,因为就业中心的存在使得运送同样数量的人员到其工作地点所需要的道路减少了;③ 使用公共交通的可行性增加了,因为公共交通票价因成本而降在一个能被广泛接受的范围内;④ 最大限度地利用交通设施。在一个平坦的就业密度分布中,如果每个人都在居住地附近工作,那么总的交通需求将是最低的。可惜的是,这样严格的假设基本不存在。因此,在假定其他条件相同的基础上,一个平坦的就业空间分布模式可能产生更高的人均机动车里程数。

大量的研究证明,经济活动的空间分配以及这些空间分配内的经济活动构成,都对经济增长起到了重要的作用。研究结果为工业多样性、集中性以及竞争对经济增长的相对贡献提供了相互矛盾的证据。然后,尽管在不同外部性的相对重要性方面缺乏一致意见,这些研究提供了大量的支持认为单中心城市产生的集聚性经济为工业增长创造了必要的条件。

对于旧金山、芝加哥和奥斯陆案例研究的成果,在经济效率和社会成本方面,代表了就业密度对城市形态空间影响的主要争论。通常认为,就业的离散化是一个降低经济活动社会成本的有效战略,而本文研究对此提出了挑战。

# 第十章

# 为什么需要"摊大饼"式地发展城市[①]

中国的经济增长取得了举世仰慕的成就,随之而来的是高速度的城市发展。无论是城市数目、城市人口、还是城市建成区的面积在过去二十几年里都得到迅速增长。1982年全国有182个城市,到1985年,城市数增到324个,2005年城市数为666个。在对31个特大城市的调查中发现,这些城市人口在1985—1995的10年间平均增长30%~200%。城市化水平从20世纪80年代的20%多增到2002年的39%。城市人口的发展,收入的提高,以及补过去住房建设不足的账,城市住宅建设发展迅速。1992年,全国完工的住宅面积不足500万 $m^2$,1996年完工的面积到达1 200多万 $m^2$。城市社会经济人口的增长促使城市建成区面积的扩展。如从1982年到1992年,北京的建成区扩展了一倍。广州规划将其建成区从1992年的182 $km^2$扩展到2002年的376 $km^2$。

因中国城市建成区的外围基本上都是农田,城市的空间扩张意味着农业用地的减少。而粮食的自给自足是国家的基本国策之一,保证一定数量的耕地是保证粮食自给自足的前提。保护农田意味着限制城市发展所需的土地供给,或限制城市空间发展的方向(区位),这势必影响城市经济的发展。而国家需要一定速度的城市经济发展来提供充足的劳动力需求,从而能够吸收从农村转移出来的多余劳动力。因而,政府面临着两难境地:一方面,城市经济发展要求政府以一个合理的价格来提供土地,推动城市经济发展;另一方面,为保证粮食的供给,政府需要限制土地的供给,这势必导致土地价格的上升。如何理性和科学地解决城市发展与农田保护这一矛盾,将是对中国未来的巨大挑战。

根据"十六大"报告所制定的社会经济发展总目标,2020年的国民经济总产值将是2000年的两番,城市化水平达55%。届时,全国总人口将是14亿左右。以2000年13亿人口,37%的城市化水平为基点,推算出每年将有1 500万~

---

[①] 发表在《城市规划》,2005,有增删,作者丁成日。

2 000万的新增城市人口(自然增长加上从农村到城市的移民)。如何为如此大规模的城市化提供足够的就业机会,提供可支付的城市住房,同时解决城市交通问题、环境问题、社会问题(如安全、健康等)、资源问题等,将严峻地摆在学者和决策者面前。

中国未来10到20年里城市化发展将是史无前例的,仅人口增长一项就会带来对城市住房的高需求。同时,为城市人口增长所需的就业、娱乐、商业等经济活动提供场所(建筑面积),城市土地需求也将不断增长。

## 第一节 城市发展与土地需求

图10.1揭示国际城市1970—1990年20年城市人口与土地增长。很显然城市土地消费的增长率都大于城市人口的增长率。一般地讲,北美的城市土地增长率远远大于城市人口增长率,亚洲的城市土地增长略大于城市人口增长。美国自1950—2000年的50年里城市人口增长了87%,但是城市土地增长了400%,城市人口密度下降了54%。1960—1990年间,美国的城市人口密度下降了20%,加拿大下降了33%,西欧国家下降了30%,澳大利亚下降了32%,日本由于国情的原因(相对而言,人多地少)城市人口密度下降不到18%。就城市而言,1960—1990年间,荷兰的阿姆斯特丹城市人口下降了10%左右,而城市土地上升了60%多;哥本哈根市土地增长率也使人口下降了两倍多;尽管巴黎的人口与土地都增长了,但后者的增长率竟是前者的2.5倍;只有温哥华和东京城市土地增长率不超过人口增长率的50%(资料来源:www.demographia.com)。美国城市人口密度下降的原因有三:① 户均土地消费增加;② 为响应城市化带来的城市人口增加及其需求增长,商业、工业、零售业等占据更多的土地;③ 城市家庭规模的减少。低密度的城市发展在收入不断增加的发达国家是相当普遍的。

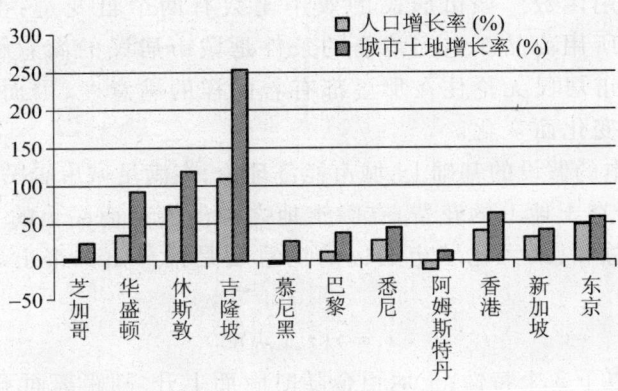

图10.1 人口与城市土地增长(1970—1990)

城市发展(经济、人口、住房、城市基础设施和服务等)需要建筑空间来支撑。满足建筑面积的需求无非有以下三种方式：① 建新城或卫星城；② 城市空间扩张("摊大饼")；③ 已开发的城市土地的再发展(再开发)。这里，我们将城市空间扩张狭义地定义为城市空间连续(不严格地)扩张。通过对已开发的土地的再开发这一方法根本无法满足高速的城市发展所能提供的建筑面积。很难想象一个50万人口的城市能够通过城市再发展来提供20年后人口增长至100万时所需的城市建筑面积。如果是这样，这意味着所有的建筑都要拆掉并在原地重新建造拆掉前的两倍建筑空间的建筑。经济上是不可行的，从城市基础设施的角度来看也是下下策(道路就没法以同样的方式扩展)。因而，或者是以第一种方式，或者是以第二种方式，或者是以两者的结合来提供城市发展所需得土地。广义地讲，新城或卫星城的发展也是城市空间的扩张，但这是空间不连续的扩张。在城市化高速发展地区，通过卫星城发展战略不可能满足城市发展，且经济成本过高，因而，城市空间扩张将是不可避免，城市建成区的面积将不断增大。问题是，城市如何扩张(在哪扩张，扩张多少)，才能一方面推动和促进城市经济的发展，以最小的代价，获取最大的经济回报；另一面保护环境，充分地利用资源(包括土地资源、水资源等)，获取最大的社会效益。本章利用城市经济学原理，分析市场机制下，城市空间结构的演变模式，为城市发展、规划、管理提供科学依据。

## 第二节 城市空间发展的经济学基础

假定城市的商业中心(CBD)坐落于一个均质平原的几何中心。所有的就业机会都集中在它的CBD，而城市居民住在CBD的外围，通勤到CBD。假定交通网络是均质分布，城市居民从居住地到CBD的总交通费用就只决定于从住所到市中心的距离。进一步假定所有城市居民具有相同的收入、消费倾向和效用函数。城市居民的效用函数有两个自变量：土地消费以及除土地之外的所用商品。空间均衡的条件是城市居民的满意程度不随居住地而变。即城市居民无论住在那里都有着同样的满意度，因而，城市居民不会因居住地的变化而变化。

在这些基本的假设的基础上，城市经济理论，在满足城市居民收入的约束条件(总收入等于在土地上的花费，在除土地之外的所有商品上的花费和在交通上的花费三项总和，最大化城市居民的满意度是推导出城市土地价格的隐含函数：

$$r = r(t,x,k)$$

该函数有以下3个特性：土地租金随时间而上升，随距离而下降，随交通的投资而上升，即：

$$\left(\frac{\partial r(t,x,k)}{\partial t}>0, \frac{\partial r(t,x,k)}{\partial x}<0, 和\frac{\partial r(t,x,k)}{\partial k}>0\right)$$（见 Ding,1996）。

城市土地地租的空间变化如图 10.2 所示（(Mills,1967;Muth,1969,Aloson,1972)。土地价格的空间递减规律说明靠近城市中心的居民比远离城市中心的居民花费少的交通成本。为保证城市居民的满意度空间不变,靠近城市中心的居民比远离城市中心的居民支付高的土地价格。也就是说,城市居民要在以下的两个方面作出抉择：一是高的交通成本,低的土地价格（市郊区）；二是低的交通成本,高的土地价格（市中心）。

现分析未发展土地的土地拥有者的行为。未发展土地的土地拥有者的目标是获取最大的土地收益。假设土地开发密度是一定的,根据 Brueckner(1990)、Ding(1996)和 Mills(1983)等的模型,目标函数定义为：

$$J = \int_0^T r_a e^{-it} dt + \int_T^\infty r(x,t) e^{-it} dt - D e^{-iT} \quad (10.1)$$

式中：$r(x,t)$ 代表城市土地地租；$r_a$ 代表非城市土地地租；$T$ 代表土地发展的时间；$i$ 代表折旧率（discount rate）；$D$ 代表土地开发总成本；$x$ 代表区位；$t$ 代表时间。

$T$ 是决策变量,即某块为开发的土地的未来开发时间。也就是说,在时间 $T$,非城市土地开发成城市土地。式（10.1）右边的第一项代表土地发展前的总土地收益,第二项代表土地发展后的总土地收益,第三项代表土地发展成本。所有的土地收益和发展成本都折成当前的价值以便比较。

解（10.1）得出最优土地发展时间 $T$ 的隐含函数：

$T(x) = T(r(T,k), r_a, i, D)$。土地最优发展时间的隐含函数有如下特性：

$\frac{\partial T(x)}{\partial r}<0$,意味着土地价格的上升将促进土地开发（使土地开发的时间提早）；

$\frac{\partial T(x)}{\partial k}<0$,意味着交通成本的降低（如高速公路的建设）将促进土地开发；

$\frac{\partial T(x)}{\partial r_a}>0$,意味着农业土地地租的上升将推迟土地开发；

$\frac{\partial T(x)}{\partial D}<0$ 意味着土地开发成本的上升将推迟土地开发。

城市向外进行空间扩张有两个不同的动力机制：一是由于城市化和收入的增加导致城市土地地租曲线向外平移。另一个是在城市总人口不变的情况下由于交通的发展（如高速公路的建设）使城市土地地租曲线成逆时针旋转（图 10.2）。前者是城市化带来的空间外延,后者是城市郊区化带来的空间外延。郊区化指的是在城市总人口不变的情况下,内城区人口向城市外围转移。不同的动力机制所产生的城市问题是不一样的,相应的政策也有所不同。不论什么原因,当城市边缘地带的土地地租高出农地地租时,土地就从农业用地转变为城市用地,城市建成区也就向外推移,空间表现形式是"摊大饼"。

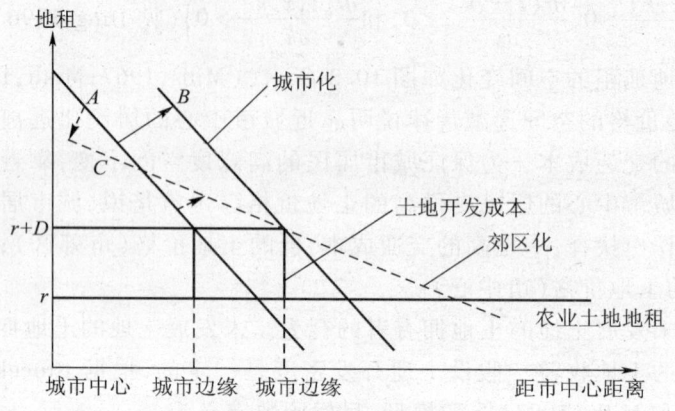

图 10.2　城市空间扩张

图中 $r$ 代表农业土地地租；$D$ 代表土地开发成本；$A$ 代表城市土地地租；$B$ 代表城市土地地租曲线 $A$ 平移后的位置；$C$ 代表城市土地地租曲线 $A$ 旋转后的位置。

## 第三节　国际城市空间发展

图 10.3 展示了巴西圣保罗和德国莱比锡（巴黎、斯德哥尔摩等城市空间发展轨迹类似）。圣保罗和莱比锡城市发展的轨迹可以概括成以下几点：① 城市持续地向外蔓延；② 沿着高速公路地区比其他地区发展快；③ 城市在向外扩张的同时，城市中心的土地被再发展（资本密度增加）；④ 城市蔓延过的空地的发展（infill）使城市已开发的土地更加紧凑密集（compact）。

巴黎和斯德哥尔摩城市发展也是一主要交通通道向外扩张，扩张的同时，城市内部为开发的土地得到利用，城市中心区密度增大。20 世纪 70 年代，香港向海要地的实例，更充分地说明了靠近城市的地区所具有的独一无二的经济区位优势。

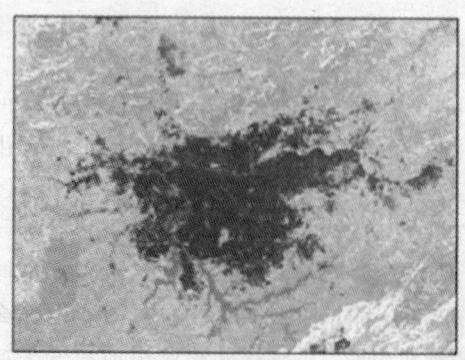 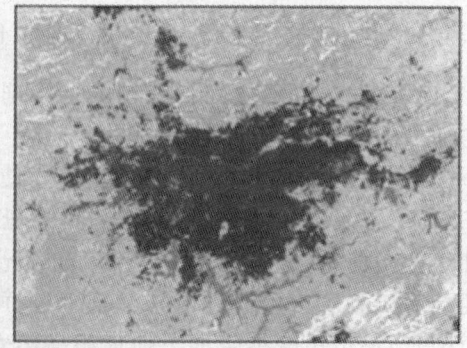

巴西圣保罗 (1988—2000 年)

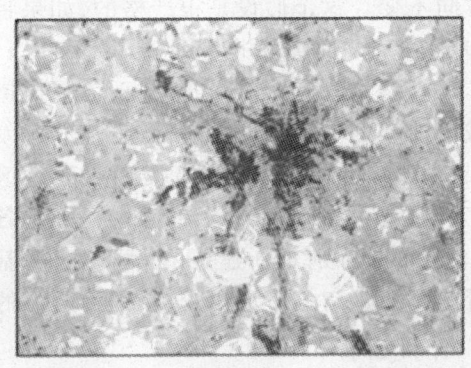 

德国莱比锡(1989—1999年)

图 10.3　城市空间发展

## 第四节　"摊大饼"式城市发展的理论分析

很多城市的发展都表现出"摊大拼"的趋势。普遍的理解是,"摊大拼"指的是城市建成区空间上的连续扩张和外延。那么,我们需要了解其背后的(经济)力量和市场机制,以便更好地指导城市发展。通过旧城改造所得的城市新增建筑面积很难满足城市快速发展所需要的房地产需求。因而,城市向外扩张是必然的。城市向外扩张无非是下面两种:① 空间连续扩张;② 卫星城或城市"青蛙"式跳跃发展。当然,这是两种极端的情况。下面分析空间连续扩张,即"摊大饼"式城市发展模式的优劣。

### 一、不"摊大饼"的理由

反对城市"摊大饼"式发展的原因有以下两点:

(1) 已建成的城区负荷过重,继续"摊大饼"将更加恶化城市交通,因而需要将城市功能向外转移。

(2) 城市规模过大被普遍地认为是城市环境(包括人居环境)恶化、住房紧张、交通拥挤等的"罪魁祸首",是产生这些"城市病"的原因。这些"城市病"已经相当严重地影响了正常的城市社会经济生活。因而,有必要控制城市发展规模。而"摊大饼"式无疑导致城市规模的失控。希望通过停止"摊大饼"式的发展,给城市的发展踩一个刹车,控制城市规模。

### 二、"摊大饼"的理由

第一个理由,根据式(10.1),城市外围土地发展的时间表取决于城市土地地租、农业土地地租、土地开发成本、银行资本密度等。上面的模型是建立在理想的假设下,如城市交通通勤成本各个方向不变。这个假设是很严格的,如果将这个假设放开,因交通通勤成本的空间差别,一方面使城市土地地租($r(T,x,k)$)的空间变化更加复杂,土地地价的空间不均衡性使城市沿着主要交通通道发展。另一方面,因城市基础设施以及城市活动的空间相互依赖性,土地的开发成本也有很大的空间差异性。一般地说,一个靠近建成区或靠近交通干线的区域的土地开发成本相对比较低。这是因为,主要的城市基础设施(如上下水、各种管线等)都是沿着交通干线修建的,已建成的(特别是新建成的)城市区的基础设施基本完善,将基础设施连接起来所需要的距离相对地比较短,因而所需的投资也就少。

另外,当土地被成片地开发,土地开发成本由于规模经济的存在有可能相对较低,如图 10.4 所示。当开发规模增大时,城市基础设施的平均成本下降。当开发规模超过一定时,平均成本随规模而上升。这一点可以这样理解:假设城外有一地点要发展,有一条高速公路将这一地点与城市连接起来,而高速公路的投资成本要有这一地点的土地开发商来承担。因所需的高速公路的投资不随这一地点的开发规模而变,高速公路的成本成为这一地点土地开发总成本中的不变成本的一部分。土地开发总成本的可变成本(如材料、人工、设计等)都随土地开发规模的增加而增加。在一定规模以下,因不变成本,土地开发的平均成本随开发规模的增加而减少。当规模超过一定时(也就是通常所说的规模经济),平均成本随规模而上升。

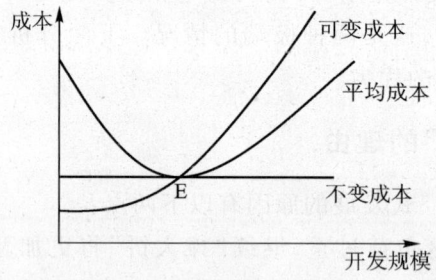

图 10.4　城市基础设施成本及城市发展规模

实证研究表明(丁成日,2002a),已建成的城区对未来的土地开发的区位有影响。具体地讲,靠近建成区的土地在下一个城市发展期间比远离建成区的土地更有可能被开发。同时,正是由于基础设施的规模经济效益,城市成块地开发的可能性远大于城市分散地开发。土地开发成本的空间变化对城市空间发展呈集聚模式(clustering pattern)起到了积极的作用。土地开发成本的空间变化是城市空间发展呈集聚模式,或者说,已建成的城区对未来的土地开发的区位有影响。

第二个理由,城市边缘带的交通可达性高。因而,可以以最小的代价将城市居民与城市就业机会连接起来。众所周知,"城市病"带来了很多社会经济问题。然而,很多城市,如纽约、东京、首尔、香港、洛杉矶等,在过去 50 年里发展很快。这是什么原因呢？城市学家通过理论和实证研究发现,城市增长的原动力是空间集聚效益。城市空间集聚效应的主要内容之一是劳动力市场的规模和整合(labor pooling)。一个城市的劳动力市场如具一定规模且是统一和整合的,这个城市的劳动力市场一方面有利于企业,另一方面有利于就业者。对企业来讲,有规模和统一的劳动力市场有利于企业很容易地雇用到企业扩张时所需的劳动力,同时又可以在企业萧条时期廉价地解雇雇员。之所以廉价地解雇雇员是因为对雇员而言,他们在大的劳动力市场中(有很多同样的企业)比在只有独一无二的企业的城市更容易再找到同样的工作。世界城市发展经验表明,当大城市有更有效的劳动力市场时,大城市的劳动生产率比小城市高。大且整合的劳动力市场和劳动力市场的规模递增性是大城市存在和发展的内在动力(丁成日,2004b)。

此外,劳动力市场规模递增性指的是每增加一个劳动力所带来的边际效应是递增的。Glaeser 等(1992)和 Feldman 和 Audretsch(1999)的研究发现一个地方(大都市区中的某一个部分)多样化的就业结构推动了该地方的经济发展。Henderson 等(1995),Black 和 Henderson(1999)和 Beardsell 和 Henderson(1999)提供了证据说明一种工业行业相对高度集中于一个地方,该地方的经济发展速度比其他地方快(其他情况相同)。这些证据说明就业空间上的集聚对城市、地方经济发展的作用(丁成日和 Bethke,2005)。

空间集聚效益与劳动力市场表现的规模递增性相关(丁成日,2004b)。只有当新增的城市建设与已有的城市劳动力市场连接起来,新增的城市建设的效率才能达到最大。从理论上讲,用最小的交通使每一个就业机会都与每个城市就业人口接近,用最小的交通使每个城市就业人口都接近城市所有的就业机会,是使城市可持续发展的前提之一。同其他地方相比,城市边缘地带在同已有的劳动力市场联系方面,有着地理上的优势。这也是国际上很多城市的发展经验都表现出城市的"摊大饼"式发展的原因之一。

第三个理由,城市就业结构和收入结构要求城市住房的多样化。如果不是"摊大饼"式的发展,那么一个新城市就要建立(通过城市再发展或旧城改造基本上无法满足快速发展地区的需要)。为盈利,新建建筑结构(如住宅)的市场价格都标价很高,低收入的家庭很难支付得起。城市边缘地带都有很多老的建筑(特别是美国以外的城市),这些老的建筑为低收入的家庭和城市移民(有相当一部分是低收入的)提供了住宅,在城市边缘,他们就能以廉价的交通方式接近城市就业机会。

### 三、如何最好地"摊大饼"

前文论述了城市空间扩展的合理性。然而这里并不是说城市的发展应是在各个方向上都等同地向外扩展。国际上的经验表明城市比较成功的空间发展是这样"摊大饼"的:① 城市再向外扩展时各个方向的发展速度是不等同的;② 城市沿着主要的交通通道向外扩展;③ 就业和住宅的平衡是以交通通道为轴线实现区域平衡。哥本哈根1960年的城市规划很好地体现了这些原则(Cervero,2004)。丹麦哥本哈根这种被描绘成五指状的空间模式有下面几个具体内容:① 强调以公共交通为主导的城市发展模式;② 土地利用模式在交通通道上的节点可以是单一的,因而交通流是有规律的;③ 因为实现了交通通道上的就业和住宅的平衡,城市交通设施得到最大的利用,降低了政府对城市基础设施的投入(Cervero,2004);④ 为城市后来填充式发展提供了可能。就城市填充式发展而言,国际上有两种论点,一种认为,城市跳跃式蔓延破坏环境,增加政府的基础设施投资,提高交通成本,促使城市居民按阶层的空间分离等。另一种观点认为,跳跃式蔓延使城市填充式发展成为可能,使土地的开发强度能够根据后来的高土地地价来决定。近来,新加坡、美国华盛顿特区、多伦多等城市的规划都强调公共交通为主导的城市发展模式。

## 四、结论

在一个高速发展地区或国家里(如中国),城市发展不可避免。城市化意味着城市人口占总人口的比重提高。为容纳日益增加的城市人口,城市建筑面积必将扩大。城市总的建筑面积的增加无非有三种形式:一是城市边界的扩大,二是城市以外地区的新城发展,三是建成区的再发展(密度增加)。如果通过城市再发展所能增加的建筑空间不能满足城市发展的需要(一定是这样的),城市不可避免地扩大其边界,或在城外建新城,或两者兼而有之。城外是一个非常模糊的概念,城外有多远?5 km、10 km、20 km或50 km?新城市是卫星城(卫星城指的是一个自给自足的,相对独立的城市)还是边缘城市(在经济上与主城区有着密切的联系)。国际城市发展的经验说明,自给自足的,相对独立的卫星城市已经是一个过时和乌托邦式的理念,世界上没有一个卫星城市的发展达到预期的目的(自给自足的,相对独立的经济实体)。在发达国家(如美国)过去的30~40年里的城市发展出现了新的形态——边缘城市(Edge City)。边缘城市的地理位置在中心城市的劳动力市场范围之内。为区别于卫星城或卧城(以居住为主的城市),美国通用的边缘城市的定义是:500万平方英尺可以出租的办公面积,60万平方英尺的可以出租的零售面积,就业机会高于卧室的床位数。边缘城市承担着双重功能:一方面与城市中央商务区有着强的经济联系,同时又是周边地区的经济实体。边缘城市的出现和发展无疑将单一中心的城市发展成多中心的城市。需要指出的是,边缘城市发展并不能制止城市"摊大饼"式扩延,相反,在某些地方,促进了城市边缘的扩张。

  总之,城市"摊大饼"式发展固然有其如上所说的弱点,但是,城市边缘区位优势是不容置疑的,其发展潜力是巨大的,无论对房地产开发商,还是对政府而言,边缘区位都是"热"点,将是未来发展的核心部分。当然,并不是所有的城市边缘地区都能够得到发展。具体地区应视具体情况而定。

# 第十一章

# 为什么卫星城发展战略失败[①]

工业化和经济发展极大地带动和促进了城市发展,随之而来的是日益严重的"城市病",如交通拥挤、住房紧张、环境污染等。一些学者试图通过"自给自足"的卫星城的发展来分流涌向大城市的人口,以此限制大城市的发展。卫星城发展的目的有:① 截流流向中心城市的人口,控制中心城市人口规模的增长;② 将中心城市的一些经济职能(特别是工业职能,如污染工业等)转移到新建的卫星城。

国际经验表明,通过几十年的发展,卫星城发展战略所起的正面作用有:① 控制中心城市发展,促进"离心"发展(韩国);② 促进公交导向的城市发展模式(新加坡);③ 为内城居民提供另一个居住选择,从而可以提高生活质量(韩国首尔,埃及开罗,印度孟买、德里,新加坡)。

然而,通过多年的实践,自给自足的、独立自主的卫星城只是乌托邦式的理想主义者的设想,国际上并无一个成功的例子(Bertaud,2003 3)。衡量城市发展的两个指标:人均机动车出行里数和每户车拥有量。通过英国米顿坚(Milton Keynes)与荷兰阿尔梅勒(Almere)的比较,卫星城发展模式的弱势显而易见。米顿坚是一个卫星城,而阿尔梅勒则有一交通走廊,城市分中心沿着交通走廊分布。米顿坚与阿尔梅勒的人均机动车出行里数(26.4∶16.2)和每户车拥有量(1.4∶0.9),由此看出米顿坚都远远高于阿尔梅勒。

卫星城有限的功能可能远远不及卫星城发展带来的负面影响。负面影响包括:① 卫星城分散或截流人口的效果不佳(韩国首尔,埃及开罗,印度孟买、德里,荷兰);② 就业-住宅不平衡。也就是说,住在卫星城的人不在卫星城上班,在卫星城上班的人不住在卫星城(韩国首尔,埃及开罗,印度孟买、德里,新加坡,荷兰);③ 高通勤成本(韩国首尔,埃及开罗,印度孟买、德里,新加坡,荷兰);④ 卫星城市的可持续发展性能低(韩国首尔,埃及开罗,印度孟买、德里,新

---

[①] 发表《城市发展研究》,2007,有很大的增删和修改,作者丁成日、Bethke。

加坡);⑤旧城居民生活质量下降(印度孟买、埃及开罗);⑥导致城市空间蔓延式发展(印度孟买、埃及开罗)。

卫星城使城市劳动力市场零散,违背了大都市需要一个大且整合的劳动力市场以保持其经济竞争力的规律(丁成日,2004b)。城市无论大小都是一个小且开放的经济系统,小,指的是它不能主控市场,开放,指的是它的存在与发展都需要外界的支持(市场和经济要素的供给)。城市的发展需要时间,一个大城市周边外围的小城镇的发展遵循同理。这些小城镇在发展过程中与中心城市建立紧密的经济联系,这个经济联系一经建立,无论将来小城镇发展到多大规模,与中心城市的联系只会加强,不会削弱,更不会被割断。

## 第一节 国际卫星城发展战略

城市规模扩大带来的诸如交通拥挤等城市问题促使一些学者试图通过分流流向大城市的人口来限制大城市的发展,以解决(大)城市的"城市病"。他们认为,通过限制城市规模,能够缓解或至少部分地解决城市问题,提高城市居民的生活水平,为城市居民提供休闲的环境、良好的服务设施和有效率的设施。卫星城就是这一倡议下的产物。其核心宗旨是:① 截止流向中心城市的人口,控制中心城市人口规模的增长;② 将中心城市的一些经济职能(特别是工业职能,如污染工业等)转移到新建的卫星城;③ 卫星城实现就业和居住自我平衡,即居住在卫星城的人在卫星城工作,在卫星城工作的人住在卫星城。卫星城发展战略听起来似乎很吸引人,因而卫星城发展在20世纪70年代得到实践者、官员和城市管理者的青睐,并在一些城市得到实施。

### 一、韩国首尔

从20世纪60年代开始,韩国中央政府积极控制首都首尔(原称汉城)都市区的增长。在1965年到1970年间,从农村迁入首尔的人口数量占全国农村-城市人口迁移总量的44%。其后果是首尔的城市人口在全国的比重从1960年的28.3%跃升到1970年的57.3%。1964年,韩国政府实行了控制城市人口增长的措施,以减缓人口向大城市迁移的趋势。政策重点集中在首尔和釜山两个大城市。随后的政策试图进一步控制大城市人口的增长。韩国总统朴正熙(Park Chung Hee)在1971年围绕14个城市建立的绿带,占全国土地面积的5.4%(Richardson等,2002)。随后实施的一系列措施,包括首尔人口分散规划(1975)、首都地区人口再分配规划(1977)、首都地区对公共建筑及大型建筑的建设限制(1982),以及首都地区再调整规划(1984)等,都是用来控制城市增长的。其中,首都地区再调整规划将首都划分成五个区:新发展促进区、促进发展区、增长管理区、环境保护区以及发展保留区,每个区内的土地利用强度都依据

1960年代达到顶峰，其十年人口增长率达到106%。20世纪80年代其人口增长率有一个缓减（十年增长率为46.9%）。到2001年，其建成区人口达到13 782 976。同样，德里的空间扩展速度也很快，以建成区面积来看，在60年代，其十年扩张速度达到62.1%，到90年代为26.9%（Dupont，2004）。

对人口增长贡献最大的因素是印度国内的人口迁移。在1991年，超过1/3的德里移民来自北印度的Haryana, the Punjab, Rajasthan和Uttar Pradesh（Dupont，2004）。关于城市的空间扩展，正如杜邦（Dupont）所说的"德里地理上位于恒河（'Gangetic'）平原，没有任何阻止城市扩张的天然屏障存在，德里的建成区朝多方向扩张"（Dupont，2004）。德里的地理位置、中心城市的土地稀缺及其带来的地价增长，使得城市边缘地带对于可支付住房更有吸引力。

从20世纪50年代后期开始，为了解决建成区的人口增长问题，印度政府慎重地规划了城市边缘的发展以及德里外围卫星城镇的发展。作为印度历史上第一部此类的规划，1962年的"总体规划"第一次在首都区域内正式实行了限制性的土地控制措施和住房项目，以及将贫民中心安置在城市边缘地区。所有的这些措施和项目都是为了控制城市中心的人口增长。负责执行"总体规划"的机构德里发展委员会，建立了专门的土地储备制度，其中主要是农田。这些土地都将被用于住宅建设或者新卫星城的发展，如Rohini, Dwarka-Pakankala, 和 Narela subcity，这些项目和卫星城镇计划最终将容纳上百万居民（Dupont，2004）。

这部开创性的城市规划也包含了加强城市周边卫星城镇经济的措施，如鼓励工业发展等。工业卫星城Noida坐落于德里东南边界距离首都中心15 km的地方。诺伊达（Noida）是将20个村庄集聚而形成的，在20世纪80年代及90年代其人口增长率分别为13.31%和7.21%。到2001年，人口达到29.4万人（Dupont，2004）。

20世纪80年代，政府采取措施分散城市人口。具体措施包括：① 在城市外围建立卫星城；② 允许私营房地产商在德里首都地域范围之外建设大规模规划小区，为那些想躲避交通拥挤和城市污染的高收入居民服务。1995年进行的一项调查发现，在位于德里市中心23 km的最大居住区DLF Qutab Enclave，有65%的居民来自德里，26%的居民来自德里大都市区（Dupont，2004；Dupont和Prakesh，1999）。在过去的几年中，为满足当地居民的需求，一些商业中心已经建立起来了。如Dupont（2004）描述的那样"大范围建成区蔓延，如今又建成了如美国边缘城市相似的高耸建筑群"。

## 五、荷兰

20世纪60年代，在面临失去乌得勒支（Utrecht）、阿姆斯特丹（Amsterdam）、海牙（Hague）这三个主要城市间大片绿地威胁的时候，荷兰政府采取了强硬的措施来阻止城市蔓延,实施了一项名为"集中化的分散"政策,试图将郊区化引导到规划或指定的发展区域。从 20 世纪 70 年代到 80 年代期间该政策成功抑制了"绿色心脏"区域内的都市化发展。

尽管这项政策成功地抑制了郊区蔓延,为了解决城市中心退化问题,荷兰政府于 90 年代取消了该项政策。虽然此政策已不再实施,但是关于这项政策所带来的后果在学术界直到今天仍在讨论。乌得勒支(Utrecht)大学地学系一位教师在论文中研究了国家物质规划政策对于个人通勤时间的影响。通过对荷兰全国统计数据,1998 年通勤调查的分析,以及考虑人口变量的多回归分析,作者得到了几个关于国家物质规划政策影响的结论。

### 六、新加坡

在新加坡独立的第一个十年期间,作为实现经济增长的规划之一,新加坡政府在 20 世纪 60~70 年代早期,实施了大规模的自然景观改善运动。通过引导城市更新、平整土地以便于土地开垦、建设工业园区和房屋不动产,政府希望运用现代化来吸引外国投资以实现可持续经济发展。

新加坡政府努力实现现代化的方法之一,是为大部分人口建设新的住房,并把这些新的住房建在城市核心区外围的卫星城内。指导这一发展的规划被称为环形规划,它寻求"高密度住房、工业区和城市中心在城市核心区外围的圆形分布,通过高容量高效率的交通网络相互连接"(Cervero,1998)。20 世纪 70 年代,卫星城刚好建设在城市核心区的外围,建有一居室至三居室的高耸住宅塔楼。到 80 年代,新城建得离城市城市核心区更远,建有四居室甚至更多间的住宅塔楼(Van Grunsven,2000)。Leo van Grunsven(2000)引用到"到 90 年代后期,16 个新城已经建成,占地在 500~1 000 hm$^2$ 之间,容纳 2 万~6.5 万个居住单元,15 万~35 万人"除了这些住宅特征之外,新城常常在市中心建有商业区,被居住区环绕。环行规划所需要的"高容量、高效率交通网络"于 1983—1987 年间建成。正如 Cervero(1998)解释的那样,"新加坡人口有大约一半住在离铁路站点 1 km 的范围内"。对于没有住在离铁路站点步行距离内的人口,有专门开往铁路站的公共汽车支线服务。

## 第二节 卫星城的积极作用

实证研究发现,卫星城可以发挥三方面的作用:一是控制中心城市发展,促进"离心"发展;二是促进公交导向的城市发展模式;三是为内城居民提供另一个居住选择,从而可以提高生活质量。

### 一、控制中心城市人口

韩国的卫星城发展战略,具有明确的目的,间接地促进了几个最大城市的离心发展,取得了一定的成功。在1981到1996年间,中央商务区的人口比重从6.1%降到3.2%,一环内人口比重从43.4%降到26.1%。同时,二环内人口比重从50.5%上升到70.7%(Richardson 等,2002)。至于实际的人口迁移,正如Richardson 等(2002)所说"到20世纪90年代初期,从首尔迁往周边地区的人口是反方向人口迁移的3.5倍"。从就业来看,韩国工业卫星城的建立在减缓首尔就业压力方面是很成功的。在1981到1990年期间,传统的韩国工业城市首尔、釜山、大丘的就业增长速度比全国平均72%的就业增长速度要低20个百分点。与此相反的是,首尔卫星港口城市仁川(Inchon)同时期内的就业增长速度为106%(Markusen,1999)。

### 二、公交导向的城市发展模式

新加坡发达和便利的公共交通系统推动了公共交通的利用强度,同时也推动了交通站点附近城市的发展,整合土地利用模式与交通。在新加坡,74%的居民通过公共交通线路去上班(Cervero,1998)。Tampines 是新加坡依靠铁路提供交通服务的新城之一,它不仅在城铁,而且在公共汽车换乘服务方面都引以为豪。进一步,这个城市包括了新加坡发展银行、各种娱乐和商业机构的就业机会。正如 Cervero(1998)所言,"所有的住房都在到居住区中心10分钟的步行距离内,到学校、公园、娱乐中心通常只需要搭乘一小段公共交通"。

### 三、提供更多的住房选择

卫星城的发展为城市居民提供了更多的住宅选择,从而可以提高生活质量。经济学理论论述,更多的选择可以提高消费者的福利水准。例如,新加坡提供了廉价、方便、有效率的公共交通,卫星城里的住房无疑为城市居民提供了相对高质量和可支付的住房消费,从而提高了城市居民的生活质量。从这点上讲,新加坡是成功的。

## 第三节 卫星城发展战略的失效及其负面后果

国际经验和实证研究表明,卫星城发展带来的问题及其相应的成本可能远远超过所带来的积极效益。主要问题表现在以下六大方面:一是卫星城分散或截流人口的效果不佳;二是卫星城就业-住宅不平衡;三是高交通(通勤)成本;四是卫星城的低可持续发展;五是旧城居民生活质量下降;六是城市空间蔓延式发展。

## 一、控制中心城市规模效果不佳

卫星城发展的目的之一是通过卫星城的发展控制中心城市人口规模过度增长。然而实际经验表明卫星城发展战略在控制中心城市人口规模的效果很不理想,这成为批评卫星城发展战略主要的依据之一。

如表 11.1 所示,埃及开罗卫星城远远没有实现其预定的目标。如,10$^{th}$ Ramadan 的目标人口为 500 000,而实际人口仅为 47 839(1996)。Al – Badr 的目标为 250 000 人,而实际人口却只有区区 248 人。

表 11.1 埃及开罗卫星城住宅与就业发展目标与现实

| 卫星城 | 目标人口 | 1996 年人口 | 1996 年就业机会 |
| --- | --- | --- | --- |
| 10$^{th}$ Ramadan | 500 000 | 47 839 | 64 591 |
| 6$^{th}$ October | 500 000 | 35 477 | 27 809 |
| 15$^{th}$ May | 100 000 | 65 865 | 222 |
| Al – Badr | 250 000 | 248 | 176 |
| Sadat City | 500 000 | 16 312 | 8 808 |
| El Obour | 250 000 | 无数据 | 无数据 |

来源:Sutton 和 Fahmi,2001

新孟买发展项目实施 30 年后所作的定性和定量分析表明,新城的发展是相当不成功的。比如,没有使人信服的证据显示新孟买的新城发展降低了大孟买都市的人口增长速度。事实上,在新孟买 79 000 个家庭中,只有 15.6% 没有在旧城住过而直接迁入新城。因此,如 Jacquemi(1999)所言"因为没有在旧城住过而直接迁入新城的居民比重相对太小,新孟买项目很大程度上没有取得截止流向孟买的新移民的主要和最初目标"。

在德里都市集聚区内外建立的卫星城,在人口重新分配与城市空间扩展方面起到了显著的作用。过去的 40 年里,旧城成功地控制了人口增长,人口增长主要集中在城市外围地区。1991—2001 年间,最高的人口密度第一次发生在旧城中心之外(Dupont, 2004)。然而,值得注意的是,市中心人口增长率和人口密度的降低,并不代表印度城市在控制人口增长方面取得了成功。分散政策并没有减缓总的人口增长,而是将人口增长分散在更大的范围内。这些分散人口政策所带来的最大问题是,卫星城吸引了更多德里建成区的居民,而非农村地区的移民。Noida 就是一个很好的例子,在 1995 年的调查中,虽然 69% 的家庭是移民来的,但是其中大部分(56%)是从德里迁来的(Dupont, 2004)。在 Rohini 这个 1962 年总体规划之后建立起来的新城镇,从德里迁移而来的居民比重甚至高于 Noida。对一些新城居民的调查显示,92% 的家庭来自德里(Dupont,2004)。大规模的高级居住区的建设,主要是吸纳原德里的居民。因此,这些卫星城与其说是为农村移民提供一个可供选择的目的地,减少向德里内部的人口迁移,不如说为原德里的居民提供了一个更经济更舒适的选择。

## 二、卫星城就业－住宅失衡

就业－住宅平衡指的是城市居民在同一个城市或地方工作和居住。就业－住宅失衡意味着有相当一部分住在卫星城的人不在卫星城上班,或在卫星城上班的人不住在卫星城。就业－住宅平衡是卫星城发展战略的目标之一,就业－住宅失衡表明卫星城发展的结果没有实现最初的目标。

尽管韩国首尔卫星城成功地将人口与就业增长转移到了周边地区,但是它们的建设也带来了很多城市问题。虽然人口与发展速度减缓,中心城市外围的人口与就业增长趋势都并不相匹配。"就业密度显示在距离中央商务区15~30 km 范围内的就业增长速度很快,而人口在距离中央商务区30~50 km 的范围内激增。"此外,人口在空间分布上的基尼系数在 1980 到 1995 年间并没有多大变动(从 1980 年的 0.805 到 1995 年的 0.801),就业分布的基尼系数却有较大的降低(从 1980 年的 0.877 到 1995 年的 0.823)。同一时期内,由于 1990 年代初期建立五个卫星城,Kyunggi 全省(首尔所在省份)的人口更为集中了(基尼系数从 0.653 上升到 0.76)。居住地和就业地的不一致,一方面显示城市蔓延仍在继续,另一方面显示了就业－住房的不匹配(Richardson 等,2002)。

埃及开罗卫星城的就业与住宅不平衡更为突出。截止 1993 年,$10^{th}$ Ramadan 吸引了 531 家工厂,$6^{th}$ October 吸引了 286 家工厂,但是这些工厂内的大部分工人仍然住在开罗,每天通勤到卫星城上下班(Sutton 和 Fahmi,2001)。Meyer(1989)的研究提供了新城劳动力的详细资料。1986 年 Meyer 在对工业工厂的调查资料中发现,这三个城市中有 48% 的产业工人每天往返于开罗,并且来自开罗的工人比重随着到开罗距离的增加而减少。距开罗最近的城市 $6^{th}$ October,其劳动力几乎全部来自开罗;距离开罗 55km 的 $10^{th}$ Ramadan,有 55% 的工人是开罗人;距离开罗 93 km 的 Sadat 城,有 15% 的工人是开罗人。这些卫星城内的企业不得不每天早晚接送工人从开罗到卫星城上下班。

印度孟买的情况一点也不比埃及开罗好。不仅没有成功地截止流向旧城的人口(旧城依然增长),新孟买城在就业方面依然依靠旧城。虽然努力转移批发市场,如钢铁市场从传统的南孟买转移到 Kalamboli 城,农产品批发市场从南孟买转移到 Vashi 城附近的 Turbe,新孟买的就业机会增长速度仍跟不上人口的增长速度(Jacquemin,1999)。1995 年,新孟买居住人口有 70 万,而就业岗位只有 15 万,其中有 3 万人在政府部门及私人商铺。在 1987 年,新孟买有 40.1% 的工人要到大孟买上班;到 1995 年,这一比重为 30.0%。同一时期内,在新孟买工作的劳动力由 47.7% 上升到了 60.8%。尽管从这些百分比数字上看,就业-住房不平衡已经有所改善,但事实上,需要每天往返于大孟买上班的人数从 1987 年到 1995 年翻了一番,即从 15 520 人增长到 31 336 人(Jacquemin,1999)。依据 CIDCO(国家新孟买发展集团)关于人口和就业的数据,到 1995 年 8 个新城的人口和就业的不平衡仍然存在。1995 年 70 万人住在新孟买,但是只有 15 万个就业机会。表 11.2 说明了这个问题。虽然这些数据是指总的人口,不能反映到底有多少工人是在自己居住的卫星城市内上班,但是相对人口而言,相对偏小的就业岗位数目是引人注目的。

表 11.2    印度孟买卫星城住宅与就业平衡

|  | 人口(1995) | 工作岗位(1995) | 节点城市内就业人口比重(%) |
|---|---|---|---|
| Vashi | 107 919 | 26 727 | 24.80 |
| Nerul | 57 597 | 3 294 | 5.70 |
| Airoli | 40 681 | 1 777 | 0.40 |
| CBD Belapur | 28 919 | 8 833* | 30.50 |
| New Panvel | 26 101 | 1 806 | 6.90 |
| Kalamboli | 29 019 | 3 205 | 11.00 |
| Koparkhairane | 30 168 | 447 | 14.80 |
| Sanpada | 6 122 | — | — |
| 总计 | 326 526 | 46 089 |  |

注:* 包括 CIDCO 的雇员,来源:CIDCO in Jacquemin,1999.

印度德里的卫星城发展政策不仅没有有效地控制首都地区的人口增长,反而产生了各种其他城市问题。虽然卫星城成功地提供了更多的住房选择,但是它提供的就业机会仍然有限。在诺伊达(Noida),虽然几乎所有居住在贫民区的人(98%)在 Noida 工业部门工作,但是只有 52% 的高级住宅区居民在诺伊达(Noida)上班。大约 1/4 诺伊达(Noida)的在职人员每天都要通勤到他们的居住地之外去工作(Dupont,2004)。在 DLF Qutab Enclave,情况更糟糕。1995 年人口流动调查中,大约一半的在职居民在德里上班,约有一半的学生在德里读书。然而,尽管这些人口又重新流向了德里,杜邦(Dupont)(2004)补充说"公共汽车服务,不管是公家的还是特许发展商运营的,都非常有限。"这种就业-住房的不平衡,加上公共交通方式的缺乏,将增加上下班通勤时间,并使建成区的交通拥挤问题更加严重。

荷兰卫星城由于就业岗位的数量远远小于住房数量,实际上成为卧城(Laan,1998)。结果,尽管卫星城的就业岗位随着时间的推移而逐渐增加,但是许多在发展中心(卫星城)工作的人住在其他地方,很多住在发展中心(卫星城)的人在其他城市工作。这说明相对其他城市郊区,发展中心(卫星城)内就业人员所掌握的技能和职业倾向(偏好)与该中心提供的就业机会所要求的技能岗位并不一致("质"上的不匹配)(Schwane 等,2004)。Laan(1998)详细描述了20世纪90年代荷兰几个不同地区的向内与向外通勤情况。向外通勤是指从研究区域到其他区域工作的交通量,向内通勤是指从其他地区到研究区域工作的交通量。向内通勤与向外通勤占交通总量的比例最高的地方是规划的发展中心(卫星城)。在发展中心,有56.4%的劳动力在其他地方工作;在发展中心(卫星城)的就业岗位中,有45.9%的雇员来自发展中心(卫星城)之外的地方。

由于新加坡卫星城缺乏办公楼和其他就业场所,加上卫星城之间及卫星城到城市核心区之间大量的上下班通勤的结果,1990年,卫星城79.3%的在业人员在其居住的卫星城以外工作(Cervero,1998)。

概括来讲,卫星城没有实现分散人口和取得就业-住房平衡的原因有:
(1) 缺乏相应的公共交通设施。
(2) 缺乏坚实的经济基础。
(3) 分散的城市空间形态。
(4) 不同土地利用功能的隔离与单一的小区经济功能。
(5) 高地价和高房价。
(6) 促使人口迁至新城的经济激励不足(Acioly,2000)。

再具体一点讲,政府没能提供基本的基础设施和小地块,使普通居民经济上可以建造或购买住房(Sutton 和 Fahmi,2001)。缺乏与开罗之间的廉价公共交通系统,以及新城没有舒适的社会设施和环境,使得这种基础设施的缺乏显得更为严重(Stewart,1996)。

## 三、高通勤成本

高通勤城市与卫星城就业-住宅失衡密切相关。就业与住宅的空间分离必然造成高的交通通勤成本和交通拥挤。Jun 和 Hur(2001)将 SMA、Kyunggi 和五个卫星城居民的实际通勤费用,与假设城市连片发展的情况下的城市居民的模拟交通成本作对比,发现现状(卫星城模式)的交通成本远远高于假设模拟的城市发展模式。在他们的研究中,假设模拟的方案是将新城建立在绿带范围内与首尔相连。他们利用了1996年首尔的居民出行起点—终点调查数据表、地理信息系统数据库内的距离数据,以及引力模型测算估计的通勤距离,和 Lee(1998)的出行模式选择(Modal Split)模型将通勤时间转化为货币估计。如果这种假设发展方案付诸实施,新城的居民和工人将分别节约车千米数(VKT)1 141 km/a和2.65亿 km/a(Jun 和 Hur,2001)。对于整个大都市区来讲,总车千米数将节约7.44亿 km/a。换成货币来衡量,实际的新城发展模式下的交通通勤成本平均到都市区每个工人为34.88美元/a。这34.88美元包括直接交通费用以及旅行时间费用。对于整个大都市地区,这种直接交通费用以及时间费用总计达254.59百万美元/年(Jun 和 Hur,2001)。此外,2001年 Jun 和 Bae 的研究也表明,卫星城模式增加了交通距离,首尔都市区在1980—1995年间总的上下班通勤距离增加了38.8%(Richardson 等,2002)。

埃及开罗卫星城里的企业为了吸引熟练工人,需要支付工人从开罗到其卫星城工厂上下班的公共汽车费用,而印度孟买在1987—1995年间,需要通勤的人数从15 520增长到31 336,翻了一番。印度德里大范围公共交通的缺乏促使卫星城居民使用私家车到德里上班或者上学。新加坡卫星城里的居民有近4/5的工人在居住地以外的地方上班(1990年)。

在荷兰,大量的内外交通连接(源于就业和住宅的分离)的结果之一就是较高的交通成本。事实上,在乌得勒支(Utrecht)大学的研究中,发现集中化分散政策没有提高上下班通勤效率。尽管研究者提醒说集中化政策对于旅行时间负面影响不应被过分夸大,但是他们提供的统计数据显示,住在发展中心和中等规模城市的居民,有最高的旅行时间和最大的旅行距离,不仅上班如此(对发展中心:43.9 km 和56.1分钟),购物也一样(对发展中心:16.9 km 和29.5分钟)。

## 四、缺乏可持续发展动力

卫星城在可持续发展方面存在着相当大的问题。这是因为:① 卫星城市远离知识和技术集聚和创新地(中心城市),在面临全球经济一体化和国际市场经济竞争的压力时,卫星城的工业与中心城市的空间分离将是一个不利的因素,使其无法享受中心城市提供的服务和供给功能(如韩国的首尔);② 空间与中心城市的集聚优势分离不利于卫星城吸引资本密集的行业(如韩国的首尔);③ 与中心城市之间的空间分离造成的有限的集聚效益、文化单一、有限的公共投资等原因,使卫星城难以维持可持续发展。

韩国的例子说明,除了就业-住房不平衡,工业卫星城在其未来经济可行性方面也面临挑战。尽管在将重工业迁出首尔、釜山等大城市中心地区方面,政府取得了成功。但是因为城市核心集聚区的优势,将资本密集型的高科技工业从市中心迁往卫星城要困难得多(Markusen,1999)。在韩国的经济面临国际市场竞争和全球化的压力时,工业卫星城与首尔空间上的分离使卫星城无法享受首尔的服务和供给功能,这样卫星城很难适应正在变化的国际市场需求(Markusen,1999)。

新加坡的卫星城也存在可持续发展问题,与居民的流动性有关。第二环内的卫星城不仅有较大的户型,而且提供了更好的社区环境,总的来说即提供了较高质量的生活。一旦第二环卫星城建好,一环内高中收入的居民就会迁到二环。20世纪80年代,第一环新城内居民的撤离开始发生,原高收入居民或者是被较低收入的居民所替换或者是连替换都没有。相对较老的新城的消费水平开始下降,公共设施得不到充分利用。小企业受到了消极的影响,同时公共设施条件则因为缺乏使用,缺少投资而恶化(Van Grunsven,2000)。政府试图通过对较老的卫星城启动更新与升级工程,来解决第一环卫星城的衰退问题。原来的一到三居室住房都被改造成在质量和设计上与新城一致的住房(Van Grunsven,2000)。虽然政府不断努力,但是卫星城在如此短时间内的退化,促使人开始质疑新城的可持续性。即便是舒适度提高的最新的卫星城,在为其居民提供就业机会、社会及多元文化等方面仍是有限的。这些卫星城没有高密度城市集聚所带来的优势,想在长期内维持发展将是困难的。

### 五、居民生活质量下降

除人口截流和提供足够就业机会方面的失败之外,新孟买的发展对该地区原住居民的生活也带来了负面的影响。恢复原住居民生活质量的努力并不足以补偿他们的损失,新城的发展事实上使他们的生活条件更加恶化。卫星城的发展不仅使原住居民不再能生产他们自己的食物,通货膨胀还使他们从外面购买食物更加昂贵。例如,1994 年大米价格为 5 Rs/kg,1999 年为 15 Rs/kg(Jacquemin,1999)。其他的负担,如高得不合理的财产税和私有化的设施,使得原居民的生活变得更加昂贵了(Jacquemin,1999)。高生活费用不仅使原居民的生活更艰难,同时使得新城对于低收入群体来讲太过昂贵以至于他们无法居住在那里。此外,新孟买的经济发展主要吸引白领工人和熟练工人(Jacquemin,1999)。对于不熟练工人,由于生活消费高,又缺少就业机会,旧城的低收入居民并没有迁移到新孟买的愿望。

### 六、导致城市空间蔓延式发展

卫星城还造成了城市蔓延的加剧。随着边缘城市的不断增长,例如,在 DLF Qutab Enclave 内一个新城正在形成,在边缘城市与德里之间的农业用地将不断缩减。Dupont(2004)预言,在接下来的几年里,"这些房屋将逐步地演化成连片的城市郊区"。

表 11.3 总结了卫星城国际比较和评价。充分和深刻地认识卫星城发展战略能够帮助我们思考,探索一条最大限度地避免卫星城发展已经出现的问题,同时最大限度地发挥其优势的可持续发展道路。

表11.3 卫星城国际比较和评价

| | 高通勤成本 | 缺乏可持续发展 | 就业－住房/空间不匹配 | 截止流向中心城市移民或分散中心城市人口的失败 | 不平等与阶层隔离 |
|---|---|---|---|---|---|
| 首尔 | 整个首尔都市区的车千米总数（VKT）为7.44亿km/a | 没有能力把高科技工业从中心城市吸引到卫星城,可能造成卫星城经济增长速度低 | 在决定何处发展新城以实现劳动力市场效率的最大时,政府部门间缺少沟通和配合 | | |
| 开罗 | 企业需要支付工人从开罗到其卫星城工厂上下班的公共汽车费用 | | 工厂就业机会在卫星城内,但是卫星城费用太高,低收入人口住不起 | 到1996年,6个卫星城中只有1个卫星城的规模达到目标人口10万人的一半 | 缺乏公共交通及缺少可支付的住房供给,使得低收入人口不能迁到卫星城 |
| 孟买 | 在1987到1995年间,新孟买居民需要通勤的人数从15 520增长到31 336,翻了一番 | | 1995年70万人住在新孟买,但是只有15万个就业机会 | 新孟买的大部分人口并不是来自旧城的居民 | 原村庄居民生活质量下降,高生活费用也阻止了低收入人口迁往新城 |
| 德里 | 大范围公共交通的缺乏促使卫星城居民使用私家车到德里上班或者上学 | | 许多人住在卫星城,仍在德里工作 | 分散人口措施吸引的更多是来自德里内部的移民,而非来自农村的移民 | |

续表

|  | 高通勤成本 | 缺乏可持续发展 | 就业-住房/空间不匹配 | 截止流向中心城市移民或分散中心城市人口的失败 | 不平等与阶层隔离 |
|---|---|---|---|---|---|
| 荷兰 | 发展中心与中等规模的城市居民有最高的交通时间和最远的交通距离,包括上班与购物 |  | 向内和向外通勤比重最高的地方是在发展中心 |  |  |
| 新加坡 | 1990年,新城就业的居民中有79.3%的工人在其居住城以外上班 | 缺乏城市集聚优势,可能导致未来人口下降 | 新城缺少办公楼及其他主要的上班场所 |  | 新城有更大质量更高的房子,但是只有较富裕的居民才能负担得起 |

## 第四节 卫星城失效的原因

通过发展自给自足的卫星城,来减缓中心城市人口规模增长的发展战略,在理论上有三个问题:

第一,自给自足的卫星城一定需要复合型就业机会,也就是说卫星城提供的就业机会应是多样的和有层次的(如收入、职业、所需技能和专业知识等)。既需要白领阶层的管理人员、高科技人才、政府官员、金融保险专业人员等高收入群体,又需要蓝领服务人员、勤杂工等低收入居民。复合型就业需求,一方面,意味着住宅需求的多样化,既需要昂贵、宽敞的公寓别墅,又需要廉价的经济适用房;另一方面意味着社会服务和社区发展的多样化。不同阶层的社会群体对城市服务和社区的要求是不一样的。然而,由于卫星城市新发展的、现代化的高楼大厦林立,创造了相对单一和均质的住宅小区。这些现代化建筑和美化的小区从城市建筑来言看起来很好,但却意味着就业和住宅的不平衡,即多层次的就业群体对于住宅多层次的需要与卫星城市单一住宅供给之间的不匹配。这是卫星城市就业-住宅不平衡的根本原因,也是"住在卫星城的人不在卫星城上班,在卫星城上班的人不住在卫星城"的根源。结果,必然提高城市交通通勤成本。

第二,政府巨额投资建设连接中心城市和卫星城的交通通道大大地改善了卫星城所在地方的交通条件,降低了交通通勤成本,导致相当一批中心城市的居民能够并且愿意牺牲通勤时间来换取卫星城市提供的高质量、低价格、宽敞的住房(相对于中心城市里的住房),结果使卫星城成了中心城的所谓"卧城"。

第三,更重要的是,卫星城的发展违背了城市,特别是大城市存在和发展的经济规律。城市发展的原动力之一是整合和统一的劳动力市场带来的规模集聚效益和劳动市场所表现的规模递增规律。卫星城在远离中心城之外(超过中心城市的劳动力市场范围)发展,一方面割裂大都市区整合和统一的劳动力市场,削弱城市集聚规模效益,降低中心城市的竞争力,另一方面也对卫星城本身的可持续发展提出挑战。

总之,通过多年的实践经验表明,自给自足的、独立自主的卫星城只是乌托邦式的理想主义者的设想,国际上无一个成功的例子。新城市的发展如果是由经济和工业发展驱动的话,才有可能获得成功。

# 第十二章

# 为什么城市绿地与建筑不能相互分割——中央商务区

近 20 年来,我们国家实施了一系列改革(如房屋及土地改革),以试图建立和完善市场机制,从而通过价格杠杆作用来调解和分配资源,获取最大限度的资源利用率(包括土地资源)。一方面,国家一系列的政策改革极大地推动了城市社会经济的发展。比如,从 1978—1997 年的 20 年内,国民生产总值以 17.26% 的速度增长。同期的固定资产投资为 17.01%,进出口总额分别为 23.1% 和 22.65%。城市也得到迅猛的发展。北京建成区在 7 年内(1985—1992)翻了一番,广州市的建成区在 1990 是 182.26 km$^2$,而其 10 年的城市规划区为 376 km$^2$(杨重光和吴次芳 1996)。房地产业发展迅速,如商品房竣工面积从 1992 年的 4 968 万 m$^2$ 增加到 1996 年的 12 118 万 m$^2$。商品房的销售从 1992 年的 3 812 万 m$^2$ 上升到 1996 年的 6 898 万 m$^2$。建筑公司的发展也间接地映射出房地产业迅猛的发展。以上海为例,1992 年上海仅有 139 家建筑公司,还不到 3 年,建筑公司的数量已增至 1 673 家。

另一方面,政策改革同时也产生了一系列问题。比如,城市交通如何同城市土地利用相适应,城市规划如何同以市场规律和价格机制为杠杆的资源分配机制相适应,如何协调城市土地发展过程中出现的土地利用效率与社会公平间的矛盾,如何解决城市基础设施不足,快速城市化带来的对城市基础设施高要求与地方财政困难间的矛盾等。总而言之,国家一系列政策改革对城市发展的土地利用、城市空间结构和城市可持续发展产生了深远的影响。

城市的类型很多,其成长、发展、衰退的原因与其类型有关。城市的类型可分为政治、经济、宗教、军事、文化教育及科技等。世界上经济城市占多数,同时非经济城市的成长及其变化受非经济因素的影响和制约,因而本文的讨论仅限于对经济城市的讨论。本章首先介绍经济城市发展的经济动力,讨论其与城市土地利用模式的关系,最后结合中国城市土地利用空间形态,提出城市规划改革的建议和对策,从而使中国城市在一个可持续发展的基础上稳定成长。这里需要指出：土地利用类型的单一化主要指的是对互不相容或在功能上互不相连的土地利用类型进行空间分离，使土地利用类型相对单一，如城市绿地与城市建筑之间的相对分离。

## 第一节 中国城市发展的流行模式——上海浦东的建设

改革开放以前的中国城市规划基本上是以项目规划为主，总体规划对城市发展所起的作用非常有限。同时，当时的国家政策是生产第一，生活第二。城市发展基本上是以经济发展为核心，很少考虑城市环境、城市生态以及城市居民对公共产品（public goods）的需求。改革开放以后，随着经济的发展和人民生活水平的提高，城市居民对城市环境、城市生态的要求越来越高，城市规划部门也认识到这一点，城市绿化建设和城市环境建设成为城市规划的主要内容之一。具体地讲，这一目的是城市规划通过对容积率的控制和对建筑物周围绿地的严格要求来实现的。

图 12.1 所示的是一种在中国城市建设中比较流行的一种模式（经简化），如上海浦东（图 12.2）。图 12.1 有 10 个建筑物，它们被城市绿地围起来。人们利用这些建筑物，可以是从事同类型的经济活动，或从事不同类型的经济活动（如上海浦东，北京朝阳区正在建设的 CBD）。图 12.2 所示的城市发展模式可以说是计划经济体制下城市规划思路的线性外延。也就是说，将以前没有考虑的环境与生态要素考虑进来，这是一种进步。但把微观的项目规划思路直线地推广到宏观的城市规划上来，城市土地利用及其规划就很可能无法充分地体现经济规律及市场机制对城市发展的影响，这是我们城市规划和城市建设需要改进的地方。产生图 12.2 所示模式的原因有两个：一是城市规划部门残留着很强的计划经济体制下延续下来的东西，二是小农经济的"小而全，大而全"思想依然影响着城市规划和城市建设。

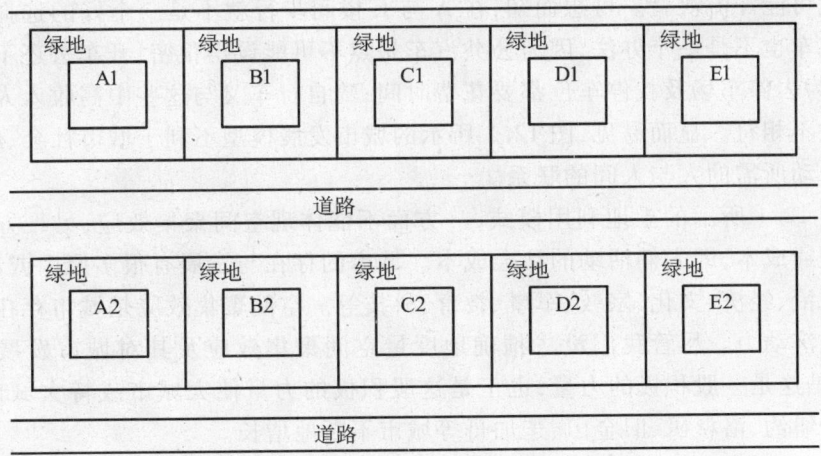

图 12.1　建筑与绿地相互隔离示意图

图 12.2　上海浦东建筑与绿地相互隔离使城市建筑相对稀疏（与纽约等城市相比）

## 第二节　城市建设的弊端

图 12.1 所示的城市发展模式考虑了环境与生态，强调城市经济发展与环境、生态建设间的平衡。这一城市发展模式比改革开放以前的城市发展模式要进步得多了。然而，图 12.1 所示的城市发展模型人为地隔绝了人与人的交流。这是因为，在这些地方上班的人大都属于工薪阶层中的高收入人群。到这些地方办事的人也都属于高收入或有一定地位的人。上海的 7 月，一个人步行 3～5 分钟就可能汗流浃背。可想而知，在 A 与 E 楼间步行就不是一个好的选择。乘公共汽车也不是一个办法，因为公共汽车站点不可能设得很密；开车去还不如步行，因为去停车场及找停车位都要花费时间；骑自行车又与这些中高收入人的身份地位不相符。显而易见，图 12.1 所示的城市发展模型不利于城市社会、经济、科技活动所需的人与人间的联系。

图 12.1 所示的土地利用模式，一方面不能体现空间聚集效应，另一方面增加了交通成本，即人们活动的社会成本。城市的存在与发展有很多原因或动力，诸如政治、经济、文化、宗教、军事、教育、科技等。空间聚集效应是城市存在与发展的经济动力。尽管我们没法精确地度量空间聚集效应及其对城市发展的影响，但是这是一股积极的力量，也正是这股积极的力量使大城市或特大城市，如美国的纽约、洛杉矶、旧金山、芝加哥等城市不断地增长。

可以推断，中国入世后大城市或特大城市如北京、上海等将有更大的发展，而小城镇将会衰退。过去十几年来中国中下城镇的快速发展在很大程度上应归功于国家政策导向及行政管理和干预,如20世纪80年代中期倡导的"严格控制大城市发展,适当发展中等城市,积极发展小城镇"的国家城市发展战略、城镇定义的变化(人口门槛)、行政区划,等等。这个城市发展战略是失败的,因为中国大城市、特大城市在过去的20年的发展速度很快,如北京、上海、广州等城市,间接地说明了这些城市的空间聚集效应大于城市负面效应(negative externality)(如交通拥挤、环境污染、住房紧张等),这些城市的增长必不可免。国际上,纽约、洛杉矶、旧金山、东京、首尔、香港等城市交通拥挤都比北京、上海要糟糕得多。它们的城市还在成长,建成区的人口规模要比中国城市大得很多。很难说中国特大城市的规模集聚效应已无法弥补"城市病"带来的经济成本上涨、企业竞争力下降的损失。

## 第三节 城市绿色空间发展

城市绿色空间广义的定义指不能被住宅、商业、工业及机关等用途高密度地开发的土地,具体包括:① 农业和森林;② 未开发的河口海岸带(包括湖滨带);③ 未开发的景观;④ 公园;⑤ 水体(包括湖泊)和港湾(包括湿地)等。需要指出的是,湿地在美国是严格地被保护的,其独特的自然和生态系统(动植物生态)使其构成自然过滤系统的重要部分。

保护城市绿色空间的目的有:① 保护自然和文化古迹;② 提供娱乐场地;③ 界定城市环境的边缘。绿色空间的效益体现在社会、环境和经济三个方面。其中社会效益体现在以下五大方面:① 城市生活和工作的压力都比较大,公园和自然绿地有助于让城市居民缓解压力和逃脱城市紧张的环境;② 城市绿地有助于社区凝聚力产生,有利于人与城市人造环境的和谐共存,有利于不同阶层群体的融合;③ 绿色空间(农地)能够为城市居民提供新鲜的农产品,如蔬菜;④ 城市绿色空间既是人们户外活动的理想场所,又有利于健康;⑤ 自然美是城市精神的源泉。

城市绿色空间的环境效益包括:① 湿地能够过滤和处理污染水体,对洪水产生缓冲作用;② 森林能够吸收二氧化碳,缓解全球变暖的危机。城市中的树木和公园有利于减少噪声污染,降低城市热岛效应和温度,减少非可再生能源的消费;③ 森林同时又是清洁水质的主要源泉;④ 绿色空间是重要的动植物生存的场所,有利于保护自然原生态;⑤ 绿色空间还是提供环境教育的场所。

城市绿色空间的经济效益既有直接的又有间接的。直接的经济效益包括:① 绿色空间是旅游业的重要组成部分,创造了旅游经济。如纽约州的州立公园和历史景点创造5亿美元的旅游收入和2亿美元的税收收入;② 绿色空间是农业经济的主要承载体。如纽约州的农业GDP位居全美第4位,对全州的经济贡献155亿美元的价值;③ 林业是绿色空间的另一个经济贡献。纽约州林业雇用了 4.2 万员工(占所有制造业从业人数的 5%),创造 10 亿美元的个人收入(工资),为全州的经济创造 32 亿美元的经济附加值。间接的经济效益包括:① 城市绿色空间能够保护水质,从而节省了城市用于污水处理的费用。如纽约州从用于建设污水处理设备和设施节约大约 50 亿美元;② 城市绿色空间有助于提高城市基础设施的利用效率,降低城市服务供给需求;③ 绿色空间为动植物提供了生存环境,这些动植物可能具有一定的经济价值①。

## 一、城市绿色空间还是城市绿地

城市绿地或绿化面积与城市绿色空间有着本质上的差别。前者表明绿色覆盖的土地,不含有规模和空间连续的意义,而后者不仅意味着绿色覆盖,同时又要求一定的规模和空间连续②。比如,图 12.3 中的绿色地方都可以计算到城市

立陶宛首都维尔纽斯市中心一角

美国波特兰市中心一角

图 12.3　城市绿地点缀城市

---

① 参考文献:http://www.dos.state.ny.us/lgss/pdfs/openspaces.pdf。
② 根据《辞海》的定义,绿地指"凡是植物生长的土地,无论是自然还是人工的",中国绿地包括交通道路附属绿地(http://www.csc-e.com/Go/ShowContent.asp? T = News&N = 1168&ID = 85753)

绿化面积或绿地之中,但不是绿色空间,绿树除了点缀城市之外,生态功能非常有限,更谈不上娱乐等作用。图12.4显示纽约曼哈顿中央公园,图12.5显示中央公园自然美和人与绿色空间的和谐。图12.5所示的城市绿色空间不仅具有娱乐、休息、消除城市紧张等方面的功能,同时又能够提供户外活动的场所。每年中央公园都吸引大批的游客。中央公园动植物的多样性(鸟、蛇等动物)还为城市生活增添了色彩。显然,只有一定规模的城市绿地构成的城市绿色空间才能带来上面提到的功能和效益。

纽约曼哈顿中央公园冰上活动

城市绿地健身活动

图12.4　城市绿色空间多功能

## 二、城市绿色空间集聚还是分散

绿地与绿色空间的区别在于绿色空间的连续性和规模。如图12.3所示的城市发展,得到的只是城市绿地,或绿化面积的提高,而不是城市绿色空间,更谈不上绿色空间的种种功能和益处。所以,追求城市效率不仅应提倡集聚城市建筑空间和提高就业密度(如图12.6),还要集聚绿色空间(如图12.4),避免"绿地隔离建筑、建筑隔离绿地"的城市发展模式(图 12.2)。前者意味着劳动力市场的破碎,而后者意味着绿色空间破碎成绿地,造成劳动力资源的低效率和绿色生态的低(或无)效率。中国城市绿地的建设除了"美化"功能外,其他社会、经济、环境功能发挥得还不够。住宅周围应根据国情尽量多地建设绿地或绿色空间。

图 12.5　城市环境中人与自然的和谐

图 12.6　中央商务区紧凑建筑(建筑不被绿地隔离)最大限度地利于城市集聚效益

### 三、如何建设城市绿色空间

了解城市绿色空间的功能和益处有利于绿色空间的建设。一般地说,城市绿色空间建设的基本指导思想是:

(1)一定的规模且空间连续。

(2)最大可能地利用现有自然和生态条件来选择公园等绿色空间的建设和保护,如河流、湖泊、湿地、沼泽、坡地等。

(3)自然的特点决定了绿色空间大多呈现线性形状(河流、湖滨带、海岸带等)。

(4)最大限度地将绿色空间建在居民区或靠近居民区,并尽可能地将绿色空间通过绿色通道连接起来,便于居民的修身养性、娱乐消遣、户外活动等;

(5)按照几何形状建设的城市绿化隔离带(如韩国首尔市)带来的消极后果远远大于绿色空间自身的优美。首尔绿化隔离带的实证研究表明,绿化带不仅造成土地供应紧张,进而引起房屋供给短缺和房价飙升,同时带来城市蔓延,极大地增加了政府基础设施投资和城市交通通勤成本(宋彦和丁成日,2005)。

## 第四节 城市土地利用集聚模式

如果综合平衡城市经济发展与环境生态建设,图12.7所示的土地利用模式就比图12.1所示的土地利用模式要佳。显而易见,总的城市绿地没有变化,城市总的密度(人口密度、资本密度、建筑密度等)也没有任何变化,但是城市的紧凑度大大地提高了,局部地区的密度(人口密度、资本密度、建筑密度)相应地增长很多。城市密度和城市紧凑度的提高有利于城市居民之间的交往,有利于技术、知识的推广和创新,有利于推动公共交通的发展、降低城市交通成本。

如果土地利用率与空间集聚效应成正比的话,图12.7所示的土地利用模式为最佳。因为该模式使空间积聚效应达到最大,而城市绿地的面积没有比图12.1所示的少。从经济上讲,假设A、B、C的建筑都一样,在没有城市微观上的空间集聚效应的情况下(如图12.1),一个建筑物的房地产价值为100单位,其周围的绿地价值为1单位,图12.1中所示的总的固定资产价值为1 010(10 × 100 + 10 × 1)。假设在图12.7所示的土地利用模式中存在有限的空间集聚效应,一个建筑物的房地产价值涨为120单位,因总的绿地面积没变,图12.7中所示,总的固定资产价值为1 210(120 × 10 + 10)。当然,图12.7的城市负面效应会比图12.1的大,但是,我们还没有证据(empirical evidence)来支持城市负面效应大于经济活动的空间集聚效应。如美国的一些城市衰退了或正在衰退,其原因都很复杂,不能简单地归咎为城市交通拥挤、环境污染等城市负面效应(Ding 和 Bingham,2000)。

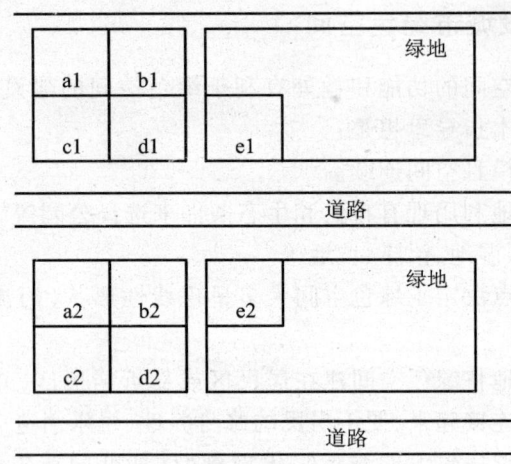

图 12.7 建筑和绿地集中分布

图 12.8 为纽约曼哈顿 CBD 一角。其 CBD 在美国很有代表性。纽约曼哈顿 CBD 的发展对中国城市建设应有一些启示。当然,有人也许会讲,纽约曼哈顿 CBD 的交通是美国最糟糕的。所以中国的城市要建成如图 12.1 所示。如何最大限度地利用城市资源(包括土地资源),同时最大限度地减低交通成本是城市规划人员(包括学者)孜孜不倦地追求的目标之一。现美国比较流行的增长管理(growth management)、理性增长(smart growth)等新的城市政策试图在新的框架上(土地利用、交通、住房、环境、生态、社区等方面)追求城市的可持续发展。

比较图 12.2 与图 12.8 很容易得出如下结论:图 12.2 所示的土地资源利用效率比 12.8 要低很多,表现在:第一,土地利用强度不大,建筑高度不高,容积率低,这些与其所处区位的高地价不符(丁成日,2002a);第二,局部地区绿化(建筑结构周围的绿化)增加了环境价值,这是以经济损失为代价的;第三,土地利用规划与交通规划间的紧密联系没有在城市规划及发展中体现出来,因而这些建筑群体的经济功能能否得到充分的发挥将是一个问号。

图 12.1 所示的城市发展模式说明了中国城市规划没有考虑城市经济学原则,没有认识到市场机制下城市土地利用空间的分布规律和特征,将微观上的建筑及其景观原则线性地推广到宏观上的城市规划和城市建设。这必然不利于城市土地利用率的提高,影响城市的综合竞争力(丁成日,2002a;2002b)。中国的城市规划部门也应响应学术界的举措,与国际接轨,积极地学习西方国家如何将经济学原理应用到城市规划中来。学习如何将经济、法学(城市法)、环境、工程技术、地理、社会、土地及房地产、城市住房、城市基础设施等方面充分反映在规划中,认识到城市规划绝非局限于城市设计,其内容非常丰富。将局部的城市设计的理念直线地扩展到全局性的城市规划中,将会产生深远的负面影响。

# 第十二章 为什么城市绿地与建筑不能相互分割——中央商务区

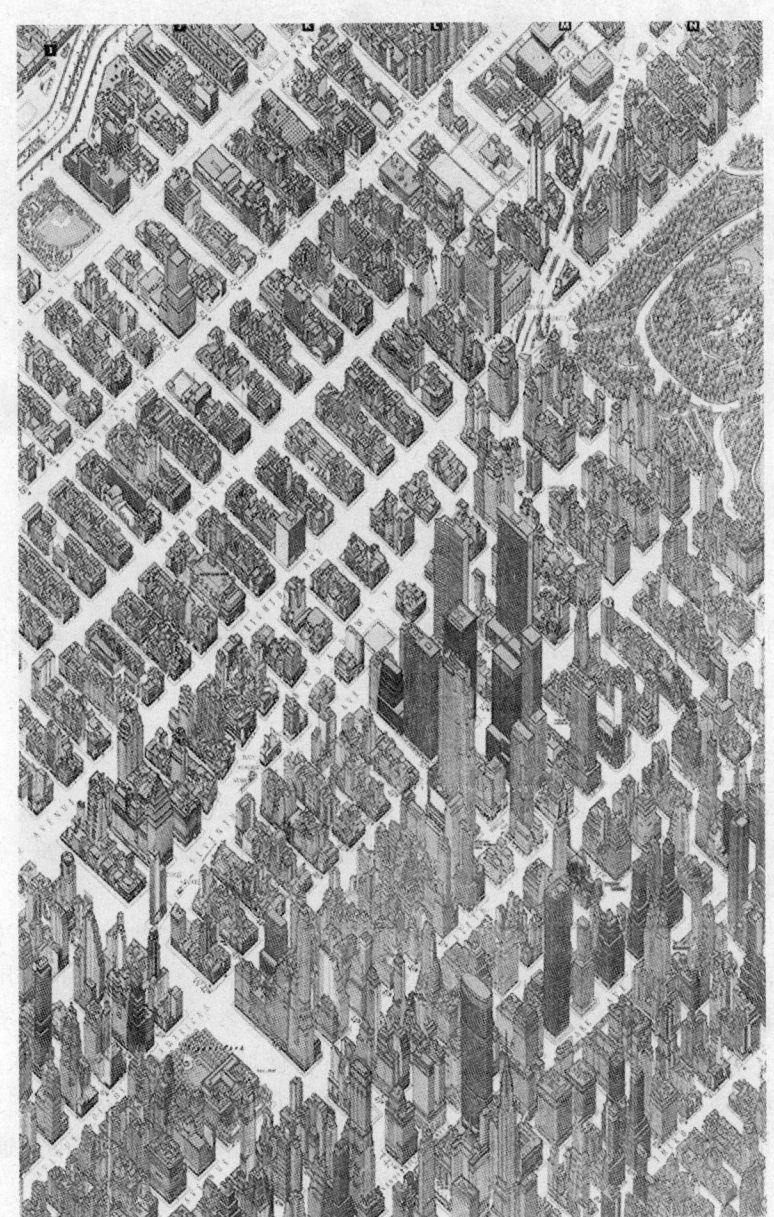

图 12.8　集中的城市土地利用模式（另见书末彩图）

图 12.9 中为城市商务区，对比图 12.8（纽约商务区城市发展）就会发现两个商务区的密度相差是非常大的。巨大的密度必然地反映城市劳动生产力和劳动效率的差别、城市经济总量的差别（假设规模相同）。

| 纽约中央商务区 | 上海浦东商务区 |

图 12.9　城市密度与功能的分离

来源：Google Earth

## 第五节　中国快速城市化及其城市规划战略

### 一、中国城市空间形态特征

中国的城市空间形态的特点是：① 低资本密度；② 低建筑密度；③ 与附近的住宅相连（新型式混合模式）；④ 建筑分割绿色空间，绿地分割建筑。这种城市空间模式带来以下几个方面的低效率：

第一，增加人与人面对面的交往机会和成本——降低劳动力市场效率；

第二，低资本投入（低资本密度）降低了资本资源和土地资源的利用效率。土地价格与城市资本密度的不一致，使土地资源和资本资源的效率达不到最优；

第三，片面地追求城市质量（环境、生态等），使城市的建设过于追求城市设计和城市形态美，结果是绿色空间分割了城市建筑，城市建筑也分割了绿色空间，这种相互分割极大地降低了城市劳动力市场的效率，增加了城市交通成本，同时破碎的城市绿色空间无法发展环境和生态作用。

第四，低密度发展，一方面增加了政府在城市基础设施方面的负担（投资增长），另一方面减少了政府财政收入。美国地方政府财政收入的 70% 以上来自城市房地产税。虽然中国还没有像美国那样的房地产税，但是新一轮的税制改革的一项重要任务是发展和建立中国的房地产税或物业税。

第五，小区范围内的就业和住宅平衡既限制城市商务区功能的充分发挥，又增加了交通成本，违背劳动力市场原则。产生这种中国城市低效率的原因有：中国城市规划等同于完美的竞赛，不考虑劳动力集聚效率，不考虑土地利用与交通的整合，不考虑土地利用对公共财政的影响，经济规律在城市发展中很少得到考虑。

第六，城市基础设施（包括交通）的发展与土地利用规划和发展脱节。

## 二、中国城市规划失效的原因

中国城市发展的经历说明，城市总体规划没有能发挥其在引导城市发展方面所应起的作用。城市总体规划的战略性、前瞻性、指导性等也仅停留在纸上谈兵。究其原因，有如下几点：

第一，城市总体规划编制的指导思想、原则和理论依据等都缺少对城市未来发展中不确定因素的考虑，而在高速发展中的城市，特别是转型国家中，城市发展的不确定性远远大于对未来的所知或能够准确地预测的内容。由于缺少对未来不确定性的必要准备，城市规划变成了跟着城市发展（主要指房地产开发商）走，而不是城市发展（主要指房地产开发商）依从城市总体规划，因此造成城市土地发展空间的混乱和无序。

第二，城市规划过于干预城市房地产市场，市场与规划的分工界限不明确。为充分发挥市场经济的作用，城市土地开发（区位、时机、开发强度等）应由开发商根据城市房地产市场的情况来决定，以使土地资源和资本资源发挥最大的效益（丁成日，2008）。由于基本上不能够知道5或10年后的城市房地产市场，因而不应制定限制5或10年后的土地利用强度的城市详细规划。

第三，城市总体规划过于强调物质设计，对城市经济、社会、交通等的考虑仅限于物质设计方面，非物质设计方面如经济和政策分析没有能够得到应有的重视和考虑。结果是，或是缺乏规划实施的工具和法规，或是规划的可操作性差或根本没有可操作性。

第四，缺少对城市发展的度量（指标体系的度量）和监控机制，因而无法知道城市发展轨迹在多大程度上偏离了发展目标，因此也无法作出相应的更正和调整。

市场经济体系下城市总体规划面临的问题和挑战主要表现在以下几个方面：

（1）如何解决未来的不确定性和不可预见性问题？这涉及规划的战略性、前瞻性和指导性。

（2）如何协调规划的刚性和市场灵活性要求之间的矛盾和冲突？这在本质上是市场与规划之间的劳动力分工问题，也关系到能否使市场经济规律充分发挥在资源分配和利用上的作用，进而使资源的利用效率达到最高，同时又能够利用规划手段更正城市发展和建设中的市场失效。

（3）如何避免以规划为指导的城市发展模式可能带来的意想不到的后果和

面临的风险?

（4）如何分配有限的资源,以最好地服务城市居民?

（5）如何协调城市发展与规划的多目标之间的冲突(如经济发展与环境保护等)?

（6）如何全面客观地评价城市规划方案?

### 三、规划整合及其协调的必要

在快速城市化地区,推行合理和可持续的城市规划及政策,应综合统筹考虑城市发展的各个方面,如经济发展、土地利用、住房供给、公共服务、基础设施、交通、公共空间等。以上这些因素分别从社会、经济和环境等不同角度,对城市商业和城市居民有着重要贡献,并且是构成城市竞争力以及构建高质量城市生活的关键。

然而,中国的城市规划实践活动被分散在各个部门进行,各种规划的制定和实施由不同部门负责,部门之间则少有联系。例如,国家发展和改革委员会负责社会经济发展规划(大多数为区域尺度),建设部负责城市总体规划,国土资源部负责土地利用规划,交通部则负责交通规划(区域尺度)。

概括而言,区域尺度(包括区域内的城市)的社会经济发展规划侧重于经济产出(如地区生产总值、就业、收入等)和生活质量(居民和商业在社会、经济和环境各方面的发展)。城市总体规划的重点则是城市和建成区内的人口规模,较少关心经济发展和未来将成为城市建成区一部分的郊区的土地利用(类型和强度)。土地利用规划则强调农地保护并限制农地转用。交通部制定城市建成区外的区域性的交通基础设施规划和投资;地方政府交通委员会则负责制定城市地区内部的交通规划,城市交通规划基本不考虑土地利用与城市形态。这种区域和城市交通规划的脱节不仅分裂了城市交通系统,而且促成了低效率、非公交友好型城市形态的形成。

假如城市不发展、城市建成区范围不发生明显变化的话,各自为政的部门规划尚有一定存在价值。因为,土地利用规划可以在不考虑农地转用的情况下发挥其保护农地的作用,而城市总体规划也可以在建成区范围内发挥其功能。

然而,对于一个处于快速城市化进程的国家来说,各自为政的部门规划必将是低效、混乱、不协调的,并对城市发展产生深远的不利影响。具体而言,城市发展规划将受到割裂。首先,区域尺度的交通规划几乎不考虑未来城市空间扩张发展方向。在理论上,城市间的规划应该与城市总体规划相协调;但是实际上,出于政治原因基本上看不到这种协调。由于社会经济发展规划(由发展和改革委员会制定)不考虑空间因素,因此不难理解城市总体规划总是在不断调整以适应经济发展目标。这种规划调整,在很大程度上可以看做政治压力的产物。由于城市扩张,城市边缘的农地不断被纳入城市建成区范围,因此城市总体规划应该延伸到更大的农村地区。土地利用规划如果不考虑不断扩张的城市边界，必将会造成不经济的蛙跳式城市发展模式，给城市商业和居民带来负担。

考虑中国城市的快速发展、城市建成区边界的向外快速推移，城市综合规划应将社会经济规划、土地利用、国土规划、城市（总体）规划、城市交通规划纳入一个统一框架（如图5.8），以便于协调城市发展的方方面面，提高城市竞争力，推动城市可持续发展。

# 第四部分
# 城市交通与住房

# 第十三章

# 为什么需要整合土地利用与城市交通

城市交通面临的挑战一方面与城市人口增加、收入提高、小汽车拥有比例的增长有关,另一方面也与城市基础设施投资和建设有关。城市化和工业化的直接影响是城市交通的压力不断加大。小汽车拥有数量的增长速度远远高于城市人口增长速度,一些国家小汽车拥有数量以15%~20%的速度增长。除了个别特大城市外,城市每辆车的平均交通距离在不断增长,其增长速度远远大于城市道路建设的速度。因此城市交通平均速度在不断下降,城市居民步行和自行车环境不断地恶化。所有这些都要求制定优化的城市土地利用和交通政策,推动交通和土地利用的整合,最大限度地降低城市(交易)成本,发挥城市空间集聚作用。

城市的快速机动化给城市发展的控制与管理、城市发展的可持续性带来了一系列的难题。在城市规划的过程中,引入城市交通和城市土地利用规划相整合的新理念为解答这些难题提供了一些答案。城市土地利用与城市交通有着复杂且紧密的关系。一方面,土地利用是城市交通产生之母;另一方面,城市交通深刻地影响着城市土地利用和城市发展。在多大程度上城市交通发展与土地发展相结合,是标志着一个城市在多大程度上是可持续发展的。

## 第一节 城市交通增长

影响城市交通需求有4个主要的因子,它们是:① 国民经济收入的增长;② 城市(比如说人口)的增长;③ 无线电通信及其他科学技术的发展;④ 其他各种各样的推动因素,包括内城居住环境质量的减退。在这个城市快速发展的年代,随着人们收入的提高,城市的快速机动化是一个不可避免的现象。图13.1显示了一些世界各地城市发展过程中GDP与机动车辆拥有量之间关系的历史数据。我们可以得出如下结论:无论经济发展水平高低,人均机动车拥有量随人均GDP的增长而增长。可以预测,中国的发展趋势跟其他亚洲发达国家和地区(比如说日本、韩国、新加坡和中国香港)的发展趋势比较类似,未来的汽车拥有量将上升很快。

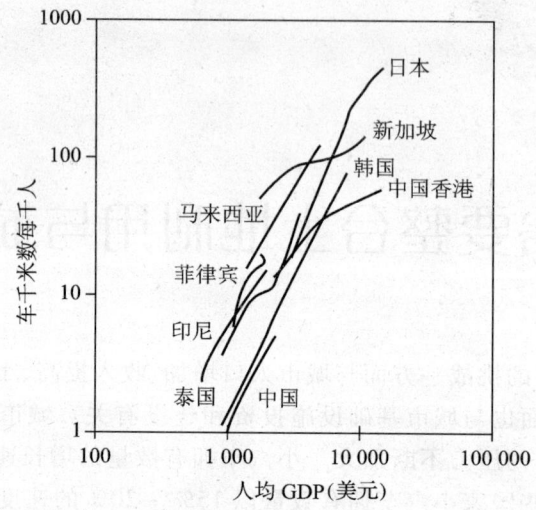

图 13.1　部分国家和地区的人均 GDP 与机动车拥有量之间关系

## 第二节　城市土地利用与城市交通

　　土地利用是城市交通产生之源。由于经济活动只能占据空间的一个位置,并且经济活动之间的紧密联系才产生城市"流",如人流、物流等。居住和就业的空间分离是早、晚上下班通勤的直接原因。经济发展一方面推动了产业专业化的发展,反过来产业专业化又提高了劳动生产率。产业专业化水平越高,部门之间的联系就越密切。一个工厂的产出可能是另一个工厂的输入。不同经济活动的空间分布必然导致货物和人员的空间流动和运输。

　　城市土地利用的空间分布决定了城市交通流。住在 A 点而在 B 点工作就意味着从 A 点到 B 的交通流。在 C 处的工厂利用 D 处工厂的产品作为原材料,意味着从 D 处到 C 处的货物运输。显然,土地利用空间分布决定了多少人(或货物单位)、为了什么目的、在什么时间、需要到哪里去。

　　图 13.2 揭示城市人口密度与交通需求之间的关系。显然,随着城市人口密度减少,城市交通人均出行里程数和人均机动车出行里程数增加。城市人口密度大于 5 000 人/平方英里①的人均机动车出行里程数是人口密度小于 100 人/平方英里的近 10 倍。

---

①　1 英里 = 1.609 3 km。

# 第十三章 为什么需要整合土地利用与城市交通

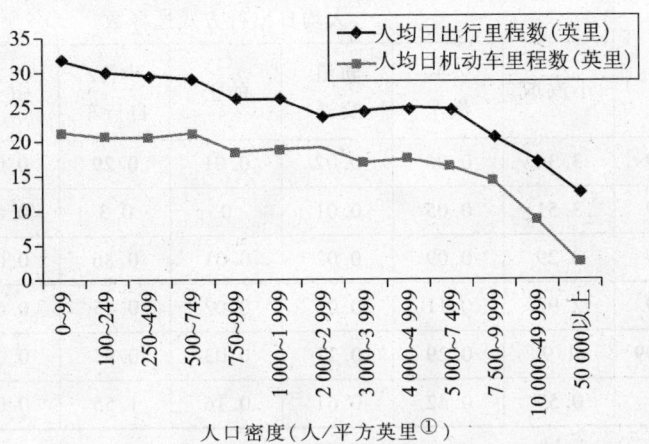

图 13.2　城市人口密度与交通需求

资料来源：Transit Cooperative Research Program，"Traveler Response to Transportation System Changes"，2003.

表 13.1 揭示的城市人口密度与交通出行方式选择之间的关系能够用来说明通过制定城市规划，协调土地利用与城市交通，促进公共交通导向的发展，减少对小汽车的依赖，提高公共交通的使用。表 13.1 说明的一般趋势是：城市人口密度越高，以小汽车作为出行方式的次数越少，使用公共汽车的次数越多，利用轨道交通的人均次数越高，承载的士的人均次数越多，利用非机动车（步行和自行车）的人均次数越多。可见，城市人口密度的增加有助于降低城市机动车的使用和发展（人均）。

表 13.1　城市人口密度与城市交通出行方式

| 人口密度<br>（人/平方英里①） | 人均日出行方式选择数 | | | | | | |
| --- | --- | --- | --- | --- | --- | --- | --- |
| | 小汽车 | 公共汽车 | 轨道交通 | 的士 | 步行/自行车 | 其他 | 合计 |
| 0～99 | 3.35 | 0.02 | 0 | 0 | 0.24 | 0.16 | 3.77 |
| 100～249 | 3.5 | 0.02 | 0 | 0.01 | 0.24 | 0.13 | 3.9 |
| 250～499 | 3.53 | 0.02 | 0 | 0 | 0.29 | 0.12 | 3.96 |
| 500～749 | 3.52 | 0.03 | 0 | 0 | 0.21 | 0.12 | 3.88 |
| 750～999 | 3.44 | 0.05 | 0.01 | 0.01 | 0.26 | 0.13 | 3.9 |
| 1 000～1 999 | 3.48 | 0.03 | 0.01 | 0 | 0.23 | 0.11 | 3.86 |
| 2 000～2 999 | 3.46 | 0.06 | 0.01 | 0 | 0.28 | 0.11 | 3.92 |

---

①　1 英里 = 1.609 3 km。

续表

| 人口密度<br>（人/平方英里①） | 人均日出行方式选择数 | | | | | | |
|---|---|---|---|---|---|---|---|
| | 小汽车 | 公共汽车 | 轨道交通 | 的士 | 步行/自行车 | 其他 | 合计 |
| 3 000~3 999 | 3.34 | 0.06 | 0.02 | 0.01 | 0.29 | 0.09 | 3.81 |
| 4 000~4 999 | 3.51 | 0.05 | 0.01 | 0 | 0.3 | 0.08 | 3.95 |
| 5 000~7 499 | 3.29 | 0.09 | 0.02 | 0.01 | 0.36 | 0.06 | 3.83 |
| 7 500~9 999 | 2.92 | 0.11 | 0.05 | 0.02 | 0.45 | 0.07 | 3.62 |
| 10 000~49 999 | 1.9 | 0.29 | 0.21 | 0.03 | 0.95 | 0.04 | 3.42 |
| 50 000 以上 | 0.59 | 0.42 | 0.61 | 0.16 | 1.55 | 0.07 | 3.4 |

资料来源：Transit Cooperative Research Program,"Traveler Response to Transportation System Changes",2003.

① 1 英里＝1.609 3 km。

表13.2 显示土地利用与交通供给和交通方式构成之间的关系。从中可以总结出如下一般性结论：

表13.2 城市发展与交通

| 城市 | A | B | C | 人均公交路网<br>（m/人） | 人均道路<br>（m/人） | 每千人停车位<br>（中心区） | 平均时速<br>（km/h） |
|---|---|---|---|---|---|---|---|
| 休斯敦 | 1.1 | 4.1 | 2.6 | 16.7 | 11.7 | 612 | 61.2 |
| 旧金山 | 5.3 | 14.5 | 5.5 | 49.3 | 4.6 | 137 | 44.3 |
| 洛杉矶 | 2.1 | 6.7 | 4.0 | 19.8 | 3.8 | 520 | 45.0 |
| 华盛顿 | 4.6 | 15.1 | 4.5 | 37.3 | 5.2 | 253 | 42.4 |
| 芝加哥 | 5.4 | 14.9 | 4.5 | 41.5 | 5.2 | 128 | 45.0 |
| 纽约 | 10.8 | 26.6 | 6.7 | 62.8 | 4.6 | 60 | 38.3 |
| **美国平均** | **3.1** | **9.0** | **4.6** | **28.4** | **6.9** | **468** | **51.1** |
| 法兰克福 | 12.1 | 42.1 | 8.5 | 47.9 | 2.0 | 246 | 45.0 |
| 布鲁塞尔 | 17.3 | 35.3 | 19.1 | 62.7 | 2.1 | 314 | 37.9 |
| 维也纳 | 31.6 | 43.9 | 11.9 | 72.6 | 1.8 | 186 | 27.5 |
| 哥本哈根 | 17.2 | 25.0 | 32.0 | 121.3 | 4.6 | 223 | 50.0 |
| 巴黎 | 30.5 | 36.2 | 14.9 | 71.0 | 0.9 | 199 | 25.7 |
| 阿姆斯特丹 | 14.0 | 25.0 | 35.0 | 60.3 | 2.6 | 354 | 35.0 |

## 第十三章 为什么需要整合土地利用与城市交通

续表

| 城市 | A | B | C | 人均公交路网<br>(m/人) | 人均道路<br>(m/人) | 每千人停车位<br>(中心区) | 平均时速<br>(km/h) |
|---|---|---|---|---|---|---|---|
| 伦敦 | 29.9 | 40.0 | 14.0 | 138.4 | 2.0 | ? | 30.2 |
| **欧洲平均** | **22.6** | **38.8** | **18.4** | **92.5** | **2.4** | **230** | **35.9** |
| 新加坡 | 46.7 | 56.0 | 22.2 | 114.0 | 1.1 | 164 | 32.5 |
| 曼谷 | 33.3 | 30.0 | 10.0 | 110.3 | 0.6 | 397 | 13.1 |
| 首尔 | 54.0 | 59.6 | 19.8 | 113.9 | 0.8 | 49 | 24.0 |
| 马尼拉 | 66.7 | 54.2 | 17.8 | 257.9 | 0.6 | 27 | 25.5 |
| 中国香港 | 82.3 | 74.0 | 16.9 | 140.4 | 0.3 | 33 | 25.7 |
| **亚洲平均** | **48.7** | **45.1** | **19.0** | **110.2** | **1.1** | **144** | **25.0** |

注：A——乘公交的人出行千米数的比例；B——上下班乘公交的人数比例；C——步行或骑自行车上班的比例。城市有筛选，故各大洲的平均数并非从这些城市统计计算而得。

(1) 城市人口密度与人均道路占有量(m/人)成反比,与人均公交路网(m/人)成正比。美国城市人口密度低于欧洲,更低于亚洲城市(表1.7)。同时,美国人均道路长度为6.9 m,高于欧洲的2.4 m,亚洲的1.1 m。而美国人均公交路网为28.4 m,低于欧洲的49.7 m,更低于亚洲的110.2 m。

(2) 城市人口密度与城市停车位面积成反比、与小汽车平均时速成反比。美国城市每千人停车位为468 m²(城市中心区),欧洲城市为230 m²,而亚洲城市为144 m²。美国城市汽车平均时速为51 km/h,欧洲为35.9 km/h,亚洲为25 km/h。

(3) 城市人口密度与公共交通使用比率成正比,与步行和自行车使用比率成正比。美国使用公交系统作为出行方式的里数占全部千米数的比率为3.1%、欧洲为22.6%、亚洲为48.7%、日本为63.4%。城市中,首尔为54%、中国香港更高达82.3%。美国城市利用公共交通上下班的比例仅为9.0%,远远低于欧洲的38.8%和亚洲城市的45.1%。同样,美国城市步行和利用自行车上下班的人数仅占总交通人数的4.6%,远远低于欧洲城市的18.4%和亚洲城市的19%。

国际经验表明,城市土地利用是目的,城市交通是实现城市土地利用的手段。或者说,土地利用是交通的驱动器,土地利用规划是最终目的,交通配置是用来达到该目的工具。因而,城市规划的核心是围绕土地利用来制定和编制交通规划,而不能让交通规划牵着走。这不是说交通发展对城市土地利用没有影响或影响不大。城市土地利用规划是有多目标的,与城市交通土地利用规划目的相一致的交通发展与规划是实现城市规划目标与城市规划得以实施的有力保障和前提之一。当城市发展的轨迹是土地利用驱动城市交通,城市交通发展反过来又影响城市土地利用,城市的发展是理性的(smart growth)。

在规划过程中同时考虑城市交通和土地使用是有效管理和指引城市增长的精髓。西班牙马德里市比较典型地反映了城市发展是沿着主要的交通通道或走廊发展的特性(图 13.3)。很明显,大部分就业中心与居住中心沿着 5 个城市交通走廊发展。这些交通走廊同时也成为城市发展走廊。更重要的是,整个区域成较平衡的发展。每个交通走廊上的住房和就业是平衡的,而非在每个孔间节点上的"自我"平衡,从而最大限度地减少了交通出行量。

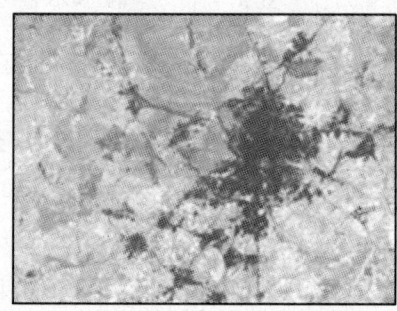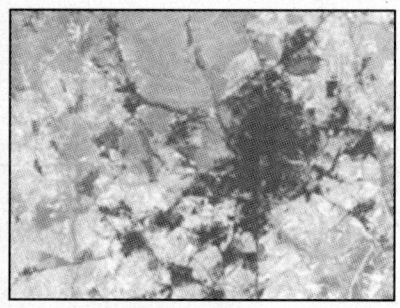

图 13.3　西班牙马德里市 1989—2000 城市空间发展

城市交通与土地利用互为因果。机动性一方面影响城市居民的居住地和就业场所,另一方面又影响其他人类活动的区位选择。可达性(度量城市交通通达的便利程度)是一个决定城市土地利用的重要因子。可达性通过影响城市交通成本,城市交通成本进一步影响土地价格,从而影响土地利用。因而,城市交通基础设施的可达性,决定城市土地是如何开发的,并对未来的城市土地利用决策施加影响。

不同的土地利用要求城市交通系统提供不同的交通机动性。例如,对货物运输较为依赖的制造业和仓储业对交通运输容量和能力要求较高,因而制造业和仓储业往往靠近高速公路和交通枢纽;人口和以人为本的活动则往往集聚在城铁和公共汽车汇集的地方。

交通对土地利用的影响主要是通过可达性或交通便捷性,而土地利用对交通的影响则是通过交通需求或交通出行及其空间分布。交通部门通过提供基础设施改善通达度和机动度,可提高了土地利用效率和强度,进而影响土地利用决策。土地利用和开发决定了交通出行需求,这又对交通设施提出要求。土地利用与城市交通的互动关系既使城市规划富有激动人心的内涵,又为城市规划带来挑战。

交通技术、投资和服务特性的改变可以全面改变区域内的通达度,同时也改变不同区域间的相对通达度。土地利用的改变也影响着活动的模式,最重要的是可以改变乘客和货物运输。

城市土地使用决定交通,同时,城市交通也能决定城市形态和城市发展,如下所示:

(1) 放射状的道路网络:放射状的道路网络系统有双重作用,一方面它可以加强城市中心的主导作用,同时它也促成向郊区的扩散发展。美国旧金山就是一个例子:呈放射状的各海湾大桥系统既巩固了旧金山市中心在整个区域的中心地位,又同时促进了郊区的低密度的住宅发展。

(2) 网络状道路系统:不同尺度的格网状街道系统对城市交通的影响就有着不同的作用。小尺度的格网街道系统(50~100 m 的街区)有助于人们更方便地步行,有助于城市交通量的集聚和扩散,但不能承担起中长距离的城市人流和物流。而大尺度或超尺度的格网街区(1~2 km 的街区)一方面增加了城市车千米数,迫使人们更多地使用汽车,另一方面促使城市低密度地蔓延,增加土地消费,并带来一些其他不良的后果。

(3) 环状道路加放射线道路系统:这种城市交通网络系统客观上鼓励汽车的使用,产生最大的人均车千米数。美国休斯敦城就是一个极具代表性的例子。从休斯敦城市的概括图可以看到(图 13.4(a)),环形路加上一些放射状路的交通系统更加促使了休斯敦的蔓延式发展(或称摊大饼)。另外,休斯敦是在美国机动车出行量最高的一个城市。北京市现拥有超大尺度的街区,再附上多环路加放射状的道路系统(图 13.4(b)),伴随着快速的私人交通工具增长,如果没有一个很有效的城市土地使用规划的话,那么北京的将来是否会成为类似于凤凰城或休斯敦的模式呢?

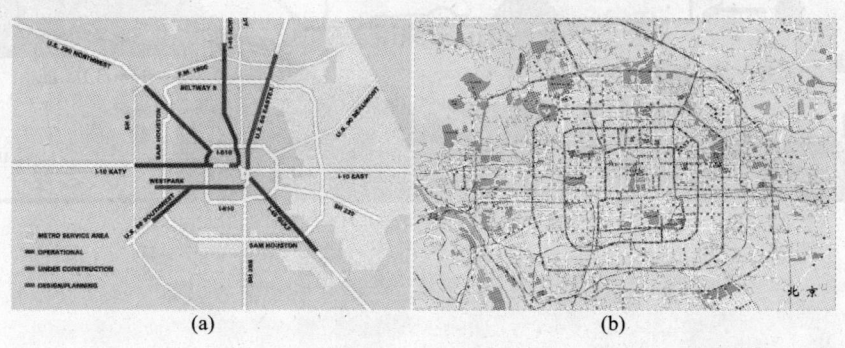

图 13.4　休斯敦与北京城市环状交通图

(4) 单就业中心与多城市就业中心:一般认为,单中心的城市形态比多中心的城市形态有小的交通产生量。在单中心的模式中,就业机会高度集中,一方面是导致早晚城市交通高峰期的主要原因,另一方面又使城市道路(另一个方向)的使用率在高峰期不高。与单中心相比,多中心的就业机会相对分散,次中心的存在吸引分散了一部分交通量。同时,由快速的、高容量的交通网络将主要中心与亚中心联系起来,则会减少机动车的出行量。加拿大多伦多就是一个拥有多中心的例子(图 13.5(c))。大约 20 年前多伦多着手于其从单中心(图 13.5(a))到多中心(图 13.5(b))城市结构的改造。多伦多的其他有一些主中心、次中心,都是由快速的公共交通联络起来的。多伦多采取了一系列的土地规划使用及土地税的政策措施来促使其多中心的发展。各交通站、枢纽点也被提高密度,人们可以步行到这些交通枢纽点,再搭乘公交车到目的地去。在小范围内,这些节点之间也达到就业和人口的平衡,再与整个多伦多的就业大市场进行整合。需要指出的是,多中心并不一定能减少交通量(车千米数)。相反,如规划不好,多中心将大大地增加城市交通量。

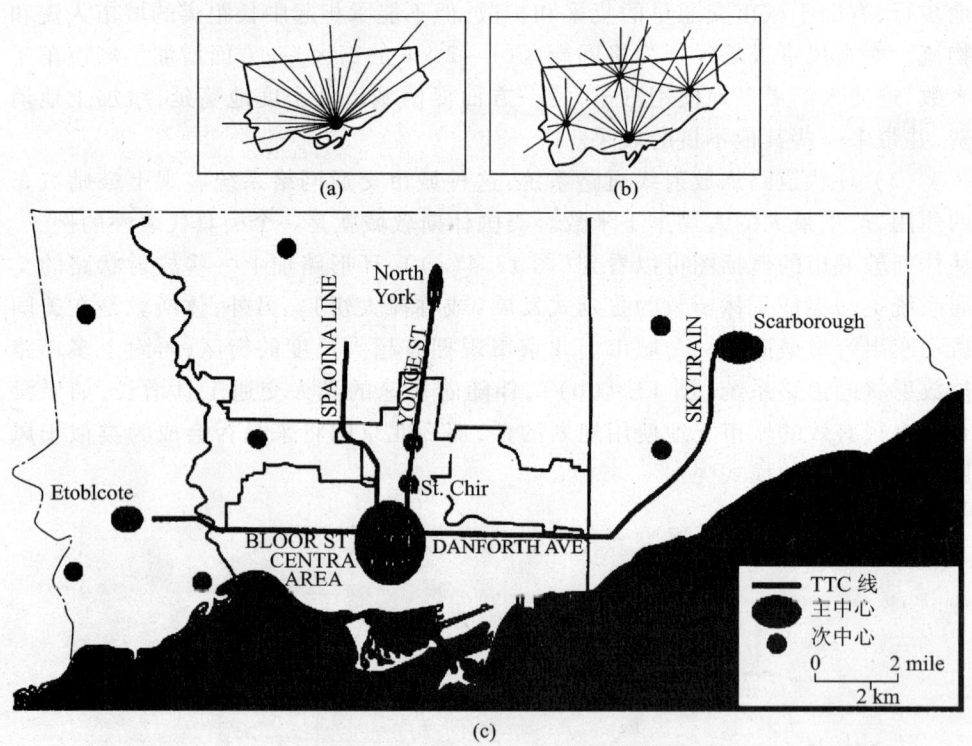

图 13.5　多中心的多伦多

## 第三节　城市交通时空分布

城市交通流具有明显的时空分布特征。每天(不包括周末)上下午两个交通高峰占全天所有交通流的 50% 以上。早上 7:00—9:00 的交通高峰占全天交通总量的 20% 左右,而下午 16:00—19:00 的交通高峰占总量的 30%。午夜至凌晨 6:00 的交通流仅占 3% 左右(图 13.6)。在美国早晚交通高峰交通量的

45%是来自于上下班通勤,而在发展中国家这个比例可以高达70%~75%。

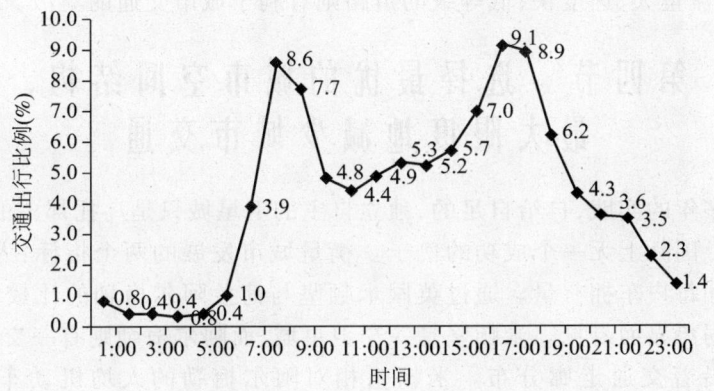

图13.6 城市交通时间分布①

城市交通的时间分布特点对城市交通规划提出了挑战:如何才能最好地协调交通投资的效率和城市交通拥挤之间的关系。如果城市交通的设计容量大于城市交通高峰值,城市任何时候都没有拥挤,说明交通供给大于交通需求,交通设施的利用效率没有达到最大(图13.7的 $A$ 分布)。如果城市交通流24小时都大于道路设计容量,说明在每时每刻都发生交通拥挤,交通供不应求。由于交通投资不足带来的城市交通成本过高,对城市的竞争力和可持续发展都提出严重的挑战(图13.7的 $B$ 分布)。正是由于城市交通的时间分布特点,有效的城市基础设施投资对应的城市交通时间分布与设计容量的关系应如图13.7中的 $C$ 分布,即在上下午交通高峰时段,城市交通是拥挤的,表现为城市交通为供不应求,而在非交通高峰时段,城市交通是不拥挤的,表现为城市交通供大于求。

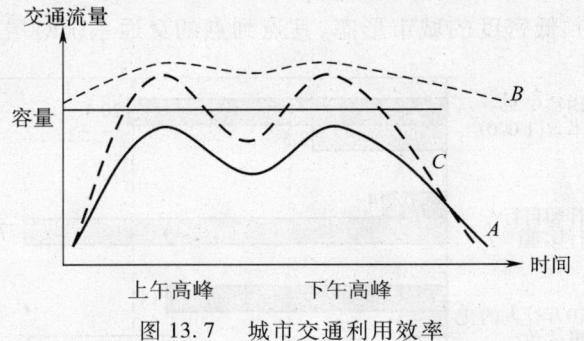

图13.7 城市交通利用效率

城市交通流的分布与城市道路等级与有一致性,或者说交通供给与需求具

---

① 来源:
http://www.edmonton.ca/portal/server.pt/gateway/PTARGS_0_0_379_214_0_43/http%3B/CMSServer/NR/rdonlyres/E473676A-7F5F-4CEE-9E4A-A94967611E1A/9550/2002FlowMap1.pdf。

有一致性。高等级的城市道路有较少甚至没有交通信号的管制,有利于中长距离的交通,流量大、速度快;低等级的道路则有利于城市交通的集散。

## 第四节 选择最优的城市空间结构,最大限度地减少城市交通

通过多年的实践,自给自足的、独立自主的卫星城只是乌托邦式的理想主义者的设想。国际上无一个成功的例子。衡量城市发展的两个指标:人均机动车出行里数和每户车拥有量。通过英国米顿坚与荷兰阿尔梅勒的比较,卫星城发展模式的弱势显而易见。米顿坚是一个卫星城,而阿尔梅勒则有一交通走廊,城市分中心沿着交通走廊分布。米顿坚相对阿尔梅勒的人均机动车出行里数(26.4 相对于 16.2)和每户车拥有量(1.4 相对于 0.9),米顿坚都远远高于阿尔梅勒。

平衡和混合的交通走廊发展模式可以减少人均的机动车出行量,以及提高交通的有效性。这里需要强调的是平衡和混合的模式不是以每个交通节点为单位,而是在一段(15~20 km)交通走廊上寻求各种土地使用的一种平衡。大都市各部位是相互依赖的,就业结构、经济和其他各方面都是相互依赖的。

洛杉矶与斯德哥尔摩的比较很能说明这个问题。洛杉矶和斯德哥尔摩是有一定可比性的:两个城市是在战后开始快速发展的,规模在当时都差不多。图 13.8 通过几个指标的比较(例如,机动车出行量、非机动车出行率、交通事故率及交通堵塞)显示斯德哥尔摩市发展可持续性比洛杉矶更强一些。洛杉矶有快速的铁路交通系统,但是这个铁路交通系统是服务于点到点之间的。但由于洛杉矶的蔓延式的、低密度的城市形态,其点到点的交通系统对居民没有多少吸引

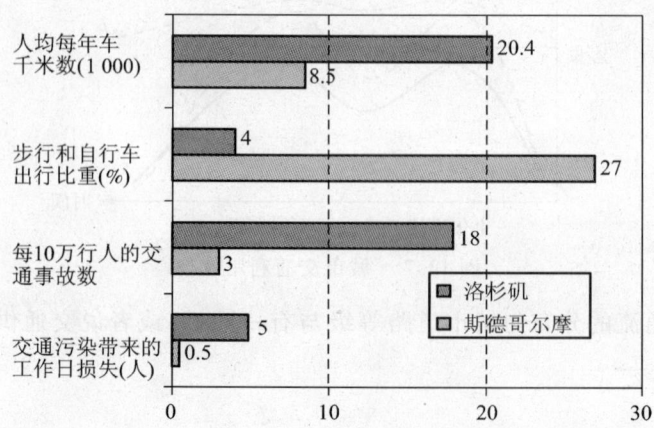

图 13.8 斯德哥尔摩市与洛杉矶市出行方向分布比例的比较

力。而在斯德哥尔摩市，其通过各交通走廊联系到市中心的各小城镇以土地使用为发展基础从而有序地发展。图13.9显示斯德哥尔摩市有序地发展过程。自从20世纪30年代以来，斯德哥尔摩就沿着其放射状的交通走廊进行其就业和居住的平衡。斯德哥尔摩市出行方向的分布比例是55%和45%的分配。而举一个反面例子来说，美国休斯敦出行方向的分布是75%和25%——即早晨有75%的交通量往市中心走，25%的往郊外走，下午则呈现反面现象——这样的分布导致了总车千米数的增加。

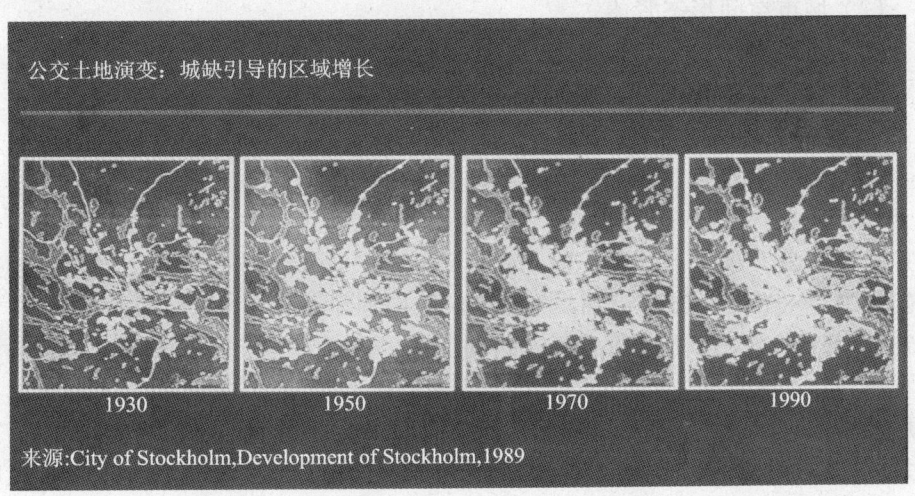

图13.9　斯德哥尔摩市发展趋势（另见书末彩图）

## 第五节　城市公交导向的城市发展

以公共交通为导向的城市发展（Transit Oriented Development，TOD）越来越得到学者和实践者的重视。这是因为：城市交通拥挤越来越严重，城市小汽车的拥有和使用的增长速度快于城市人口增长速度。以小汽车为主的城市发展模式，如美国的绝大多数城市，无论是从公共经济、能源、环境还是从城市交通问题本身来看，都不是可持续的。

1. 提倡公共交通的依据

（1）从城市空间资源角度来看是有效率的。一辆公交巴士相当于50辆小汽车所承担的城市交通出行，而一辆公交巴士所占据的城市道路空间远远小于这50辆小汽车所需要的道路空间。

（2）减少城市交通拥挤。

（3）减少城市道路和交通设施的需求（停车位）。

（4）减少消费者的交通支出。

（5）为城市居民提供更多城市居民的交通方式选择。
（6）有利于提高城市交通安全、减少交通事故。
（7）减少城市交通引发的环境污染物排放。
（8）有利于鼓励紧凑型的城市土地利用，提高土地利用效率。
（9）有助于推动经济发展等。

2. 公共交通导向城市发展模式的一些基本要素
（1）混合土地利用模式。
（2）城市空间形态紧凑。
（3）道路设计利于行人使用。
（4）城市发展与（公共）交通设施紧密地连接。

3. 公共交通发展的优越性
（1）公共交通的发展有利于减少小汽车的使用：公共交通主要有公共交通巴士、城市轨道交通（轻轨、地铁、重轨等）。在美国，一半以上的公共交通使用者如果没有公交车将自己开车（Litman，2006）。加拿大温哥华的交通使用调查也发现，42%的城市轨道交通的使用者原来是自己开车出行，这个数字高于25%~35%的公交巴士交通出行方式的变化（即25%~35%的出行数是从小汽车利用转向公交巴士）。另外，城市轨道交通供给提高10%将减少城市小汽车使用的4.2%，或者说10%的城市规划交通的供给增加（新建或扩建）将减少70年人均车千米数（Bento等，2003）。城市规划交通的弹性系数可以高达7，说明城市轨道交通越完善，乘载规模就越大（Bento等，2003）。

（2）公共交通系统的发展也影响城市居民的消费和出行方式：靠近城市轨道交通车站附近的城市住户拥有小汽车的比例小于其他地区的住户，更有可能采用城铁作为城市交通出行工具。波特兰市的研究调查发现车站附近的住户户均小汽车的拥有量减少30%，22%~46%的出行人利用公共交通，公共交通使用频率可以提高69%（Podobnik，2002；）。

# 第六节 优化地方政府财政体系，充分利用城市交通对土地的经济影响

房地产价格变化有很多因素，如城市总体的供需关系以及所有影响房地产市场供需关系的社会经济变量（收入、资本利息、人口、家庭结构等）。同时，房地产价格与房地产投资密切相关，而房地产投资在市场经济体系中主要由私人来完成。土地增值可以分解成三个组成部分：个人的投资行为如设计有吸引力的社区或购物中心，开发线式门控社区，或美化大型私人花园等；政府在城市基础设施的投资如修建公路以及城市化发展等。修建公路改善的区域的通达性，土地价格随之上涨。城市化发展是城市的人口增加，对土地与住房的需求增加，

进而促使房地产价格上涨。表 13.3 说明了土地增值的创造者与增值受益者之间的关系。

表 13.3 获取土地价值的类型

| 土地增加值的创造者 | 土地增加值的获得者 | |
| --- | --- | --- |
| | 大 众 | 私人土地所有者 |
| 大众 | (1) 海滩及其他公众可以进入的土地/公园的保护，规划的城市，如英国的 Brasilia 或 New Town | (2) 公路或公用设施的公共投资，学校等高质量城市服务的提供，分区的变化 |
| 私人土地所有者 | (3) 大型私人花园美化，污染（负增长），名人迁入社区 | (4) 精心设计的社区或购物中心，线式门控式或封闭式社区，大型私人花园美化 |

摘自：H. James Brown, Land Use and Taxation, Applying Henry George's Insights, the Lincoln Institute of Land Policy.

其次，若房地产的拥有者"不劳而获"，他们则截取了社会发展所带来的财富。因而，政府有责任将政府在基础设施方面的投资，或有社会经济发展所带来的房地产价值的增加部分收回。常规的办法是房地产税或土地税。土地税有几个作用：

(1) 可持续的公共财政。土地税将产生足以支付全部公共费用的收入。

(2) 经济增长。土地税可以替代那些降低生产率和效率的税种，从而提高经济增长率。亨利·乔治还相信，完全土地税将消除商业周期和由此产生的效率下降。

(3) 减少贫困。完全土地税可以增加可供使用的土地，减少土地投机活动，进而降低土地价格和社会成本并减少贫困。

(4) 土地税还可以抑制对土地的投机活动。

城市轻轨车站的建设对周边土地的价格有显著的影响。在美国的华盛顿市，城市轨道交通的站点对周边的土地价格影响有限。在距站点 0.2 英里[①]的范围内，土地价格略有升值，商业用地价格的增长率比居住用地价格的增长率略高。在距站点 0.2 英里的范围以外，土地价格基本不受该站点的影响。相反，在东京，新站点的建设大大地提升了周边土地的价格，且影响的地理范围要大得多。

日本政府成功地利用了城市基础设施投资对城市土地市场的影响来解决

---

① 1 英里 = 1.609 3 km。

城市基础设施投资资金不足的困惑（图13.10）。为鼓励私人开发商建设城市轻轨，日本地方政府允许私人开发商开发（在开发区）站点附近的地方。政府允许开发商搞一些商业，包括高尔夫场等。这样轨道铺设就会产生商业机会，就可以补给他基础设施的投资，开发商通过城市的再开发获得的利润来弥补开发商在城市轻轨的投资损失。这是一个三赢的方案。对开发商而言，利益最大化是最本质的驱动器。对政府而言，城市轻轨的发展减轻了对城市道路的压力，提高了公共交通的使用率和出行人数，减轻了环境和资源（土地与能源）的压力。对城市居民而言，轻轨提供了更方便的交通方式。这样做的负面影响是城市人口密度提高了。然而，如果新增的建筑面积能被市场吸收，就说明高密度的发展是被市场所接受，因而，高密度所带来的负面影响远小于其正面的效益。

图13.10　东京一例：城市轨道交通与周边地区的共生发展

中国香港和日本有一个不同的例子。日本是公共和私人联合开发，私人为主，公共把开发权给他。香港的例子相反，它是政府来做，政府一方面把控公交系统，同时把周围地区土地的开发管理纳入整个交通发展的一体。政府直接把土地增值部分纳入他自己的部分，政府不仅仅是基础设施的提供者，同时还是一个商人，是以挣钱为主导的，通过交通和土地共同发展，用城市土地发展所带来的效益来支持城市基础设施的投资。正是因为如此，全世界大多数国家或地区的公交系统都是亏本的，只有中国香港的公交系统是盈利的（对于香港的地铁公司，一方面，政府是它最大的股东，另一方面，有自己独立自主的权利，好像商业机构一样去运作。它有三个优点：第一，政府职能的市场化。因而，没有政府的官僚作风。第二，完全用商业运作的模式来管理，同时，有一套法律去监管它的运作，需要向公众交代，也要向政府交代。第三，盈利是目的，在这方面，与私人发展商没有两样)。

## 第七节 中国的城市交通问题

北京的私人小汽车从1996年的17万辆增加到2004年的140万辆。二环至三环之间的干线道路上高峰时车辆的平均速度已由1994年的45 km/h下降到1995年的33 km/h、1996年的20 km/h,以及2005年的10 km/h以下。交通拥挤已经蔓延到三环路和四环路,以及主要的放射状干线道路。上海的私人小汽车从1996年的9 200辆增加到2004年的25万辆。在29条主要道路上,车辆运行速度大部分低于20 km/h,其中9条道路为15 km/h。在高峰期,上海市中心区主要道路汽车平均运行速度在9~18 km/h。[1] 20世纪80年代到90年代中期,北京、上海、天津、沈阳等大城市机动车拥有量年均增长13%左右,而同期道路密度仅增加5%左右,道路建设的速度始终跟不上机动车增长的速度。[2]

近年来许多城市道路面积的增长速度为3%~6%,而机动车的增长速度则高达百分之十几,单位道路面积车辆逐年上升,即使像上海这样道路建设力度很大的大城市,道路面积也赶不上汽车数量的增长速度。从2001—2005年,上海市城市道路面积的年均增长速度为11.95%,而民用汽车数量的年均增长速度为14.86%。除了路与车的非均衡增长之外,城市规划布局不合理(如北京市二环路以内的面积仅占市区总面积的6%,却集中了全市机动车交通量的30%),管理体制和手段落后等,又加剧了交通拥堵。[3]

中国主要城市如北京、上海等城市交通拥挤有几个方面的原因:

第一,城市人口规模快速增长。1979—1990年北京人口增加了210万,而1990—2000年增加了近300万。2000年北京流动人口估计在100万~150万之间,随着改革开发的深入,流向北京的人口仍有加速的趋势,至少在近期(5~10年内)。但北京市人口自然增长基本上接近零。[4] 伴随着人口的增长,20世纪90年代北京建成区空间扩展了30%。

第二,收入快速提高促进了私人小汽车发展,加上20世纪90年代中期汽车工业作为经济发展增长点和支柱产业得到政策倾斜,是小汽车的人均拥有量得到迅速发展。

第三,社会经济发展使人们越来越重视生活质量,因而城市交通在过去30年总的趋势是从"车外不堵、车内堵"逐渐向"车内不堵、车外堵"发展。城市空

---

[1] http://finance.memail.net/060620/129,5,3017693,00.shtml。
[2] http://www.jrj.com.cn/NewsRead/Detail.asp?NewsID=177829。
[3] http://house.people.com.cn/GB/98386/6701120.html。
[4] http://www.unescap.org/esid/psis/population/database/chinadata/beijing.htm。

间结构重构。20世纪80年代上下班公共交通拥堵状况会深深地引入同时代人的记忆,而新建道路(如80年代中期建成的2环)宽敞也会让人怀念。同时,城市交通出行方式也有了很大的改变。80年代步行、自行车、公共交通是城市交通主要的方式,经济的发展,私人汽车拥有量的剧烈增加是机动车出行方式所占的比重迅速上升。

第四,城市空间结构及其重组。计划经济体制下单位住房分配机制使许多单位就近提供了员工住房,如高等院校校内员工住宅就是非常典型的例子(图13.11)。这种以单位为核心的"就业-住宅"平衡模式最大限度地减少了城市交通出行总量,当然这是基于社会生活的单一(就业-居住为最主要城市内容)和单位内交通出行最大化、与单位外交通出行需求最小等假设,因而步行和自行

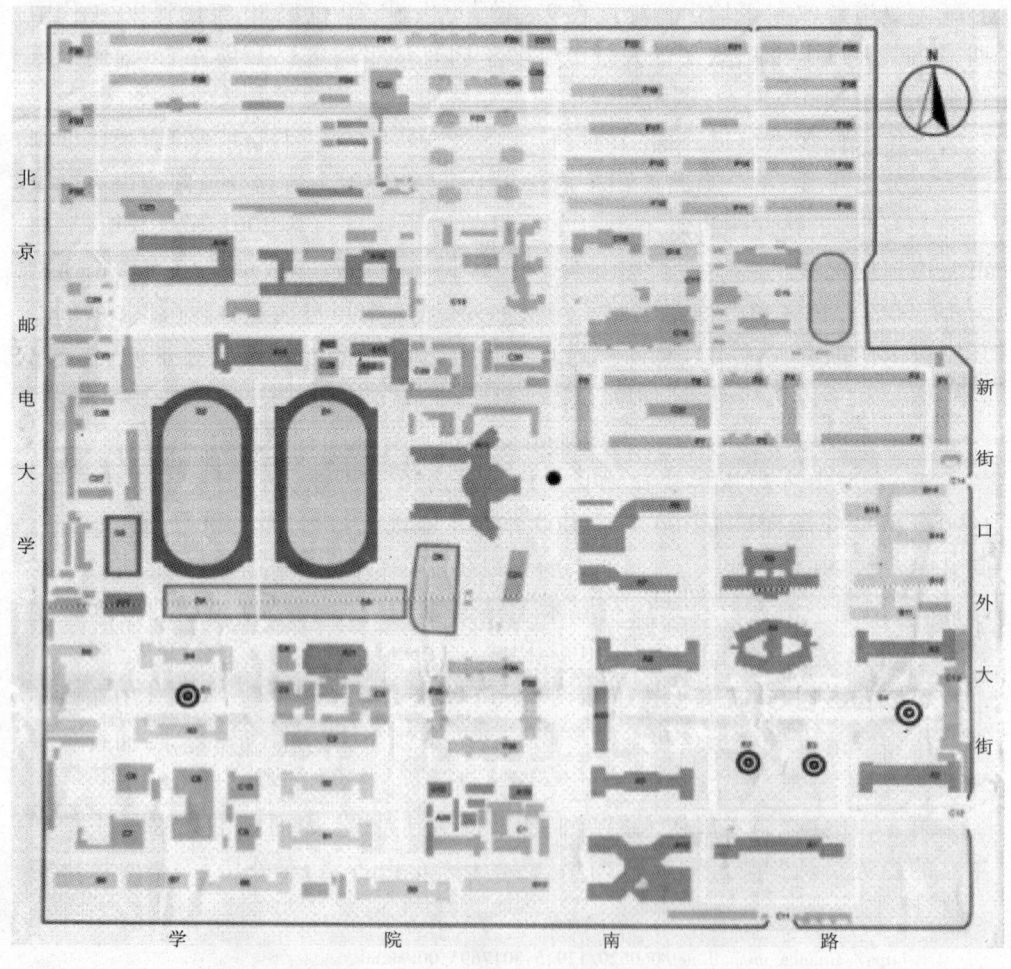

图13.11  单位住宅式混合用地模式(另见书末彩图)
粉色——办公;蓝色——商业服务;黄色——公寓;浅蓝紫色——住宅

车是单位内最主要的交通方式。由于单位为配偶及其子女安排工作进一步强化了单位内交通出行数,加上单位提供的社会服务(如医院、幼儿园等)和便民服务(邮局、银行、商场等)是单位成为一个"麻雀虽小、五脏俱全"相对封闭的独立体,与单位外交通出行需求进一步弱化。

每个相对独立的"就业－住宅"单位遍布在城市,如同独立的细胞结成的细胞网络,形成在微观上是高度混合的城市土地利用,但是在宏观上则变为无序、混乱、互不协调的城市土地利用模式。这种模式在城市基础设施投资严重短缺的计划经济时代,能够使城市经济生活运转,尽管可能是低效率的。与这种模式相对应的城市空间形态表现为紧凑和密集的城市建成区,以及鲜明的城乡分界。相比较,西方国家(如美国)渐变的城市过渡带相对难以划定城乡边界。在人口密度空间分布方面也有同样的反应,由城区向城乡边界北京城市人口密度急剧下降,而纽约、洛杉矶、亚特兰大等城市人口密度空间递减非常缓慢,向外延伸很远(图4.8)。

劳动人事制度改革和住房制度改革从根本上改变了用人机制和房屋分配机制,单位既不根据与现有员工血缘关系来决定人员雇用,也不从物质上提供员工的住房。劳动人事制度和住房制度改革的城市交通近期含义是:原有的单位－住宅模式中如果家庭成员中有一个人就近从业,由于其他就业机会散布在整个城市,其他成员就可能会在城市内任何一点就业,一个人就近从业,其他人就要承受城市通勤。散布在城市中的无数家庭重复同样的模式,即结果必然是城市任何两点间都有交通流,使城市交通流空间上无序、混乱。再加上经济发展时期多种交通方式共存(步行、自行车、出租车和小汽车、公共交通、城铁),空间交通流的无序必然造成交通出行方式之间的相互干扰,进一步加剧城市交通的拥堵状况(图13.12)。另外,散布的就业机会也不利于城市轨道交通的发展,或者增加轨道交通运营成本。

就业中心的高密度就业机会是城市交通出行空间有序的必要条件之一。发达国家中早晚交通高峰期中就业相关的交通出行在所有同期的交通出行总量中所占比重为45%,而发展中国家这个比重高达75%。也正是由于东京中央商务区高度集中的就业机会(250 从业人员)是东京城市交通空间有序,从而使东京能够承受远达65 km、500多万人次(1995年)的交通出行(图13.13)。有序的城市交通流有助于利用现代化的管理最大限度地利用现有的交通网络和设施。美国克里夫兰市中心向东有一条如同北京长安街和平安大道的城市交通主干线,共8车道,向东延伸15~20 km左右。由于交通流有序,通过交通信号灯控制,早上向市中心方向有6个车道通行,反方向有2个车道;而到了晚上,正好相反,向郊区方向开通6个车道,允许6个车道进城。这样,交通信号的现代化管理最大限度地利用了所有交通资源(道路设施与附属设施,如信号灯),有效地疏导城市交通流和交通拥挤,减少了交通投资成本和地方政府的负担。

城市交通空间无序

多种交通方式共存

不同出行方式相互干扰

图 13.12　城市交通的"无序和混乱"

这种城市交通管理手段能够实施的前提之一是交通流沿交通通道全程有序,如果某一段无序都会产生交通瓶颈,最终结果是无法起到缓解城市交通拥挤状况、减少交通时间的目的。

城市经济的发展使单位内原来用于住宅的建筑商业价值剧增,住房制度的改革一方面推动城市房地产业的发展,另一方面又为单位通过土地置换或者将住宅用地改变为商业用途,以此寻求地租最大化成为可能。因而城市空间结构从原来基于单位式就业－住宅混合土地利用模式逐步向相对单一的城市用地结构发展,这里的相对单一指的是住宅与非住宅的空间分离,而非住宅用途可以是混合的,如商业、零售、办公等类型。城市空间结构重组改变单位式"就业－住

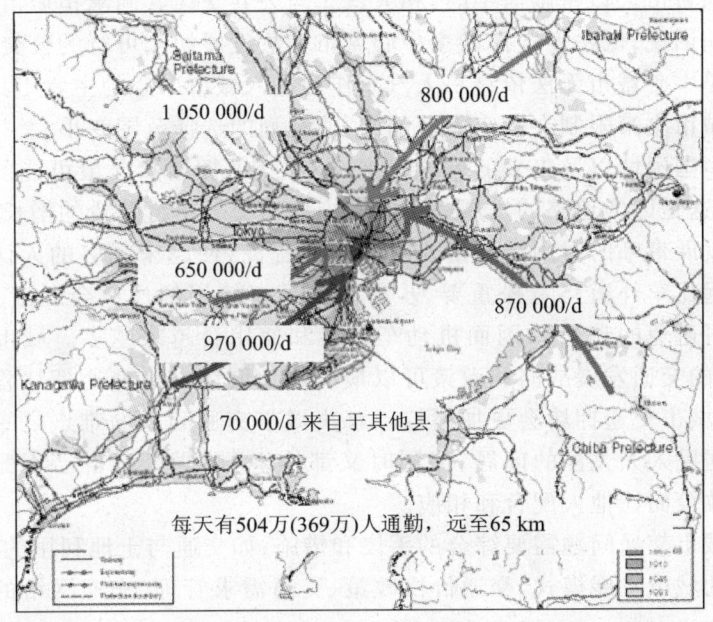

图 13.13　东京城市交通空间模式

宅"微观平衡,增加就业与住宅之间的空间距离,因而必然增加交通出行以及从步行和自行车非机动车出行转向机动车交通出行。虽然城市空间结构这种从单位式"就业-住宅"微观混合(平衡)向就业-住宅与就业脱离的微观非平衡方向发展意味着城市交通需求的增长,但是其正面的意义是这种发展有利于减少不同土地利用类型之间相互产生的负面外部效益,有利于更充分地发挥城市的集聚效益,有利于城市土地利用专业分工和专门化发展,有利于提供城市基础设施和公共产品最有效率地提供给所有城市居民,有利于更充分地发挥规模效益(第五章),有利于所有城市就业机会更充分地可接近于所有城市居民,有利于所有城市居民更充分地可接近所有就业机会。当然,这些正面的意义是基于城市就业比人口更加集中地分布在城市就业中心或城市就业子中心(图4.9)。

　　城市交通发展战略离不开城市发展的现状。美国亚特兰大市比西班牙巴塞罗那市的人口密度低的很多(图5.5),因而前者不易发展城市轨道交通,而后者城市轨道交通成为非常有效的交通发展战略。城市空间发展在很大程度上限制了一个城市有效的交通发展选择。图13.14揭示了城市人口密度与城市交通的经验关系。横坐标代表人口密度,纵坐标代表城市空间结构(分中心或多中心)。亚特兰大市是密度低、多就业中心的城市。因其密度和就业分布与人口分布的特点,很难发展有效的公共交通系统,结果私人汽车就变成唯一有效的城市交通方式。相比之下,上海市是一个非常高密度、单一中心的城市。如此高的密度很难支持私人汽车的发展和使用,故城市公共交通成为唯一有效的城市交通方式。当城市人口密度居中时,私人汽车与公共交通共同承担城市交通流,如巴黎。换句话说,低密度支撑的多中心城市无法发展切实可行的公交体系;高密度支撑的单中心城市无法依靠私人汽车作为进入城市中心的主要工具。空间结构可以将城市决策限制在一定的范围内,使规划的选择范围变小。

结合中国国情以及未来的可能发展,城市交通拥堵状况最可能的结果是越来越糟糕,这是因为道路的发展速度赶不上城市交通出行总量的增长速度,同时社会经济发展带来的对生活质量要求的不断提高,使越来越多的人认为车内舒服的追求远比车外道路宽松重要,步行和自行车使用的比重会逐渐下降(我认为这是不可避免的趋势),因而机动车数量和使用会越来越多。城市交通非常重要,有效的交通发展战略和政策可以最有效地缓解城市交通拥堵程度的增长速度,否则城市交通拥堵会更加糟糕。解决城市交通问题的难点之一是城市交通是城市居民人人关注的问题,但同时又都希望"搭便车",自己不配合和响应政府交通政策而让他人配合和相应。

缓解城市交通问题需要综合的手段和措施,如交通与土地利用的整合、推动交通导向的城市发展模式、交通价格政策、交通需求管理、交通网络的现代化技术应用等。

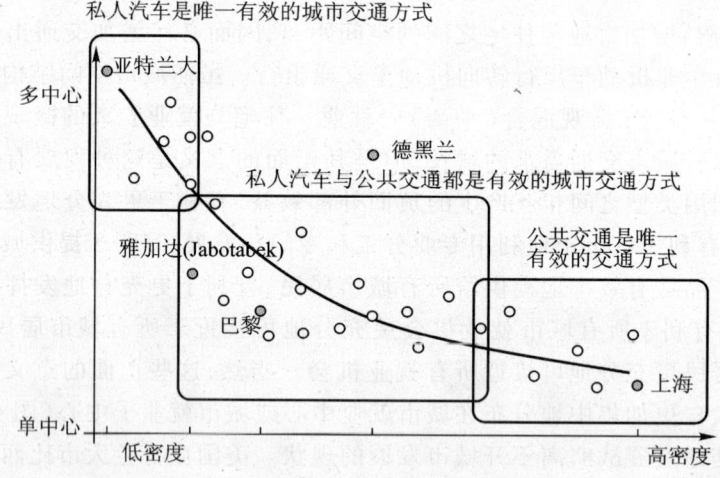

图 13.14　空间结构与有效的交通方式之间的关系

资料来源:Bertaud,2002

# 第十四章

# 为什么中国需要发展 TOD

## 第一节 什么是 TOD

TOD 是 Transit Oriented Development 英文缩写,指的是以城市公共交通为导向的发展模式。在世界各地寻求可持续交通和城市发展的努力中,城市公交与土地开发整合的发展模式已受到广泛推崇。其基本思路就是将公交车站,尤其是城市轨道交通车站的站点地区建成具有相对高密度、多功能混合,和适宜步行、自行车及公交使用的城市节点。在区域范围内多个这样的节点沿公交线构成网络,形成以公交系统为骨骼的"节点+走廊"式城市形态,从而达到提高土地使用效率,支持公交运营和提升生活质量的目的。

这种发展模式并非当代设计师的首创。在 20 世纪初的有轨电车时代,美国城市的发展基本是"节点+走廊"形态。但在过去的四五十年里,这种以公交为核心的形态大多被以小汽车为核心的低密度蔓延形态所取代。"节点+走廊"发展模式在美国再次受到关注,并成为一个系统化的城市发展理念是在 1993 年,建筑师彼得·卡尔索普在他的名为《新一代美国大都会:生态、社区和美国梦》一书中将这种发展模式正式称为"公交导向式发展"(以下简称 TOD)(Calthorpe,1993)。图 14.1 为卡尔索普提出的 TOD 模式的基本型。它所针对的就是低密度蔓延及与其相关的城市交通和社区环境等方面的问题。

有一系列因素促使美国许多社区推行 TOD 发展模式,最首要的是抵制郊区蔓延及蔓延带来的城市交通和社区环境等方面的问题。第二次世界大战后美国都市社区发展的普遍特征就是低密度布局、教条般的严格土地使用分类,以及方便小汽车使用准则。在这种城市区域地不断蔓延中,公共交通逐渐难以生存而驾车出行则成为一种必需。相应的后果是日益增长的车千米数和道路的拥堵、能源的消耗,以及汽车尾气的排放。TOD 是一项遏制城市蔓延以及减少驾车出行所引发的不良影响的对策。

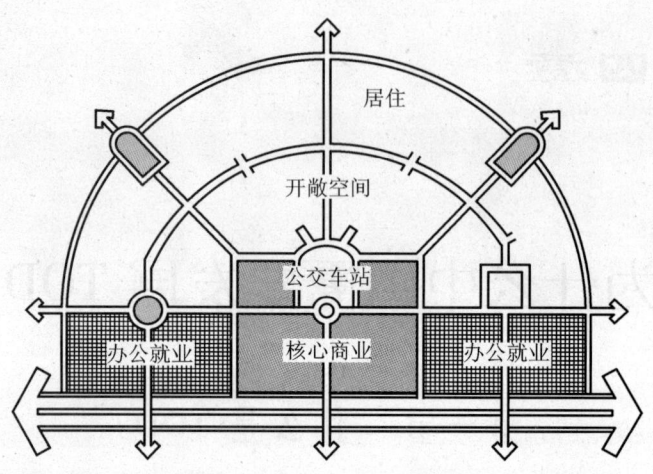

图 14.1　卡尔索普提出的 TOD 模式的基本型

TOD 着重于如何最充分地利用公交,尤其是铁路轨道交通提供的便利条件对公交车站 1/4 英里(或 5~10 分钟步行距离)的半径地区作精心设计开发。这一地段应建成为多功能、综合性、适宜步行、服务方便、设计紧凑的小社区。这里既有商店、办公楼、市民服务和娱乐,也有多种型制的住宅选择。这样的开发有助于城市区域从低密度的蔓延形态转换为较理想的节点(车站)。

## 第二节　TOD 与城市交通

### 一、乘客数量增加

TOD 本身作为一种交通为导向的发展模式,提供便捷的公共交通系统,对公共交通的乘客数量产生直接的影响。Cervero(1993)的 TOD 对乘客数量影响的研究报告发现,加利福尼亚州搬进公交站点 0.5 英里[①]内的居民中,52.3% 的居民由原来采用小汽车出行改变为乘坐轨道交通出行。Portland TriMet Transit Agency 对轻轨交通十分发达的俄勒冈地区的调查显示,搬进该地区的居民中,80% 的居民认为他们的公交出行率有一定程度的提高。

TCRP(Transit Cooperative Research Program)2004 年的研究报告指出,4D(density——密度, diversity——多样性, design——设计, and distance to transit——距离)是决定出行方式和公共交通乘客数量的重要指标。其中,

---

①　1 英里(mi) = 1.609 3 km。

density 为建筑密度；diversity 为混合用途的土地利用形式，表现为在同一区域内发展住宅、办公和商业零售业；design 为对行人友好的设计，表现为人行道、自行车道和街道旁边的设计；distance to transit 为离公交站点的距离。因此，TOD 的就是通过影响该指标对公共交通乘客数量的增加产生间接的影响。

4D 指标在美国很多的 TOD 发展项目中得到体现。从 Bay Area 高速公交系统站点附近居住密度和周边城市的居住密度对比（表 14.1）可以看出，在 South Alameda County 和 Pleasant Hill 站点附近的居住密度分别为 11.23 人/英亩[①]和 9.17 人/英亩，高于周边城市的平均水平。TOD 不仅提高了站点地区的居住密度，而且对土地利用的形式和街道的环境产生影响。波特兰 Pearl District 是一个在 2000 年仅有 1 300 人口的地区，TOD 在该地区的发展目标是建成一个 1 万人口、5 500 套住宅单元、100 万平方英尺[②]左右的商业和零售业的混合用途的地区。从 1998 年至今，已建成 2 700 套住宅单元和 120 万英尺的商业中心，使该地区迅速成为集饮食、服装和文化于一体的都市区。这些商业街区的街道装饰、绿化和与雨篷等构成了对行人友好的环境。在弗吉尼亚州的 Clarendon 的 Market Common 地区的一个 2001 年的 TOD 项目，第一期的 300 套公寓、78 套 townhouse、23.4 万平方英尺的零售业中心和 10 万平方英尺的商务办公场地，全部分布在地铁站点步行距离范围内（TCRP，2004）。

表 14.1　TOD 区域与周边城市的居住密度（人/英亩）

|  | TOD | 周边城市 |
| --- | --- | --- |
| 南 Alameda 郡快速公交站地区 | 11.23 | 4.18 |
| Pleasant Hill 快速公交站地区 | 9.17 | 6.14 |

资料来源：Dahlia Chazan,"A Sustainable Future for Pleasanton: Evaluating Land Use Alternatives",2005.

站点周边建设较高密度的建筑形式将大大减少汽车的占有率和使用率。人们出行选择呈现多样化，由以小汽车为主要的交通工具转变为以步行、自行车和公共交通为主的更为健康的模式。研究发现，当建筑密度增加一倍，公交乘客数目将增加 60% 左右（TCRP，2004）。大量证据也表明，在高密度城市里的居民对汽车的依赖性比城市郊区的居民明显要低，更多的居民选择步行、自行车或乘坐公共交通（表 13.1、表 14.2）。表 14.2 为 1990 年美国全国范围内对 21 869 户家庭进行为期 14 天的出行方式进行调查得出的数据，说明在人口密度越大的地

---

① 1 英亩 = 4 046.86 m²。
② 1 英尺（ft）= 30.48 cm。

区,机动车里程数呈现下降的趋势(图14.2)。在人口密度处于5 000人/平方英里以下时,选择小汽车出行的比重为88%到90%,当人口密度处在10 000~49 999人/平方英里时,小汽车出行的比重下降到56%,当人口密度超过50 000人/平方英里,小汽车和出租车所占的比例骤降为22%。步行和自行车出行方式随人口密度的增加更为明显,从密度从2 000人/平方英里上升到5 000人/平方英里时,步行和自行车的比重约为7%,当密度到超过50 000人/平方英里时,其比重为46%(Dunphy和Fisher,1996)。

表14.2 人口密度与交通出行

| 人口密度(人/平方英里) | 人均日出行英里数 | 人均日机动车里程数 |
| --- | --- | --- |
| 0~99 | 31.58 | 21.13 |
| 100~249 | 29.95 | 20.73 |
| 250~499 | 29.33 | 20.4 |
| 500~749 | 29 | 20.99 |
| 750~999 | 26.25 | 18.35 |
| 1 000~1 999 | 26.17 | 18.63 |
| 2 000~2 999 | 23.45 | 19.04 |
| 3 000~3 999 | 24.11 | 16.89 |
| 4 000~4 999 | 24.77 | 17.24 |

资料来源:Transit Cooperative Research Program. "Traveler Response to Transportation System Changes". 2003

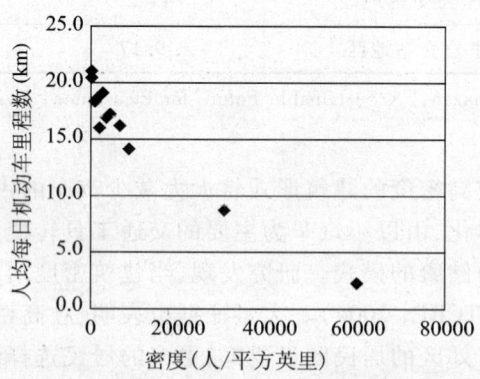

图14.2 人口密度和机动车里程数的关系

资料来源:Transit Cooperative Research Program. "Traveler Response to Transportation System Changes", 2003

混合用途土地利用方式和对行人友好的环境,对公共交通的乘客数量的增加也产生显著的影响。Cervero(1996b)研究结果表明:混合用途就业中心区

(mixed-use suburban employment centers)比单一用途的就业中心区,公交乘客数目高 5% 到 10%;城郊对行人友好的设计(design)比典型的设计公交使用率高 20%。波特兰 Mulnomah County 的不同区域范围内居民的出行方式的调查显示,在便捷交通和混合用途土地利用发达的地区(表 14.3)相对于其他地区有最低的机动车里程数和小汽车占有率,同时公共交通的使用率是最高的。TCRP,2004 年的调查发现,公交乘客数量的增加主要来源于在公交服务范围内的住宅区居民通勤的需要。20 世纪 80 年代末对华盛顿大都市区的交通调查显示:人们利用公交系统通勤的比例为 18%~63%,其中工作地点在华盛顿 DC 的人群利用公交出行的比例最高。最近的调查显示在华盛顿大都市区长为 4 英里,宽 0.5 英里范围内的 Rosslyn-Ballston 公交走廊地带,39% 的居民选择公交系统,10% 的居民选择步行或自行车作为通勤的主要手段。这个比例是所在的整个 Arlington 县平均值的 3 倍以上。Rosslyn-Ballston 公交走廊地带周边混合功能的建筑特征,使各个站点出入的人流量达到平衡,从而实现公交系统的高效使用。在华盛顿 DC 地铁站点附近的零售业中心的调查发现,50% 的顾客是乘坐地铁出行进行购物(TCRP,2004)。因此,住宅和办公区的混合建设提高了通勤时段公交的乘客数量,商业零售和服务业则提高了非繁忙时段和周末的公交出行率。TOD 模式下的城市建设形态就像珍珠项链,每个住宅区、办公区或混合用途区就像一颗颗的珍珠,而公交系统就像一根线把它们联系起来(Cervero,1993)。

表 14.3 Mulnomah 土地利用方式与出行方式的关系

| 土地利用类型 | 出行方式(%) | | | | | 人均机动车里程数 | 户均小汽车占有数 |
| --- | --- | --- | --- | --- | --- | --- | --- |
| | 汽车 | 步行 | 公共交通 | 自行车 | 其他 | | |
| 便捷交通和混合土地利用 | 58.1 | 27.0 | 11.5 | 1.9 | 1.5 | 9.80 | 0.93 |
| 仅便捷交通,无混合利用 | 74.4 | 15.2 | 7.9 | 1.4 | 1.1 | 13.28 | 1.50 |
| Mulnomah 内其他地区 | 81.5 | 9.7 | 3.5 | 1.6 | 3.7 | 17.34 | 1.74 |
| Mulnomah 以外区域 | 87.3 | 6.1 | 1.2 | 0.8 | 4.6 | 21.79 | 1.93 |

资料来源:Business, Transportation and Housing Agency &California Department of Transportation "Statewide Transit-Oriented Development Study Factors for Success in California", 2002

离公交站点的距离同样影响人们的出行方式。Cervero(2002)的研究发现,在加州 Bay Area,离公交站点距离较近(distance)的居民乘坐公交的可能性是其他居民的5倍,而在华盛顿大都市区和多伦多,这种可能性更高达7~8倍。1987年华盛顿大都市区的轨道交通的调查发现:在离市区中心站点1 000英尺范围内的办公区,50%的人们是选择轨道交通通勤的;但在离Crystal City and Silver Spring站点有相当一段距离的办公区,选择轨道交通的比例仅为16%~19%(TCRP,2004)。从1987年华盛顿大都市区地铁站点周边住宅区居民出行方式(表14.4)可以看出,离地铁站点较近的住宅小区有较高的地铁和其他的出行方式,小汽车出行的比例随着距离的增加呈递增的趋势。

表14.4 1987年华盛顿大都市区地铁站点周边住宅区居民出行方式

| 地铁站点 | 住宅小区 | 离站点距离（英尺） | 出行比例(%) | | |
|---|---|---|---|---|---|
| | | | 轨道交通 | 小汽车 | 其他 |
| Rosslyn（VA） | River Place North | 1 000 | 45.3 | 41.5 | 13.2 |
| | River Place South | 1 500 | 40.0 | 60.0 | 0.0 |
| | Prospect House | 2 200 | 18.2 | 81.8 | 0.0 |
| Crystal City（VA） | Crystal Square Apts. | 500 | 36.3 | 48.8 | 14.9 |
| | Crystal Plaza Apts. | 1 000 | 44.0 | 45.0 | 11.0 |
| Van Ness-UDC（DC） | The Consulate | 300 | 63.0 | 32.6 | 4.4 |
| | Connecticut Heights | 3 800 | 24.0 | 56.0 | 20.0 |
| Silver Spring（MD） | Twin Towers | 900 | 36.4 | 52.3 | 11.3 |
| | Georgian Towers | 1 400 | 34.7 | 43.1 | 22.2 |

注:其他方式为公共汽车、步行、自行车和其他交通方式(资料来源:TCRP,2004)

## 二、缓解交通拥挤

道路交通的需求高于道路交通的供给是造成交通拥挤的原因之一。从1980年到1997年,加州的小汽车驾驶者增加了31%,但是高速公路的历程数仅增加了5%,这使每条车道的交通量增加了大约66%(California Department of Transportation,1998)。

交通拥挤给社会带来的损失是巨大的。加州交通部门估计从1987年到1998年,交通拥挤造成时间上的浪费增加了一倍(California Department of Transportation,1999)。得克萨斯州交通研究所估计美国全国因交通堵塞导致的时间和汽油上的经济损失达到6 800万美元,总共浪费了36亿小时和57亿加仑汽油。

近期的研究表明,TOD使小汽车的使用率下降。对加州TOD发展区的研究认为,TOD能令居住、工作和购物均在主要公交站点的居民小汽车的使用率降低 20%~40%。TOD 能有效地解决交通拥挤问题反映在 TOD 使繁忙时段的车千米数下降。一项对旧金山市 Bay Area 的 TOD 发展区内中等收入居民的调查发现,该区内居民的车千米数是偏远地区居民的 1/2(TCRP,2004)。

大量研究表明轨道交通能够有效地缓解交通拥挤。Winston 和 Langer(2004)发现机动车拥挤造成的延迟随着轨道交通长度的增加而减少。Garrett(2004)发现在轻轨开通后,交通增长率呈下降的趋势。在巴尔的摩,轻轨开通前交通拥挤指数为每年以 2.8% 的速度上涨,开通后下降为 1.5%。在萨克拉门托,同样发现在轻轨开通前交通拥挤指数为每年以 4.5% 的速度上涨,开通后下降为 2.2%。从 1998 年到 2003 年,波特兰的人口增加了 14%,但是平均到每人的交通延迟并没有增加,最可能的原因是由于投资轨道交通使乘客数量增加。说明以轨道交通为导向的发展模式使人们更倾向于使用公共交通工具。因此,TOD 作为城市理性增长的一种模式,可以有效地解决交通拥挤的问题(Transit Cooperative Research Program,2004)。

城市规模越大,覆盖范围大的轨道交通在缓解道路交通拥挤发挥的作用越明显。得克萨斯州交通研究所的数据表明拥挤损失随着城市规模的扩大而增加,但是假如城市拥有覆盖范围较大的便捷的轨道交通系统,交通损失的费用并不会随着城市规模的扩大而上升。如图 14.3 所示,纽约和芝加哥的交通拥挤程度比洛杉矶轻很多。在仅拥有公共汽车和小规模轨道交通的城市,交通拥挤的费用随着城市规模的扩大而上升,如图中的曲线所示。但是拥有大规模轨道交通的城市并没有随着城市规模的扩大而上升,且比同规模的城市的交通拥挤费用相对低很多,如图中直线上的芝加哥和纽约。TTI 的报告同时估计了轨道交通节省的交通拥挤的损失。拥有大规模轨道交通系统的城市平均每年可以减少

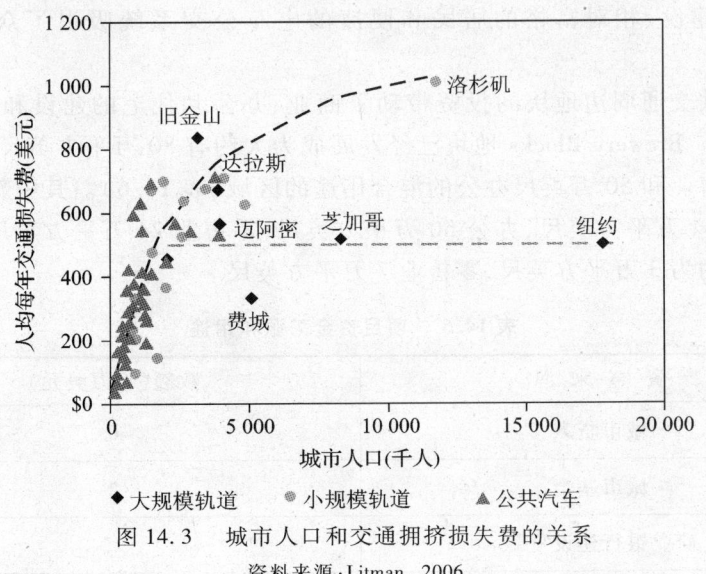

图 14.3　城市人口和交通拥挤损失费的关系

资料来源:Litman,2006

拥挤损失 279 美元/人;小规模轨道交通的城市可以减少 88 美元/人;拥有公共汽车公交的城市可以节省 21 美元/人。因此,方便快捷的公共交通服务可以减少交通拥挤造成的损失。但是,这并不意味着拥有方便快捷的公共交通的城市就不会出现交通拥挤的情况。事实上,在这些城市道路交通仍然会出现拥挤。但是,在拥挤的交通走廊地带,人们有更多的出行选择,因此可以避免交通拥挤造成的等候(Litman,2006)。

## 第三节 TOD 与城市发展

### 一、TOD 与城市经济

TOD 为城市中心区带来新的投资机会。2001 年波特兰 4.7 英里的环线电车网络的建成已经给波特兰 Pearl District 周边带来了 14 亿美元的投资,建设 5 200 套住房单元和 360 万平方英尺的商业用房。其中的酿酒厂地块位于波特兰 Pearl District 的南端,占地为五个连续的街区,成为房地产投资的最佳地块。Brewery Blocks 地块把很多的住宅和商业建设以及电车网络联系起来,成为联系城市中央商务区和 Pearl District 的桥梁。整个酿酒厂地块的投资接近 3 亿美元,其中波特兰市政府提供 800 万美元,600 万用于建设三层的地下停车场,200 万元用于基础设施的改善,剩余的 2.92 亿美元来源于私人投资。私人与政府投资比为 36:1(表 14.5)。该项目带来 130 万的物业税和 488% 的地价增长。根据 Transportation Research Board 的研究发现,Pearl District 地区是波特兰市最繁荣的零售业中心(TCRP,2004)。这个地区的住宅建设、相对富裕的居民和便捷的电车公交系统吸引了众多的零售商人进驻。

对公共交通周边地块的投资带动了商业、办公和住宅的建设和修复、更新(图 14.4)。Brewery Blocks 地块已经发展成为大约有 80 万平方英尺的商业,30 万英尺零售业和 50 万英尺办公的混合用途的区域(表 14.6)。其中新建的住宅面积约为 44 万平方英尺,办公 50 万平方英尺,零售业 24 万平方英尺。修复的办公面积约为 3 万平方英尺,零售业 7 万平方英尺。

表 14.5 项目资金来源和用途

| 资金来源 | 数额(百万美元) |
| --- | --- |
| 城市贷款 | 6 |
| 城市基金 | 2 |
| 商业银行建设贷款 | 72 |

续表

| 资金来源 | 数额(百万美元) |
| --- | --- |
| 联盟退休基金（直接投资） | 52 |
| 联盟退休基金建设贷款 | 36 |
| 永久贷款（机构贷款人） | 53 |
| 私人股权投资基金 | 79 |
| 总计 | 300 |

| | |
| --- | --- |
| 停车场设施 | 6 |
| 改善基础设施 | 2 |
| 购买土地 | 19.5 |
| 开发建设 | 200 |
| 修缮酿酒厂 | 55 |
| 修缮兵工厂 | 20 |
| 总计 | 300 |

| 公私投资比例 | 数额(百万美元) |
| --- | --- |
| 私人 | 292 |
| 政府 | 8 |
| 私人政府投资比 | 36∶1 |

资料来源：International Economic Development Council, 2006

图 14.4　Brewery Blocks 城市发展一角

资料来源：International Economic Development Council, 2006

表 14.6　经济指标:新建和修复的面积

| 新建 | 面积(平方英尺) | % |
|---|---|---|
| 新建住宅面积 | 440 000 | 37.26 |
| 新建办公面积 | 499 000 | |
| 新建零售业面积 | 242 000 | |
| 总的新建商业办公面积 | 741 000 | 62.74 |
| 新建面积合计 | 1 181 000 | 100 |

| 修复 | 面积(平方英尺) | % |
|---|---|---|
| 修复的办公面积 | 29 000 | 30.13 |
| 修复的零售业面积 | 67 260 | 69.87 |
| 总计 | 96 260 | 100 |

| 拆除 | 面积(平方英尺) | % |
|---|---|---|
| 办公面积 | 528 000 | 41.33 |
| 零售业面积 | 309 260 | 24.21 |
| 住宅面积 | 440 000 | 34.44 |
| 总计 | 1 277 260 | 100 |

资料来源:International Economic Development Council,2006

对比 Brewery Blocks 地块 1999 年和 2004 年的物业价值和物业税(表 14.7),商业物业价值上升了 4.88%,物业税收入上升了 6.2%。另外,在华盛顿 DC 地区,1998 年 Montgomery County 的 Silver Spring 地铁站周边的重新投资建设项目使该地区成为经济活动的中心。对比项目建设前后该地区的各项经济指

表 14.7　Brewery Blocks 地块项目建设前后物业价值和物业税收的对比

| | 1999 年(美元) | 2004 年(美元) | 净增长(美元) | 增长率(%) |
|---|---|---|---|---|
| Brewery Blocks 地块物业评估价值 | 14 550 180 | 71 141 870 | 56 591 690 | 4.88 |
| Brewery Blocks 地块物业税收入 | 253 600 | 1 574 207 | 1 320 607 | 6.20 |
| 波特兰市物业税收入 | 169 557 214 | 313 770 748 | 144 213 534 | 1.85 |

资料来源:City of Portland Department of Management and Finance, 2004 Comprehensive Annual Financial Report(www.portlandonline.org) and City of Portland Maps and Data service(www.portlandmaps.com)

数(表 14.8),办公用途房屋的面积增加 13%,空置率下降 8.2%;住宅房屋价格中位数增长 132%;家庭收入中位数上升 27%,在该地区的就业人数上升 11%,物业税收入上升 30%。

表 14.8　Silver Spring 项目建设前后各项经济指数对比

| 经济指标 | 项目建设前 | 近期 | 变化率(%) |
| --- | --- | --- | --- |
| 可出租的办公面积（平方英尺） | 6 382 464(1997) | 7 185 464(2005) | 13 |
| 办公楼空置率(%) | 18%(1997) | 9.8%(2005) | -8.2 |
| 工业厂房空置率 | 6.2%(1997) | 2.2%(2005) | -4 |
| 房价中位数 | $194 250(1997) | $450 000(2004) | 132 |
| 家庭收入中位数 | $48 910(1996) | $61 940(2003) | 27 |
| 本地就业 | 20 425(1997) | 22 660(2003) | 11 |
| 物业税收 | $2 792 580(2000) | $3 619 828(2004) | 30 |

资料来源:MNCPPC, Montgomery Co., CB Richard Ellis

TOD 模式给衰落的旧城区注入活力。以旧城区为中心的交通系统使站点附近人们更倾向于使用公共交通,使中央商业区(CBD)更具吸引力与投资潜力。例如:20 世纪 70 年代,Ballston——位于弗吉尼亚北部的城市,当时是地铁站点周边的一个城市,仅有一些低密度的住宅、快餐店和一些汽车修理店,一个偶然的机会,地铁的橙色线延长线改变了这个城市的面貌。今天伯尔斯顿成为远近闻名的商业服务业中心城市。Boston's Red Line subway 从 Cambridge 到 Somerville 的红线延长线对 Davis Square 地区的也产生了积极的影响。第二次世界大战后,一度繁荣的 Davis Square 地区渐渐地衰败。随着地铁延长线的到达和社区发展基金的投入,改善了该地区的街道景观和店面装饰,两栋占地共为 17 万平方英尺的办公楼拔地而起并租售一空(TCRP, 2004)。The Great American Station Foundation(2001)采用的经济模型发现轨道交通的对城市经济复苏的作用和城市的规模大小和站点周边住宅的建设密度有着一定的联系(表 14.9)。站点对就业、收入、物业价值和物业税的增加都随着城市规模的增加而愈发明显。

TOD 项目开发通过三种不同的合作形式增加就业和中低收入住房:第一种形式为社区联盟和开发商达成社区利益协定(Community Benefits Agreement),条款包括雇佣本地的劳动力,提供中低收入的住房。在丹佛,Cherokee-Gates 项目建设 2 500 套住房单元和 6 百万英尺的零售业、办公和娱乐中心,位于丹佛市中心和丹佛科技中心两个雇佣中心的中间,轻轨中转站点把居民和工作地点很好地联系起来。除了扩展了居民的就业地域范围,开发项目自身预计创造 8 000

个新的建造业岗位和 5 000 个新的办公和零售业岗位。有责任的开发运动联盟 Campaign for Responsible Development(CRD)、开发商和丹佛市三方达成协议:10% 的住宅销售单元和 20% 的租赁单元用于解决中低收入阶层的住房问题;建立一套解决临近小区低收入阶层本地就业的方案等。第二种是社区发展委员会(community development corporation)作为项目的发起人,目的是实现社区改善任务。在俄亥俄州的哥伦布的 Linden Transit Center 混合土地利用项目,以公共汽车运输为中心的周边配备了银行、托儿所和诊所等设施。俄亥俄州公交机构格外重视公交联系工作和住房,该公交枢纽共有 8 条公交线路,其中 5 条为快线通往哥伦布市郊和市中心区的就业中心区。第三种比较特殊的形式是由私人开发商主动提出为低收入家庭或者通勤者为目的的项目。例如,在 Las Vegas 的 Campaige Place 项目,开发商 Tom Hom Group 在市中心建设 319 个单元的单卧式单元给低收入者,使人们可以步行到自己上班的宾馆、餐馆、娱乐业中心和公交中心。在该项目街区范围内有 10 条的公交线路,并提供自行车停车场(Grady 和 LeRoy,2006)。

表 14.9  站点对不同规模城市经济复苏的影响

| 城市规模 | 增加的就业人数 | 增加的家庭收入（美元） | 增加的物业价值（百万美元） | 增加的物业税（百万美元） |
| --- | --- | --- | --- | --- |
| 市镇 | 45~325 | 80~345 | 5~60 | 0.25~3 |
| 较小城市 | 115~825 | 85~460 | 10~65 | 0.5~3.25 |
| 小城市 | 170~975 | 140~575 | 15~90 | 0.75~4.5 |
| 中等城市 | 190~1 025 | 155~870 | 15~150 | 0.75~7.5 |
| 大城市 | 260~1 435 | 175~1 055 | 25~205 | 1.25~10.25 |

城市大小定义:

市镇:人口 < 50 000

较小城市:50 000 < 人口 < 100 000

小城市:100 000 < 人口 < 250 000

中等城市:250 000 < 人口 < 500 000

大城市:500 000 < 人口 < 2000 000

不包括超过 200 万的城市

资料来源:Great American Station Foundation,2001

TOD 减少因交通拥挤造成的经济损失。加州交通部估计,1999 年,因为交通拥挤造成的时间浪费高达每天 19.7 万小时,使加州每天的经济损失高达 2 百万美元。旧金山市 Bay Area 经济论坛估计因为交通拥挤造成的经济损失每年高达 20 亿美元。得克萨斯州交通协会估计 1997 年由于交通拥挤,通勤时间有超过 7.4 亿小时的浪费。估计因为这些时间上的浪费造成的经济损失高达 100 亿美元。同时,交通拥挤程度的恶化导致额外劳动力成本的增加,表现为较高的工资和福利,较少的每周工作日天数,增加的旷工比例和为雇员提供交通协助等。但是,在 TOD 模式下,通过利用便捷的公共交通系统,减少对小汽车依赖,缓解了道路交通的压力,因此雇员可以减少在日常交通拥挤所占用的时间,增加了工作的时间长度和休闲娱乐时间的长度(Business, Transportation and Housing Agency & California Department of Transportation,2002)。

## 二、TOD 与房地产市场

大部分研究表明公交站点附近的住宅物业的价值呈上升的趋势。过去 20 年的研究显示了站点附近 0.25~0.5 英里范围内住宅的升值情况:费城(Philadelphia)为 6.4%,波士顿(Boston)为 6.7%,波特兰(Portland)为 10.6%,圣迭戈(San Diego)为 17%,芝加哥(Chicago)为 20%,达拉斯(Dallas)为 24%,圣克拉拉县(Santa Clara County)为 45%(TCRP,2004)。

靠近轨道交通站点住房的租金水平较高。在加州的 Bay Area 公交站点附近的住宅比远离站点的住宅有更高的租金。例如,在旧金山市东面的 Contra Costa County 的 Pleasant Hill 站点 1/4 英里范围内,一个卧室的公寓的每平方英尺的租金比离该站点较远的公寓的高 10% 左右;在站点附近的两个卧室的公寓租金比离该站点较远的公寓高出 16% 左右(Cervero,1996)。在俄勒冈州的波特兰市,在站点步行范围内的物业的租金溢价为 10.6%(Hovee 和 Company,1997)。

一般来说,站点对周边住房销售价格积极的影响随距离的增大而减小。在 Cervero 和 Landis(1997)的统计模型显示,1990 年在加州的 Bay Area 的 Alameda County,离站点的距离每接近 1 米,住房的售价上升 2.29 美元;而在 Contra Costa County,售价则上升 1.96 美元。根据这个模型,离站点较近的住房比 35 千米以外的同种类型的住房的售价高出 38%。Diaz(1999)对费城地区的两条独立的轨道交通系统的研究表明,在 New Jersey 郊外 Port Authority Transit Corporation 公司运营的公交系统周边的房价比远离站点的房价高出 10%,在另一条由 Southeastern Pennsylvania Transportation Authority 运营的公交系统周边的房价比远离站点的房价高出 3.8%。对佛罗里达的 Miami-Dade County 的 21 英里重轨交通的周边的独院式独户住宅的价格的分析发现,从 1971 年(重轨交通开通的 13 年前)到 1990 年(重轨交通开通的 6 年后),地铁附近的房价的增长相对迈阿密其他地区的房价的增长高出 5%(Diaz,1999)。

另一项重轨交通系统对住房价值影响的研究表明,住宅小区类型对影响的大小起着一定的作用。Gatzlaff 和 Smith(1993)对佛罗里达的迈阿密重轨交通的研究发现,重轨交通对房价的影响因小区的种类的不同而不同。重轨交通对价格定位较高的小区中的现有物业的价格产生较积极的影响,而对衰落、低收入的小区中的物业的价格几乎没有起到积极的作用(Diaz)。

### 三、TOD 与住宅价值

地铁的"厌恶效应"对物业价值产生负面的影响。在 1993 年的一项对波特兰市 Eastside Metropolitan Area Express 的轻轨对物业价值的影响的研究发现,总的来说,在 1986 年开通轻轨后的两年内,在轻轨周边 500 m 范围内的房价比该范围以外的房价高出 10.6%。在 500 m 范围内的房价随着距离站点的减少而增加(Diaz)。然而,在很靠近站点的地方,"厌恶效应",如噪音、繁忙的交通等,对房价产生了负面的影响。但是在波特兰都市区的这个例子里,由于轻轨交通带来的好处超过了"厌恶效应"所产生的负面作用(图 14.5)。

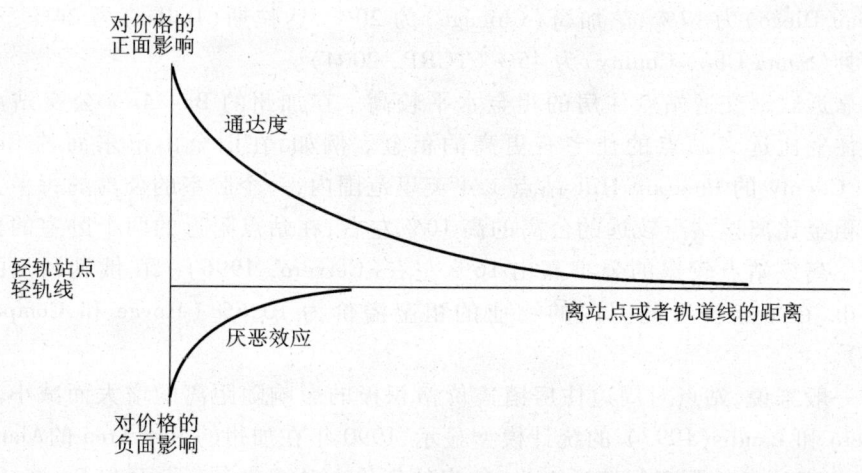

图 14.5 轻轨交通对住房价格的影响
资料来源:Li 和 Brown,1980

轨道交通对房价的影响关键在于轨道交通带来的便利是否足以抵消"厌恶效应"对居住群体的消极作用。在亚特兰大的 DeKalb 县东线(East Line)客运轨道交通与货运铁路并行,线路的北端主要居住着中等收入的人群,其中有些高收入阶层居住的小区;而铁路的南端主要居住着低收入人群。1980 年,北端的房价大约是南端房价的 2 倍,北端人群的收入是南端的 2 倍。随着 East Line 客运轨道交通的开通运行,在北端,随着离站点的距离越近,每 100 英尺,房价下降 965 美元,其主要原因为噪音、犯罪率和视觉侵扰等;在南端却出现相反的状况,每近站点 100 英尺,房价上升 1 045 美元。因此,轨道交通对房价的影响取决于居住者对轨道交通带来的便捷程度和消极作用侧重的不同。

## 四、TOD与商业财产价值

大量证据表明在华盛顿大都市区、旧金山市 Bay Area 和亚特兰大都市区重轨交通系统对附近的办公和商业零售业的物业溢价起着推动作用。在 Santa Clara County, California 和 suburban Dallas 的轻轨交通附近的商业物业也有较大的溢价。甚至有公共汽车站点的购物中心也出现了溢价。在 2002 年底，靠近 Denver 市中心公交站点的办公楼的租金比远离公交站点的高出 8% ~ 16% (TCRP,2004)。

但是，重轨交通对商业物业影响的研究没有达成一致的看法。早期一项对旧金山市 Bay Area 的研究发现轨道交通的出现并没有对站点附近的商业物业的租金产生任何影响。其中最有可能的原因是当时这个快速公交系统还是处于起步阶段，它所带来的各种便利的好处并没有发挥出来，而且很多适应轨道交通发展的相应区划并没有实施。而在华盛顿大都市区重轨交通的研究发现，在地铁站点附近 2500 英尺范围内，商业物业的价值随着离站点距离增大 10% 而下降 7%。对亚特兰大重轨交通的研究发现在高速公路交界处 1 英里范围内的商业租金出现溢价，而在地铁站点 1 英里范围内的商业租金比远离站点的要低。对站点和商业物业价值的研究发现，站点对商业物业的影响取决于站点带来的便利和鼓励在站点进行高密度的建设的政策(TCRP,2004)。

虽然理论上轻轨交通对商业物业带来的增值是不大的，但是一些研究发现了比较积极的影响。Weinstein 和 Clower(1999) 对达拉斯快速公交系统(DART)的研究发现，从 1994 年到 1998 年，在站点附近的零售业和办公物业的地价分别上升了 37% 和 14%，而其他地区的上升幅度为 7.1% 和 3.7%。Weinstein(2003) 发现从 1997—2001 年的办公物业的价值的升幅比其他地区高 53% (TCRP,2004)。

# 第四节 TOD与城市社会发展

## 一、TOD与中低收入住房

地方政府和公交机构的政策推动中低收入住房的发展。在旧金山 Bay Area 地区，城市交通委员会(Metropolitan Transportation Commission, MTC)采取一项激励住房建设规划(housing incentive program, HIP)，该规划鼓励在站点 1/3 英里范围内建设高密度的住宅。其激励措施包括：在一英亩范围内，建设 25 ~ 40 个单元，每个卧室将给予 1 000 美元的补贴；建设 40 ~ 60 个单元，每个卧室将给予 1 500 美元的补贴；建设 60 个单元以上的，每个卧室将给予 2 000

美元的补贴。如果属于中低收入住房的,在这个基础上多加500美元的补贴(Ohland,2001B)。在 San Mateo City-County Association of Governments(C/CAG)。在该地区的 San Mateo City-County Association of Governments(C/CAG)从州的交通改善规划中拨款,给在站点1/3英里范围一英亩范围内建设40个单元的,给予每间卧室2 000美元的补贴。表14.10为2000—2001财政年度地方政府从州的交通改善规划拨款220万美元建设1 200多套坐落在该站点附近住房的情况。另外,开发密度奖励(density bonuses)鼓励开发商建设中低收入住房。

表14.10 2000—2001财政年度 San Mateo County's C/CAG 激励规划
公交站点附近住房建设情况

| 城市/公交系统 | 卧室数目(间) | 拨款数额(美元) |
| --- | --- | --- |
| Millbrae-BART | 180 | 316 334 |
| Redwood City CalTrain | 715 | 1 256 548 |
| San Carlos-CalTrain | 120 | 210 889 |
| Burlingame-Caltrain | 46 | 80 841 |
| San Mateo-BART | 221 | 388 388 |

资料来源:San Mateo City-County Association of Governments, agency records, 2001.

在马里兰州的 Montgomery County 的 Bethesda 和 Silver Spring 两个地铁站点,开发密度奖励已经被用于减轻开发商建设中低收入住房的负担,如同意将12.5%~15%的项目用于中低收入住房的开发商,可以在同样用地的基础上多建设22%。在亚特兰大 Lindbergh 站点,开发商可以增加其用地面积两倍,如果开发商同意将其项目中至少20%用于建设中低收入住房而且必须至少在15年内为该用途。

The Center for Neighborhood Technology 的研究报告发现,在站点环带(在站点0.5英里范围)附近低收入住房的比例比整个区域的比例要高。对全美3 349站点的调查,站点环带内,年收入低于3.5万美元的家庭的比例比整个区域的要高出10%(表14.11)。在站点环带内的家庭平均年收入是3.5万美元,而整个区域的家庭平均年收入为4.7万美元。由于区域内人们收入的分布不均衡,在站点环带内对房屋享有所有权的家庭的比例明显低于整个区域。在站点环带范围内,仅有35%的家庭对房屋享有所有权,而在整个区域范围内,享有房屋所有权的比例为61%(CNT,2006)。

尽管站点环带内的平均中值家庭年收入较整个区域的低,但是也有相当一部分的站点环带内居住着高收入家庭。约10%的站点环带(322个)内大部分的家庭年收入超过7.5万美元。其中,288个位于公交系统覆盖范围很广的区域内,如波士顿、芝加哥、费城和旧金山市的 Bay Area。而房价的高低与公交系统的覆盖范围有着密切的联系。在波士顿、芝加哥、纽约和旧金山市这几个有着发达的公交系统的地区有着很高的房价。公交系统的覆盖范围跟站点环带的家庭收入有着密切的联系。呈现出站点覆盖范围越大,站点环带内的居民的家庭收入越高。导致这个趋势的原因可能是因为站点附近的房价较高,或者发达的公交系统吸引了不同收入层次的家庭(CNT,2006)。

表 14.11 全国不同区域范围内家庭的平均收入分布

| 家庭年收入(美元) | 公交环带内(%) | 公交区域(%) | 全国范围(%) |
| --- | --- | --- | --- |
| <20 000 | 28 | 19 | 22 |
| 20 000~34 999 | 18 | 17 | 19 |
| 35 000~49 999 | 14 | 15 | 17 |
| 50 000~74 999 | 16 | 20 | 19 |
| >75 000 | 23 | 29 | 23 |

资料来源:Preserving and Promoting Diverse Transit-Oriented Neighborhoods,2006

TOD 高密度的发展模式也有益于降低住房的建筑成本。首先,高密度的发展模式为人们提供比传统发展模式用地更少的住房,在一定程度上说可以降低住房的成本。Costs of Sprawl-Revisited Study 的研究估计,采用高密度的用地模式,California 的独立式独户住宅的建设成本降低 1.9 万美元/户,而多户住房的成本将降低 886 美元/单元。其次,这种高密度的开发模式大大减少了市政基础设施的建设费用,如供电、供水、排水等,从而减少了住房的建设成本,增加了住房的供应量。而且停车场地的减少也会导致房价的下降,研究人员发现在旧金山市,有停车场地的房子的均价是 46 000 美元而没有停车场地的房子均价是 39 000 美元。但是,当旧城区基础设施的容量不够时,对供水、排水或者布线等的改造费用也有可能更高(Business, Transportation and Housing Agency & California Department of Transportation,2002)。

TOD 使家庭对小汽车花费减少,提高了中低收入人群的购房能力。在美国许多有轨道交通的城市都面临高昂的房价的问题,例如,旧金山市和洛杉矶,仅仅有 1/4 的人可以支付起中等价位的住房(California Building Industry Association,2001)。加州的居民平均 1/5 的收入用于小汽车的购买和保养。对旧金山市 Bay Area 地区 TOD 的一项研究结果(图 14.6)表明,居住在低的建设密度和低的公交服务密度地区的家庭,平均每年在小汽车上的花费高达 8 000 美元,而居住在建设和公交服务密度高的地区的居民可以大大减少在小汽车上的消费(Cervero,2005)。

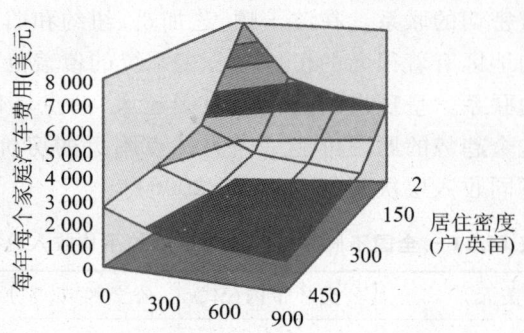

图 14.6 旧金山市 Bay Area 地区公交服务密度和居住密度与小汽车消费之间的关系（另见书末彩图）

资料来源：Cervero，2005

TCRP（2004）研究也表明生活在 TOD 模式城市里的居民对汽车的依赖性大大减少，使收入中用于交通费的比重下降，因此可以购买或租赁住房的比重增大。在休斯敦、亚特兰大和达拉斯等公交系统不发达的城市，平均每个家庭在汽车上的花费达是 8 000 美元，而公交系统发达的城市，如纽约、波士顿和芝加哥，仅为 6 000 美元。该研究同时发现美国较贫穷家庭把 40% 的收入用于交通支出。估计在 TOD 模式的作用下，他们可以每年减少 3 000～5 000 美元用于汽车的费用，可以使在有轨道交通系统城市里的低收入租户能够支付起更高的租金。在美国，这种 TOD"位置有效性"的特征已经被应用到 location-efficient mortgage program 中，如果购房者在交通上的花费越少，就可以贷款到更多的钱用于支付房屋的费用（Belzer 和 Autler，2002）。

## 二、TOD 与适宜居住的环境（quality of life）

判断一个地方是否适宜居住的标准因人而异，但总的来说，可以概括为以下几个方面：良好的社区意识，安全的居住环境，健康的生活方式。TOD 通过降低对小汽车的依赖性、较高的建设密度和对行人友好的街道设计改善人们的居住环境。

TOD 的发展模式对提高居民的社区意识（居民对社区的认同感和公众参与意识）产生积极的影响。Ewing（1997）的一项研究表明，居住在城郊的低密度地区居民社区意识较高密度地区的居民弱。Putnam 的《Bowling Alone》一书中提到，对小汽车依赖性的较弱的环境，如 TOD，可以有效地提高社区内人们的社交活动和公众参与的积极性。因为居民经常地通过面对面的交流认识各自的邻居和社区内的其他居民，在交流中，人们经常会讨论社区存在的问题，对提高社区的生活质量起着重要的作用。Robert Putnam 估计使用小汽车出行的时间减少

10%,人们在参与公众事务上有10%的增长。Navaco,Stokols和Milanesi的研究表明依靠小汽车出行的城郊居民比居住在高密度以公交出行的居民有较高的通勤压力和旷工率。因此,TOD可以减轻居民的通勤压力,从而增强家庭成员的沟通。Weigand(1999)的一项对波特兰Orenco站点居住情况的调查显示,人们购买Orenco车站附近的房子的主要原因是社区的人性化设计。这种设计模式通过加强社区内居民的联系增强人们的社会资本(Business,Transportation and Housing Agency & California Department of Transportation,2002)。

TOD的发展模式可以有效防止罪案的发生。首先,TOD发展模式的地区全天候的活动提供"街道的眼睛"。人们经常把高密度和高的罪案发生率联系在一起。但研究结果并不支持这个观点,实际上,高的罪案发生率是社会经济不景气的一个表现,例如,城市中心区的衰落。高密度和对行人友好的环境,营造了一个街道长时间都有行人或自行车的环境,实现了行人对环境的监视作用。在低密度地区,人行道和广场等公共地区行人甚少,人们就更加趋向于待在家里,这种趋势使街道的安全和社群意识受到破坏(Business,Transportation and Housing Agency & California Department of Transportation,2002)。研究发现,对Tucson,Corpus Christi和纽约市公交站点附近的照明的改善、零售业亭子、街道艺术和警察的巡查有效地降低了罪案发生率。其次,强的社区意识提供"邻里看守"和行人互助。高密度使社区内人们的联系增多,对社区的归属感增强,有利于形成相邻之间相互看守的关系,有效地防止了罪案的发生。

TOD作为一种推崇公交和"对行人友好"的发展模式,会降低交通事故的发生率。根据STPP(Surface Transportation Policy Project)的研究报告指出,由于现在的道路都是基于高速行驶需要而设计的,因此,California行人在道路两旁行走或过马路的时候十分危险。Dangerous by Design:Pedestrian Safety in California的报告发现在萨克拉门托、Contra Costa、洛杉矶、Santa Clara,和San Mateo地区,低密度的土地利用,宽的街道和高速行驶的交通设计,使得行人的安全受到威胁。该报告估计1999年加利福尼亚州交通事故造成的损失高达40亿美元。而TOD多样化的街道景观、交通安全需求等设计降低了车辆行驶速度,减少了行人和自行车发生事故的可能性。在以公共交通为导向文明的德国和荷兰,良好的道路设计使行人和自行车发生交通事故的可能性降到最低。STPP的一项研究报告发现在公交、步行和自行车使用率较高的地区有较低的因高速驾驶发生的交通事故发生率。而具有这些特点的地区往往是高密度的地区,有便捷的道路和公交系统(Business,Transportation and Housing Agency & California Department of Transportation,2002)。

减少对汽车依赖性,步行、自行车出行比例的增大,有益于人们的身体健康。大量证据显示,长期久坐的习惯和肥胖可能是造成每年20万人死于心脏病、癌症和糖尿病的主要原因。公共卫生机构建议社区能够提供多样化的活动环境。

最近一项研究发现在其他条件都相同的条件下,高密度环境下的居民比低密度环境下的居民肥胖的可能性低 10%。另一项旧金山 Bay 地区的出行方式在 TOD 混合用途的地区,排除下雨天和斜坡对人们步行的影响,非通勤时段步行两英里的可能性有明显的增加(Business, Transportation and Housing Agency & California Department of Transportation,2002)。因此,强调混合高密度、混合利用和行人自行车友好的环境能够提供更多的机会给人们进行锻炼。

# 第五节 TOD 与城市环境

## 一、TOD 与空气质量

机动车尾气对人类的健康造成威胁。在加州,市区范围内的空气污染中超过 50% 的烟雾和 90% 的一氧化碳来自机动车的尾气。尾气排放、气体蒸发物和地面的灰尘都会影响空气质量。这些污染物往往形成地面的臭氧、微粒、阴霾和酸雨,不仅影响自然的环境,而且对人类的健康造成威胁。例如,地面的臭氧往往对呼吸道和肺部造成损伤,导致哮喘,使健康成年人的肺活量下降。长期吸入空气中的有害微粒往往是导致呼吸道疾病、慢性支气管炎、急性肺损伤和癌症的原因之一(Business, Transportation and Housing Agency & California Department of Transportation,2002)。

由于空气污染的日益严重,公众卫生保健费用也随之上涨。1996 年,加州大学 Davis 估计,机动车尾气污染给美国全国每年额外的卫生保健费达 4 500 亿美元,导致每年 4 万人过早死亡。另一项哈佛大学公众卫生学院从 13 个城市的调查结果估计,机动车尾气污染导致大约 1.5 万人次入院,5 万人次急诊。在加州的 South Coast Air Basin 地区,美国肺脏协会估计由于空气污染造成的每年医疗损失介于 94 亿~143 亿美元之间(Business, Transportation and Housing Agency & California Department of Transportation,2002)。

TOD 的土地利用形式和对行人、自行车友好的设计能够减少汽车的使用,从而提高空气的质量。在 San Diego 的 Uptown District 的重新发展的项目中,高密度的住宅建设,商业中心内设置了零售业商店、餐厅、社区服务中心和超级市场。另外,自行车和行人的交通网络使人们方便地穿梭于社区和公交站点之间。California EPA's Air Resources Board 机构估计这种高密度的土地利用和道路设计系统可以有效地减少小汽车的使用,并使家庭为单位的废气排放量比附近其他地区低 20%。这意味着每年减少 2.75 吨的反应性有机气体和氧化氮化合物。California Air Resources Board 发现 TOD 的土地利用策略可以使在城郊的每户家庭的废气排放量减少 10%~20%,在城市中心区的排放量减少 20%~30%(Business, Transportation and Housing Agency & California Department of Transportation,2002)。

## 二、TOD 与能源消耗

机动车的能源消耗情况较为突出。加州是世界上的汽油消耗量最大的地区之一。每年,2 200 万的小汽车行驶超过 2 930 亿英里,消耗超过 130 亿加仑[①]的汽油。加州能源委员会统计,交通消耗的能源占整个州能源消耗的 50%。

TOD 是节省能源消耗的土地利用类型。1994 年,San Diego 区域管理协会对该地区的交通能源消耗进行了一项分析。分析结果发现,从现有的发展模式到行人为导向的发展和以公交为导向的发展,在发展成熟后,整个地区的能源消耗将会减少 10.5%。新的发展模式能够节省的能源消耗的经济价值达每年 2.07 亿美元。加州环境保护机构空气资源委员会对 TOD 给家庭带来的交通上的经济利益进行了研究。研究结果发现,步行和乘坐公共交通给 TOD 发展模式下的每户家庭的机动车里程数减少 20%~30%(Business, Transportation and Housing Agency & California Department of Transportation,2002)。

## 三、TOD 与温室气体排放率

20 世纪的后半个世纪的土地利用模式是人们高度依赖小汽车的原因之一。而高的小汽车使用率导致了温室效应气体(二氧化碳)的增多。大气中二氧化碳的增多主要来源于汽油的使用。1998 年,加州能源委员会估计道路交通排放的二氧化碳占全州二氧化碳排放量的 57%;加州机动车排放的二氧化碳气体每年超过 1.3 亿吨。而在 TOD 发展区内,在使用小汽车方面,平均每户可以比非 TOD 区内的家庭每年少排放 2.5~3.7 吨二氧化碳气体。虽然没有什么单一的解决全球气候变化的方法。但是,TOD 减少了小汽车的使用,在一定程度上成为缓解了全球气候变化的较好办法(Business, Transportation and Housing Agency & California Department of Transportation,2002)。

---

[①] 1 美加仑(USgal) = 3.785 L。

# 第十五章

# 为什么中国(某些)城市房价持续增长

中国很多城市(如北京、上海、杭州等)的房价在过去的几年里,一路飙升,引起人们日益强烈的关注①关注的焦点无外乎住房可支付性和房地产市场隐含的泡沫。广大的城市普通居民越来越感觉到难以承担不断上涨的房价,个人收入的增长幅度远远小于同期的房价上升幅度。高空置率(没有卖出去的商品房)和越来越多的"一户多宅"(如果不出租就意味着至少其中的一户是无人居住的住宅)现象不得不使政府日益担心房地产市场中的投机行为和隐含的泡沫终有一天会破灭。相反,开发商的统一口径是房价的上升源于:① 不断上升的地价导致土地开发成本的增加;② 城市化和经济发展导致对城市住房需求的增加。商品房的空置率也并没有如政府统计数据所显示的那样高,因而告诫人们无须担忧日益上升的房价。

那么,究竟房价飙升的原因是什么呢?价格上升反映的是土地价格和土地市场的一级垄断还是城市化和经济发展所带来的长期趋势?价格上升的真实动因是开发商追逐暴利还是房地产市场开发融资机制使房价上升?价格上升反映的是房地产市场的投机行为还是短期的、正常的住房供需失衡?本章就这些问题进行初步的理论分析,试图通过抛砖引玉,引起大家的思考和进一步深入的研究。

## 第一节 房价与地价——理论与国际经验

首先,需要指出的是,在市场充分发育(完全自由竞争)的条件下,房价决定于地价。这是因为:① 对土地的需求是一种派生需求(derived demand),也就是说,需求土地是为了通过土地上的载体(主要是建筑物,特别是在城市)来满足人类的需要;② 土地供给价格是非弹性的,也就是说土地的供给不因土地价格

---

① 丁成日.城市发展研究.2007,有删改.

的变化而增加;③ 土地作为生产要素,其价格增长对终极产品——房屋价格的影响是不确定的。如果土地价格的上升能够通过房地产业的技术革新和要素替代内部化,土地价格的上升对房价的影响就不会显著。

上述理论分析的结论得到实证分析的佐证。国际上实行严格的土地供给的国家有韩国、泰国和哥伦比亚等。首尔实行严格的土地功能分区、绿化带和土地重划(readjustment),这些刚性的政策措施严重地限制了土地—资本之间的替换,使得城市发展的密度不能根据土地价格加以调整(宋彦和丁成日,2005)。结果,土地供给和开发限制成为首尔房价飙升的重要原因之一。首尔的土地价格在 1974—1989 年间以年平均 24.2% 的速度增长,被认为是同期房价暴涨的"罪魁祸首"之一(Hannah 等,1993)[1]。

相反,泰国的曼谷和哥伦比亚的圣菲波哥大的土地控制并没有产生像首尔一样的后果。圣菲波哥大的城市绿地政策限制土地供给,但其对价格的影响有限,20 世纪 80 年代的土地价格增长率仅为 4%~6%。这是因为建筑和规划的灵活性允许城市建筑密度根据土地价格加以调整,更高楼层和更高密度的建筑出现在高价格的地块上。利用 1984 和 1989 两年的数据,实证研究表明圣菲波哥大市土地—资本之间的替代弹性系数为 0.69,也就是说,土地价格上升 10%,资本投入与土地投入之间的比率上升 6.9%,即容积率上升 6.9%(Dowall 和 Treffeisen,1990)。这清楚地揭示圣菲波哥大市土地市场的控制和土地价格的上升对房价的影响非常有限。同样,泰国曼谷的地价 1988—1990 年上升的速度为年平均 21%。由于开发商能够建造更高和更密的楼,曼谷地价对房价的影响并不显著。这三个城市发展的经验表明,如果开发商能够根据土地价格调整城市发展(建筑)密度和高度,土地价格上升的影响就不会对房价产生过重的影响,即开发商通过调整住房生产方式来至少部分地消化地价上升,而不是全部地转嫁给业主。

## 第二节 房价变化的历史趋势(国际经验)

佛罗里达州海岸地带的房价过去几年也是一路飙升,当人们认为房价不能再涨时,价格在短短的 2~3 年内又翻了一倍。大多数人看到的只是过去几年的房价暴涨,可能并不了解房地产市场的历史全貌和最终的结果。调整通货膨胀后佛罗里达州的房价在 20 世纪的最后一个 25 年(1975—2000)里基本没有变化[2]。大华府地区的马里兰州的房价变化也表现出同样的模式。在美国,超过

---

[1] 同期,韩国平均房价上升 17%,消费价格指数上升 11%(http://www.realtor.org/intlprof.nsf/All/Korea?OpenDocument)。

[2] http://www.investmentu.com/IUEL/2005/20050328.html。

100年以上的木质单体住宅并不罕见。

日本东京房价的变化很令人深思。自20世纪的50年代至80年代后期,除了1975年外,东京的房价没有下跌过,然后就是17年的持续下跌。自1980年至2005年日本的房价的变化如图15.1所示。可见,认为房价持续上升既没有理论根据,又缺少实证支持。如同中国的股市,刚上市之初股市价格一直上涨,在经历其暴跌之前,大多数人都怀着股价将持续上升的希望。20世纪90年代股市崩溃之后,我想已经没有多少股民还会认为股价将持续上升。中国房价不经历一次泡沫的破裂,就会有人不断地写文章来论证,中国的房价会因城市化和经济发展而持续上涨。

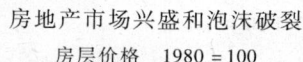

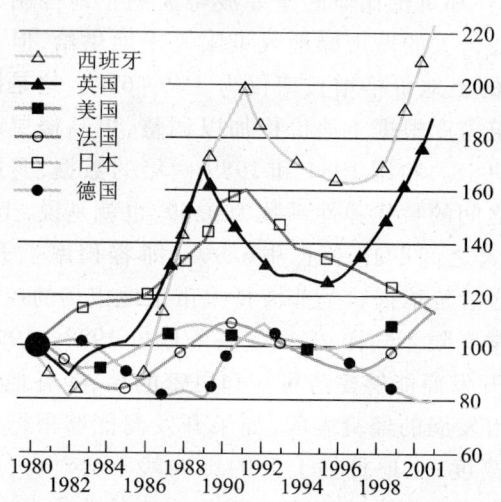

图15.1　房地产泡沫(西班牙、英国、美国、法国、日本、德国)

资料来源:http://www.economist.com/finance/displayStory.cfm?story_id=1057057

## 第三节　中国房价上升的原因分析

### 一、房地产开发的融资机制需要不断上涨的房价为依托

中国房地产开发项目的主要资金来源是银行贷款和房屋预售。开发商自筹资金所占比例有限。以前,对一些开发商来说,土地出让金都来自非自筹资金。以上海为例,房企自有资金2001年为18.84%,2002年为17.53%,2003年为16.94%①。

---

① http://cn.realestate.yahoo.com/060315/347/27b15.html。

一般地,消费者大都会先看货(商品),后交钱(假设决定购买)。对于价格昂贵的商品,往往需要经过"货比三家"后再做出最终决定。预售制(先交钱、后提货)孕育着很多潜在的问题:① 消费者有没有权力在"交钱后、提货前"改变决定要求退货,其所应承担的责任是什么?② 消费者有无"无条件"地要求退货而无需承担任何责任?③ 在什么样的质量情况下(提出的"货"是否是购买(交钱时)承诺的"货"?),消费者可以要求无条件地退货,并不应承担任何责任?④ 消费者要求无条件退货所承担的责任(代价)是多少(价格比例的百分之多少)?如果在交钱时对"货"缺少明确的界定(如大小、颜色、质地、结构、形状、外形、材料等等作出明确的说明),提货时的纠纷就会很多,以此对商家和消费者带来的成本都是巨大的。

如果货到手后万一不满意所带来的经济损失(即使不退货)也是可以承受的,或者消费者可以承受退货的代价,那么问题就是另外一回事了。本文认为,这种情况对住房这个昂贵的特殊商品并不适用。因为我想没有人能够买房子像买儿童玩具一样,买来后不满意可以弃置不用、再买另外一个。所以我们可以假设"先交钱、后提货"隐含的潜在的经济成本是绝大多数购房者无法承受的。那么,问题是:消费者知道不能无条件、不付代价地退货,又为什么会争先恐后地纷纷以预售的方式购房呢?理论上,预售制(先交钱、后提货)在下面几种情况之一下可以被消费者接受:① 奇货可居、极难买到,拥有的满足感巨大到可以弥补预售制的种种缺陷;② 价格持续走高(或者市场认为价格将持续走高)使等待意味着要付更高的价钱来购买,因而尽早购买,一方面能够以较低廉的价格买房(合算),另一方面又期望价格的持续升值可以通过转手实现个人财富的积累(投资)。

对绝大多数人或家庭,房屋是或将是他们最大的财富。因而,他们一定希望能够通过"货比三家"来买到最满意的房屋,一定希望避免预售制可能带来的种种问题和争议。同时,由于过去十多年来房地产的巨大发展,房屋"奇货可居"也已经是天方夜谭。

房屋预售制带来的销售市场价格的"低开高走",既帮助解决开发商的融资问题,又带来房地产开发的"暴利"。这是因为:①"先交钱、后交货"降低了进入房地产开发市场所需的门槛,降低了房地产商信用贷款需求,提高商开发商的资金流转能力;② 房屋价格的定价(从一开始)一般会定在平均价格之上(不可能定在平均价格以下,因为这将意味着从一开始开发商就要"折本"),随后房价的走高带来的都是"额外"利润。"持续高走"的房价极大地降低了房地产开发的高风险性。房屋价格持续高走,一方面激励和激发了潜在的买房者的热情和欲望;另一方面也满足了已买房者的"消费心理"或投资期待。为居住而买房的人们看到不断走高的房价而使已买的房屋价格升值欣慰;为投资而买房的人们在暗自计算着什么时候出售,从而获得最大的投资回报。当然,缺少其他可靠的投资渠道也是吸引房屋投资资金的原因之一。

总之,中国房屋价格持续走高的主要原因是开发商与购房者相互驱动的结果。从开发商的角度而言,融资机制从根源上促使开发商(如果不是全部,也是绝大多数)联合起来共同推动房价高走,只有这样,他们的资金运作才会顺畅,房地产开发项目才能得到顺利进行。当然,会有一些开发商借此机会大做文章,从而实现"暴利"的追求。对消费者而言,或因误导、或因对房屋市场预期值过高,很多人强烈地认为房价不会"跌",甚至会持续高涨,这无疑极大地刺激了房屋的超前消费或投资欲望,对近几年的房价持续走高起到了推波助澜的作用。

学者和官员指出中国房屋预售制的潜在风险:① 风险转嫁给消费者和银行;② 通过"炒楼花"等制造楼市虚假紧缺,借机囤积抬高价格;③ 逐步提高房价慢慢卖,造成期房价格低的幻觉等[①]。笔者认为,房地产开发的融资机制(依赖于房屋预售)需要不断上涨的房价来配合,也就是说,融资机制是房价上涨的主要原因。这是因为,如果房价不上升的话(不需要房价下跌,只要房价不涨),哪个业主愿意预先购买还没有见过的房子?试想,如果房价在开发建设过程中保持不变(而不是现在的持续上升),绝大多数(如果不是全部的话)业主都会持币待购,等到房子建成后再决定购买。这样(没有房屋预售制),我想中国的绝大多数开发商(如果不是全部的话)都会面临资金周转问题,很多甚至会面临破产的风险。

国外也有房屋预售。在美国,房屋预售基本上发生在房地产市场比较"热"的地方,如21世纪初的大华府地区。一般开发商要求1~2万美元的预售款,占总房价的比例一般都不大(如与30万~50万的房价相比)。业主愿意支付预售款的原因是:① 房地产市场火热,预期的房价上涨比较确定;② 预售款占总房价的比例比较小,如果因对建成后的房子(户型、质量等原因)不满意或者其他不可控制因素(如失业、变换工作地点等)想要退房,风险和损失都不大。对开发商而言,房屋预售可以减少市场成本(广告、销售、银行利息)和提高资金流转速度,而可能的损失是预售价与建成后房价之间的差值。但是考虑到未来房地产市场的不确定性,这个可能损失的经济价值的期望值比这个差值要小。

## 二、地价对房价的影响

在中国国内争论比较多的是房价的上升是否源于地价的上升。正反两方面的论证文章都有。不错,土地价格,作为要素市场价格,很难说对房价的影响一点也没有。但是,根据理论和国际的经验,地价对房价的影响也许没有规划和土地市场的刚性对房价的影响大。规划的刚性指的是建筑高度和密度的刚性控制使城市土地开发无法根据土地价格来调整,而土地市场的刚性指的是土地价格

---

① http://re.icxo.com/htmlnews/2005/11/11/714708_0.htm。

与容积率成显著的线性正相关关系。理论上,地价决定容积率,而不是容积率决定地价。中国土地市场价格的决定机制(容积率决定地价)极大地限制了土地—资本之间的替代关系,进而负面地影响房地产市场的利用效率。尽管规划和土地市场刚性,以及土地价格上涨对房价都有一定的影响,这些影响可能都不及房地产开发融资机制对房价的影响大。

David Dowall(1992)研究了泰国曼谷的土地价格和房屋价格。他得出,在曼谷,尽管土地保护的压力和土地价格的上升,开发商仍然能够提供相当数量的可支付住房。土地价格没有带来相应的房价上升的主要原因是放开城市土地利用的限制,因而,不要过于限制容积率,要给开发商一定的活动范围,来选择土地开发强度。

### 三、城市化与房价

根据中国中长期社会经济发展目标,未来的二三十年城市化将经历空前的发展。如果至2020年中国的城市化水平达到55%(即55%的人口居住在城市),那么从现在至2020年每年的新增城市人口将超过一千万。如此宏大规模的城市人口增长无疑将提高住房需求。城市化对城市住房需求的影响既需要了解人口规模,更重要的是又要了解新增人口的收入、年龄、家庭构成、消费倾向、职业目标等。很难想象大量的新增城市人口有能力购买日益上涨的商品房。城市化是必然的趋势,多大程度上城市化能够转化为有效的买房需求(特别是对绝大多数低收入的城市移民)是另一回事,这两者的关系并不简单,需要深入的研究和探索。

### 四、商品房的消费主体与房地产市场的真实需求

房价的持续"高走"和有效的市场营销广告策略似乎有力地说服了人们(至少相当一部分人)购房和在房地产上的投资是最盈利性投资。越来越多的家庭拥有超过一套以上的房子,其中相当一部分房子是空闲的,没有出租或使用。消费性购房与投资性购房有着本质上的区别。前者反映的是真实的购房需求,而后者与投资回报的期望值有关。姑且不论城市住宅空置率的高低,一般地说,对大多数业主而言,当房地产是唯一盈利或有利可图的投资对象时,他们就会积极地购买房产并消极地等待价值的升值(既不出租也不使用)。这时,房地产市场的投机就不可避免,市场的泡沫也就一定会产生,因而,争论的焦点应是泡沫大小,而不应是有没有泡沫。

中国健康的房地产市场应该积极地鼓励消费性购房,而不是投资性购房,从而在现代化和城市化过程中提升城市居民(包括新增城市人口)的生活质量。这是城市可持续发展的必然。为实现这一目标,为大多数中低收入的新增城市人口提供可支付性的商品房应该成为中国房地产市场的主流,至少在现阶段应

该如此。为中低收入家庭提供的住房远远满足不了社会的需求。因而,满足新增的、中低收入城市移民的住房应成为未来一二十年政府工作的重点。

中国很多城市的住房价格在过去的几年里持续飙升,引起诸多方面的关注,存在许多不同的解释。本文分析影响住房价格的种种原因和可能,结合国际的经验,得出如下结论:① 土地的严格控制并不一定带来住房价格的上升,土地严格控制对住房价格的影响还取决于城市规划(如容积率的控制);② 未来城市化的高速发展将引发大量城市人口的增加,其增加的主体是来自农村的农民。尽管数量可能惊人,但由于他们的收入有限,对城市高档的住房市场影响极其有限;③ 经济发展导致住房需求的增长,但过去经济收入的增长远远小于住房价格的增长,很难相信未来的经济和收入的增长可以与目前的城市住房价格增长速度相媲美;④ 住房价格持续上升的主要原因是房地产开发的融资机制。绝大多数开发商的资金运作是滚动式开发,预售制是其保障。金融上,正是房地产的滚动式开发需要不断上升的房价作为其资金保证。也就是说,开发商一定要让房价不断上涨,才能极大地促使广大消费者"争先恐后"地"先付款,后提货"式地购房,使其资金流顺畅。消费者对未来房价的担心和一定的投资(或投机)心态进一步强化了"虚假"的市场供需关系,为房价的持续走高推波助澜。总之,解铃还需系铃人,预售制既推动了房地产的发展,也是城市房价上升的根源,解决城市房价上升还需从房地产开发的融资机制入手。

需要指出,预售制在过去近十年来为中国城市发展和房地产业经济做出了巨大的贡献,如经济增长、就业、投资等。房地产业成为国民经济"新"的增长点。然而,这几年房地产的开发同时也为国民经济的健康发展带来了很多隐患,主要体现在金融信贷和房价可支付能力带来的种种压力和危机。另一方面,由于地方政府可以通过房地产业的迅速发展来提高土地收益(土地出让金收入)和其他税收收入(如房地产开发环节的各种税收——印花税、营业(销售)税、契税等),并能增加地方就业,房地产的发展符合地方利益。制止持续飙升的房价是宏观政策目标之一,推动经济发展和提供就业机会也是宏观目标之一。所有这些都极大地增加了中央在房地产市场宏观调控方面的难度。

# 第十六章

# 为什么楼市宏观调控效果不显著

　　房地产业经过20世纪90年代以来得到空前的发展,为城市住房、经济增长、就业等方面做出了积极的贡献。但同时,房地产发展也带来了巨大的问题,如日趋走高的房屋价格、潜在的泡沫、背后可能隐含的金融信贷危机等。这些问题无疑将影响着中国未来几年甚至十几年的可持续发展。日本的房屋价格经过34年的持续上升后,在1990年左右开始了17年的不断下滑,与此相关的是日本经济十几年的萧条和萎缩。日本的经历不能不使我们警觉。

　　中国房地产业的主要问题是:(一些)大城市房价上升过快,房地产市场没有按照市场经济的规律发展,市场秩序比较混乱等。此外,房地产市场孕育的泡沫应该值得我们高度警惕,否则对宏观经济的影响将不可估量。

　　这里将讨论以下几个问题:第一,房地产市场究竟有没有泡沫,泡沫有多大?第二,房价为什么持续走高?第三,国家的宏观调控为什么对价格没有起到预想的效果[①]?第四,土地供应和经济适用房能否缓解房屋价格走高的趋势?

## 第一节　中国房地产市场"泡沫"

　　一个商品市场存在泡沫有三个基本的条件:① 价格不断上升;② 私人储蓄;③ 无其他稳定、可靠的投资渠道与之竞争。目前,中国的城市房屋价格不断上升带来预期、巨额的私人储蓄为投资或投机预期成为可能提供了物质基础,缺少其他可靠的投资渠道,使大量的社会资金涌入房地产业。因而,不断上涨的房价、缺少融资竞争、大量的个人储蓄,使房地产开发商很容易融资。可以说,这三个条件在中国(至少在部分城市)城市同时成立,必然有相当一部分人(拥有足够的个人储蓄)进行投机性或投资性购房。这在开发商的"购房既是投资又是消费"鼓动下,投机性或投资性购房得到进一步加强。所以,中国房地产市场一定存在泡沫。

---

① 本文部分内容发表在《21世纪经济报道》,2007年11月,作者丁成日。

问题是,北京、上海等城市房地产市场的泡沫究竟有多大?有两个重要的指标可以说明这个问题:空置率和投机性购房的比率。目前还没有这方面的数据,同时开发商一致的口径是空置率没有统计部门统计的数据高,根据开发商的观点,房地产市场的泡沫不足一虑。但是,事实上问题可能非常严重。一个开发公司的总经理2007年8月告诉我,他们开发的一个能容纳5万人的新社区(在上海)里的所有房子已经卖完两三年了,但是该社区基本上无人居住。另外一个开发公司的副董事长今年9月告诉我,他所居住的高档别墅区入住率只有一半左右(他已经居住了五六年了)。尽管没有宏观层面上的数据,但是这些案例多少可以说明问题的严重性。

中国房地产市场发展的另外一个问题是房地产价格与房地产发展不相一致。根据理论和国际经验,住房消费与房价有密切的关系。日本、韩国、中国香港等国家和地区的房价非常昂贵,城市居民的人均住房面积就远比美国、英国等国家要小。比如,日本1989年新房子的平均价格与平均家庭收入之间的比是4.4,与美国(3.4,1987年)、英国(4.4,1987年)、德国(4.6,1986年)大体相当,但是东京的比率则高达7.4(1989年)。因而东京人均住房消费要小很多,1988年只有23.3 $m^2$/人,远远小于英国的30 $m^2$、德国的32 $m^2$、美国的62.5 $m^2$。当房价持续上升时,健康的房地产市场应该生产出更多的小户型,或者户型越来越小,或者两者兼之。然而,如果不是建设部刚性规定的话,房地产市场开发对价格的反应可能与正常的价格机制不一致。房价走高的同时,我们没有看到户型向越来越经济、适用、紧凑的方向发展。这个问题很复杂,既有文化因素,又有历史的承继;既有开发商的驱动,又有消费者心态和预期因素;既有经济因素,又有社会因素。总之,开发商的利益驱动是一个非常重要的变量。(关于房价持续上升的具体原因分析见第十五章)

## 第二节 国家的宏观调控为什么对价格没有起到预想的效果

针对房地产市场,2005年以来国家出台了一系列政策,如2005年的"国八条"、2006年的"国六条"、2006年建设部对小户型性的要求,2007年金融机构提高了首付款(如第二套房)、2007年提升了房地产交易环节方面的税费等。

为什么国家的宏观调控效果不显著(至少从房价的上升幅度来看)?我认为有以下几个强有力的利益集团在支撑着。

第一,开发商。一方面开发商需要不断走高的房价使预售制成为房地产开发融资的工具,另一方面有效需求不足,高昂的房价使广大居民望尘莫及,整个购房群体中有相当一部分是投机或投资性的,因而只有不断走高的房价才能继续吸引投资或投机性买房。不同于世界1980年和1990年的价格大战(棉花、彩电等),房屋价格大战是没有哪个开发商能打得起的。谁打价格大战，谁首先是个输家。

第二，金融机构。巨大的私人储蓄既是好事，也是压力。房地产开发和房地产市场的信贷关系使金融机构在房地产市场泡沫破灭时首当其冲，利益受损。

第三，地方政府。土地开发、就业压力、税收收入等是地方政府支持房地产发展的主要动力。

第四，所有投机性或投资性购房的群体都不希望房价下滑。最希望房价能够降下来的是广大中低收入的群体，如新进城的农民、刚毕业的学生等。无疑这些群体的政治力量最为薄弱。

最后，国家宏观调控的目的也不希望房价崩盘，房价平稳是最理想的。

在这样的力量平衡中，宏观调控效果不明显是不言而喻了。所有开发商长期获取巨额利润的市场一定不是一个能够实现长期稳定的市场。

## 第三节　土地供应和经济适用房能否缓解房屋价格走高的趋势

许多人都谈到土地是稀缺的、土地资源的短缺将是房价长期增长的根本原因。但是需要指出的是，城市土地在全国土地的使用比率是非常低的，与其集聚的人口和经济规模相比是不可同日而语的。比如，美国大概有3亿人口，美国的城市化为77%~78%，城市土地占国土资源不到2%~3%，也就是说，美国城市利用了全国土地的2%~3%支撑了77%以上的的全国人口，创造了80%的GDP。日本城市占的土地不超过2%，支撑了将近80%的国家人口，创造的GDP也是80%以上。中国660多座城市，占的土地资源不超过1%，支撑40%多的人口，创造的GDP也不少于80%。

在未来走向全面小康的时候，中国城市人口会达到55%~60%。这意味着在未来的一二十年里城市人口将增加两亿人左右，按现在5亿城市人口计，新增城市人口是现在城市人口规模的40%，假定城市发展密度不变，那么城市土地需要增长40%，到那时城市土地占全国土地的比重为1.45%左右。城市空间发展是中国走向全面小康的必然，城市经济不发展，"十六大"和"十七大"制定的中长期宏观经济发展目标(翻两番)是难以实现的。原因很简单，城市经济占的成分至少70%，又是高附加值的，低附加值的农业经济所占成分小，如果城市经济不翻两番，农业经济需要翻好几番(3~4番)才能使总量达到翻两番的目标。农业经济翻两番都是有困难的，因而城市经济需要翻两番多。

从经济学来讲，所有资源都是短缺的，不仅土地短缺，水资源是短缺的，空气是短缺的，所以环境资源也是短缺的。经济学意义上的短缺是为了资源配置优化，而不是什么都是绝对意义上的短缺。我们需要土地来支撑城市经济的发展，无论是发展中国家还是发达国家，城市经济占的比重都非常大，至少占70%的国民生产总值(绝大多数国家),因而,走向全面小康没有城市发展是不可能的,为了实现全面小康,中国是能够提供并且一定要提供充足的土地来发展城市。中国土地支撑城市空间发展是绰绰有余的。

一个相关的问题是,土地供给(充足与否)直接决定住房价格还是两者之间有复杂的关联?如果土地供给在很多情况下与房价无关,土地供给对住房价格究竟有什么影响?在国际上来讲,有两个理论框架:

第一个,限制土地供给,导致土地供给量不足,开发商没有足够的土地,造成土地短缺,最后导致住房短缺,产生了更多的住房需求,住房供需发生失衡,价格上升,这是大家公认的土地供给限制对房价的影响。

第二个理论框架,限制土地供给,但是限制土地供给改变了长期的土地市场的供需均衡,使土地的地租发生变化。通过地租发生变化,使资本和土地在房地产开发过程中的替代关系发生改变,其结果是住房的供给量没有发生变化,但是房价上升了。香港就是这个模式,也就是说限制土地供给并没有影响住房供给的总量,房价上升与土地-资本之间形成替代关系。

住房需求很特殊,新增10万人需要100万 $m^2$ 的住宅,可以有n种方式提供。建一层楼可以用100万 $m^2$ 的土地,也可以用10万 $m^2$ 的土地建10层楼,也可以用10 000 $m^2$ 土地建100层楼,最后形成100万 $m^2$ 的住宅。这样来讲,对土地供给的限制对房价的影响有两个不同的调整机制。

按照这种理论框架,住房供给总量没有发生变化,供需关系没有发生变化。但是,因为对土地的期望值发生变化之后,影响到土地和资本的替代关系。

香港的房地产市场对国内许多城市的楼市有许多值得借鉴的地方。

第一,香港政府严格控制土地供给,这点与中国的国情类似。

第二,香港的房价具有很强的挥发性特点。

第三,香港的土地开发由少数开发商垄断。

第四,政府拥有50%以上的房子。许多政府高级官员认为土地供给的限制是香港房价飙升的主要原因。

实证研究表明,香港开发商建造的房屋供给主要决定于其利益最大的追求,与香港政府提供的土地供给量无关,因而得出香港土地供给与房价关系并不显著的结论(Lai 和 Wang 1999)。图16.1和图16.2分别显示香港1965—1989年住房土地供给和新房建造。显然,土地供给与房屋建造没有直接的关系。

是地价决定房价还是房价决定地价?针对这一点,城市经济学论证,住房价格是随着距离市中心的距离而下降的(图16.3)。房价的递减使消费者在房价与交通成本之间做出选择,住房价格下降是保证空间平衡。一般地讲,交通成本随距离的增加而增加,因而,离市中心近的地方节省了交通成本,故需要较高的房价来平衡;同理,远离市中心意味着更高的交通成本,故需要较低的房价来平衡。居民无论住在那里(远近),在高房价、低交通成本(近城区)或低房价、高交

# 第十六章 为什么楼市宏观调控效果不显著

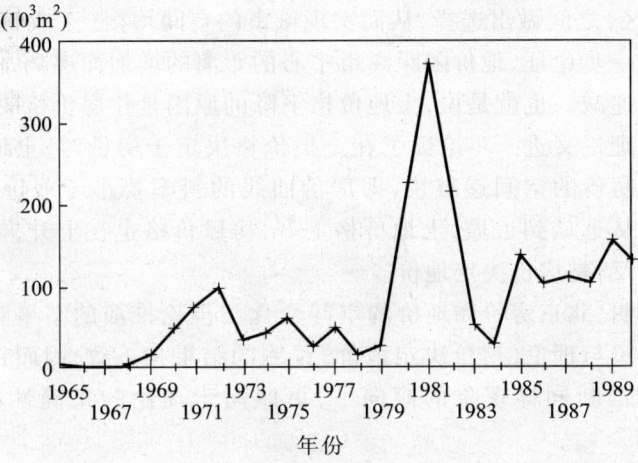

图 16.1　用于住宅的土地供给

资料来源：Peng 和 Wheaton，1994

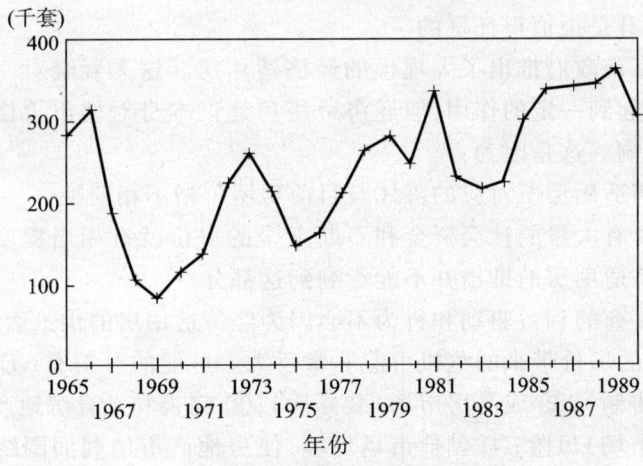

图 16.2　私有住宅供给

资料来源：Peng 和 Wheaton，1994

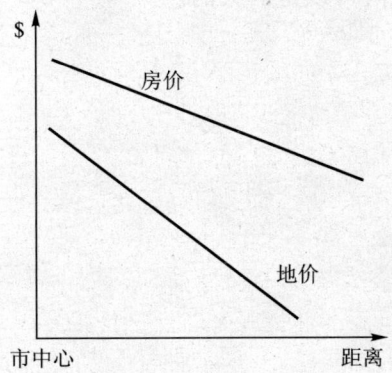

图 16.3　房价和地价的空间变化

通成本(远城区)之间做出选择,从而实现城市的空间均衡(丁成日,2006b)。城市经济学的进一步论证,地价随距离市中心的距离的增加而递减,而地价的递减受制于房价的递减。也就是说,土地价格下降的原因是住房价格的下降。

城市经济理论又进一步论证了在土地价格决定于房价时,土地价格的空间递减速率要比房价的空间递减快,即房价曲线的斜率要小于地价曲线的斜率。图16.3表示,从远城到近城,土地价格上升,房屋价格也在上升,但其内在的因果关系正好相反,是房价决定地价。

有研究表明,北京房价和地价的空间变化与理论推演的结果吻合。至少我们观察到的现象与理论(房价决定地价)预测的结果相一致,因而在没有其他理论可以预测或推断同样现象的倾向下,更倾向于理论的正确性,即房价决定地价。

那么,又怎么解释不断上升的地价呢?这并不难。正是由于不断飙升的房价才使开发商敢于支付高额价格来获取土地,如果房价不升的话,地价能否像有些城市那样上升是很值得怀疑的。

最后,北京市政府推出了大规模的经济适用房。这无疑会对一些中等收入者的住房改善起到一定的作用,但经济适用房建设本身对楼市价格总体趋势不会起到明显影响。这是因为:

第一,经济适用房所对应的群体与目前房屋价格不相匹配。

第二,只要有大量的社会资金和不断上升的房价就有相当程度的投资或投机性购房,经济适用房的推出并不能影响到这部分。

第三,开发商的利益驱动和行为不会因为经济适用房的供给而受到改变。

持续走高的房价带来的危机可能非常巨大。可能的对策有:① 改革预售制入手(停止预售制);② 成品房市场(装修后);③ 完善和发育房地产市场使开发商承担开发(市场)风险;④ 创造市场环境,使房地产市场利润围绕市场均衡正态分布,提高市场进入和退出频率;⑤ 改变消费者的预期,房价不可能一直上升,投机性购房的潜在风险可以是巨大的。

# 第五部分
# 城市土地

# 第十七章

# 为什么干预私有产权土地
## ——美国土地利用和规划

美国的大多数土地和房产都实行私有制。那么美国政府是如何在市场经济制度下对土地使用进行规划和管理的？这一重要问题是多方面的，例如：

（1）美国的土地使用法的主要来源是什么？

（2）各级政府在对私有土地使用的规划调控中起到什么作用？

（3）对私人房地产所有权的保护和政府对公共物品调控的权利之间的矛盾是如何解决的？

（4）政府规划调控土地使用的主要政策工具是什么？

（5）实施土地政策的主要工具——土地分区规划制的目的和依据是什么？

本章将介绍美国是如何应对这些问题的。

## 第一节 美国土地使用法律的来源

美国法律的五个主要来源是：宪法、成文法、案例法、行政法规、行政案例法。

1. 宪法

宪法是人民和政府之间的合约。宪法指明政府的组织形式和结构，阐明执法、立法和司法部门各自的职责。宪法同时也划清政府权力和人民权利的关系。在土地使用法规方面，美国联邦和州立宪法指明了财产所有者的权利和政府权力之间的关系。

美国有51部宪法：1789年联邦宪法和各个州立宪法。和联邦宪法类似，州立宪法也列出人民权利的范围。国家宪法和州立宪法可以通过法定程序进行修改。

2. 成文法

成文法由联邦、各州以及地方政府制定。各级政府的立法人由各司法区域的公民选举产生。如果超过一定数量公民对代表不满，下届选举可进行更换。

大多数法规由选举的立法人代表制定,但是宪法也允许公民通过州级政府创立新法。如果选举人签名超过一定数量,可以对公民起草的法律进行投票。

各州有不同的土地使用法律,各当地政府土地使用权也不相同。近年来,有些州的公民自创法律改变了原有土地法。例如,2004年俄勒冈(Oregon)州通过一项立法授予私人土地所有者更多的权利。

### 3. 案例法

案例法由法官制定。联邦和各州的法院体系都有三个级别:初审法院、上诉法院、最高法院。联邦政府和州政府评判法规是否和宪法相符。在有关土地使用方面,有多个案例涉及私有财产所有者的权利被非法或者违宪剥夺。

美国部分案例法被称为"普通法",是从英国的法庭制度沿袭而来。每个州有自己的普通法。其中重要的是对土地所有者的产权进行保护的法律,被称为普通妨害法,规定土地所有者权益如受到侵害则接受赔偿。

"先例"的概念在法庭关系中起到重要作用。"先例"是指在先前案例中法庭作出的判决对于往后类似案例的审理具有范例或者指导作用。先前的判决可以作为同级或较低级法院的先例。例如,得克萨斯(Texas)州终审法院作出判决,可以作为其他49个州的初审法院、上诉法院和终审法院的先例。联邦法院体系有94个地区初审法院和11个上诉法院,适用同样的先例原则。其中某一个上诉法院做出的裁定可以作为其他10个上诉法院的先例,但是不适用于美国最高法院。

### 4. 行政法规

行政法规是执法机关制定的具体行政管理和执法的条例。每一条法律的基本目的和作用由通过成文法的立法官员来决定,但是具体实施和执行的权力属于行政部门。因此最终法律的生效还要靠行政部门制定行政法规来实现。为了防止法律的基本目的和精神被执法部门扭曲,立法者必须力保成文法有足够详细的规定。

### 5. 行政案例法

行政案例法是指在双方或多方出现纷争时,政府指定的第三方机构做出的裁定。通常这些机构被称为"准政府",其成员既不是政府官员也不是法官,而是被联邦或者州政府授予具体的有限的裁定权。地方土地使用的裁定权归土地规划批准理事会所有。例如,私有土地的所有人能否在违反地方土地规划法的情况下在其所有土地边界附近建造房屋,由土地规划理事会决定。该理事会由地方市或县理事会任命的5~7人组成。土地规划理事会做出的裁定可以向州级法院上诉。

下面将分析的是,宪法、成文法和案例法作为美国法律的三大来源,对于决定政府权力和财产所有者权利之间的制衡起着重要作用。

## 第二节 各级政府在对私有土地使用的规划调控中的作用

美国宪法第十条修正案中指出:"除了宪法授予美国联邦之外的权力……由各州或者公民所有。"美国联邦宪法中没有一处提及城市或者县级政府的权力。事实上,英国和西班牙在殖民时期建立的地方政府拥有相当大的土地规划使用权。然后当美国在18世纪独立之后,地方政府的土地使用权被取消了。既然宪法从未授予地方政府土地使用权,联邦政府也没有取得这项权力,这意味着管理规划土地的权力归州政府所有。

### 一、联邦政府对土地使用的规划

美国联邦政府对土地使用实施直接或间接的重要调控作用。最直接的是通过土地所有权的方式。近1/3的美国国土归联邦政府所有,大多为国家公园、国家森林、美国西部和阿拉斯加的空地。部分联邦所有的国家森林出租给公民和林业矿产公司,另外部分联邦所有的空地出租给畜牧业公司。

在过去的125年内,对联邦所有的土地进行林业、矿业、能源业开发的程度问题一直充满争议。西部各州很多公民认为联邦政府拥有过多本州的土地。

对于不属于联邦所有的土地,美国联邦政府也有间接的调控作用。包括:新建联邦政府机构的所在地选择可以影响所在地的土地使用和开发。

(1) 联邦政府在交通运输和其他基础设施方面的支出。例如,1956年高速公路和国防法案意外地加速了城市化进程,这是一种分散化的开发方式。

(2) 联邦政府的环境法规。例如,1970年颁布的《国家环境政策法》,1990年颁布的《清洁空气法》,1972年颁布的《联邦水质污染控制法》,1973年颁布的《濒危物种法》。根据地点、性质以及开发的程度,这些法律对私人开发者有不同程度的限制。

(3) 联邦政府通过对各州和地方政府的财政资助项目间接地控制土地的开发使用。例如,1972年颁布的《临海地区管理法》和1973年颁布的《洪灾保护法》。后者对易发洪灾地区的新建房屋提供低于市场的价值保险,对临海地区的开发起到促进作用,但是这些优惠政策只有在采纳联邦政府土地规划和建筑标准的城市才能生效。

(4) 联邦税收政策。例如,联邦法允许房产所有人从应纳税额中扣除住房抵押贷款利息和房地产税额。这不仅促进了房屋建造业和房地产业发展,同时也扩大了房地产市场需求。又如,房产所有人如修缮文物建筑,则将获得税收优惠。

(5) 联邦农业和能源政策。如果没有对农场的补贴鼓励农业发展,农场主可能出售土地给开发商。较低的联邦燃油税收也促进了分散化的发展模式。

## 二、州政府对土地使用的规划

美国各州政府也对土地的开发使用规划有直接和间接的控制。土地使用规划权力归州政府而不是地方政府所有,然而地方对土地使用的控制更重要,有以下原因:

(1) 公民距离地方政府更近。

(2) 使得政府对居民需求和地区的人口分布作出更加有效决策。

地方政府如要获得规划土地使用的权利,必须通过州政府批准。州政府通过立法达到这一目的。一般州政府法定哪些章节必须包含在地方法规之内,地方政府采纳新的规划政策时必须遵循哪些程序,各个州给予地方政府不同程度的规划权力。

例如,各个新建建筑必须遵循州立法规的建筑标准。各州立法也涉及:① 新城市如何建立;② 地方范围扩大应当遵循县级政府法定程序。

有些州建立特殊的"重点环境保护区",由此来规划土地使用。例如,为了保护濒危物种、建立栖息地。在这种情况下,州政府确定地方政府应该依照的标准和政策,如地方政府未进行适当的保护,州政府则有权力干涉。州政府同时也要求地方政府确立使用土地的规则。例如,马里兰州要求地方政府设立相应政策保护湿地、控制水土流失、保护森林等。

只有俄勒冈和华盛顿两州要求地方政府立法对城市扩建加以限制。在限制范围以外,只允许农业、林业以及其他矿产业发展。俄勒冈和佛罗里达州为地方政府设立州级目标,在地方政府达不到州级目标的情况下,全国只有这两个州保留对地方规划的否决权。

同时州政府也有间接的调控作用,例如,州级公路的地点选择会影响土地开发。州政府对地方政府的财政支出也影响学校、公路以及其他基础设施建设。由于基础设施的建设对土地开发影响重大,为了防止城市过分扩张,马里兰州只对州政府批准的地区开发进行财政资助。另外,各州有自己的法院体系,审理有关土地使用开发的案件。

## 三、地方政府对于土地使用的规划

地方政府——县级、市级和镇政府是最终的土地使用规划者。各个州的地方政府的土地使用规划权力不等。例如,马里兰州的23个县和少数几个市政府拥有土地规划权,而面积较小的新泽西州(马里兰州面积为9 775平方英里,新泽西州面积为7 419平方英里)有566个镇政府,每个镇政府都有土地规划权。美国的大多数州,尤其是东北部的州的土地规划权由分散各地的地方政府所有。

## 第三节 私人财产权和政府规划权力之间的制衡关系

美国的大多数房产都是私有的,土地使用规划涉及一个重要问题:私人产权和政府权力之间如何制衡?美国的法庭体系和立法机构125年来都围绕这个问题做努力。要回答这个问题,必须先对地方政府的土地使用规划权作分析。

### 一、地方政府土地使用权的来源和性质

州政府授予地方政府的权力属于"警察权力"和"强制征用权"。警察权力指政府当局为了保护公共卫生、安全和公共福利进行管制的权力。这项权力是土地规划权的基础。私人财产所有者的权力受到政府"警察权力"的限制。"强制征用权"是指政府当局依据美国宪法第五条和第十四条修正案以及州宪法的相关条款,为了公共利益征用土地的权力。在这种政府征用的情况下,私人财产所有者被迫把财产交给政府作为公用。

### 二、美国宪法的财产权条款

美国宪法的第五条和第十四条修正案含有私人财产权相关条款。第五条修正案指出:

"……私人财产未经正当程序不允许被非法占用,也不允许仅仅经过补偿之后强制作为公用。"

第五条修正案被作为对警察权利滥用进行判决的主要根据,主要应用于联邦政府。而第十四条修正案适用于州政府和地方政府。其中规定:

"……任何州未经正当程序不得剥夺任何人的私有财产,也不能剥夺对任何人私有财产的平等保护。"

第五条和第十四条修正案其中的"正当程序"包含双重含义:既包含实体上的正当程序,也包含程序上的正当程序。

实际上正当程序是指政府行为既要客观合理,而且还要符合宪法如下的三个原则:

(1) 必须是为了合法的目的(即为了保护公共卫生、安全和福利)。
(2) 政府行为目的和途径必须达成一致,并且符合理性。
(3) 不能是强制征用性的,亦即不得非法剥夺公民的全部或者部分财产。

程序上的正当是指公民有如下权利:获悉即将采取的政府行为、公开审理案件、交叉询问、立案纪录、书面裁决和上诉的机会。程序上的正当程序的种类随政府行为的性质不同而各不相同。

第十四条修正案要求州政府保障对产权的平等保护,是指法规上对群体或

者个人的区别划分必须对类似情况的个人实行平等对待。例如,对某一规划类别房产的所有人必须同其他此类房产的所有人实行同样的管理规则。这意味着地方政府可以在其司法区域内实施不同的规划分类标准,从而某些地区的土地所有人可能受到更多的限制。这些规划的区别对待只有理性、客观而且合理的,才是合法的。如果两个土地所有人的财产属于同一规划类别,例如,在不允许建造公寓的区域,那么两个所有人均不得建造公寓。否则就违背了平等保护原则。

### 三、美国最高法院关于土地使用规划的合法程序和强制征用的主要法规

第五条和第十四条修正案指出"未经合法程序不得非法剥夺公民所有财产"。财产征用的原意指政府取得财产的所有权作为公用(例如,建造公路或者市政厅)。在19世纪末,土地所有者提出某些规章制度过多地限制了私人的使用权,以至于政府在强制性使用他们的土地财产。有些所有者提出要求获得赔偿。这些案例导致联邦和州级法院做出裁定,确定哪些情况属于政府的"强制征用",从而对私人财产所有者进行经济补偿。下述著名的美国最高法院的案例都属于类似情形:

1887年美国最高法院审理一起案例(Mugler vs. Kansas 123 U. S. 663)涉及堪萨斯州通过的一项法律。这项法律禁止制造销售酒精饮料并且关闭了酿造酒厂。Mugler拥有一家酿酒厂,在新法律生效之后不能继续经营。于是他起诉堪萨斯州政府未经正当程序剥夺了他的财产权,提出要求经济赔偿。法院判决:

如果仅仅出于公共卫生、道德和社区安全的原因颁布的禁令都属于为了公益征用或者没收财产。这种立法不构成对私人财产的侵害。

换言之,由于堪萨斯州认为酒精制造业破坏公益,扰乱社会秩序,州政府可合法利用其警察权力关闭酒厂,保护公共治安。Mugler可以继续合法将酒厂的建筑房屋另作他用,因此酒厂的经济利益没有被全部剥夺。综合上述原因,法庭认为州政府不需要对他进行任何经济赔偿。

1926年美国最高法院接受一起案件,使得土地规划分区合法化。法庭的决定对土地规划使用中涉及宪法第五条修正案的"合法程序"和"征用"条款有着重要启示。和美国其他很多地方政府类似,俄亥俄州Euclid村在1920年代首次实行规划分区。在该村通过实行规划政策之前,Ambler房地产公司拥有68 $hm^2$的土地,计划出售作为工业用地。然后在新的规划地图上有一半土地计划作为居民住宅区。Ambler房地产公司起诉Euclid村的规划分区未经正当程序强制征用土地,导致经济价值严重下降。然而法庭作出判决,认为该村的规划是合法的;同时裁定,尽管新的规划导致房地产价值损失,仍然不构成"强制征用",不需要对公司进行赔偿。

1922年的Mugler案例在某种程度上和美国最高法院35年之后审理的宾夕

法尼亚煤矿公司 vs. Mahon(260 U.S.393)案件相矛盾。该案件涉及一项宾州法律限制煤炭公司在居民区地下采矿。这项法律是为了防止地表坍塌造成人身伤害和财产损失。在这项法律生效之前,宾州煤矿公司购买了在 Mahon 所有的土地下的采矿权。公司控告新法律剥夺了其在私有土地下采矿的权利。这起案件中,美国最高法院没有将采矿视为扰乱公共治安,而是将煤炭采矿权作为合法产权。因此法庭做出如下有利于公司的判决:

如果财产价值损失的补偿必须通过对每个法律变更进行弥补,则政府不得破坏私人的财产权利……基本原则是,尽管可以对私有财产进行管制,但是过度管制则构成了强制征用。

"过度管制"这一概念很难界定,这起案件过后的很多年内,联邦政府和各州政府都在尽力确立如何界定"过度管制"的原则。

另外最高法院还有两起著名的案件涉及"征用"问题。其中一起是 Penn Central 交通公司 vs. 纽约市,98S.Ct.2646(1978)。在这起案件中,纽约市政府不允许铁路公司在火车站上建造 55 层的办公楼,由于几年前市政府规定火车站是该市的标志性历史建筑。市政府允许公司将开发权转让给其他 7 家公司,并且规定这几家公司开发的建筑额外累计高度可以达到同样高度。换言之,为了保护历史性标志,政府愿意让建筑商在其他 7 个建筑物的高度超过规定限高。公司上诉,尽管政府表示愿意允许转让开发权,但是不加补偿的保护历史建筑的法规破坏了公司的财产权。

美国最高法院判定市政府保护历史建筑的法规是对警察权力的合法使用,而且市政府允许转让开发权也是合理的提议(亦即合理程序)。判决进一步指出,在土地规划使用对私人产权造成损害的案件中,为了判断是否应当赔偿财产所有人,法院应该考察三个因素:

(1)对产权造成侵害的性质。例如,在土地规划中政府是否违背产权所有人的意愿要求土地所有者无偿让非所有者使用土地。

(2)对财产价值的减损。例如,1963 年的一项研究表明,几十年来的管制征用案件中,平均财产减损达到了原价值的 2/3 以上,法庭才判决这类征用需要进行经济补偿(Krasnowiecki 和 Strong,1963)。

(3)财产所有者的投资预期。例如,如果政府事先授予 Penn Central 铁路公司 55 层建筑的建造权,而且公司也开始进行投资,那么事后政府若禁止此类建筑则构成了"征用"。

Penn Central 案例涉及部分征用时应当合理赔偿(亦即政府的管制导致财产的部分经济价值受到减损)。另外一个较近期的美国最高法院的判例是 1992 年的 Lucas vs. 南卡罗来纳煤矿理事会,指明当政府管制导致全部经济价值受到损失时应该进行赔偿。1986 年建筑合同商 David Lucas 为南卡罗来纳沿岸的海滩地产支付了 97.5 万美元的投资。他原计划建造一个海滩的住房自己使用,另建一个出售谋利。然而在他购买地产两年之后,Hugo 飓风袭击该地区。大部分住房受到毁损,沙滩也受到侵袭。

飓风 Hugo 的侵袭使得南卡罗来纳州基于沿海建筑导致沙滩侵蚀的事实,通过了 1988 年海滩管理法案。根据法案,沙滩地区必须:

(1) 减轻风暴的强度,促进海岸线的稳定,保护生命财产安全。
(2) 为濒临灭绝的生物提供栖息地。
(3) 支撑本州 2/3 的旅游业。

州政府决定为了保护公共安全以及健康福利,对沙滩进行管制是合理的。具体而言,新开发建筑物不得超过原来沙滩受侵蚀的界限。不久之后州政府又设立了上诉程序,让房产所有者根据具体情况,为新开发的需要,在不威胁沙滩生态环境的前提下提交申请。

Lucas 的房产超越了法定界线,所以他被禁止建造原计划的两幢房屋。他起诉了州政府,申明政府法规强制性剥夺了他的产权,理应获得赔偿。南卡罗来纳最高法院驳回他的起诉,因此他向美国最高法院提起上诉。

最高法院的 1992 年的审判并未做出有利于 Lucas 的决定,而是将案件送回南卡罗来纳州最高法院,指导如何判断政府行为是否属于强制征用性质。法庭的判决有双重含义:首先,如果私有财产经济价值全部被剥夺,则警察权力管制构成强制征用。其次,即使一项政策全部剥夺了私有财产的全部价值,如果州政府为了保护公共治安和法剥夺财产,仍然不构成强制征用。美国最高法院认为既然各州的普通法已有多年历史,Lucas 应该知道相关法律背景。换言之,当他购买地产的时候就应该知晓州政府立法可能不允许建造危害公共安全的房屋,从而导致他的财产的经济价值全部损失。

### 四、关于合法程序的两项重要案例法规

20 世纪 80 年代末以来,美国最高法院规定正当程序必须要求地方政府的土地使用政策目标和途径相互一致。一项是 1987 年美国最高法院案例,Nollan vs. 加州海岸线委员会(107S. Ct. 3141),加州海岸线委员会由选民在 1972 年投票建立,宗旨是"保护、重建和改善加州的海洋环境资源,实行可持续发展的环境政策"。

加州海岸线委员会的部分宗旨是保证公众看见海洋的视线不受沿海开发建筑物的阻碍。委员会要求 Nollan 一家为公众提供一条通向海边的走道,否则不给予房屋建造权。由于私有土地被用作公用,Nollan 一家要求委员会提供经济补偿。法庭作出有利于 Nollan 的判决:政府为公众提供观赏海景这一目的和要求 Nollan 一家提供走道并无直接关系,委员会可以不干涉 Nollan 家的私有产权而采取其他方式满足公众需要,例如,可以改变房屋的设计,使得公众能够从公共的人行道看见大海。

第二个此类案例是1992年的 Dolan vs. Tigard 市 114 S. Ct. 2309。在向俄勒冈州的 Tigard 市申请批准扩建五金商店，Dolan 被要求捐出一条区域作为公共的自行车道的一部分。产权所有者上诉市政府，提出索赔要求。最终该案例被送至美国最高法院，判定市政府没有有力地证明该五金商店的扩建和自行车道受到阻碍有着直接关系。两个案例都表明，地方政府必须有很强的逻辑证明采取的土地管制和批准开发申请的程序是合理的。

在结束对正当程序和政府征用讨论之前，我们有必要强调，每个州都有自己的宪法，各州的法院都有权对自己的宪法条款进行不同的诠释。例如，同联邦政府或者邻近的马里兰州相比，弗吉尼亚州可能更加有效地保护私有产权的经济价值。只有当弗吉尼亚州的法院认为联邦最高法院对宪法相关条款的解释和本州宪法相一致，才可以将联邦最高法院的判例作为先例参考。

## 五、美国最高法院对关于"强制征用"案例的审判

美国宪法第五条修正案规定未经正当程序和合理经济赔偿，不得将私有财产征作公用。这一条款的"正当程序"是指财产所有者有权对政府行为提出异议，对政府提供的经济补偿也有权提出争议。"合理赔偿"是基于财产的市场价值确定，亦即在私人市场上相似财产的售价。政府为所有者提供一个赔偿价格，财产所有者可以提出上诉。在政府强制征用的案例中，产权所有者对赔偿价格的基准以及价格本身都不能提出异议。

"公共用途"一词传统意义上是指公路或者公用房屋的建造。1954年的美国最高法院案例中，政府扩大这一词的含义，从而强制征用的土地也可以用作公共目的。Berman vs. Parker 348 案例涉及华盛顿 DC 的城市扩大规划。该规划要拆除几个街区的被遗弃的危房。政府拆除危房进行清理之后，将土地出售给私人开发商用作公寓、写字楼和商业区。但是在这一地区也有的房屋条件尚好。一家五金店主起诉华盛顿特区政府，指出这项城市扩建规划没有合法的政府征用土地。店主认为政府如若将土地出售给私人开发商，则没有将土地用作公益目的，因此违反了宪法第五条修正案。然后美国最高法院判定政府强制行为拥有合法的公益目的。

在2005年，美国最高法院审理了另一项强制征用案件。Kelo 等 . vs. New London 市。（125S. Ct. 2655（2005））康涅狄格（Connecticut）州的 New London 市自从1980年代经历了多年的经济衰退。在20世纪90年代末一家大的制药公司宣布在 New London 的河边建造研究机构的计划。市政府决定将这一家新的研发机构作为带动当地经济增长的源头。城市扩建规划包括临河旅馆、餐厅、商店和码头。为了完成规划，市政府需要强制征用115个居民和商用地产。2000年12月15个私人业主联名起诉政府违反了宪法第五条修正案。

在2005年6月的判决中，最高法院做出有利于市政府的决定，指明振兴经

济是合法的征用土地的目的。法庭说明振兴经济和广义的公共利益是一致的。

上述案例带来迅速的政治上的负面反响。美国众议院投票决定如果市政府为了振兴当地经济而强制拆除私人房地产，则联邦政府不应给市政拨款。多个州立法规定地方政府若采取强制征用土地的方式振兴经济，则州财政不给予经济资助。

综上所述，私有财产权和公共健康、安全福利之间的制衡不是一成不变的。美国最高法院对于强制征用的案例，扩大了公共用途的定义。但是国会和各州立法机构都有强烈反响，对政府权力进行限制。1987年以来美国最高法院为"正当程序"这一概念设立了更严格的标准，要求对土地管制的目的和途径必须有逻辑上的必然联系。关于何种情况下政府征用需要对私有财产所有者进行经济赔偿的问题还充满争议，各州法庭和立法机构可能比联邦政府更加倾向于保护私有产权。

## 第四节　地方政府管制规划土地利用的政策工具

这一部分讨论地方政府在土地开发过程中的作用。以马里兰州为例说明地方规划和扩建管理的方法。

### 一、全面规划的作用

全面规划是给地方土地使用规划的指导。这是一项长期规划，通常为时20年，每10年更新一次。规划概述了社区的远景——一系列对生活水平、经济社会条件、环境保护和土地使用模式的描述。规划在土地使用模式，大致布局和开发时间提供建议。

全面规划同时也指出社区的总目标、具体目标和政策。总目标是指公共安全、经济健康、住房条件等方面的理想状态。例如，"让各个收入层的居民都解决住房问题"。具体目标是指为了达到总目标而设的具体目标。例如，"在20年内让收入低于平均收入60%的居民有能力购买该地区10%的新建房屋"。政策是指为了达到上述目标而使用的具体的决策和指导性规则。例如，某项政策规定任何一项超过20幢房屋的开发项目必须使得收入低于该地区平均每户收入60%的住户有能力购买新建项目的10%的房屋。

### 二、土地使用规划中涉及的地方政府各类部门

地方政府在土地使用规划中起着重要作用。规划部主任和职员起草全面规划和管理法规，并且审阅主要开发商提交的申请。

规划委员会由5~7人构成，其职责是：为规划部主任和职员提供建议，参与起草全面规划，制定分区规划以及其他规定，审查裁定下级部门的申请，公开审

理案件。规划委员会成员必须是被选举官员任命的公民(选举人不得为自己投票)。这意味着,这些有决策权的公民是为了社区的长远利益作决策规划,而不是为了让自己再次当选。

分区上诉理事会负责审理财产所有者对规划委员会做出决定的申诉,批准财产所有者对于特殊规划分区规定申请豁免。这些理事会成员也由县或者市代表大会任命。有些地方政府设立设计理事会,负责审理开发申请,同开发商协商让新建房屋同现有房屋以及自然环境相协调。另外,地方统管部门正式批准全面规划、分区规划条例、财政预算以及其他法规。

### 三、州政府对地方规划的指导——以马里兰州为例

虽然立法机构授予地方政府规划管理土地使用的权力,但是州政府会规定哪些法律条款必须用于地方规划的全面规划?在少数州,地方的规划必须考虑州政府提出的远景目标。例如,在马里兰州,这些目标包括防止城市过分扩张,保护自然资源和生态环境(濒危物种栖息地),促进经济发展。马里兰州法律规定:地方规划委员会在制定全面规划时必须对现有条件以及该司法区域和邻近区域的关系"进行详细调查研究"。马里兰州法律还要求各县制定10年的供水及排水系统规划,每三年更新一次。另外也为各市设立扩张辖区的法定程序。

### 四、规划和开发的主要政策工具

地方政府的全面规划通过一系列政策工具来实现,具体如下:
① 基于全面规划下的细分区域规划;② 传统的分区规划以及其他类型的规划;③ 促进增长的其他管理条例;④ 政府对土地的购买;⑤ 购买或者转让开发权;⑥ 政府改善规划;⑦ 税收和收费。

1. 细分区域性规划

县政府可以将其区域细分为某几个较小区域进行土地规划。所有的细分区域性规划必须和全面规划相一致,每个规划必须有具体目标。例如,在旧城区的目标应该侧重于振兴经济,改善住房条件,而郊区的规划目标应该将重点放在保护农田和森林。

2. 传统分区规划以及其他类型的规划

在传统分区体制下,地方政府将土地分为居民用地、工业用地、商业用地和农田。分区规划制定每个分区土地的哪些用途是合法的,哪些需要经过批准。例如,在居民区范围内新建小杂货店需要经过政府批准,能否通过审核取决于它是否有足够的停车位,是否在日落之前关门等。分区规划也对建筑物高度和密集度有所限制。在居民区,合法的密集度取决于每公顷的房屋总数。在工商业区,合法的密集度取决于楼层面积的比例,即总使用面积除以占地面积。

当美国在20世纪初刚开始实行分区规划制度时,房产的价值和公共福利得

到了保护。例如,政府不允许在居民区附近建造工厂。为了保护房产的价值,通常规定不允许在单幢房屋分散的居民区内建造公寓楼。这种管制促进了城市化,而且由于大的住宅和小住宅/公寓住宅区分开,也促使不同收入层次的居民区分散开来。

传统单一用途的规划分区相对的是"规划单元开发"的模式(简称 PUD)。这种模式下,不同的土地用途和住房种类在同一地区混合共存。地方政府将这种模式作为当地规划政策的一部分。规划法规通常也包含有"特殊用途分区",例如,历史保护区、自然保护区。交叉的分区会影响到原有分区的土地用途、密集度、外观标准和其他特征。

另外一种规划模式称为"聚集型规划"。有些地方政府采用这种模式对郊区土地进行开发。这种模式允许在原有分区建造同样数量的房屋,但是要求房屋集中于一部分面积上,使得多于一半面积可以留作自然保护区或者风景区。例如,某一郊外规划区允许每 5 $hm^2$ 建造一幢房屋,在 100 $hm^2$ 的土地上可以建造 100 幢房屋,那么在聚集型规划模式下,只能在 40 $hm^2$ 土地上建造 20 幢房屋,留下 60 $hm^2$ 作为待开发空地。

除分区规划之外,另外一种重要的土地使用规划方式叫做细分规则。这些规则详细制定合法细分开发土地应当遵循的程序。例如,这些法规指定路面宽度和下属分区的基础设施建筑标准。

美国的大多数地方政府主要应用传统分区规划和细分法规。然后有些地方政府认为更有效的管理需要其他的法规,例如,城市增长界限、城市服务界限、公共设施管理、年增长上限等。

3. 城市增长边界(UGB)

是指在地方全面规划内规定的城市开发的一定边界。地方政府定期审核,决定是否应该扩大边界范围。

与 UGB 相关的是城市服务边界(USB),是指城市服务设施的边界。发展 UGB 和 USB 的步骤如下:

(1) 预测该城市地区的人口和就业增长。

(2) 制定该地区密集度目标和公共服务设施标准。

(3) 根据目标密集度,估测居住用地和非居民区的需求量。

和其他规划管理方法相结合,UGB 和 USB 能够促进有效的开发、保护农业用地、森林和自然生态环境,更加有效地提供公共设施服务。

4. 提供充分公共设施管理规则(APFO)

被美国的多数司法区域采用,例如,佛罗里达、马里兰州和加利福尼亚州。在此规则中,在地方政府批准开发商申请之前,必须保证开发项目能够为新居民提供足够的基础设施服务。例如,公路、学校、供水、排水、公园、警察、消防以及紧急设施服务。如果规划部门认为相应的基础设施不能在新居民搬进住宅之前完工,则新的开发规划要延期到相应基础设施完工之时。开发商也可以选择为此类设施提供资金,日后再将此成本转移给住户。

(1) 增长上限:有些地方政府为了防止增长过快(尤其在加州),限定每年建筑许可证的发行量。不过这一类政策在美国其他地区并不常见。

(2) 政府购买土地:地方政府为了控制土地使用,保护生态环境,可以采取直接购买的方式。马里兰州政府制定规划在未来几年内购买 200 万 $hm^2$ 的土地。然而这是一种昂贵的管理方式。

5. 转让开发权和开发权转让

(1) 购买或者转让开发权(PDR):政府支付给土地所有者市场价值和农用价值的差价,以获取开发权。例如,某片农场用地价值 2 500 美元,而开发之后市场价值为 10 000 美元,政府为所有者支付差价 7 500 美元之后,农场主可以继续经营,但是不得将土地开发作为他用。政府的资金来源于债券发行或者税收。

(2) 开发权转让(TDR):土地所有者可将开发权转移到自己所有的另一地产或者出售给其他开发商。被转移开发权的地产可被更大程度的开发。
TDR 用于:

① 保护农业用地;② 保护生态环境;③ 保护历史建筑(见上述案例 Penn Central Transportation Co. vs.纽约市政府)。

在 TDR 项目中,地方政府必须规划转移和接受转移开放权的区域。接受转移的区域必须拥有额外开发的潜力。TDR 的价格也要适当,不能超出开发商的承受能力也不能低出房地产所有者的接受范围。

6. 政府改善项目(CIP)

地方政府 CIP 预算规划的目的是为居民提供公共设施服务,例如,学校、图书馆、公路、公园、供水排水系统。CIP 通常是 5 年或 6 年预算规划,每年更新。资金由州政府或者联邦政府提供来源,另外一个来源是政府债券发行。地方政府用财产税收以及公共设施收费来支付债券本金和利息。各州政府设立标准限定地方政府债务的上限。

7. 税收和收费

地方政府收入来源的一大部分来自于财产税征收。例如,新泽西州地方政府每年的运营收入的 75% 来自于财产税收。在其他司法区,例如马里兰州的蒙哥马利县(Montgomery County),财产税收入占地方政府收入的 40%。其他资金来源包括销售税、许可证收费、州政府和联邦政府拨款和下述开发收费。

(1) 政府征收:是指开发商被强制要求提供一部分公共设施建设所需土地或者资金给地方政府。

(2) 环境影响费:是一次性的收费。地方政府向开发项目中每个新的住房单元征收影响费,用于收回基础设施建设的成本。地方政府收取影响费用于学校、公路、供水、排水、固体垃圾、排涝系统。为了遵循"正当程序",例如,在

Nollan vs. 加州海岸线委员会案例中,政府征收和影响费的金额必须基于基础设施的成本或者给环境带来的影响大小。影响费也应当和全面规划以及 CIP 一致。在马里兰州,县政府的影响费收入从 Anne Arundel 县的 4 394 美元到 Montgomery 县的 17 500 美元不等。

为了完成全面规划,地方政府可以使用多种政策工具。除了分区规划作为主要管理方式之外,政府需要多方面的补充性政策进行管理规划。例如,为了保护农业用地,需要补充性的政策,而不能仅仅依靠一种政策工具。

## 第五节 开发过程的主要步骤
## ——地方政府和开发商各自的作用

### 一、开发过程中政府方的决策者以及作用

政府方面的重要决策者是规划部门、规划委员会、制定全面规划和政府预算以及地方政府规划法规的官员。土地使用计预测和规定见在本司法区域内的开发方式和性质、政策、预算支出规划和管理法规,激励机制必须引导开发商进行规划内的活动。换言之,除了建设基础设施以外,地方政府依赖于私人开发商和土地所有者进行开发。当然规划委员会应认真审核开发项目的申请和开发过程中的每个阶段。

1. 预测

人口和就业增长的预测。目的是:

(1) 创建全面规划,决策多少土地用于居住区、商业、工业以及其他用途。

(2) 合理确定公共设施占地面积大小,例如供水、排水系统。

确定对学校、公园和其他公共设施的需求。

为私人开发商提供对居民区市场分析所需数据。

建立全面规划是社区发展的蓝图。

2. 政府强制征用

这项权力对于实现全面规划是关键的,尤其是在振兴经济方面。然而在 2005 年 Kelo 案例法中,政府管制将受到更多立法阻碍。在这种情况下,政府更难将低价值的土地用于私人开发项目。不论如何,政府征用在再开发过程中起着重要作用。

3. 对土地使用和开发的管制

从制定规则到具体项目审核,地方政府努力保证开发的过程和公众利益一致。

4. 税收政策和激励机制

地方政府经常使用财产税作为土地规划的管理工具。财产税基于财产的估

计价值和使用税种的税率。纳税额可能因为财产升值或者税率上调而上升。财产估价取决于该财产的"最佳使用的最高价值"。因此靠近居民区的农业用地的价值按照居民用地来进行评估。为了保护农业发展,通常在农业用地的财产税会较低。地方政府为了补贴农业,不用市场价格评估,而是会按照农业用途评估价值。

另一方面,地方政府为了带动当地就业,鼓励大公司迁入本地,提供对财产税的豁免。政府在制定此优惠政策时考虑将来的财产税收入以及公司将来雇员支付的销售税收入。政府慎重制定优惠政策,防止其他财产税纳税人的税负过重。

5. 财政预算

地方政府对公共设施(例如公路)的地点选择会影响到当地开发进程。如政府未在开发范围内建立公共基础设施,那么开发商会选择在郊外地区建造房产,可以利用井水和当地消毒系统。

6. 土地捐助和其他补贴

为了鼓励私人开发商,地方政府可以无偿捐助土地或者低价售给开发商。当地政府也可能帮助建造或修缮基础设施。有些情况下政府建造工业园区招募商机,也可能提供贷款以促进经济增长。

## 二、开发过程中私有部门的主要决策人

美国的大多数新开发项目都有盈利性机构提出申请并且承建。大多居民用房的建筑商都给某一消费群体有目的性的设计建造房屋。从设计新建筑到项目完工出租销售需要经过多步骤的过程。

除了政府部门决策人之外,土地开发过程还涉及多种决策人,包括:

(1)开发商和规划人,合同商,建造商。

(2)市场调研人员。

(3)土地调查人员。

(4)建筑师。

(5)工程师。

(6)景观设计师。

(7)律师。

(8)市场营销经理人。

(9)私人投资者。

(10)住房抵押贷款人。

近年来,参与土地开发决策过程的还有开发地区邻近的居民,关心开发项目对社区的交通、教育环境造成影响的居民。在过去,这些居民可能在规划委员会公开审批项目的时候提出异议,或者提出上诉(如果开发项目违反了地方或者

州政府立法)。一旦遭到此类反对,开发商不仅仅要支付法律费用,还要承受其他经济损失,例如,项目开工延迟,在完工出售之前继续支付房地产税等。近年来,开发商都倾向于在提交申请之前,事先和附近居民协商,解决可能出现的问题和矛盾。

### 三、土地开发过程的步骤

从开发商的角度出发,开发过程涉及到如下步骤:
1. 开发项目的目的
具体而言,开发商需要决定要建造何种项目(居民用房屋,商业用房还是混合型用途),完工之后是出售还是出租。
2. 对地理位置和消费群体的选择
如果新建项目是住房,涉及何种居住方式。为了方便分析问题,我们假定项目是多租户型住房。
3. 对建筑用地的调查
确定是否该地区符合分区规划。
4. 确定开发项目团队
建筑师、工程师、景观设计师、律师、市场调研人员、市场营销人员、合同商、住房抵押贷款人和房产经理人。
5. 可行性研究
包括市场分析、建筑用地特征调查、影响开发项目的管理法规以及项目的资金来源。
6. 决策是否进行开发
这个阶段,开发商应当根据可行性调查研究结果决定是否继续开发项目,或者是对开发项目进行概念性重新设计。
7. 制定预备规划
制定营销规划、远景设计、房屋特征设计,决定是否需要修正管理政策。
8. 确认项目的可行性
根据预备规划和项目的资金结构、股权结构,以及资产负债率决定是否可行。
9. 取得土地开发权
10. 起草开发规划上交,并政府审批
11. 确定建筑合同和贷款合同以及发行股票募集资金,具体通过以下步骤:
(1) 申请贷款。
(2) 法律文件。
(3) 地产评估。

（4）项目成本收益详细列表。
（5）融资可行性研究。
（6）开发商信用记录。
（7）完成所有上交政府部门申请，上缴费用，开发权批准。包括：① 开发地规划；② 开发项目明细；③ 符合环境保护法规；④ 建筑标准规范。

12．最终土地开发规划和建筑绘图
13．完成最终申请（贷款和上交政府的申请）
14．购买土地
15．承建项目

包括下列步骤：
（1）获得建筑许可证以及各种费用，包括环境影响费（公路、学校）
（2）实际建造。全部一次建造或分期。
（3）建筑师、债权人和政府官员审查。

当建筑完工，地方政府进行最后的审查，然后颁发使用许可证。

若开发项目是出租房屋，则需要进行营销。初期租金收入可用来支付运作成本、地方财产税和建筑贷款。租金收入也可用来给股东支付红利。随着时间推移，项目所有人可以决定是否出售给其他投资者，或是将住房修缮出售。

## 第六节　美国的城市功能分区规划

### 一、什么是分区规划？

土地利用功能分区规划（zoning），简称分区规划，是最普遍的土地利用控制手段。城市可以通过分区规划控制建筑尺寸、人口规模和土地利用方式。功能分区规划对城市面貌有重大影响，它规定了空间在一点的土地利用类型、强度、建筑高度、地块最小或最大面积，以及其他土地利用限制等。

在传统分区体制下，地方政府将土地分为居住用地、工业用地、商业用地和农田。分区规划规定每个分区内土地的哪些用途是合法的，哪些需要经过批准。例如，在居民区范围内新建小杂货店需要经过政府批准，能否通过审批取决于它是否有足够的停车位，是否在日落之前关门等。分区规划也对建筑物高度和密度有所限制。在居民区，合法的密集度取决于每公顷的房屋总数；在工商业区，合法的密集度取决于楼层面积比例，即总使用面积除以占地面积。

当美国在20世纪初刚开始实行分区规划制度时，房产的价值和公共福利得到了保护。例如，政府不允许在居民区附近建造工厂。为了保护房产的价值，通常规定不允许在独栋住宅的居民区内建造公寓楼。这种管制促进了城市化，而且由于将独栋住宅区和多层公寓住宅区分开，也促使不同收入阶层的居民区分隔开来。

分区规划可能是美国政府管理土地使用和城市规划的最主要方法之一。开发商必须遵循分区规划对土地使用的目的和地理位置的规定以及对开发限度的具体规定。

## 二、分区规划的目的和依据

支持分区规划的理论依据主要有三个：一是保护和提升房地产价值，进而保护财产拥有者的利益和权益；二是作为政府实施城市总体规划的主要工具之一，实现土地利用管理和控制的目的；三是防治财政"搭便车"现象。与之相关的是分区规划同时能够促进公共福利、治安和健康的发展，有利于推动地区经济的增长和地方财政效率的提高。

分区规划之所以能够有这些积极的作用，其原因是分区规划可以将互不相容的土地利用是否进行空间隔离来消除土地利用的负面影响或外部性，从而保护了房地产价值和房地产拥有者的利益和权利。比如，将污染工业（产生噪声、空气污染物、水污染物等）集中布置在远离居住区的地方，并与生活区用绿色带和空地隔离开来。再如，飞机场与居住区的空间隔离，炼油厂与餐馆的空间隔离，重工业工厂与高尔夫球场的空间隔离等。这种分区规划通常称为公害分区规划（或者外部性分区），主要指分隔开不相协调的土地用途。

另外，分区规划能够通过协调土地用途促使城市基础设施的有效利用。比如，通过分区规划限制城市蔓延式发展，鼓励紧凑密集型理性发展，可以减少城市基础设施需求和政府财政负担，同时减少土地需求和有利于环境保护。

最后，分区规划可以通过同质社区的建设，克服政府提供服务和产品的"搭便车"现象导致的公共财效率损失，同时又保护房地产价值、保护地方政府税收基础。这是因为美国的房地产税是地方政府主要的税收来源，而地方财政开支主要是用于学校、交通、治安、消防等城市基础设施和服务。根据房地产税收益论，房地产税本质上是城市居民支付的地方政府提供的服务价格。如果由城市居民支付的价格小于所接受的政府提供的服务和产品，那么就意味着这部分差额由其他城市居民来承担。由其他人来承担自己消费的公共产品和服务称之为公共产品的"搭便车"现象。又如，如果新迁入居民未足额支付地方政府提供的设施和服务的实际成本，那么他们给地方政府以及现有居民带来了经济负担，也属于"搭便车"现象。通过排斥城市"搭便车"的人进入，同质社区就会发展起来，同时也取得公共财政的效率。根据实证研究，与Tiebout理论相联系的房地产收益税需要分区规划的支持。

这种为财政目的而实施的分区规划叫做财政分区规划。财政分区规划使得政府有权防止新迁入居民带来此类负担。工商业的开发项目也未必能够收回全部成本，因此必须通过财产税来解决财政问题。典型的例子是高密度的公寓在低密度住宅区不受欢迎。

分区规划还被用来保护耕地。在美国,全部土地中,森林占29%、农业用地占24%、牧草地占31%、城市开发土地近占3%[①]。在美国保护耕地的主要目的有:① 保护农业经济(农业经济是地方经济的重要组成部分);② 保护环境、生态和自然美;③ 保护社区;④ 保护新鲜农产品的生产;⑤ 保护地方财政的稳定。

### 三、分区规划的类型

分区规划有以下几种类型:公害性分区规划;财政性分区规划;设计性分区规划;包容性分区规划(inclusionary zoning)。

1. 公害性分区规划

主要是针对土地利用之间的互不相容性。最简单的办法是将互不相容的土地利用在空间上隔离开来。这种空间分割的办法实际上并没有减少土地利用的负面效果,只是在空间上移动了产生负面效果的土地利用。同时,某个行政区很可能将区内产生负面效果的土地利用(如重工业)迁至它的边缘区,远离了该区内的居民。由于行政单元之间是有空间联系的,因此虽然产生负面效果的土地利用远离了它所隶属的行政区内的居民,但同时这又意味着它距离其他行政区内的居民更近了。一个行政区内的互不相容的土地利用空间分割很可能会将负面效果带给其他行政区,造成"损人利己"的结果。

2. 财政性分区规划

是城市通过功能分区排斥给地方政府带来更大的财政负担的居民。地方政府的主要税收来源是房地产税,地方政府的主要支出是初等教育、道路、治安、消防等城市服务。由于高密度住宅(如公寓)等一些土地利用类型的房地产价格较低(与低密度昂贵的住宅相比),相应地承担的房地产税负也较少,却可能使用与高档住宅家庭同样的城市服务。这就意味着高密度住宅里的居民享受的城市服务大于他们给地方政府的经济支付(房地产税),这涉及城市服务提供的公平性和效率问题。地方政府可以通过土地利用规划倾向于低密度的住宅建筑,这样就排斥了支付税负与消费城市服务消费不相称的土地利用者。

3. 设计性分区规划

是指规划人员通过安排城市经济活动,从而提高城市基础设施的有效利用。具体的做法有:① 直接将城市发展引导到基础设施齐备的地方;② 通过土地发展权交易将城市发展引向希望发展的地方;③ 城市绿色空间的保护。

4. 包容性分区规划

---

① http://www.farmfoundation.org/documents/FINALIssueReport4-15-04.pdf.

是指规划和政府部门针对中低收入家庭鼓励可支付住房屋的发展,以此来控制不断上升的房价。因为开发商普遍热心于高中档住房的开发,以获取最大的经济回报,政府提供鼓励和激励措施来推动中低档收入住房的发展,就成为发展可持续住房的必要条件。一般地讲,政府能够提供的激励措施有:① 高密度建筑的发展(建造更多的房子对开发商来言就意味着更多的商机);② 加快建筑许可的审批;③ 提高建设设计的灵活性;④ 帮助开发商减少财政负担和风险;⑤ 对可能出现的市场挑战提供保护。

# 第十八章

## 为什么需要利用市场杠杆来间接地管理土地开发
——美国土地开发权转让制度[①]

土地政策主要集中在两大方面：一是发展和制定土地制度，从而使有限的土地资源得到最大限度的利用；一是制定和发展公共财政政策，从而使土地价值及其增值能够为地方公共财政服务，这是基于即使是在私有产权制度下土地价值及其增值主要不是由土地拥有者产生和创造的基本认识。如何保证土地资源最优化地利用是一个非常困难的问题，因为土地利用的决策是不可逆的、土地利用是长期的、改变土地利用的成本是昂贵的。因此，在土地上开发的城市活动（建筑空间）强度很难及时地通过土地价值和资本成本之间的相对关系来进行相互替代，从而实现土地资源和资本资源的最佳利用。理论上，土地价值及其增值主要是由城市化和政府在城市基础设施上的投资和城市服务的提供带来的，但是如何在政府和土地业主之间分配土地价值及其增值在西方国家也是非常有争议的，并常常上升为政治问题。

另外，城市土地管理有两个突出的问题：一是如何满足（提供）城市化所需的土地；另一个是如何为城市化地区的再发展提供土地。前一个问题是快速城市化国家或地区的一个首要的问题或挑战，而后一个问题在"老"的已城市化的国家里比较显著。本文主要讨论第一个问题。世界上不同的国家用不同的制度或模型来为城市化所需的土地提供供给。这些不同的制度或模型各有利弊。

在美国，土地（特别是城市土地）主要是由私人拥有。尽管地方政府可以影响土地怎样地被开发（开发后的土地利用类型）和土地开发强度（如容积率），但是土地开发的时机（什么时候开发）由私人（开发商或土地拥有者）来决定土地。这种制度的优势是：① 私人决策主导市场；② 土地供给相当灵活机动；③ 保持

---

[①] 本文发表在《中国土地科学》，2008，有修改，作者丁成日。

相对低的土地价格。所有这些优势促进了城市住房的发展和提高了城市住房的可支付性。这种制度的缺点是：① 可用于城市发展的土地并不一定是最适合城市化的土地；② 城市基础设施也可能不是最容易地服务于这些土地；③ 进一步讲，这种制度导致了分散的、青蛙式跳跃型城市发展的空间模式，这种空间模式要求更长和更多的城市交通出行和更多的城市公共基础设施投资。

拉丁美洲国家的土地供给制度另有特点。土地或者是私人拥有或者是公司拥有。由乡村向城市大量移民驱动的城市化的速度是如此迅速，以至于无论私人土地的拥有者或是公共部门都无法有效地为快速城市化准备所需的土地。结果，相当一部分的城市化是通过移民对土地的非法侵占来实现的。通过这种方式实现的城市发展是低质量的，并且缺少基本的城市基础设施。这种制度的优势是：尽管土地开发质量是低的，城市住房所需的土地供给不是问题。这种制度的弊病是：将通过土地侵占实现的城市化土地规范化和合法化是非常困难和昂贵的。

管理土地基本有两个模式：一是依靠行政指令性规定直接管理和控制土地利用，另一个是依据市场机制间接地管理土地。本章介绍美国试图通过市场机制间接地管理土地的尝试。

# 第一节 土地发展与土地保护

尽管美国城市土地面积为全国土地总面积的3%，但是由于城市发展和城市化的原因，城市土地消费水平的速度远远大于城市人口增长的速度，使耕地和绿色空间的减少速度惊人，在1982—1997年的15年里，美国人口增长了17%，但是城市土地利用总量增长了47%，同时数据显示，20世纪90年代的耕地开发速度是80年代的两倍，1992—1997年的5年里大约600万英亩的耕地被开发，主要耕地的减少速度比其他耕地的减少速度高出30%，如果没有相应的政策，耕地较少的速度将会持续下去[①]，1983—1993年，康涅狄格州每年损失8 000英亩的耕地，照此速度，该州2047年将没有任何土地可以耕种，印第安纳州1890年拥有220万英亩的耕地，到目前，其中的1/3的耕地已经被开发。

耕地的减少速度使美国的各级政府都认识到将土地作为环境敏感地区、农业土地、开放空间和历史标志性土地等保护起来的压力和必要。土地保护（Land Preservation）的挑战之一是它必须应对城市空间扩张带来的将土地转变为城市建设的巨大经济压力，即由于城市化、工业化带来的城市空间扩张，使城市周边地区当前使用土地的价值与土地开发价值之间的差别常常是非常巨大，以至于这些地区的土地拥有者（或使用者）无法抵御出卖土地给开发

---

① http://cepm.louisville.edu/Pubs_WPapers/practiceguides/PG16.pdf.

商所带来的巨大的经济回报的诱惑,也正是因为这个如此巨大的诱惑,才导致城市蔓延发展、高质量农业用地损失,以及环境敏感和生态区被大量开发,同时也说明为什么很多土地(耕地)保护措施并没有带来政策所设计预期的结果。

针对耕地的减少,美国各级政府自 20 世纪 70 年代以来相应地制定了各种政策来减缓耕地的损失速度,这些政策的实际效果是有争议的,但是各级政府在耕地保护方面做出的努力是在不断地增强的。

用于耕地保护的政策有[①]:

(1) 耕地捐赠或农业保持权(Donations of Land or Agricultural Conservation Easements):由私人耕地拥有者将耕地(产权)或农业保持权捐赠给政府或非营利组织,换取捐赠者的税收减免。

(2) 征地(Land Acquisition):联邦政府、州政府、或其他耕地保护的机构购买耕地。

(3) 农业区(Agricultural Districts):农场主自愿产生的农业区,该区内对农业用地转化成非农业用地实施限制,即区内土地的城市功能分区的改变(从农业用途到非农业用途的功能转变)是困难的,同时得到土地改良财产税收奖励。

(4) 农业用地功能分区(Agricultural Zoning):农业土地功能分区是一种相对廉价的耕地保持政策,只要通过规划划定农业用地功能分区即可,但是,这种方法的实际效果并不好,原因是农业用地功能分区是一个政治决策,因而随着时间的推移,功能分区因政治的压力会发生改变,结果通过农业用地功能分区来保护的耕地是短效的。

(5) 土地开发权购买(Purchasing Development Rights):由政府或非营利组织从土地拥有者购买土地开发权,而土地拥有者可以继续从事目前的使用,由于土地开发权被买走,土地拥有者可以交易其他的土地权属,但是土地开发将永远不可能发生。

(6) 土地开发权转让(Transfer of Development Rights):或者称可交易的土地开发权(Transferable Development Rights),土地开发权转让与土地开发权购买类似,不同的是开发商购买土地开发权,并在其他地区利用购买的土地开发权建设更高和/或更密的建筑。

(7) 税收激励(Tax Incentives):为继续土地非城市利用用途的土地拥有者提供个人收入所得税减免,以减少他们把土地出卖给开发商的经济利益驱动。

这些政策中,土地利用功能分区、征地、土地开发权购买等手段或由于成本太高,或由于会屈服于政治压力,或由于产权的挑战而往往不能实现其政策设计的目标,使土地保护的实际效果不明显。比如,联邦政府 2002 年通过了《农田安

---

① http://www.farmlandpreservationreport.com/details.htm#anchor298017。

全和农村投资法(Farm Security and Rural Investment Act)》,为州政府、地方政府、非营利的组织提供9.85亿美元的资金支持用于耕地保护。全美国大约有2百万英亩耕地是通过开发权购买来保护的。州政府和地方政府花费了15亿美元用于购买开发权(Farm Foundation,2004)。显然,利用开发权购买来保护耕地过于昂贵,因而很难满足耕地保护的目标。正是在这样的背景下,土地开发权转让受到广泛的关注和重视。

## 第二节 土地开发权转让

### 一、什么是土地开发权转让

土地开发权转让(Transfer of Development Rights)或可交易的土地开发权(Transferable Development Rights)是一种自愿的、基于市场机制的土地利用管理机制,通过将土地开发引向更适合土地发展的地区来推动保护具有高农业价值的土地、保护环境敏感区和保护战略地位的开放空间。开发权转让的核心是将某地区(该地区称之为"发送区 Sending Areas")的土地开发权转让给另一个地区(该地区称之为"接受区 Receiving Areas")。这样,一旦"发送区"的土地(地块)其开发权被买走,该土地(地块)将永远不能被开发(图18.1)。

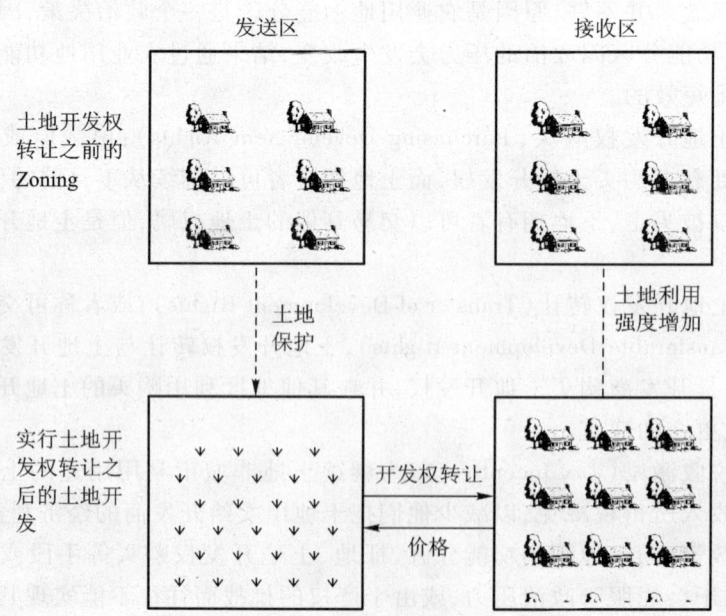

图 18.1 土地开发权转让
Zoning:土地利用功能分区(决定土地利用类型和强度等)

图 18.1 所示，没有土地开发权转让政策之前，根据土地利用功能分区，"发送区"的土地开发密度是单位土地面积可以建造 6 个单位的住宅单位，而"接受区"单位土地面积上可以建造 8 个建筑单位。实施土地开发权转让之后，"发送区"单位土地面积建造零单位的建筑，而"接受区"内单位土地面积将建造 14 个建筑单位。

土地开发权转让的法律依据是土地产权是由不同的权属束组成，如出卖的权利、根据土地利用功能分区确定的用途使用权利、土地上树木砍伐的权利、向土地排放（生活）污水的权利、开发土地的权利等，这些权属可以相互分离，分别单独地在市场上交易，中国土地出让制度就是一个土地产权由不同的权属构成的典型，国家拥有国有土地的产权，而允许国有土地使用权的出让、交易、抵押、赠与、出租等市场行为，这里将土地开发权剥离出来，进行交易。

土地开发权转让用于保护土地是通过土地开发权在"发送区"与"接受区"之间的交易来实现的。土地开发权"发送区"和"接受区"有明确的地理范围，前者是土地保护区，应依据环境、生态、文化和农业发展等来确定，而后者是被引导的城市发展方向、土地开发的密度和强度因土地开发权的"接受"而变得更高。因而，本质上，土地开发权需要与土地利用功能分区（规划）结合，通过市场机制更好地保护耕地。

一般地说，"接受区"的空间地理范围应根据城市发展方向、城市基础设施建设、城市经济空间聚集等方面来划定。"发送区"只能将该区域内的土地开发权卖出，而不能买进，通过完全避免地块的开发或者减少该地区总的土地开发量而达到土地保护的目的，"接受区"则相反，因为是政策引导的未来城市发展方向，故只能买进土地开发权，不能卖出土地开发权。

土地开发权"接受区"的开发商（将在"接受区"从事土地开发的投资人或投资方）与土地开发权"发送区"土地拥有者通过自愿或直接的方式交易土地开发权，政府基本不干预土地开发权交易过程本身。

## 二、土地开发权转让的理论依据

土地（耕地）保护大多是通过政府行政命令式的法规和政策。政策法规是影响土地价值的一个主要因子。政府投资建造的高速公路可以显著地改变高速公路周围的土地价格。政府还可以通过土地利用分区规划来提高土地价值，如将土地划分为商业和高密度的住宅用地，土地的价值将有很大的提高。如果政府决定建造污水和垃圾处理厂，该厂周边的土地价值就会贬值。或者政府通过土地利用功能分区规划降低土地利用的密度（如容积率从 3 降低到 1），土地价值也会贬值。基于土地利用功能分区之上的土地开发权转让通过平衡土地法规对土地价格的影响（提高和降低土地价值），减少或避免由于土地法规带来的市场扭曲，更正土地法规带来的利益分配中的社会公平问题。

这一点对中国的基本农田保护政策有很大的现实意义。根据基本农田保护政策，基本农田不能转变土地利用用途，因而也就间接地剥夺了基本农田上农民享受城市化和工业化带来好处的可能性，使同样响应政府号召的（基本农田上的）农民与非基本农田上的农民（他们也响应政府的号召）面临不同的机会和发展潜力，前者不能转化他们的耕地（特殊境况除外），而后者可以。这可能产生非常严重的社会公平问题。土地开发权转让有可能是耕地保护区内的农民同样享受到城市化和工业化（尽管城市化和工业化可能发生在其他地理空间上）带来的经济好处，缓解土地法规带来的社会公平问题。

土地开发权转让，作为管理城市增长的一种工具，能够：

（1）保护脆弱和有意义的土地及其质量：这可以简单地通过将脆弱和有意义的土地划分为开发权转让的"发送区"来实现。

（2）将城市发展引向能够最大限度地利用城市基础设施和服务的地区：这是基于城市及其周边地区城市基础设施的利用效率是不同的这一基本理解，因而将城市发展引向基础设施利用不足的地区将提升公共财政效率，有助于缓解城市基础设施和服务的压力。

（3）提供给开发商显著的经济激励：提升"接受区"发展的机会和城市土地开发收益，通过土地开发权转让，开发商能够比基于以前的城市功能分区规划规定的密度更高的密度来开发土地，尽管开发商需要支付土地开发权转让费，但是由于开发商有了一定的自由度来进行资本与土地之间的替代，这个额外的土地开发转让费能够内部化的同时，开发商的土地开发利润会更高，有利于"接受区"的发展。

（4）土地开发权转让允许（发送区）土地财产拥有者保持其产权的同时，公平地补偿土地拥有者土地开发价值，使他们有权利获得土地不开发的收入（土地开发权转让费）。

### 三、土地开发权转让的优势

同土地利用功能分区（将土地划分为农业用途，这与中国的基本农田保护区类似）相比，土地开发权转让具有4个方面的优势：

（1）土地开发权转让是一种基于市场机制的土地政策，因而不像土地利用功能分区那样依靠行政手段来保护土地，也不会因屈服于利益集团和政治需要而迫使土地用途发生变化，实证研究的结论是利用土地利用功能分区来保护土地或耕地在城市发展压力大的地区实际效果并不好（Daniels，1991），这间接地说明了利益集团和政治压力对土地利用功能分区的影响可以是巨大的。

（2）通过土地利用功能分区来保护土地（耕地）的最大问题之一是人为（或行政）地剥夺了土地拥有者将土地出卖给开发商并从中获取相应的经济回报的可能性，而没有划入农业用途的土地拥有者可以享受城市化和工业化进程带来的土地升值。另外,由于土地利用功能分区可能限制住宅土地开发供给,因而负面地影响城市住房的可支付性;相反,土地开发权转让通过引导城市发展有助于城市基础设施最大限度地利用和实现城市经济的规模效益。由于土地利用功能分区很有可能受利益集团的左右,而使土地利用功能分区确定的土地利用类型会发生变化(主要指城市周边地区非城市用地转变为城市用地),因而从长期来看,土地利用功能分区下的耕地或土地保护目标难以实现;相反,土地开发权转让通过经济机制减少了土地拥有者寻租行为的经济动力,土地开发的经济动力减缓有助于土地最终实现长期的保护目标(Thorsnes 和 Simons,1999)。

(3) 开发商需要支付土地开发权转让费,这个土地开发权转让价格实际上是补偿"发送区"土地拥有者可以继续从事农业生产而不将土地用于开发。

(4) 对面临城市蔓延式发展和发展压力的地区,土地开发权转让的城市发展结果是有效率的。土地市场分配使土地能够最大限度地实现自身价值,即市场最大化总计的土地价值(maximize aggregate land value)。

## 四、土地开发权转让的利益分析

使基于市场机制的开发权转让能够有效地保护土地,需要在空间上确定土地开发权的供给(或者说是确定"发送区"的地理范围)。根据什么原则、依据什么指标、应确定多大的范围、如何说服土地拥有者参与土地开发权转让等,都是实施土地开发权转让政策过程中普遍面临的现实问题。另外需要注意的问题是:如果参与土地开发权转让的土地拥有者数量较少而土地开发权需求较大,就可能导致对土地开发权的投机行为,进而抬升住房价值。这个问题对新城市居民可能会更严重些,他们一方面要在更高密度的社区里居住,另一方面又要支付更高的住房价格。

政府会积极地推动土地开发权转让,因为:① 政府不需要花费就能够实现保护土地或耕地的目标(Danner,1997),政府除了决定土地开发权"发送区"、"接受区"即可。因而对政府而言,土地开发权转让基本上是零成本地保护了土地或耕地。监控这里不是问题,因为政府只要不给已经买走土地开发权的地块发放城市建筑许可就可以了,剩下的就是监控城市违规建设,而监控城市违规建设在有没有土地开发权转让政策下都是要实施的,故土地开发权转让并没有为城市土地发展监控增加额外的负担和成本;② 基于市场机制的土地保护政策能够最大限度地减少或避免刚性的行政命令式的土地保护(如土地利用功能分区)带来的社会福利损失和经济效率的降低;③ 土地拥有者与开发商之间直接的交易土地开发权更容易被接受,政治上的阻力较小。

开发商一般会积极地支持土地开发权转让政策,尽管他们的土地开发成本会增加(土地开发权转让价格),但是由于可以提高土地开发密度和强度,如通过容积率的增加、建筑密度的提高、土地建设比率(一块土地内可以允许被建设的土地面积与总的地块面积的比率)的提高,开发商可以实现住房建设的经济规模效益,从而可以获得更高的土地开发利润。

"发送区"的住房拥有者会支持土地开发权转让政策,这是因为他们的周围不开发或少开发会使该地区避免因开发带来的环境和城市问题,进而提高该地区的生活质量,"发送区"土地拥有者也会支持该政策,特别是当此政策是自愿(voluntary)而不是强制性(mandatory)的,他们可以继续从事目前的土地上的活动(如耕种、放牧等),并且能够得到补偿。

相反,"接受区"的居民会反对土地开发转让政策,这是因为该政策使"接受区"的发展密度提高,一方面会恶化居住环境,另一方面会吸引中低收入城市居民的迁入,需要指出的是,地方政府和有识之士鼓励不同收入群体的社会阶层混居,鼓励社会各阶层的广泛交流和融合,而不是根据地位和收入等制造社会隔离(social segregation)。

## 第三节 中国耕地保护政策及其评价

经济发展和城市增长是中国的城市发展不可避免地意味着城市向农村扩展和耕地的占用,而保护耕地、实现粮食安全是国家的基本国策之一。为保护耕地,国家制定了一系列政策,取得了一些成绩,但是总的效果远不如政策设计目标。原因很多,最主要的可能是耕地转化为城市建设用地带来的经济动力过于强大。国际上的经验说明,当经济驱动力(incentive)与政策相佐时,实际的结果往往是受经济动力左右。

耕地保护是中国的基本国策之一,耕地保护的措施主要有耕地总量平衡(土地管理法)、基本农田保护区的划定、对基本农田或耕地建设用途占用的严格限制和审批、耕地转化(为建设用地)指标的严格控制等,这些措施似乎应该能够有效地保护耕地。然而,实际的结果是耕地从 20 世纪 90 年代以来一直是减少的(当然,根据国土资源部的调查,农业内部结构调整和退耕还林是耕地减少的主要原因,见国土资源部土地勘查设计规划研究院,2006)。快速的城市发展使大量的农田被占用,其中,大部分是优质良田,据保守估计,1985—1995 的 10 年间,国家每年损失 1 000 万亩[①]耕地(李元主编,1997)。

耕地总量动态平衡政策的出发点是保护耕地,这点无论是出于粮食安全、还是环境和生态保护、或者是开发空间的保护等缘由,都是可以理解的。但问题是如何最好地保护耕地,既满足城市发展的需要(解决城市就业、住房、基础设施等需求),又能实现耕地保护的目标。这是政策研究所应该关注并探索的核心问题。

---

① 1 亩 = 0.066 7 hm$^2$。

理论分析表明,耕地总量动态平衡政策会产生 3 个主要问题:

(1) 按照行政单位(省级,然后进一步分配到市县乡)平衡耕地总量是无效率的,并且负面地影响经济发展。随着经济发展,需要更多的土地用于工业和商业活动以及交通通信电力等基础设施(来支持工业和商业活动)、住房建设来满足城市人口增加的需要。经济增长是空间不平衡的,一方面由于自然基础的差别,另一方面是由于经济集聚效益和规模经济的差别。因而,用于工业、商业和城市住宅建设的土地的价值也相应地存在着巨大的空间差别,进而将农业用地转化为城市用地的利益驱动和压力的空间差别也是巨大的(丁成日,2002b)。这说明了为什么东部发达地区的耕地总量平衡政策目标很难实现的原因,也是东部耕地转变量大的经济基础。

(2) 耕地总量动态平衡抑制和限制发展地区的经济发展潜力,而不会影响缺少发展潜力地区的经济发展。理论上,当地区经济发展水平存在空间差别时,全国统一耕地保护政策是无效率的,且无效率的程度是随着地区之间经济发展水平的差别的增加而增大。结合中国地区经济发展水平的巨大差别,统一的耕地保护政策带来的经济效率损失将是惊人的。

(3) 统一的耕地保护政策与地区经济不平衡发展之间的矛盾,从本质上说明按照行政单元要求的耕地总量动态平衡是不可行的。这是因为,负责耕地保护政策实施的地方官员同时也负责地区经济发展和地方财政管理。推动地区经济发展、促进城市基础设施建设,进而提高人民的生活水平也是地方官员的职责和义务。由于地区经济发展的压力,严格地执行耕地总量动态平衡实际上是要求地方官员满足本质上相互矛盾的要求。当然,这不是说经济快速发展地区目前的耕地占用都是合理的和应该的(中国提高城市土地利用的潜力是巨大的,有很多工作可以并应该做。本文只是想说明快速发展地区耕地减少是一个趋势,如何减少,较少的耕地如何利用才能最大限度地提高土地利用效率等是另外一个问题,不在本文讨论的范围,故这里不予讨论)。

基本农田保护政策有以下 6 方面的负面社会经济影响(丁成日,2002b):

(1) 因基本农田土地使用者不能将其土地根据市场规律来开发转换成城市土地,可预见的未来土地地租增值所带来的价值(或称城市增长土地价值溢价)将得不到实现,影响整个社会财富的增长。

(2) 基本农田保护可能提升土地开发的成本,这是因为开发商的区位受到限制,使其不得不到土地开发成本高的地方去发展。

(3) 基本农田保护将增加交通成本,这是因为基本农田保护可能破坏城市空间的连续性。

(4) 基本农田的保护将缩小土地供给,从而提高土地价格。

(5) 基本农田保护将带来极大的社会不公平,基本农田保护条例的实施一方面使一部分土地使用权的拥有者(非基本农田)能够利用高速城市发展的机会,从土地开发中获取巨大的利润。据报道,在南方的一个城市,1990年代初,土地出让金是农民农业收入的200~300倍(杨重光和吴次芳,1996);另一方面使另一部分土地使用权的拥有者(基本农田)不能够利用高速城市发展的机会,与土地城市开发潜在的、巨大的土地开发利润无缘。因而,基本农田保护条例会导致社会收入再分配,从而产生消极的社会影响。

(6)基本农田保护条例限制了有基本农田使用权的拥有者利用城市高速发展的机会,使他们不能合法地从事土地开发,只能目睹有非基本农田使用权的农民获取高额的土地开发利益。这无疑使响应国家号召的农民的利益间接地受损,且损失会很大,必将打击基本农田区农民响应国家政策的积极性。机会的不平等、土地收益的巨大差别也会使一些人铤而走险,或利用和创造各种机会来从事土地开发,以获取高额的土地发展利益。

## 第四节 土地开发权转让对中国耕地保护的启示

随着经济的发展,耕地需要保护,经济和城市发展所需要的土地供给也需要保证,因而发展地区耕地保护与经济发展之间的矛盾会越来越突出。如何协调这个矛盾是中国实现现代化过程中必然面临和需要解决的挑战。

在美国,土地开发权转让同行政命令性的土地保护政策相比有三个显著的特点(Pruetz 1997,Machemer 和 Kaplowitz 2002,McConnell 等,2006):第一,它提供了一种工具来补偿根据政策和法规不能发展的土地拥有者,这些土地的价值因不能发展而远远低于应该的市场价值。同时,这个补偿水准是根据市场原则来决定的,因而会更加公平。第二,减缓政治压力,特别是来自想把土地卖给开发商的土地拥有者。第三,大大地减少由于法规带来的土地申诉和争议及其相应的成本。

结合中国的国情,土地开发权转让同其他现行的土地(耕地)保护政策相比,具有以下6个方面的优势(Litchenberg 等,2007):

(1)土地开发权转让能够区别对待不同发展阶段的地区,因而能够消除或减少统一的土地政策带来的效率损失。如土地开发权转让制度能够对应不同的经济发展压力,允许经济发展潜力更大的地区开发更多的土地,相应地在缺乏发展潜力的地区推动更多的土地(耕地)保护。因而土地开发权转让制度可减少或消除耕地保护政策带来的无效率经济增长。

(2)土地开发权转让制度提供收入转移机制,将发展地区从土地转化带来的经济增长收益转移到耕地保护地区。这样做的同时,减少了非法和违规地开发耕地的经济利益驱动。

(3)土地开发转让制度通过将耕地开发的社会成本现金化,能够帮助更正地方政府官员面临的利益驱动扭曲。因而,土地开发权转让制度通过将推动经济发展与耕地保护之间的矛盾转变为两者之间的金融取舍(financial tradeoff)和减少利用耕地转化来推动地区经济发展的经济动力(这样有利于促进现有城市土地的再开发利用),应该有助于中国耕地保护目标的实施。

(4) 土地开发权转让制度为中央政府提供了更有效地管理和控制土地和耕地保护的工具。因而一个有效的土地开发权转让制度需要在一个更高级的政府层面上运作,如省级之间的土地开发权转让就一定需要中央政府的介入、运作、监管等。

(5) 有助于推动和完善土地权益分配机制和产权立法。土地开发权转让的实施必然要涉及土地利益在政府、农民和开发商之间的重新分配或再分配,并要求产权利益法律上的明晰界定。这无异与国家的发展方向(依法治国)相一致。

(6) 土地开发权转让制度提供了一个基于市场机制的政策来分配和管理土地,包括耕地保护。这与国家深化和完善市场机制,推动中国特色的市场经济的总体目标相一致。基于市场机制的耕地保护政策的实施效果会更好,耕地保护的目标也会更容易实现。

土地开发权转让提供一个独特的政策工具,来平衡土地保护、金融补偿、经济激励和机会、区域发展战略和发展等之间的关注,而基本上不需要公共资金的投入。土地开发权转让是管理城市增长的工具,而不是用来减少城市增长的。实证研究表明,土地开发权转让有可能总体上推动城市的发展(Levinson,1997;Machemer 等,1999)。

土地开发权制度在发展压力大和发展迅速的地区更有可能产生积极的结果。如马里兰州的蒙哥马利县。该县已经通过土地开发权转让保护了 40 583 英亩的耕地,占全美国通过土地开发权转让保护的土地总面积的 60%(American Farmland Trust,2005)。根据过去几年的发展速度,蒙哥马利县持续其发展速度的话在不到 10 年里将没有土地可以用于开发。这充分地说明了该县的发展压力。

中国的发展目标是 2020 年国民经济再翻两番,城市化达到 55%。这意味着在未来的十几年里经济的年平均发展速度不能低于 7%~8%,每年需要有 1 千万的农村人口成为城市居民。如此规模的社会变革,一方面揭示了发展速度和压力;另一方面也说明耕地保护和经济发展之间的矛盾会越来越突出。结合其他的耕地保护措施,土地开发权转让制度不失为一个非常值得探索和实施的工具。

中国保护耕地是必然的,问题是如何保护,这应该得到更广泛的重视。政策法规手段与经济手段相结合是解决耕地保护与城市发展之间矛盾的最佳途径。

# 第十九章

# 为什么中国城市空间快速扩张
## ——土地供给对城市经济发展的影响[①]

城市化和工业化是一个国家经济发展的主要标志。尤其是中国,不但正处于经济发展的高速阶段,同时也正经历着快速的城市化过程。事实上,中国东部省份的主要城市是中国经济发展的发动机。城市发展必然地带来城市空间的扩展,进而使城市建成区向城市周围的农用地侵入,造成农地、特别是高质量的农地显著地减少。由于中国需要养育13多亿人口,粮食安全或粮食自给自足成为一项基本国策,因而国家制定了一系列的政策来保护耕地,如基本农田保护区的划定及其保护、耕地总量平衡政策、占用耕地指标分配等。

由于中国实行的是城乡不同的土地所有制度,城镇土地属国有,而农村土地为集体所有,满足城市发展需求增长首先需要从农村通过改变土地所有权(并相应地给予征地补偿)——征地。过去十几年来中国征地制度及其实施产生很多问题,有些是没有预想到的,如:① 如公共利益定义模糊,进而造成征地权力可能被滥用;② 征地补偿标准的合理性和公平性问题;③ 农民的权利和权益的保护不足;④ 补偿标准低;⑤ 补偿不公平;⑥ 征地被用来支持地方财政,孕育着巨大的地方财政潜在危机;⑦ 耕地被大量的占用和浪费;⑧ 征地程序缺少透明性、缺少公共参与及其相应的制度保证;⑨ 集体截流补偿金及其使用中出现的问题等(Ding,2007)。

但同时,中国特有的土地制度安排(包括土地出让制度、征地制度)为中国发展初期资金不足、地方财政能力有限的情况下大力推动地方经济的发展应该是有相当大的积极意义的。城市空间扩展既可以是城市化和城市社会经济发展的结果,也可以反过来影响城市经济的发展。本章利用面板数据(220个地级市、1996—2003年),通过将城市看作一个企业,其经济产出(GDP)决定于3个

---

[①] 本章是与 Erik Litchenberg 教授一起合作研究的一部分,有增删。见 Ding C. and E. Litchenberg (2007), Using Land to Promote Urban Economic Growth in China, Urban Studies.

投入要素:劳动力、资本、土地,①通过计量经济学方法度量城市土地供给对城市经济的发展。

## 第一节 中国土地的使用制度和法律框架

对土地使用的制度和法律框架进行改革是中国经济改革的一项重要内容。中国实行土地国有制度。在整个20世纪80年代,中国主要对土地制度进行了两项重要改革,以便为不断扩张的私人经济提供土地。首先,政府在经济发展区和工业开发区中划定了特别用地,为国外直接投资和其他私人经济活动提供了空间。在这些开发区中的企业可以享受免税待遇,并很容易获得更多土地的使用权。其次,基于香港的经验,中国建立和发展了土地出让制度,该制度通过将土地所有权与使用权的分离,建立了土地使用权的长期租赁市场(40～70年,取决于土地利用类型),从而为鼓励和促进私人投资者提供了物质平台(土地使用)。过去近20年来的发展,证明土地出让制度在推动经济发展、房地产业的发展做出了巨大的贡献。土地出让制度上的创新一方面适应了不断扩张的私人经济对土地使用的需求,另一方面也维持了土地的公有制度。公有制支配了大部分的土地使用分配。

中国特有的土地所有制"二元"结构,使政府在城市化过程中对城市建成区的扩大发挥着不可替代的作用。城市用地、基础设施用地和矿业用地属于国家所有,在更高一级政府——如地区政府、省政府和中央政府的监管下,由地方政府加以管理。农村土地属于村集体所有,并在更高一级政府的监管下由村集体进行管理。除了对农业用地拥有土地分配权外,这些村集体还对有限种类的房屋建造、公共工程和乡镇企业的用地拥有分配权。在这些有限种类之外的农村用地的分配需要经过土地所有权的转换才能实现,即从农村集体所有转变为国家所有。因此,大部分居住、商业和工业用地都需要通过地方政府征用农村土地,并将其所有权进行转换后才能得以开发。

由于土地管理法明确规定只有国有土地才能参与城市经济发展,而现有城市土地是不能满足快速城市带来的日益增长的土地需求,城市土地供给首先需要将农村土地通过征地变成城市用地。在国家行使土地征用权的过程中,对农村土地转换成城市土地给予适当的补偿是必须的。由于缺少农村土地市场,土地管理法制定了一整套行政程序来决定被征收土地的农民所应得到的补偿。这一补偿主要基于农业生产率来计算,包括对土地、当前种植的庄稼、土地附着物和土地改良的补偿,以及搬迁的安置费用。

大约在10年前,中央政府开始担心农用土地转换成城市用地的速度过快可

---

① 这里将土地引入生产函数的原因是中国特殊的土地制度安排(见下文)。

能带来粮食安全问题,尤其是对沿海地区,因为那里的农业用地生产力较高。因此,中央政府对土地转换实施了严格的行政控制(Lichtenberg 和 Ding,2008),并采取几个主要措施来保护农业用地并减慢土地转换的速度。其中的一个办法要求每一级政府在其所有农业用地中划出固定比例的土地作为基本农业用地。没有国务院的明确批准,基本农业用地将被禁止转换成城市用地。另一个办法就是所谓的动态平衡(非净损失)政策。该政策要求任何农业用地转换成城市用地都需要以其他类型的土地转换成农业用地作为补偿。这些办法是通过省政府、市政府和县乡政府的土地使用规划来实施的。土地使用规划需要说明农业用地保护的目标、土地转换的限额,以及被划定为基本农业用地的数量和地块位置。根据1998年的土地管理法,这些土地使用规划必须经由更高一级政府的审批(如市政府的土地使用规划要由省级政府批准;省政府的土地使用规划则需要国务院批准)才能加以实施。

尽管土地管理法对土地使用转换作出了法律和行政的规定,但是农业用地转换成城市用地的速度仍然很快。从1998年到2004年,中国220个主要城市以每年2.6%的速度扩展,而在1996到1998年期间,其年均扩展速度只有4.1%。从2000年到2001年间,城市扩张所用土地的3/4都是从农业用地转换而来的,并且超过半数的城市建设是建在被转换的农业用地之上的(2003年国土资源部土地征用改革调查组)。2004年,中国220个主要城市的总面积已经比1996年扩大了1/4。

农业用地持续被转换的原因主要源自中国土地分配系统的结构。在土地分配过程中,地方政府官员实际上扮演了土地开发商的角色。毫无疑问,一些官员是受个人利益的趋势而行使分配权力的。但即使是最正直的官员也会有强烈的动机来扮演土地开发商的角色,从而把农业用地转化成城市用地。这主要是因为更高一级政府主要从以下两个方面来衡量下级政府的业绩:① 经济发展的成绩;② 地方财政的有效管理。我们将在下面的部分详细讨论这些激励机制。

现有研究文献并没有定量地分析研究土地在中国城市经济发展中的作用。这一忽略是可以理解的。理论上,在市场经济体系的西方国家,土地的分配会根据经济的发展、收入和人口的变化,通过土地所有者最大化土地价值的动机和土地使用者对地租的竞价的相互作用,来实现适当的调整。所以,在市场经济中,土地并不是一个会限制城市经济发展的固定因素,因此也不是城市经济发展的决定因素。但是,中国的土地市场规模十分有限。尽管有关城市土地长期租赁的二级市场在中国较为活跃,但是城市扩张所需的农村土地征用权仍掌握在地方政府手中。在这种情况下,土地供给是一系列明确政策过程的结果,而非自动调整的结果,所以土地在中国会成为制约经济发展的固定因素。

在中国,土地供给不仅是满足现有投资需求的一个手段,同时也是促进新投资的一个手段。随之带来的经济活动的增加不仅可以增加税收收入,还可以提高当地居民的生活水平,土地还曾经用来作为土地财政的基础。

## 第二节 农业用地转换的激励机制

### 一、土地对城市经济发展的贡献

促进经济发展是中国政府的首要任务之一。经济发展可以提高人民的生活水平,从而保证社会稳定和提高国家实力。工业发展通常被认为是促进经济发展,提高城市和全国人民生活水平的重要因素。因此,经济发展的成绩是决定地方政府官员升迁的主要标准。

农业用地转换为城市用地可以直接或间接地对经济发展产生影响。当然,土地可以为经济活动的扩展提供空间,从而促进经济发展。因此,土地的供给程度会对经济发展的速度产生直接影响。同样重要的是,土地供给在中国还是地方政府吸引新投资的重要手段。没有土地供给,新投资将会落户其他地区甚至国外。换句话说,中国地方官员不仅把土地供给视为满足经济发展需要的手段,还把它视为促进经济发展的工具。对于地方官员、省和国务院官员来说,成立新的经济发展区是以土地供给来促进投资的常用方法(Cai,2003;Ho 和 Lin, 2004)。

一些经验也表明,土地供给并非是中国吸引投资的有效工具。例如,到 1996 年底,经济开发区总计有 116 000 hm² 的土地尚未开发(Cai,2003;Ho 和 Lin,2004)。2004 年,中国国土资源部发现在 6 866 处工业或经济开发区中,有 70% 的开发区包含有非法征用的土地或闲置的土地。超过 1 300 万 hm²——几乎 65% 的开发区规划用地被要求重新转换为农业用地(Cao,2004)。显然,这些各种各样工业园、开发区的设立都是未来吸引资本投资、推动地方经济的发展。

### 二、财政改革和农业用地转换

权力下放以及中国在 1990 年进行的财政改革给地方官员转换农业用地为城市用地提供了很大的动力。良好的地方财政管理是衡量地方官员政绩的重要指标(Li 和 Zhou,2005)。政府支出和收入主要是根据国家政策制定的,因此地方官员并无权力掌控支出和收入。但土地转换的利润——即出租土地使用权所获得的转让费收入和农业用地征用的补偿费支出之间的差额,可以由地方政府支配。10 年前的财政改革则进一步强化了这一利润来源的重要性。

在 1993—1994 年,中央政府对政府的财政和税收系统进行了重大改革。在 1993 年以前,中央政府拥有持续性的小额赤字,而省和地方政府则拥有持续性的小额盈余(图 19.1)。这次财政和税收改革的目标是增加经济中政府税收收入的比例,增加中央政府的税收比例,以及消除税收结构中的扭曲并提高税收透明度(Wong 和 Bhattasali,2003;Zhang 和 Martinez-Vazquez,2003)。20 世纪 70 年代末经济改革开始后,政府收入占 GDP 的比例从 1980 年的 24.5% 稳步下降到了 1995 年的 10.7%。税收和财政改革还增加了税收收入。截至 2001 年,政府税收收入占 GDP 的比例已经上升到了 17.4%。这次改革同时也减少了政府对营业税的依赖,增加了对收入税的依赖。营业税占政府税收的比例从 1994 年的 66% 下降了 2001 年 55.53%,而收入税的比例同期则从 15% 上升到了 20% 以上(Zhang 和 Liu,2003)。最后,这次改革还降低了省和地方政府的税收份额,增加了中央政府的税收份额。中央政府的税收份额从 1993 年的 22% 上升到了 2001 年的 56%(Zhang 和 Martinez-Vazquez,2003;Wong 和 Bhattasali,2003)。

　　这些改革虽然降低了省和地方政府的税收份额,但并没有改变他们的开支负担。因此,省和地方政府在改革后持续出现了较大的财政赤字,而中央政府则出现了持续增长的财政盈余(图 19.1)。1993 年,省和地方政府的财政盈余为 61 亿人民币,到了 2003 年,省和地方政府的财政赤字达到了 7 380 亿元人民币(Xie 等,2005)。这些赤字还在以每年大约 17.5% 的速度增长。

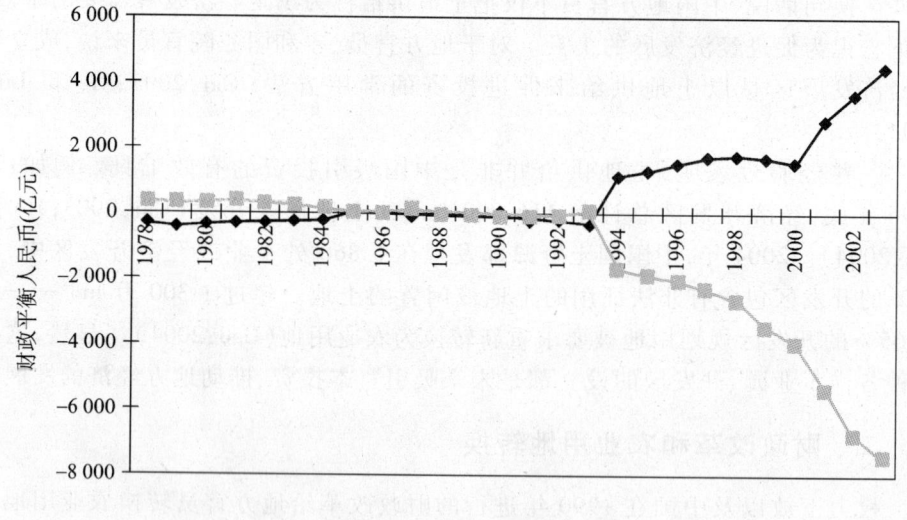

图 19.1　中国政府的财政状况(1978—2003)
来自 Xie 等,2005

　　尽管政府需要给转换成城市用地的农业用地提供补偿,但是在那些发展迅速的城市地区,这些补偿往往要比政府征收的土地使用权租赁预付转让费低得多。因此,在没有其他收入渠道的情况下,农业用地转换所得的利润是地方政府收入的一项重要来源(Ding,2007)。一些研究证据表明,土地使用权转让费通常是农业用地转换补偿费的 10~20 倍,甚至更高。例如,杭州市江干区的土地补偿和迁置补贴在1997—1999年间为每亩[①]12万元;在1999年后,为每亩16万元。相比之下,住房项目的土地使用权转让费则为每亩200万~400万元(Ding,2007)。1992年,上海浦东开发委员会支付的农业用地转换补偿费为每亩2万元,然后把征来的土地以每亩30万元的价格出租给开发商和投资商(Chen,2002)。在福建省的一个村庄,地方政府以每亩1万元的价格从农民手中征收农业用地,随后以每亩20万元的价格出租给工业用地开发商,以每亩75万元的价格出租给房地产开发商(2003年国土资源部土地征用改革调查小组)。

由于转换农业用地的利润巨大,因此对于地方政府来说,进行农业用地转换是缓解财政压力的重要方法。在许多地区,土地使用权转让费占到了地方政府税收收入的20%~25%,也占到了政府对城市扩展的支出的80%~100%(杨重光和吴次芳,1996)。从1992年起,通过出售土地使用权,上海市政府每年可以获得100亿元的收入,而广州市政府则每年可以获得205亿元的收入(杨重光和吴次芳,1996)。浙江省的首府杭州市在2002年征收了60亿元的土地转让费,该费用已占到了全市财政收入的20%。

## 第三节 计量模型与数据

与Lin和Song(2002)的研究相似,我们也使用一个标准的生产函数来估计土地对经济发展的直接影响。与以前的研究不同的是,我们使用了城市的板面数据而非横截面数据来做研究。我们把城市 $j$ 在时间 $t$ 的产出($Y_{jt}$)定义为土地($L_{jt}$)、劳动力($N_{jt}$)、物质资本和人力资本(分别为 $K_{jt}$ 和 $H_{jt}$)、基础设施($G_{jt}$)以及其他不变投入要素,城市经济函数表达式为:

$$Y_{jt} = F(L_{jt}, N_{jt}, K_{jt}, H_{jt}, G_{jt}, A_j) \tag{19.1}$$

因为我们只能有有关资本投入的数据,而非资本存量、人力或基础设施存量的数据,所以我们用(19.1)式的一阶泰勒展开揭示方程(19.1)的差分表述:

$$\Delta Y_{jt} = F_L \Delta L_{jt} + F_N \Delta N_{jt} + F_K \Delta K_{jt} + F_H \Delta H_{jt} + F_G \Delta G_{jt} \tag{19.2}$$

这里,我们使用生产函数 $F$ 的下标来表示微分,$\Delta K_{jt}$、$\Delta H_{jt}$ 和 $\Delta G_{jt}$ 分别代表有形资产、人力资本和基础设施的当前投资量。然后,我们用产出的滞后量($Y_{j,t-1}$)把(19.2)式正态化,以得到有关GDP增长率的模型:

$$\frac{\Delta Y_{jt}}{Y_{j,t-1}} = F_L \frac{\Delta L_{jt}}{Y_{j,t-1}} + F_N \frac{\Delta N_{jt}}{Y_{j,t-1}} + F_K \frac{\Delta K_{jt}}{Y_{j,t-1}} + F_H \frac{\Delta H_{jt}}{Y_{j,t-1}} + F_G \frac{\Delta G_{jt}}{Y_{j,t-1}} \tag{19.3}$$

通过使用1996—2003年中国220个主要城市的板面数据(剔出数据不完整项,如大学入学学生数量的数据出现了部分缺失值),总计约达1 540个观察值,来估计上述等式的参数。数据主要来源于两个渠道:有关每个城市的城市土地

---

[①] 1亩 = 0.066 7 hm²。

面积的数据来自国土资源部。其中详细记载了城市和农村之间土地转换的情况。经济和人口数据来自1997—2004年的城市统计年鉴(其中包括了1996—2003年的数据)。其中包括了GDP总量和各产业GDP的情况,单位为万元;人口(总人口、农业人口和非农人口),单位为万人;固定资产总投资,单位为万元;国外直接投资实际利用额,单位为万美元[①];大学入学学生数量,政府支出,单位为万元。表19.1列出数据的统计特征值。

**表19.1　220个主要城市数据统计特征值**

| 变量 | 平均值 | 标准差 | 最小值 | 最大值 |
| --- | --- | --- | --- | --- |
| 非农业GDP与滞后非农业GDP的比率 | 1.131 881 | 0.153 758 | 0.335 214 | 2.651 469 |
| 城市土地面积与滞后非农业GDP的比率 | 0.001 967 | 0.009 148 | −0.032 9 | 0.197 109 |
| 固定资产投资与滞后非农业GDP的比率 | 0.448 561 | 0.259 948 | 0 | 5.206 861 |
| 实际利用国外直接投资与滞后非农业GDP的比率 | 0.006 298 | 0.009 913 | 0 | 0.167 559 |
| 非农业人口的变化与滞后非农业GDP的比率 | 0.000 002 14 | 0.000 006 54 | −0.000 03 | 0.000 148 |
| 政府开支与滞后非农业GDP的比率 | 0.107 631 | 0.049 642 | | 0.449 96 |
| 大学入学人数与滞后非农业GDP的比率 | 0.013 1 | 0.011 638 | 0 | 0.078 13 |

第二产业和第三产业的GDP用来衡量城市的经济产出,因此,估计出来的各个自变量的系数等于投入品对经济产出的边际(总)贡献价值。由于得不到准确的就业数据,非农业人口的数量用来近似衡量劳动力数量。因此该变量的系数等于每个工人的边际(总)增值额。大学入学学生的数量用来衡量当前的人力资本投资,因此该变量的系数等于人力资本存量的边际(总)价值。政府支出用来衡量当前基础设施的投资。由于政府支出除了包括基础设施投资外,还包括社会支出,所以该变量的系数应当比基础设施的真实边际回报率要小。土

---

① 某些城市并未报告所有年份(尤其是早年)的国外直接投资。在随后年份中数据缺失的情况较少,因此,缺失数据均记为零。

地和固定资产投资的系数应分别等于城市土地和有形资本存量的边际(总)价值;这些边际价值应当超过土地和有形资本投入的净价值或租金。国外直接投资的系数应等于国外直接投资所带来的有形资本、新技术和人力资本投入的回报率。

国内投资和国外直接投资对经济的相对影响值得特别关注。国外直接投资一直被认为在中国经济发展中起着主导作用。考虑到中国的国内需求较弱,国际贸易一直是中国经济发展的主要动力。从1992年起,国外直接投资就直接或间接地与中国的出口增长相联系(Wei,1995;Wei,1996;OECD,2000)。除了提供资金外,国外直接投资还可以通过引入竞争和改善国内投资制度和基础设施水平,对国内经济产生外溢效应(Perkins等,2001;OECD,2000;Graham和Wada,2001)。以前的计量研究都发现国外直接投资的回报率高于国内投资的回报率(Demurger,2001;Anderson和Ge,2004)。

## 第四节 估计结果

用固定效果(fixed effect)来控制总的价格水平(通货膨胀)和其他与年相关的经济或制度的变化①,然后估计出等式(19.3)的参数。分别对1997—1999年和2000—2003年这两期各使用一个模型,来考察中央政府加紧土地使用控制所产生的潜在效果。在样本期的头三年,农业用地转换受到了十分严格的控制,因为那段时间是1998年土地管理法实施的最初阶段。表19.2给出了这些模型的统计分析结果。

表19.2 中国220个主要城市非农业GDP增长的固定效应模型的估计系数

| 变量 | 时段(年份) | | |
|---|---|---|---|
| | 1997—2003 | 1997—1999 | 2000—2003 |
| 城市土地面积的变化 | 1.706 916** (0.684 458) | 1.160 986** (0.564 3) | 5.763 352*** (2.015 3) |
| 国内固定资产投资 | 0.087 696*** (0.015 268) | 0.049 954** (0.022 1) | 0.096 095*** (0.020 4) |
| 实际利用国外直接投资 | 1.380 701*** (0.386 755) | 1.377 384*** (0.446 4) | 1.366 324** (0.572 7) |
| 非农业人口的变化量 | 6 379.333*** (563.144 4) | 5 310.081*** (1 309.0) | 6 520.468*** (679.6) |

---

① 一阶差额剔除了所有那些不随时间变化的因素,因此不需使用城市的固定效果。

续表

| 变量 | 时段（年份） | | |
| --- | --- | --- | --- |
| | 1997—2003 | 1997—1999 | 2000—2003 |
| 政府支出 | 0.267 931*** <br> (0.079 155) | 0.070 91 <br> (0.116 1) | 0.329 371*** <br> (0.105 2) |
| 大学入学人数 | 0.197 906 <br> (0.328 179) | 1.065 582** <br> (0.523 5) | −0.153 <br> (0.426 0) |
| $R^2$ | 0.175 5 | 0.157 4 | 0.187 2 |
| $N$ | 1 452 | 588 | 864 |

注：括号中的为标准差。\*\*\* 在1%水平上显著异于零。\*\* 在5%水平上显著异于零。\* 在10%水平上显著异于零。

如果土地供给持续增加的话，城市土地面积的系数不仅应大于零，同时也应等于样本中所有城市的城市土地平均边际（总）价值。按1美元兑换8元人民币的汇率折算，在整个样本期内，土地对城市GDP的平均边际贡献率为每公顷32 000美元。但这一估计值在不同的时间和不同的地区有很大的差别。从1997—1999年，城市扩展的加速使得中央政府加紧了对农业用地转换的行政管理，因此这段时间估计出的土地边际（总）价值为每公顷22 000美元。在随后的年份里，估计出的土地边际（总）价值为每公顷108 000美元。这些结果说明了在1998年实施土地管理法之前，有很大一部分被征用作城市用地的农业用地生产效率低下，而土地管理法的实施则有效限制了城市的进一步扩张。

由上述计量模型估计出的城市土地总价值再次说明了土地转换是地方政府财政收入的重要来源。估计出的城市土地边际价值大约为每公顷32 000美元，而农业用地的边际价值在2003年大约只有每公顷2 360美元。[①] 农业用地的补偿费通常是该地农业总收成的6倍。在土地管理法实施后，农业用地转换的潜在利润变得更高了。所以从2000年到2003年，估计所得的城市土地边际（总）价值是农业每亩产值的50~100倍。如此的巨大利益差别很难制止地方政府城市扩展行为。

国内固定资产投资的系数和国外直接投资的系数都不为零。在整个样本期间，国内投资的回报率为8.8%（国内投资每增加1元人民币，城市GDP增加0.088元人民币）。这一回报率随着时间的推移在逐渐提高，从1997—1999年的5%上升到了2000—2003年的9.6%。这表明中国企业的效率在不断提高。

---

① 通过使用省级数据，Fan和Zhang(2004)估计出的城市用地边际价值是农业用地边际价值的两倍。在他们的研究中，二者边际价值的差别较小。对此一个可能的解释是他们使用的是省级的数据而非市级的数据，因此数据中还包括了那些没有主要城市的贫穷落后地区的情况。

相比之下，国外直接投资的回报率更高。在整个样本期间，国外直接投资的回报率达到了17.3%（国外直接投入每增加8元人民，城市GDP增加1.37元人民币）。在1997—1999和2000—2003这两段样本期里，国外直接投资的回报率相差无几。

如上所述，国外直接投资的回报率要高于国内投资，这主要是由于国外直接投资可以引进新的技术，增加人力资本的积累，增加市场竞争，并促使制度变革和基础设施的改善，从而产生外溢效应。上述的估计结果支持了这一说法。这些结果说明外资的外溢效应是十分显著的：在整个样本期间，在全国范围内国外直接投资的回报率是国内投资回报率的近两倍。

政府开支的系数显著不为零，其对经济的回报率为26.7%。这说明对有形资产的投资占据了政府支出相当大的部分。从回归结果上看，政府支出的回报率随着时间的推移不断增大：在1997—1999年期间，政府开支的系数非常小（0.07）且统计不显著，但在2000—2003年期间，政府开支的系数大为增加（0.33）且显著异于零。

非农业人口的系数也同样显著不为零，这表明每个工人的边际（总）增加值为每人800美元。劳动生产率随着时间的推移在不断上升，从1997—1999年的每人664美元增长到2000—2003年的每人815美元。

最后，大学入学人数的系数为负，并且非统计显著。这很有可能是因为该变量并不是反映人力资本积累的良好变量。

## 总结

随着中国迅速迈向现代化和城市化，大量的农业用地也迅速地被转换为城市用地。把农用土地转换为城市用地是经济发展的必要条件，但过去的许多文献都忽略了这一点。中国在土地供给上的特殊性就在于土地是由政府分配的，而不是通过市场自动分配的。与其他国家和地区相比，中国各级政府在土地开发过程中参与过多，市场运作不充分，因此，土地供给在中国对经济发展更具有约束性。

本章考察了中国的土地分配制度以及把农业用地转换成城市用地的动机和土地使用的行政管理之间的关系。中央政府采取了一系列行政措施来放慢农业用地的转换速度，但是农业用地依旧转换得十分迅速。从地方官员转换土地使用的动机上看，中国的土地分配制度实际上促使地方官员充当了土地开发商的角色。衡量地方政府政绩的两个最主要标准是经济发展和地方财政管理。土地不仅是经济发展的必要条件，而且不少官员还把土地当做吸引投资的重要手段。在20世纪90年代中期的财政改革之后，从土地转换中获取利润已经成为了地方政府财政的重要来源。

通过使用1996—2003年中国最大的220个城市的有关数据，利用计量的方法考察了土地对经济发展的直接影响。这一计量模型的结果为揭示土地转换对城市经济发展的重要性提供了必要的经验证据。统计分析结果揭示，城市用地每亩创造的价值要远远高于农业用地每亩创造的价值。在对土地转换进行了更严格的行政控制后，土地的边际价值在不断提高。这就是为什么政府喜欢把征收来的农用地闲置囤积在经济或工业开发区内的原因。所估计出的城市用地的价值在样本期的后半段更高，而且也远远高于农业用地的价值，这表明地方政府可以依靠农业用地转换为城市用地获取较大的财政收入。与其他研究结果一致，我们也发现对国外直接投资的回报率高于对国内的投资。

# 第二十章

# 为什么中国现行征地补偿（标准）不低[①]

中国自20世纪80年代中期开始逐步引进价格机制、通过市场来分配和管理土地资源。20多年来,土地制度经历了几次重大的改革,如国有土地出让和转让,土地管理法等。总的来说,中国土地制度改革,无论是从规模还是从影响上看,都是极其深刻的(如果说是"空前绝后"可能也不算夸张)。这些制度改革一方面产生了积极的影响,另一方面也带来了许多负面和消极的后果。不夸张地讲,中国在过去二三十年所取得的巨大的发展成就中(2005年的GPD是1978年的30多倍),土地制度改革的贡献应该是"功不可没的"。

就征地制度而言,积极的影响包括:① 帮助地方政府解决地方财政困难(通过所谓的土地财政);② 帮助地方政府通过建立各种开发区吸引投资、推动地方经济发展;③ 推动城市化进程。同时征地制度也带来许多社会经济问题,主要表现在:① 征地法律依据落后于市场经济建设,如公共利益定义模糊,进而造成征地权力可能被滥用;② 征地补偿标准的合理性和公平性问题;③ 农民的权利和权益的保护不足;④ 补偿标准低;⑤ 补偿不公平(补偿标准一方面因用途、项目而变;另一方面又随时间而变);⑥ 征地被用来支持地方财政,孕育着巨大的地方财政潜在危机;⑦ 耕地被大量地占用和浪费;⑧ 征地程序缺少透明性、缺少公共参与及其相应的制度保证;⑨ 集体截流补偿金及其使用中出现的问题等(Ding,2007)。这些问题目前是迫切需要解决的,也是影响整个社会稳定和可持续发展的重要方面。

本章首先对《土地管理法》的征地补偿制度进行经济分析,然后结合中国国情和城市经济发展趋势,就征地改革提出几点建议,希望借此"抛砖引玉",为征地改革献计献策,完善和推动征地改革。

---

[①] 发表在《中国土地科学》,2007,作者丁成日。

# 第一节 中国征地补偿制度的经济分析

前面提到征地产生的问题中,有些问题较容易解决,如征地透明度问题,只要有政治决心并作相应的管理机构调整等就可以解决问题。又如,随用途而变的补偿标准应该更正,这点也不难做到。

比较难解决的问题是:如何保证不同时间征地的补偿标准在时间轴上的公平性?如何决定补偿标准从而一方面保证失地农民的生活水平不降低,另一方面又能充分体现农民所应得的土地价值。这里涉及一个根本问题:因城市化和政府的基础设施投资(如交通)引发的土地增值部分应该属于谁(国家、集体、个人)和如何分配?这是一个非常难的问题,理论上也没有答案。过高的补偿也是不公平的,这等于给予农民本不属于他们的(土地)价值。这些挑战(有的)可能一时难以得到充分的解决,需要较长时间的研究和探索。

理论上,通过制定补偿标准很难从根本上解决这些问题。因为难以制定出一个随时间变化的补偿标准,来保证时间上的公平性。因而,最终解决途径应该是创建(农村)土地市场,通过自愿原则交易土地。因为是市场机制,早交易可能的"得"是土地不升值或升值幅度较通货膨胀幅度小,而早交易可能的"失"是土地快速增值。因为是自愿,尽早交易既可能是"得",也可能是"失",因而不存在时间上的不公平性。

普遍的认识是,如果征地补偿能够根据市场价格来决定,许多问题也就迎刃而解了。如果是这样,首先需要了解农业土地的市场价格。

## 一、农业土地价格

根据经济理论,地租是土地上从事经济活动的残差或经济剩余。农地地租($R$)为农地上的农业收入减去所有成本(包括劳动投入的成本)之后的剩余利润。农地价值($P$)等于农地地租除以贴现率($i$),即 $P = R/i$。

假设每亩农地的年产值为 $Y$,农业成本(包括种子、化肥、机械、燃料、农业劳动力投入等)为产值的一半,因而实际的每亩利润为 $0.5Y$。进一步假设这个利润是农地上经济活动的剩余,即地租(这个地租实际上是远远高估了,这里假设是农业地租的上限),那么,农业土地价格在贴现率为 3% 和 5% 时,分别为 $16.7Y$ 和 $10Y$。

## 二、农地征地补偿的法律标准

1998 年通过的《土地管理法》规定:征地补偿包含三个方面:土地补偿、安置补助、地上物(如青苗)补偿。考虑到地上物(如青苗)属于当年生产损失,故本文的征地补偿主要决定于土地补偿与安置补助之和,即:征地补偿 = 土地补偿+安置补助。

根据《土地管理法》，土地补偿为被征收前三年平均年产值的6～10倍，而每一个农业人口的安置补助为被征收前三年平均产值的4～6倍[①]。这样，假设征地一亩，其平均收入$Y$，需要安置$N$人（人均耕地为$1/N$亩），土地补偿倍数为$T$和安置补助倍数为$A$，则计算征地补偿的公式为：$B=(T+A\times N)Y$，$B$征地补偿/亩。如$T=6$（土地补偿6倍），$A=4$（安置补助4倍），人均耕地为0.5亩，那么总的补偿（土地补偿加上安置补助）为$(6+4\times2)Y=14Y$。根据《土地管理法》，土地补偿和安置补助两项总和最高上限为收入的30倍，即$30Y$。无论贴现率是3%还是5%，但30倍的补偿标准意味着补偿高于土地价格（$16.7Y$和$10Y$）。表20.1列出不同情形下的征地补偿金。

中国人均耕地分布的基本趋势是自南向北、自东向西递增，城市郊区的人均耕地占有量小于偏远地区。人均耕地大约在1.43亩左右（根据13亿人口,18.6亿亩耕地计算），考虑到40%左右为城市人口，农村人均耕地为2.38亩。因而，人均0.75～4亩应该覆盖绝大多数的地区（西部除外），因而表20.1给出的补偿具有一定的代表性，这是在假定征地补偿标准严格地按照《土地管理法》来制定和实施（至少不低于法律所定的标准）的基础上得到的结论。

表20.1 征地补偿模拟 （亩*）

| 人均耕地（亩/人） | 土地补偿（$T$） | 安置补偿（$A$） | 补偿 |
| --- | --- | --- | --- |
| 0.75 | 6倍 | 4倍 | $11.33Y$ |
| 1 | 6倍 | 4倍 | $10Y$ |
| 2 | 6倍 | 4倍 | $8Y$ |
| 3 | 6倍 | 4倍 | $7.33Y$ |
| 4 | 6倍 | 4倍 | $7Y$ |
| 人均耕地（亩/人） | 土地补偿（$T$） | 安置补偿（$A$） | 补偿 |
| 0.75 | 10倍 | 6倍 | $18Y$ |
| 1 | 10倍 | 6倍 | $16Y$ |
| 2 | 10倍 | 6倍 | $13Y$ |
| 3 | 10倍 | 6倍 | $11.33Y$ |
| 4 | 10倍 | 6倍 | $11Y$ |

* 1亩 = 0.066 7 hm$^2$。

---

① 《土地管理法》同时规定每公顷安置补助不得超过年产值的15倍。这个规定只有在人均耕地面积小于0.267亩（4倍的安置补助）或0.4亩（6倍的安置补助）时才有效。

## 三、农地征地补偿(法律标准)与市场价格之间的关系

表 20.1 说明,假设贴现率为 3%,按照最低补偿倍数(土地和安置补偿倍数分别为 6 和 4 倍)时,征地补偿低于土地价格;当按照最高倍数(10 和 6 倍)时,农村人均耕地面积小于 0.9 亩时,征地补偿高于土地价格。假设贴现率为 5%,按照最低补偿倍数时,当农村人均耕地面积小于 1 亩地时,征地补偿高于土地价格;按照最高补偿倍数时,征地补偿高于土地价格(与人均耕地无关)。

如果地租为 $0.3Y$,这时土地价格分别为 $10Y$ 和 $6Y$(3% 和 5% 的贴现率)。假设贴现率为 3%,按照最低补偿倍数,当人均耕地小于 1 亩时,征地补偿高于土地价格;按照最高标准征地补偿一定高于土地价格。假设贴现率为 5%,按照《土地管理法》的标准的倍数一定使征地补偿高于土地价格。

根据上面的简单分析,可以得出如下结论:① 按照《土地管理法》制定的征地补偿标准既可能高于土地价格也可能低于土地价格;② 人均耕地占有率对两者的关系影响很大。

结合中国的耕地分布规律,如果上面的分析成立的话,可以进一步得出如下结论:① 东部和南部地区的征地补偿更有可能高于土地价值,而西部和北部地区则更有可能低于土地价值;② 发达地区征地补偿更有可能高于土地价值,而落后地区正好相反;③ 靠近城市地区征地补偿更有可能高于土地价值,而偏远地区往往不是这样。

基于这些分析,《土地管理法》规定的征地补偿是否低于农地价值的问题(或者使征地补偿标准是否是低的问题)就变成① 贴现率 3% ~5% 是否是在合理的范围?和② 农业土地地租估算为 $0.5Y$ 是否合适?这两个问题了。

根据中国人民银行公布的贴现率,1990—2005 年平均贴现率为 6%,其中前期(1990—1997 年)较高,平均为 8.8%,后期(1998—2005 年)较低,平均为 3.3%[①]。可见,3% ~5% 贴现率是比较接近实际的,也是比较保守的。如果是这样,前面的分析表明,不能简单地下结论说征地补偿过低(低于市场价格)。

另外一个问题是农地价格的估计是否在合理的范围。根据赵玉等的研究(2006),全国稻谷纯利润在总产值的比例分别不足 54%(不计用工价)和 23%(包括用工作价)。根据于格和刘爱民的研究(2003),小麦的利润在总产值的比重远远小于稻谷的利润。因而,本文用的农业地租为 $0.5Y$ 应该是高估了。考虑到国家对农业税的免除、历史原因和农民生活保障等因素的考量,将 $0.3Y$ ~ $0.5Y$ 定为最高的地租也应该是合理和可以接受的。此外,在计算农业成本的时候,劳动力投入成本是一个非常重要的因子。考虑到大量的农民工在城市中就业,他们积极地到城市去寻求就业机会,说明城市就业回报大于农业劳动回报。

---

① 数据来自:http://www.zujee.com/data/ZhongGuoDaLiuYinHangTieXianLue-1990-2005.htm.

此外,这些农民工的年龄一般在 18~35 岁之间,说明 18~35 岁之间的人在城里有较高的就业潜力,故他们的机会成本就高,对他们来说,0.5Y 农地地租可能是高估了。对劳动力机会成本较低的人而言,如年龄偏高的农民,0.5Y 农地地租则可能是低估了[①]。

从上面简单的分析似乎可以得出如下结论:征地补偿标准在绝大多数情况下都高于农业土地价格,特别是考虑到这里所用的农业地租是偏高地估计,因而农业土地价值也是偏高地估计。如果是这样的话,征地补偿过低的观点似乎是缺乏理论依据。

## 四、农地价格的其他影响因素

在缺乏基于市场交易价格的基础上,利用收益法来评估农地价格是可行的。在房地产评估中,收益法常常被用来评估不经常交易的经营性财产,如酒店、工厂等类型。因而,前文根据农地年产值计算的农地价格具有一定的合理性和科学依据。但是,这种计算方法也存在问题,表现在以下几个方面:

第一,农产品价格是否是根据市场供需关系决定的。换句话说,农产品价格多大程度上受政策的制约,结合中国的国情,这个问题与目前还存不存在工农产品价格剪刀差现象有关。工农产品价格剪刀差的问题可从两个方面来回答:① 1996—2004 年,粮食价格指数为前一年的 95~110,粮食价格指数分别在 1996—2000 年和 2001—2002 年期间是下降的,而在 2000—2001 年和 2002—2004 年期间是上升的;② 城镇居民人均可支配收入 1996—2004 年平均以近 9% 的速度增长,而农村居民家庭人均收入的年增长速度仅为城镇居民的 60%,这种不平等的收入增长速度与同期粮食价格增长速度有关。③ 1996 年城镇居民人均可支配收入是农村居民家庭人均收入的 2.5 倍,这个倍数稳步增长到 2004 年的 3.2 倍,说明城乡收入的差别在加大。与农村居民相比,城镇居民收入无论是增长的绝对值还是增长比率都比较显著。这些基本情况和变化趋势倾向于如下结论:

第一,相对城市土地价格,因农产品价格受到政策性约束,利用收益法来评估农地价格可能是偏低的。

第二,如果工业产品受到政策性保护而价格偏高的话(价格剪刀差存在的话),使用价格偏高的工业产品就会降低农业利润,进而降低农地价值。

第三,户籍管理制度限制了人口流动,特别是城镇与农村之间的流动,这至少部分地解释了工资在地域和城乡之间的差别。农村劳动力过剩(或至少过剩的程度大于城市)降低农村劳动力成本,而城市高工资(与农村相比)提高农村劳动力的机会成本。因而户籍制度对农地价格估算既有正面影响,也有负面影

---

[①] 这个问题作者没有做过深入研究,也没有找到相应的文献。

响。实际总的影响应该通过实证调查深入地分析后才能准确地评估。

## 第二节 征地制度的缺陷

其他制度缺陷（如公共利益界定不清、种植类型带来的不公等）文献上讨论较多，故这里主要讨论两方面缺陷：

第一，被征地用途对征地补偿有很大影响。最典型的是用于公益性项目的征地补偿往往比用于经营性开发项目的征地补偿低得多，国家重大项目的补偿标准应依据国务院的文件另行决定。依据用途决定补偿相当于市场上销售的价格取决于买家的用途，这显然与市场经济相悖。尽管土地价值与用途是相关的，但是实现土地资源效率最大化的市场机制应该是土地价值决定用途，而不是用途决定土地价值。

第二，征地制度没有明确土地价值（特别是土地价值增值）的权属归属（农民、集体、政府）。理论上，土地价值是社会产生的，这就是为什么喜马拉雅山脉中、塔格拉玛干沙漠里的土地价值几乎为零，而上海、北京等城市中的土地可以说是寸土寸金。同样，城市化和政府在基础设施的巨大投资是土地增值的最主要原因，特别是在城市建成区边缘。如果这部分土地价值增值部分全部被土地的拥有者（或占用者、利用者）获取，这相当于"天上掉馅饼"给他们，这也是不公平的，是一种变相的国有资财流失（国家投资，个人获利）。很多国家都是通过土地或房地产税以截取（至少是部分地）政府或社会带来的土地价值增值。这个问题非常重要，直接关系到土地产权和权益的界定、征地补偿范围和标准。这个问题如果不能很好地解决，不是意味着农民的利益得不到保证，就意味着国有资源流失（或者说政府投资变相的流失）。

征地问题中的一些问题，如程序透明、公众参与等可以通过行政管理改革来解决。征地中的公平问题包括水平公平和垂直公平，前者指补偿因用途、项目等不同而不同，而后者指补偿随时间而变化。水平公平可以通过改进补偿计算方式和相应的规定来解决。垂直公平需要通过自愿参与和自愿交易的方式来解决。

## 第三节 征地改革探索

目前，主流的观点是，征地改革的方向之一是提高征地补偿标准，为失地农民的长期稳定生活提供物资保障。目前征地补偿低、长期稳定生活得不到保障等是失地农民普遍反映的问题之一。

征地补偿标准（补偿低）这个问题可能要比想象的远远复杂得多。这是因为：

第一,按照《土地管理法》规定的补偿标准,本文前面的分析指出规定的补偿标准不一定低于被征农地的价值,特别是在人均耕地面积比较低的地区按照高限倍数征地,如果采用30倍的话,补偿就一定会远远高出被征地的价值。由于土地价值及其增值不是土地拥有者创造的(即使是在土地私有制的国家),以高于土地价值的标准来补偿将产生另一个(公平)问题——"不劳而获"或"天上掉馅饼"。

第二,征地补偿金被层层政府截流(包括村集体的分成),导致实际到达失地农民手中的补偿远远小于国家规定的补偿水平,因而需要区分补偿标准低与实际补偿低(落实到农民手中)的情况。前者应通过提高补偿标准来解决,而后者应该通过改革补偿程序和管理来解决。

第三,很多情况下征地是将农民的土地零散地征完。假设一个村的户均耕地为6亩,6年内分三次被征完,尽管每次补偿都可能不低,但是这样"零星式"的征地补偿金不容易形成资金规模,无法投资于其他经济活动,因而可能的结果是每次的补偿金都被消费掉,最后其中一些人可能面临"无地可耕(无田可种)、无工可做、无收入可生活"的艰难困境。

## 一、美国的土地制度和城市发展的基本框架

美国的土地制度和城市发展的基本框架也许有参考价值。其框架是:政府通过规划决定土地开发的类型和强度、市场来决定开发的时机(什么时候开发)、开发商自己从土地拥有者手中直接获取土地(政府的职能是对土地交易提供法律保障)。市场决定土地开发的时机意味着土地开发过程中包含着一定的自由度(或灵活性)。比如,波特兰市2040年的城市总体规划要求确定城市增长边界,而城市增长边界的确定原则是:① 边界内未开发的、并且规划为可开发的土地应满足未来20年城市发展的需要;② 城市增长边界每5年就要调整,以保证调整后增长边界以内的土地供给能够满足未来20年城市发展的土地需求。也就是说在规划之后第一年,所有开发商(无论是住宅、工业、商业、写字楼等类型)一年之内所能开发的土地总量为可开发土地的1/20,土地开发的选择余地应该说是足够大的。

土地开发的这种自由度(或选择余地)对土地开发的市场效率、土地开发商土地获取(购买土地产权)等是非常必要的。例如,华盛顿地区的一个土地开发公司(Elm Street Development Inc.)开发的项目之一是在一块776英亩的土地上建2 653独立住宅,该公司从土地获取(十几个不同的土地拥有者,用不同的合同方式和价格),到规划开发方案设计、规划许可审批(其间开发规划不断调整、城市土地功能分区也被重新划定(rezoning)),最终到建筑许可审批等手续和程序共花费了20多年。①

---

① Clarksburg Village,Clarksburg,Md(http://www.elmstreetdev.com/genmap.aspx? countykey=10)。

1. 美国土地开发框架的优点

(1) 土地市场的发育,不存在为城市发展而需要征地。如果某个土地拥有者不愿意出售土地,他将自己承担可能的风险和成本。他的机会成本包括:① 不会从土地开发中受益;② 因为周围土地已经开发,开发商以后对他的土地感兴趣的可能性会大大地减弱;③ 现有用途(农业)的价值因周围土地得到开发可能会贬值。

(2) 开发商承担土地开发的金融风险。任何过度开发都有可能导致供给过剩,因而市场调研对开发商而言是非常重要的。

(3) 开发商编制和准备土地开发规划(相当于中国的城市详细规划),政府的职能是提供规划指南(非常详细、几百页的文本)和审批开发商提供的土地开发规划。

(4) 土地开发过程中几乎不引发政府成本(规划审批和土地交易的法律保障等)。

2. 美国土地开发框架的缺点

(1) 土地开发周期长,前期市场研究及其预测可能很难准确反映几年甚至十几年后的房地产市场状况,因而市场常常是住宅供给短缺或者过剩,这为房地产市场的繁荣(boom)和泡沫破灭(bust)现象提供了可能。

(2) 土地开发市场进入门槛高。这表现在技术和资金两个方面。前者主要体现在复杂的规划要求,而后者包括显著的前期投资成本,如土地获取、土地开发规划编制和准备等。土地开发市场的高门槛客观上使土地开发市场具有显著的垄断性,使开发商能够通过技术和资金上的优势排除竞争者从而获取垄断利润。

## 二、征地改革

1. 征地改革建议一

"整村"式征地。除非线性项目(如高速公路、铁路、管道等),出于城市发展目的的征地应该整村整村地进行。

(1) 征地改革建议一的好处有:① 避免分散征地带来的补偿金无法形成资金规模,有利于失地农民充分利用补偿金从事其他经济活动;② 如果必要,可以弱化村级机构,进而可以从体制上保证和促使征地补偿金最大限度地(最大比例地)落实到失地农民手中(当然,如果村集体转变为公司和经济开发实体是另一回事);③ 有利于统一规划城市发展,协调城市基础设施投入和城市服务设施的建设,并充分利用这些基础设施;④ "整村"式征地有利于充分发挥土地储备机制的作用、更好地发挥宏观调控作用。这是假定把整村的土地都开发是需要时间的;⑤ 政府有充分的时间来进行征地,排除紧急征地带来的一系列问题和后果。

（2）这种模式也有弊端：① 土地（征地、储备）成本增加；② 征地过程（透明、公共参与）复杂和耗时。可以说，这种征地模式的优点能够远远弥补相应的弊端。

（3）配套政策和改革：征地应该是城市规划和发展战略的重要组成部分，应该根据城市发展制定系统的、有步骤征地的规划和安排，而不是随机的、随意的实施征地。特别需要指出的是，征地中的有些问题与城市社会经济发展规划、土地利用和国土规划、城市规划之间的密切关联，因而仅仅从征地本身着手是无法解决的，需要从更宏观的角度来探索。这些规划（城市社会经济发展规划、土地利用和国土规划）在美国都隶属于一个规划——城市规划。同时，耕地保护制度也需要改革。村村都有并划定基本农田保护区的做法，便于耕地保护指标的落实，但是这种耕地保护措施的实施成本可能是巨大的，如导致城市蔓延，进而引发城市蔓延式发展的所有可能的负面后果（丁成日和孟晓晨，2007）。

2. 征地改革建议二

（1）措施：扩大可征地的土地范围，每年实际征地为可征地的一小部分（如两者比例为 1/10～1/20），提高农民参与征地与否的自由度，使最终的征地是双方自愿交易的。美国的功能分区决定（未来）土地利用类型，地方政府通过建筑许可控制每年土地开发总量，由开发商来决定哪块土地率先开发（如从 20 年可供开发的土地中选取）。同样的逻辑可以应用于中国，如每年政府允许开发的土地总量规划为可开发土地的 1/10～1/20（取决于规划期），农民决定土地是否被征，以什么价格被征。这样可使农民之间产生竞争，最终为农村土地市场发育创造条件。这个建议与国家发展市场经济的总目标是一致的。无论征地补偿标准提高多少，"一对一"的征地很难保证征地不产生争议和后续问题。"一对一"征地也意味着缺少竞争和难以保证自愿参与（会带有政府强制性征地的意味），因而无论补偿多高，都难以保证被征地农民的充分满意，很可能为日后征地带来的种种可能争议和冲突埋下伏笔。改革"一对一"的征地模式，实现"一对多"的征地关系，即一个政府从多个可能的农地征用城市建设所需要的土地需求（在一个特定的时期政府实际征地数目远远小于可能被征地的范围），鼓励和推动农民积极主动地参与征地。从"一对多"中通过自愿原则最终实现"一对一"的征地交易能够减少很多冲突。在目前"一对一"式的征地模式中，单纯地从提高补偿标准并不能完全解决问题。征地补偿标准低这个问题既有补偿标准低本身的原因，也有征地补偿金分割和落实方面问题，又与因"一对一"征地所产生的补偿金期望值有关。期望（欲望）是人类发展的原动力，也是人类问题的根源。

（2）配套政策：改革耕地保护制度（如改变按行政单位层层落实耕地的保护指标，应强调总量目标）、整合和协调土地利用/国土规划和城市规划、加强对边远地区（或远郊区）农民社会保障体系的支持。

### 3. 征地改革建议三

改革补偿计算方式，统一征地补偿，消除因用途、土地产值等因素带来的补偿差别。根据用途、根据产值决定补偿标准有两个问题：一方面，会带来公平问题，特别是当征地后的用途和农地的产值决定于国家宏观发展战略时，并意味着响应国家号召的农民在征地过程中受损，故将负面地影响国家政策的实施（包括征地和其他政策，如农业政策等）。另一方面，这很容易产生"同地（相邻的土地）不同补偿（因种植或征地后用途）"现象，因而会引发征地后的争议，也会使未来的征地更加困难。此外，因用途决定补偿的做法也不符合市场经济及其价格机制。因此，征地计算方法需要改革，尽量消除"同地、不同（现有农业）用途"带来的补偿差别（特别是当这个农业种植差别是国家政策带来时），如不能完全消除，也应尽量减小这个差别。

### 4. 征地改革建议四

改革征地补偿的计算方法，充分考虑人均耕地面积的分布，消除因区域间人均耕地面积差别带来的补偿不公平性。根据前面的分析，在人均耕地面积少的地区征地，补偿可能高于土地价值；而人均耕地面积多的地区，征地补偿往往可能低于土地价值。这种因人均耕地面积产生的补偿差异也是不公平的。这个问题相对比较好解决。可以利用人均耕地面分布，为政策决策服务。

### 5. 征地改革建议五

变一次性补偿（至少土地补偿部分）为社会保险，按月或按年支付给失地农民。社会保险金应不低于土地的平均年收入，并根据通货膨胀和价格指数逐年调整。这部分资金来源可以有两个：一是征地款，将其汇入社会保险基金统一运作；二是通过开发后的房地产税收来支付，这种资金安排有 4 个方面的好处：① 政府不需要额外的资金负担来征地；② 由于接受社会保险的人数将会逐年减少，这部分支出将逐年减少，因而政府可以用于其他公共事业的支付将每年增加。这种做法也符合国家长期的发展方向，即引进房地产税以提高地方政府财政效率；③ 由于将征地补偿以"地租"的形式支付给农民，减少了土地开发成本，有利于降低房价；④ 避免了土地价值及价值增值归属争议。这个改革建议需要相应的配套措施才能保证其有效，如房地产税及地方公共财政体系的完善等。如果这项改革建议与改革建议一项配合，效果会更好。这应该是征地改革在产权集体所有制下的方向之一。

征地改革的其他建议（如征地中公共利益的界定、程序改革等）在其他文献中已有较多讨论，这里不再赘述（鲍海君和吴次芳，2002；段羡菊，2001）。

# 第二十一章

# 中国土地制度改革探索

土地制度改革(如土地出让制度的建立等)一方面对中国经济和城市发展做出了重大的贡献,另一方面也带来了许多问题,如土地财政、土地过度开发、重复建设、土地腐败等。本章主要针对中国土地问题,探索土地政策改革的方向及其相应的理论和国际经验的依据。

## 第一节 土 地 问 题

中国的土地问题涉及的层面和领域是非常广泛的。既有制度设计本身的问题,也有体制本身的问题;既有前进式改革的因素,又有实施层面的问题,既有快速发展引发的问题,又有历史继承的问题;既涉及城市,也涉及农村;既涉及新区开发,也涉及旧城改造。

中国土地问题可以分为以下几类。

问题一:不适当的土地出让、转让方式造成国有资产流失。20世纪80年代末以来,土地出让、转让所造成的国有资产流失,最保守的估计每年也达100亿元以上,'比走私造成的损失还要大'。[①] 也就是说,仅仅在这10多年时间,国有资产因此所造成的损失,至少在2 000多亿元。这是造成国有资产流失最严重的渠道之一。

问题二:城市无序扩张显著、各类开发区盲目和重复建设造成土地资源的浪费和土地资源利用率低下。根据国土资源部不完全统计,6 866个各类开发区中,70%的土地或者是通过非法、违规的方式征地获得,或者被闲置。在2003—2004年土地清查中,4 800多个开发区被取消,涉及24 900 km²的土地,占整个设立开发区总面的64.5%,其中1 300多 km² 的土地被退还为耕地。1997年至2003年,开发区规划用地从1.2万 km² 扩张到3.6万 km²,6年激增2倍,已超过

---

① 根据中央电视台2003年2月24日的《新闻联播》。

了现有全国城镇建设用地面积总和。① 另外，土地盲目开发和低水平的重复建设现象普遍存在。一些地方和部门违反规划，盲目兴办各类开发区，有的以发展高新技术产业等多种名目低价或无偿出让土地，越权出台优惠政策，导致土地资源的浪费和产业趋同化的加剧。

问题三：有些地方发展过于依赖土地财政、可能孕育着巨大的潜在金融风险。根据国家发改委2008年发布的报告，目前，全国平均每个县的赤字约1个亿，全国赤字县占全国县域的比重达3/4，县级财政基本上是"吃财政饭"，县乡政府的债务风险仍未得到根本性控制。②

地方财政赤字状况严重。分税制后，地方财政本级收入水平相对较低，增幅慢，而地方财政又承担了国家的大部分支出责任，且其增幅又很快，这使地方财政不可避免地出现收支缺口。例如，在分税制前的1993年，中央本级财政赤字为354.55亿元，地方本级财政出现盈余61.2亿元，到了1994年，中央本级财政出现盈余，为1 152.07亿元，而地方则赤字1 726.59亿元，到了2003年，中央盈余4 445.17亿元，地方赤字7 379.87亿元。地方收支缺口的不断扩大决定了中央财政的转移支付规模也要求同样地不断扩大。

地方财政压力是很多地方政府经营城市的最主要动力之一。国有土地一级市场的垄断和政府在征地过程中的主导地位和权力，为地方政府通过土地获取土地收入提供了制度上的平台和可能。土地财政收入是地方政府最主要的预算外收入，在地方政府财政中扮演着一个非常重要的角色。图21.1列出土地财政收入占地方税收收入（地方政府保留的部分）的比重，显示除了长春、广州和成都外，2002—2003年当中城市政府的土地收入至少有一年是超过税收收入的。需要指出，财政转移支付在地方政府总收入中的比重非常高（平均为46%左右），因而，土地财政作为最主要的预算外财政收入在地方政府预算内总收入中的比重会有显著下降，但是，这不影响土地财政对地方政府财政收入的重要地位（图21.1）。

问题四：土地开发与房地产市场泡沫。土地大量开发与房地产市场预期过高有相当大的关系。土地"过热"开发，使地方政府的利益驱动是宏观经济"过热"的原因之一。同时，土地"过热"开发又是住房市场泡沫风险的原动力。一个商品市场存在泡沫有3个基本的条件：① 价格不断上升；② 私人储蓄；③ 无其他稳定、可靠的投资渠道与之竞争。目前，中国城市房屋价格地不断上升，加之巨额的私人储蓄，为投资或投机预期成为可能提供了物质基础；缺少其他可靠的投资渠道也使大量的社会资金涌入房地产业。因而，不断上涨的房价、缺少融资竞争、大量的个人储蓄使房地产开发商很容易地融资。可以说，这3个条件在

---

① http://bj.house.sina.com.cn/2004-03-03/36678.html。
② http://news.xinhuanet.com/fortune/2008-04-03/content_7913318.htm。

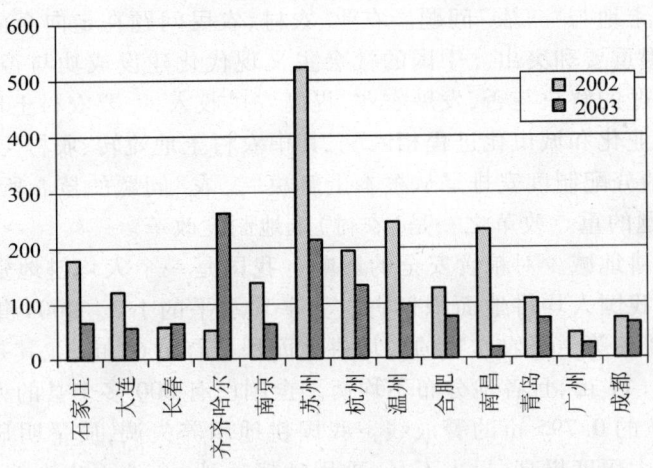

图 21.1 土地收入占税收收入的比重(%)
资料来源:中国土地年鉴、中国财政年鉴,2003—2004

中国城市同时成立,必然有相当一部分人(拥有足够的个人储蓄)进行投机性或投资性购房。这在开发商的"购房既是投资又是消费"鼓动下,投机性或投资性购房得到进一步加强。另外,由于巨大的土地财政的利益驱动,地方政府也是土地开发过热的推力之一。

问题五:不完善的土地市场导致土地利用效率损失与土地资源不恰当的配置。自1986年修改法律开始允许国有土地有偿使用,中国土地市场(使用权的市场)开始发育和形成。但是中国的土地市场仅仅限于城市中的国有土地,农村集体所用土地还不能够在房地产开发市场上流转。在农村,集体土地承包权的流转目前正在一些地区试点,并很有可能在不远的将来得到更广泛的推广。然而,集体土地从法律层面上还不能直接进入土地开发。城乡土地制度的"二元"结构和城乡分割的土地市场,一方面使城市土地供给必须首先通过政府征地才能实现,政府成为土地供给和土地需求的平衡者(而不是市场),这至少间接地强化了政府在土地开发过程中的地位和作用、弱化了市场功能,进而与国家建立有中国特色的社会主义市场经济总的发展方向不相一致;另一方面阻隔了根据价格来配置土地资源的可能性,进而极大程度地限制了土地资源效率,正是由于城乡土地"二元"结构和城乡土地市场的割裂使城乡土地配置不能根据土地价格、基于充分竞争的市场交易来决定。

问题六:征地和失地农民。征地带来了许多问题,其中有征地本身的问题,如征地范围混乱、补偿标准缺少公平性、征地补偿金分配公平性和透明性欠佳、失地农民安置不当等。据报道,2007年累计失地农民达到4 000多万人,并且每年以 300 多万人的速度增长,成为新的贫困人群。①

问题七:土地与"三农"问题。农业、农村、农民问题在走向全面现代化的过程中越发显得重要和突出。中国的社会主义现代化建设成功与否取决于农业、农村、农民问题的解决与否,发展农业、提高农民收入,需要农村土地制度的安排与现代化、工业化和城市化进程相匹配,其中农村土地流转、农村土地权属、土地非农业收入的分配制度安排是从根本上解决"三农"问题的核心所在。因而,解决"三农"问题的重点改革之一是(农村)土地制度改革。

问题八:耕地减少对粮食安全的影响。我国是一个人均耕地资源极度匮乏的人口大国,我国人均耕地面积仅占世界平均水平的 1/3。2004 年粮食、棉花、油料、糖料、蔬菜等主要农作物的人均耕地面积只有 1.63 亩,尤其是人均粮食耕地面积仅为 1.17 亩,且各地分布不均衡。全国已有 600 多个县的人均耕地面积低于国际公认的 0.795 亩的警戒线。我国耕地用养失调,质量明显下降。多年来,耕地产出大幅度提高,投入不足,重用地轻养地,土地再生产能力持续下降。耕地土地养分中的有机质含量低,平均仅为 1.8%,旱地仅为 1% 左右。我国耕地已患上了严重的"营养不良症",导致生产力下降,农产品质量下降。我国农业抗灾能力弱,基本上仍处于靠天吃饭的状况,20 世纪 90 年代以来,年均受旱面积达 0.2767 亿 $hm^2$(4.15 亿亩),其中成灾面积 0.146 亿 $hm^2$(2.19 亿亩)。农业抗灾能力弱,水资源严重短缺,将长期威胁粮食生产。

问题九:土地违规案件和土地腐败。据国土资源部初步统计,仅 2002 年,全国立案查处土地违法案件达 71 万件,涉及土地面积 12.2 万 $hm^2$,即达 12.2 亿 $m^2$。对土地违法责任人给予行政或党纪处分的 3 433 人,刑事处罚的 363 人。② 2006 年,国土资源部对 16 个城市进行卫星遥感监测发现,违法用地总数占新增建设用地总数的近 60%,面积占近 50%,个别地方甚至高达 90%。可见,尽管国家实施和倡导最严格的土地管理制度,土地违规和违法案件并没有显著改善,其中土地违规和违法案件的主体是地方政府。

## 第二节 土地问题的根源

上面提到的诸多土地问题中,可以根据问题的根源大体分为以下五类。③

### 一、第一类与快速城市化和深刻的社会变革与不相匹配的制度安排有关(图 21.2)

快速城市化是城市与农村紧密地联系在一起,土地制度要求征地是为城市

---

① http://news.qq.com/a/20070822/000448.htm。
② http://www.788111.com/html/news1/2003-11-26/00000000100001dyiv.html。
③ 当然有不同的分类方法,即分类结果也会不一样。

发展供地的必经之路,同时又由于整个社会因改革和发展发生了深刻的变革,过去(改革开放前)运转良好的征地模式(补偿、安置、城市户口等)受到冲击,现在尽管提高了补偿标准和安置标准却仍然带来了许多问题,这说明现在的土地制度(如征地模式)与快速发展的现实是不相匹配的。土地问题中的相当一部分是与征地发展联系。征地问题及其相应的农民安置补偿问题中有些问题属于管理和程序层面的,但有些问题是属于深层次的,如土地价格归属(丁成日,2007)。现行的征地补偿方式与改革开放前的征地模式基本相似,补偿标准在不断地提高,我们不得不问一问:① 为什么征地方式和补偿标准30年前没有这么多问题(有些问题如征地程序、公众参与、透明性等相对而言比较好解决,而有些问题如失地农民生活水平不变、土地价值及其增值的归属等解决起来有一定的困难)?② 为什么补偿标准越来越高,而同时征地会越来越困难呢?本质上,征地问题的根源在于土地市场的发展、城市化和工业化使土地成为财富之源,进而使农民对土地寄予极高的期望值。制度所依赖的社会现实发生的根本性变化,迫使我们需要改变一下征地的方式或模式,而不仅仅局限在征地补偿标准的提高。

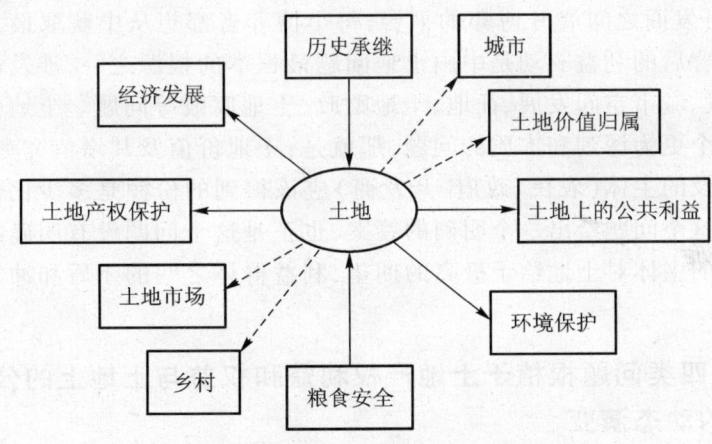

图 21.2　土地成为社会经济多目标的载体
实线双箭头表示冲突;虚线双箭头表示联系;实线单箭头表示影响

　　城市化意味着从农村向城市转移人口,但是,目前的户籍、土地、社会保障等方面的制度远远不能顺应这个发展趋势。城乡之间社会保障和福利(医疗、教育、保险、社保等)上的差别与现代化发展不相适应。这些差别随着国家的全面发展将逐步地消失。城乡分割的户籍制度也将随之弱化、最终消失。只有这样,人口空间上的流动才能最充分地体现劳动力资源最优配置。随着农村人口的减少,农村居民土地消费也将减少,目前的户籍和社会政策不利于进城的农民放弃农村土地,这必然造成农村土地资源得不到最充分的利用,耕地抛荒现象或多或少地说明了这个问题。

最后,城乡土地所有制"二元"结构,使政府征地成为城市化和工业化供地的必经之路,使政府在土地开发(土地利用类型转变)成为必不可少的参与者,不利于利用市场机制和价格杠杆来决定土地资源的分配和利用。

## 二、第二类问题根植于经济发展和社会进步使土地的多功能、多目标之间的冲突越来越显著(图 21.2)

经济发展需要土地、环境和生态保护需要土地、粮食安全需要土地,再加上中国人口分布和土地资源分布的不均匀加剧了土地用途之间的竞争。可以想象,未来的现代化过程中,对稀有的土地的竞争将越来越激烈,因而如何协调经济发展、环境和生态保护将会在相当长的时期内困扰决策者和学者。

## 三、第三类问题根植于土地市场的发展和对土地价值归属的争议(图 21.2)

城市化和工业化的快速发展使土地价值升值迅速,特别是在城市周边地区。土地市场的发育和发展突然间使土地成为财富之源,使土地成为农民(及其集体)、政府、开发商之间展开博弈的平台,每个博弈者都想从中获取最大的土地回报。土地背后的利益驱动是中国土地问题最根本的根源之一,涉及耕地的保护、土地开发、城市空间发展、征地、土地财政、土地腐败等问题。土地价值及其增值涉及一个更为深刻和本质的问题,那就是:土地价值及其增值究竟属于谁?或者每个涉及的主体(农民、政府、开发商)应该得到的份额是多少比例?我们还远没有对这个问题给出一个明确的答案,也正是这个问题没有明确的答案才使每个利益的主体对土地给予极高的期望,利益群体之间的矛盾和冲突成为不可避免。

## 四、第四类问题根植于土地产权利益和权益与土地上的公共利益之间平衡的动态演变

随着市场经济的进一步深化和现代化建设,对(私有)产权的保护将越来越受重视。如,2007年通过的《物权法》是国家首次以法的形式来保护私有产权,这是国家发展的方向。但是同时,必须认识到,土地作为一个特殊商品,基于土地之上的公共利益需要政府不断地调整对土地产权的干预和限制。

即使在西方国家土地产权私有的制度下,土地私有产权与土地上的公共利益之间的矛盾和冲突也一直困扰着学术界和政界。如美国,在过去的125年里,土地私有产权的保护与土地公共利益的冲突时不时地将官司打到最高法院,总的趋势是国家对私有土地的干预是越来越多,从最开始的政府为公共利益强制性征地权力、土地利用功能分区(zoning)的推广,直到后来的为经济发展政府可以动用强制性征地权力。最近的例子是2005年的Kelo案件。

如第十七章中已经提到的,2005年美国最高法院审理了一项强制征用案件。康涅狄格(Connecticut)州新伦敦(New London)市自从20世纪80年代经历了多年的经济衰退后,90年代末一家大的制药公司宣布在新伦敦市的河边建造研究机构的计划。市政府决定将这一家新的研发机构作为带动当地经济增长的源头。城市扩建计划包括临河旅馆、餐厅、商店和码头。为了完成规划,市政府需要强制征用115个居民和商用地产。2000年12月,15个私人业主联名起诉政府违反了宪法第五条修正案。在2005年6月的判决中,最高法院做出有利于市政府的决定,指明振兴经济是合法的征用土地的目的,法庭说明振兴经济和广义的公共利益是一致的。上述案例带来迅速的政治上的负面反响,美国众议院投票决定如果市政府为了振兴当地经济而强制拆除私人房地产,则联邦政府不应给市政拨款。多个州立法规定地方政府若采取强制征用土地的方式振兴经济,则州财政不给予经济资助。

可见,国际经验说明,在国家相应的配套制度没有建立起来的时候,土地产权改革超前带来的负面和不可预见的后果可能是非常严重的。中国重庆市旧城改造和拆迁遇到的著名"钉子户事件"就是一个鲜明的案例,如果没有相应的法规、制度、政策、司法程序来处理类似的案例,城市和社会发展的成本将是巨大的。

### 五、第五类问题根植于渐进式改革

渐进式改革的含义是:改革不彻底、改革一些问题同时寄希望外来的改革解决剩下的问题。这种不彻底的改革方式一方面解决了一些问题,另一方面可能带来新的、预想不到的严重问题。比如,1993—1994年财税改革只解决中央与省级政府的财政分配关系,对省级政府以下的政府之间的财政关系没有涉及,这使地方政府财权和事权之间的矛盾比较突出,也是地方政府过于依赖土地财政的原因之一(地方政府的财政赤字经过1993—1994年的财税改革后变得越来越严重)。土地制度的历史承继性既是土地问题的根源之一,又影响着土地制度和政策的改革(图21.2)。

### 六、第六类问题根植于政策设计本身

许多政策设计目标过于刚性、缺少与其他社会经济发展目标之间的协调机制,结果或者政策本身得不到有效的实施,或者政策实施的机会成本巨大。比较典型的是耕地保护政策。严格的耕地保护政策是导致了城市无序发展、城市不像城市、农村不像农村的主要原因之一。

图21.2概括了中国土地问题的根源。快速城市化通过土地(土地开发、土地征地)等将农村和城市联系在一起,而由于与城市化相配套的政策和制度的不到位,土地等问题的产生也就不足为奇。快速工业化一方面需要土地的供给,

另一方面也对环境产生负面的影响。城市化和工业化、土地市场的发育,再加上土地制度的历史承继,土地价值的升值巨大,而制度和政策对土地收益和土地价值的归属没有给出明确的界定。这一方面导致征地过程中对补偿标准的不同理解,另一方面促使土地开发中的博弈者(农村土地所有者、地方政府、开发商)都试图从土地开发中获取最大的回报。因土地开发,特别是城市周边地区的土地开发,占据了大量的优质良田,对国家粮食安全产生负面的影响。

## 第三节 土地制度评价

### 一、最严格的土地管理制度

2003年,全国土地市场仍存在不少问题。违规设立开发区、非法占地、入市现象有所抬头。一些地方任意出台土地优惠政策,滥用土地管理权限,乱批滥占耕地,严重损害了农民利益和国家利益。针对非法批地、未批先用、批少用多、非法低价出让等问题,同时为防止国有资产流失、固定资产投资规模过大、增长速度过快,避免经济增长水平大起大落,全国实施最严格的土地管理制度。①

2004年国务院发布的28号文件《国务院关于深化改革严格土地管理的决定》。② 该《决定》决定进一步通过行政途径强化土地法规和政策,如基本农田保护、强化土地利用总体规划在耕地保护、控制农用地转化、强化土地利用的审批程序和监督、地方政府在耕地保护的职责等内容。同时该《决定》进一步推动了城市土地市场的发展,如提高通过"招、拍、挂"方式出让土地的比例,严禁非法压低地价招商等规定。

### 二、土地制度评价

中国土地制度存在以下几个方面的问题。

#### (一)城乡土地制度的"二元"结构

城乡土地制度的二元性(产权、管理、市场、规划等方面的差异)既作为土地政策和管理的基石深刻地制约和影响土地政策、规划、管理模式,又造成土地资源分配和土地市场在城乡之间形成制度性隔离。因而,中国的许多土地问题(如果不是全部的话)基本上都与城乡土地制度的"二元"性发生直接或间接的关联。

---

① 2003年7月31日,温家宝指出,土地是民生之本。保护土地是一项基本国策。实行最严格的土地管理制度,一是要完善土地产权与征地制度,健全土地管理法律体系;二要加强土地审批管理,杜绝乱批滥占耕地现象;三要清理整顿各类开发用地,强化对土地使用的监督;四要加强宏观调控和政策引导,防止盲目投资和低水平重复建设。http://www.chinacourt.org/html/article/200308/01/72172.shtml。

② http://www.cnread.net/cnread1/flfg/fldd/105/100.htm。

城乡土地所有制"二元"结构和农村土地利用的严格限制（用途管制、流通限制等）决定了土地开发必须首先通过征地，将土地国有化后才能进行。城市土地的国有化使各级政府必然地参与征地，并且是征地的主体，如果没有相应的法规、政策、制度来监督政府或者产权及其产权上的利益缺乏明确的法律界定，那么我们就难以保证各级政府时时都能够正确地行使宪法赋予的警察权力，这也是为什么在征地过程中发生的许多问题涉及政府部门。

如果允许农村土地可以直接进入城市土地市场（该建议得到相当一部分人的支持），那么有些问题可能会得到解决，如与政府有关的土地问题（土地腐败等）将随之消失，也没有必要在征地过程中监督政府。但是，这将导致新（可以预见的和不可预见的）问题的出现，如"村村发展、村村像城市"可能就不是个别地区的个别现象，而成为全国性的问题。"村村发展、村村像城市"这样的发展模式带来的社会经济负面影响和后果可能表现在：① 城市"无序、无协调"式的空间发展模式；② 城市蔓延式发展无法避免；③ 耕地保护、生态和环境建设将会变得越来越困难；④ 房地产市场泡沫及其风险将可能是超出预想的规模，国家宏观经济调控的难度将加大。城市蔓延和无序式发展模式将导致巨大的基础设施浪费和土地利用之间的负面外部效应（丁成日，2007），其代价可能是无法估量的。因而，"村村发展、村村像城市"的发展模式带来的代价可能会远远超过目前城乡土地市场分割所产生的问题和后果。目前严格的土地管理制度都无法制止"村村发展、村村像城市"的现象（如长三角、珠三角地区），很难想象当农村土地允许直接进入城市土地市场后，这种现象能不在全国范围内重演和泛滥！

现阶段，城乡土地所有权的"二元"结构使土地市场和土地资源在城乡之间的分配受到制度性的分割，即城乡之间土地资源分配的制度性障碍。这主要体现在两个方面：① 城市土地（国有土地使用权）市场与农村土地（集体土地承包权）市场的隔离，使土地资源无法根据相对价格来决定土地利用类型（城市用途，还是农村用途），进而极大地降低了土地资源的利用效率；② 政府征地既是使农村土地能够得到开发的前提，也是城市提高土地供给的必然之路，因而城市土地供需关系将无法充分地依据市场原则来平衡，政府对城市土地供需关系的影响和作用是决定性的。政府对土地市场的强烈干预从总体上是不符合国家全面发展市场经济的战略布局和历史性发展趋势的，尽管短期内有其必然存在的理由（如相关的法规、制度、管理、社会认知等方面还需要走许多工作）。

城乡土地资源分配的制度性障碍带来几个严重的后果：

第一个后果是直接或间接地导致土地价格城乡之间存在巨大的差别，而该差别成为农用地转变背后的巨大的推动力。经济学理论认为城乡土地价值之间的差别支配着土地在城乡之间的分配，进而使土地资源利用效率实现最大化。长三角地区（包括上海、江苏、浙江、江西和安徽）城乡土地价值实证研究表明（Lichtenberg 和 Ding，2008），该地区的城市土地平均边际价值每公顷为

4 126 000元,上海最高,为 6 647 000 元,而农村土地平均边际价值每公顷仅为 7 200元。土地价值在城乡之间如此巨大的差别(近千倍的差别),从经济利益的角度直接地表明农村土地转变为城市用途背后的强大驱动力、论证耕地保护任务的艰巨性。

第二个后果是农用地转变背后巨大的经济驱动力与政府土地宏观政策之间的冲突,这往往使土地宏观政策失效、无法实现其土地宏观政策设计的目标。耕地保护制度就是一个典型的例子,尽管国家实施最严格的土地管理制度,耕地动态平衡和耕地保护中出现的问题非常好地说明了这点(后面的分析提供更详细地分析和论证)。

第三个后果是城乡土地资源分配制度性障碍,这一方面剥夺了农村从城市化和工业化发展中受益的可能性,另一方面又使农民对土地寄予较高的期望,希望通过土地的转变致富。城市化和工业化使土地价值增值很快,部分地区农民通过政府的征地得到 2～3 套住房的安置,其中 1～2 套住房通过出租获得可观的收入,加上征地的现金补偿和城市化及工业化带来的就业机会,这些农民的生活得到很大的改善和提高。然而,并不是所有被征地的农民都能够通过政府的征地直接或间接地改善了生活,有相当数量的失地农民既没有从城市化和工业化中受益,又通过征地的横向比较感受到征地的不公平性。这就提出两个问题:一是问题涉及征地制度本身内在的不一致性(丁成日,2007);另一个问题涉及到整个社会和政府是否有足够的实力和机会能够使每个失地的农民通过征地致富。这两个问题是紧密地连接在一起的,如果第二个问题的答案是否定的,征地的横向不一致性(或不公平性)将难以避免。笔者个人认为,地区之间巨大的发展差别使我们不能够期待政府和社会让所有农民通过征地而致富,但这不等于说我们因而可以对征地过程中的横向不公平性熟视无睹、无所作为。最后,也正是征地导致至少一部分农民致富,使农民特别是城市周边地区的农民对在城市化和工业化构成中对土地寄予很高的期待,希望土地成为财富之母、致富之源,这无疑为政府在农村的土地管理、规划等方面的工作带来巨大的挑战和困难。

城乡土地制度的"二元"性还将影响土地政策和管理模式改革路径和思路,印证理论上和国际经验得出的土地政策和制度的历史承继性。如果消除城乡土地制度的"二元"结构是解决中国土地问题的根本出路的话,土地制度改革的方面只有两种选择:① 所有的土地都私有化(只有农村土地私有化并不能解决城乡土地制度的"二元"结构,因而农村土地私有化最多只能够解决目前土地问题的部分,同时又会带来新的问题,其结果可能是得不偿失);② 农村土地向国有化方向发展(更详细地分析见土地制度改革出路部分)。

**(二) 土地产权制度**

中国的土地产权制度的特点:一是缺乏对土地产权(包含土地财产权及他

项权利)的明晰界定和实施细则;二是国有土地所有权主体过于抽象,所有人与代理人之间界限和责任不十分清晰;三是集体土地所有权有多个主体代表,模糊不清;四是集体土地所有权处于弱势地位,将集体土地以"所有权"称谓之,实乃名不副实。

### (三) 土地出让制度和土地市场发展

土地出让制度一方面为中国的发展做出了巨大的贡献,另一方面也带来许多问题。最突出的问题有:国有资产流失、土地资源浪费、土地(房地产)市场机制有待充分发育等。还有,由于土地市场只是城镇国有土地使用权出让的市场,土地市场在利用市场机制和价格杠杆来调节土地资源分配的作用方面受到很大的限制,使其不能充分地根据市场和社会发展来有效率地分配土地在城乡之间的利用,使土地成为耕地保护与城市化和工业化发展矛盾的焦点。

### (四) 基本农田保护制度

目前基本农田主要是依据土地的自然属性(土地肥力)和农业价值(土地的农业生产力)来决定的,基本上不考虑土地的经济价值(这里主要指的是非农业价值,如土地非农业用途产生的价值),使基本农田保护实际上实现的仅仅是土地上的单一目标(粮食安全)。根据理论和实证研究,土地非农用途价值决定于土地的区位地租,而区位地租决定于交通可达性、距离市中心的距离,而与土地的自然属性无关。这样,只考虑土地自然属性的耕地保护(基本农田)政策并不一定能够保障土地资源利用效率的最大化。比如,假设有两块地,A 和 B,一个将被用于农业生产,另一个用于城市建设。再假设,A 地块的农业土地价值和非农业(城市)土地价值分别为 50 和 30 单位价值(每亩万元或百万元),而 B 地块的农业土地价值和城市土地价值分别为 40 和 200 个单位价值。由于 A 地的农业价值高于 B 地,说明前者土地的肥力和农业生产力都大于后者,但同时又由于前者靠近城市,其城市土地价值远远高于后者。这样,如果仅仅根据土地肥力决定耕地保护,这样 A 地将被定为农地,B 地为城市用地,整个土地(A 和 B)的利用价值为 250 单位价值。如果将 B 地的土地农业生产力提高到与 A 地相同的水平所需的成本为 50 单位价值,那么将 A 地将被定为农城市用途,B 地为农业用地,整个土地(A 和 B)的利用价值为 290 单位价值(300 + 40 − 50)。根据这个逻辑,只要提高 B 地的土地农业生产力与 A 地相同的水平所需的成本为小于 90 单位价值,A 地将被定为城市用途,B 地为农业用地的土地政策都会使整个土地资源利用效率最高。仅仅根据土地肥力决定农业土地用途的政策措施很可能对城市发展产生极大的区位选择约束,使城市不能够从城市发展的角度选择最有力的地方发展,结果影响了土地资源整体效率。此外,根据土地肥力决定的土地利用类型还有可能导致城市蔓延、城市基础设施负担过重、互不相容的土地利用类型的混杂等无效率的城市空间发展模式,这些间接的负面影响可能远远大于良田保护本身的价值。刚性的耕地保护的负面影响和土地资源价值损失是耕地保护政策难以实施的重要原因，也正是因为如此，土地开发背后的利益驱动使有些地方政府将基本农田划到山坡甚至山顶上、海边滩涂地、黄土高坡、沙漠盐碱地。结合国际的经验，如果结合经济手段、激励机制，灵活的耕地保护可能的实际效果会更好，城市化和工业化与环境、生态、农地保护之间的冲突也能够得到更好的协调。

### （五）耕地占补平衡

按行政体系层层实现耕地占补平衡，既不符合土地资源间分布不均衡的地理现实，也不符合社会经济发展的空间不均衡性。而社会经济发展空间不均衡性，一方面有其内在规律和依据，另一方面也带来土地需求的空间不均衡性。正是由于这些空间不均衡性，使耕地占补平衡无论是理论上还是实践上都没有可操作性。中国区域间的差别是巨大的，因而有效的土地政策应该充分地反映地域差异。土地管理中存在的问题（弄虚作假、违规违法现象等）很好地说明了制度设计本身的缺陷。

另外，国际的经验占补平衡理论上听起来不错，实际实施的效果并不好。比如，美国20世纪60~70年代为了保护湿地，提出了湿地的占补平衡，也就是说开发商如果在湿地上开发，他（们）就需要在其他地方开垦出同等规模的湿地。然而，通过多年的实践，结果发现人造湿地在环境生态方面无法与自然湿地相提并论，最后终止了湿地保护的占补平衡政策，取而代之的是湿地的严格保护。耕地与湿地不同，耕地所占面积远远大于湿地，耕地的生态和环境比湿地简单得多，故不能像严格保护湿地那样保护耕地，也没有必要。通过生物技术、农业工程、农业基础设施的建设等投入，土地的农业生产力可以得到很大的提高。中国过去30年粮食产量的提高就是一个明证。

### （六）征地补偿制度

征地补偿制度存在以下几方面的问题（丁成日，2007）：① 法律要求的失地农民生活水平不变没有具体的落实措施；② 土地价值增值的归属缺少界定，这是征地过程中产生冲突的主要原因之一；③ 补偿计算的方法缺少科学性和公平性；④ "一对一"式的征地使征地带有鲜明的强迫性和非自愿性（即是实际情况并非如此）。征地过程中的其他问题，如缺少农民的参与、不透明、农民与集体之间的分配等问题其他文献都有阐述，故在此略。

### （七）土地征用制度

由于政府是征地的唯一主体、强制性征地的法律依据——公共利益界定的模糊、政府监督体系不完善、农民土地上的利益和权益法律保障不到位等原因，使征地制度被滥用，严重地影响了农民的生产和生活，为通过土地获取（预算外）财政收入成为可能。结果，土地成为新时期"牺牲农村发展城市、牺牲农业发展工业"的工具。需要指出的是，发展中国家是以牺牲农业发展工业、牺牲农村发展城市,而发达国家基本上是工业补贴农业、城市补贴农村。此外,由于征地程序本身的问题,使征地与土地腐败联系起来。

**(八) 土地利用总体规划制度**

自上向下、刚性的土地指标(耕地保护、建设用地、耕地占有量、土地整理和开垦等指标)分配既缺少理论支持,又难以与地区发展现实相符。土地需求是派生的需求,是因为经济增长、人口增加、生活水平提高等原因需要土地去建造更多的建筑、更多的基础设施和娱乐场所来满足需求。由于经济和社会发展最终都将落实到具体的区域,经济、城市发展引发的土地需求很难保证不与自上向下分配的土地指标发生冲突,后果是上级政府分配下来的指标往往不能满足经济和社会发展的需要,这最终将鼓励地方政府尽量地争取土地指标,使实际争取到的指标远远超过发展需求,为了不影响以后指标的分配,争取到的指标一定要用完,导致城市土地所用的土地指标远远大于合理的额度,造成土地资源的浪费。指标分配的目的是为了保护耕地、提高土地利用效率,但由于没有充分地考虑土地利用决策背后的利益驱动,结果是造成耕地大量地被占用、土地利用效率低下。更重要的是,自上而下的土地利用指标分配割裂了土地机制对土地资源分配的联系,使土地利用决策不能够受制于土地价值,最终无法实现土地资源利用的最大化。

国际上的类似经验很多,最突出的是对财政转移支付的批评。不支持政府间拨款的理由是,它可能妨碍地方政府作出经济效益最大化的决策。一般来讲,拨款是有条件的,上级政府明确地规定拨款的使用。这样会产生两个问题:一是用在一个项目的资金就意味着该资金放弃了在其他项目上的使用——即资金使用的机会成本。如果能够自主支配公共财政,地方政府就可以做出财政支出决策,达到公共财政支出效率最大化的目的。政府间拨款通常附加上一定的条款来限制财政支出决策选择,这就剥离收入与财政支出之间的联系,造成财政支出决策的失误;另一个问题是政府间拨款降低了地方政府控制预算总规模的能力。地方官员通常不能通过调整支出来使边际收益等于边际成本。地方政府依靠财政转移支付来提供公共服务的缺点,是财政补贴和转移支付割裂了地方政府税收收入与财政开支之间的有效联系,损害了地方政府公共财政效率。

国际经验表明,在市场经济体制下依靠法规和行政手段来管理土地往往难以达到预定的目标,实际的发展常常与预想的相反。土地总体规划既缺少财政分析,也没有足够的经济分析,必然使土地总体规划缺少有效的实施手段和措施。因而,土地指标不断地被突破,就很好地说明了土地总体规划制定中存在的问题。

此外,土地审批制度、地籍登记制度、土地监察制度、土地市场制度等都存在很多问题。

### 三、耕地保护与粮食安全

基本的常识是粮食生产需要土地,因而土地保护是保证粮食安全的核心,耕地保护常常与粮食安全联系在一起。自1990年以来,耕地面积在不断地下降。但是粮食产量在过去的近二十年来确有很大的波动。例如,1997—2003年粮食产量持续下降,而2004—2007又持续上升,全国粮食总产突破1万亿斤,自1985年以来首次实现连续四年增产。中国继续成为粮食净出口国,包括小麦、玉米、水稻在内的粮食净出口700万吨。① 可见耕地数量与粮食产量之间的关系远比很多人的认识要复杂得多。

另外,城市建设用地退耕地减少的贡献是非常有限的。国土资源部的调查说明,2001—2002年建耕地面积减少总量中,65%的耕地减少是因为"退耕还林"政策,18%是因为大农业内部结构的调整(耕地转变为果园、养鱼池塘等),只有耕地减少量中的17%是因为建设用地占用的原因。

国家粮食安全在短期内应该从农业政策及其相关的市场发展入手,而不应该侧重于土地政策。这是因为:

第一,粮食产量主要取决于播种面积有关,而不是耕地面积本身。由于粮食价格、农业税负等方面的原因,1998—2003年农民的种粮积极性受到很大影响,使耕地抛荒现象比较严重。2004年以后国家采取了积极的农业扶持政策,包括取消农业税、种粮补贴等,粮食产量2004—2007年持续上升,而同期耕地面积是持续的下降。

第二,由于服务于农产品的基础设施发展不足(如缺少相应的运输工具和保鲜设备),农民(果民)们常常是丰产而不丰收(入)。运输工具和保鲜技术一方面有利于稳定农产品价格(批发),另一方面提供了经济利益驱动,通过减少风险来提高产量。理论上讲,假设蔬菜、水果、水产品等农产品由于运输工具和保鲜技术在生产到销售这个流通环节损失了10%的产量,再假设运输工具和保鲜技术的提高,相应的用于蔬菜、水果、水产品的土地也可以减少10%,而粮食安全不会得到任何威胁。当然,我们也要分析提高运输工具和保鲜技术的成本以及效益。

第三,农村土地承包制不利于农业基础设施(如农田水利设施)的投入和土地福利的维持。有效的土地利用是以稳定土地政策为前提的,农村土地利用也不例外。缺少稳定的农业政策、缺少对土地长期占有和使用的制度保障,以及缺少反映农村社会变革的制度调整等,直接或间接地影响了农民对土地投入的决策以及使用土地利用效率。不断变化的(农业或农村)政策一方面使农民难以规划未来的土地利用,割断了他们对土地长期投入(如农田基本建设——水利

---

① http://www.foodqs.com/news/gnspzs01/200832194046178.htm.

灌溉和整理)的积极性和利益冲动,造成土地掠夺性的种植和使用;另一方面,农民根据自身利益以及当时的农业政策和市场价格来决定农村土地利用,造成土地利用(类型和强度)随时间而发生较大的波动,导致土地的低效率利用和危害土地质量的长期保持。

第四,狭义的耕地分类及其最严格的耕地保护既不符合现代化和收入提高带来的农产品消费结构的变化趋势及其对农村土地使用的影响,也不利用农村土地利用效率的提高和农民收入的增加。中国的农用地分为以下几大类:耕地、园地、林地、牧草地、农田水利用地和养殖水面等。耕地指的是主要用于种植大小麦、水稻、玉米、蔬菜等农作物并经常进行耕耘的土地。园地和鱼塘用地不包括在耕地范围之内。

第五,生物工程和农业技术革新和推广等增加粮食产量的空间还是巨大的。2004年在湖北荆州的调研表明,通过引进新品种和改进栽培技术可以提高中稻产量的30%。

另外,我们应该更加科学地界定粮食安全的含义。粮食不仅食用,同时也是工业的原材料,如造酒业。粮食安全是依据食用需求来界定,还是根据整个经济发展和生活需要来界定?

## 第四节 土地制度挑战

社会经济的根本改变,加上土地制度的历史继承性,围绕着土地的问题和挑战可以概括为以下六个方面。

第一,如何平衡土地产权界定、土地权益的保护与土地的公共利益之间的矛盾

没有相应的法律和规划等方面的配套政策和规定,产权保护可能带来巨大的发展成本和代价,严重地滞缓经济和社会的发展速度。当然,这里的共识是:土地产权界定和土地权益的保护是历史发展的趋势。

第二,如何平衡土地公有制与私有经济之间的矛盾

目前非国有经济部门创造了2/3的国内生产总值,80%以上的城镇住房是个人所有。经济和社会发展提出的挑战是非私有(国有或集体)土地如何为推动私有经济的发展充分地供地。国家引进了土地出让制度,但是随着经济的发展,土地出让制度在为推动经济和城市发展做出重要贡献的同时,也带来了许多问题,如国有资产流失、土地腐败、土地财政、土地资源利用效率低等。保护国有资源(土地)的流失,提高土地资源利用效率在未来的10年内都是决策者和学者关注的问题。

第三,如何平衡为快速城市化和工业化充分地供地与耕地保护之间的矛盾

一方面,以合理的价格为快速城市化和工业化提供土地,将关系到大量进城

农民就业和住房是否能够得到充分的保障。没有工业化的快速发展，城市将无法吸收城市化带来的就业压力，整个社会的失业问题将变得非常突出。另一方面，耕地保护从长期而言关系到环境、生态建设，关系到粮食供给、关系到农村的发展和现代化建设。

第四，如何平衡非个人行为导致的土地价值及其土地价值增值与城市基础设施融资之间的矛盾

这里涉及一个非常根本的问题：谁创造了土地价值（即其增值）？理论和实证都指出，即使在土地私有制下，土地价值不是土地的所有者产生和创造的，而是社会和政府通过城市化和基础设施建设带来土地价值及其增值，城市化产生土地需求，而基础设施建设改变了土地的可达性，将土地需求从经济活动中心向外延伸。孙中山先生的"涨价归公"、"溢价回收"实际上指的是将由政府和社会带来的土地或房产价格的增值收回共有。最近几年中国很多城市房屋价格持续上升为许多房屋拥有者带来巨大的经济利益，这里面有许多是"不劳而获"，犹如天上掉馅饼。政府应该通过税收政策（比如土地税和房地产税）截获着部门私人拥有者的"不劳而获"。

第五，如何平衡市场机制在土地资源管理和分配与政府干预之间的矛盾

土地开发和城市发展中存在许多市场失效，如互不相容的土地利用类型空间集聚产生显著的负面外部效应，这些严重地影响城市可持续发展和城市竞争力，城市发展模式与基础设施建设不相容导致的基础设施效率低下、城市低收入人群在城市发展中得不到应有的保护等。另外，在市场经济日益强大的经济转型时期，如何发挥宏观发展的战略性、前瞻性、指导性作用应该是规划人员面临的重要问题。

第六，如何平衡土地开发（城市发展）和土地保护（环境生态发展、粮食安全等）之间的矛盾

随着社会经济的发展，对土地用途（城市、基础设施、环境和生态、农业生产等）的竞争性将会越来越严峻，因而，如何协调不同目标之间的矛盾和冲突将在未来相当长的时期内困扰决策者和学者。

# 第五节　土地制度的改革建议

## 一、引进经济手段和市场杠杆来管理和分配土地资源

耕地保护的刚性规定、土地规划中的"自上向下"的指标分配、缺少区域化的土地政策等都是行政干预的产物，这些行政手段一方面没有有效地实现政策目标，另一方面带来巨大的预想不到的负面后果。国际经验说明行政手段在土地管理中的有限性或失效性，因而，越来越多的国家和地区倾向于利用

经济手段和激励政策来管理土地,或者将行政手段和经济激励相结合,而不仅仅是依靠行政命令和法规。比如,美国的一些州开始引进土地开发权转让来保护耕地、推动城市理性增长模式、引导与城市基础设施能够有效结合的土地开发等(见第十八章)。再如,韩国认识到首尔市1984年的土地政策和城市发展规划过于刚性,因此在1992年提高了土地开发的自由度,同时利用间接和经济手段来引导发展(见第三章)。

市场经济需要资源组合和要素投入的灵活性,来实现效益和利益的最大化。土地利用效率最大化不仅需要依据市场机制来调节土地资源在城乡之间的分配(城市用地和农业农地),也需要依据价值杠杆来支配非农业用途之间的土地分配、决定城市土地开发中资本资源与土地资源之间的配置(如容积率)。增加土地要素分配的自由度符合中国日益发展壮大的私有经济和市场经济。

市场与政府之间劳动分工的调整是未来改革的核心内容。国家"十一五"规划首次引进指导性(非约束性)指标,作为宏观经济和社会发展的目标,并强调有些宏观目标需要依靠市场来实现,国家可以通过相应的政策(金融、货币、财政、税收等)来改变市场行为。需要特别指出的是,土地作为不可流动的资源,其供需关系有非常鲜明的地域性,因而在影响宏观经济发展方面是非常有限的。对土地政策、规划和管理寄予过高的期望往往不利于它们的有效实施。

近期内,如何在土地管理和政策中加强市场作用将是土地决策者和学者面临的紧迫挑战之一。我们应该着力探讨耕地保护和土地规划中如何体现市场机制和原则,使耕地保护与城市化和工业化发展协调有序。

具体的建议或改革方向有:① 更加灵活的土地资源分配和使用;② 引进类似于土地开发权转让理念来通过间接和经济的手段保护耕地、推动城市理性发展;③ 引进土地开发的潜在经济价值(机会成本),使土地开发和耕地保护的结果是全社会最优,而不是局部最优;④ 征收土地税或房地产税;⑤ 弱化土地宏观调控功能、弱化土地规划期望,使市场与规划更加协调,使市场主导发展、使规划引导和管理市场。

## 二、土地政策的区域化发展

国家"十一五"规划首次提出主体功能区,试图通过主体功能区来使区域性政策系统化、理论化和制度化,意义重大。其意义之一是国家首次推行区域化的政策(土地、财政、城市发展、人口等),同全国一刀切的政策(如土地政策和规划)相比,区域化的政策无疑是一个巨大的进步。同时,这也意味着主体功能区能否得到有力地推动并发挥其预想的职能,将取决于相应的政策(土地、规划、财政等)多大程度上反映并体现地区差别。

国际经验表明,发达国家土地政策和规划大都是地方性的,国家的影响主要是通过对产权的界定和保护、对土地公共利益的界定、税收和基础设施投资来影响土地开发,地方政府则更直接地影响土地开发、保护和管理。

随着主体功能区的建立和发展,如何制定与主体功能区相配套的土地开发、保护、规划、管理等措施应该是未来5~10年国土部门面临的重大挑战之一。

具体的建议:① 土地管理和规划目标、体系在不同的主体功能区是不同的;② 市场与规划之间的劳动分工在不同的主体功能区也应该是不同的;③ 土地利用的各项指标(如果短期内土地利用指标不能废除的话)在不同的主体功能区应该有显著的区别;④ 主体功能区之间土地规划、政策、管理上的差别应该与区域之间的财政转移相适应。

### 三、农村土地所有权向城市政府流动

中国土地问题绝大多数,都与土地产权的城乡"二元"结构发生直接或间接的联系。因而,可以设想,土地产权的"二元"结构不消除,上面提到的土地问题将一直存在(问题的表现形式可能会发生变化)。这至少从一个方面论证,中国农村土地私有化并不能解决中国的土地问题,至少不能解决中国土地问题的绝大部分。

随着私有经济的发展和产权界定的完善,城市征地将会越来越困难,其成本也会越来越昂贵,这意味着城市化和工业化发展将面临越来越高的成本。中国在走向全面小康的现代化过程中,大量农民进城是必然趋势,因而笔者认为,为解决农民进城的就业和住房问题,中国的工业化还需要大力的发展,为此工业化的土地供给应该得到充分的保障。

使城乡土地产权统一的途径有两种:一是将所有的土地私有化,这意味着不仅是农村土地需要私有化,同时城镇中的国有土地也需要私有化;二是将农村集体土地国有化。如果城乡土地产权统一是从根本上解决土地问题的必然出路的话,农村集体土地国有化将是发展的出路之一。城市政府应该开始着手收购农村土地,并将其所有权转变为国家所有,但是土地使用用途可以保持不变(农业耕种)。

理论上,集体土地向国有土地所有权的改变有以下几方面的好处:

第一,有利于推动城市发展,符合农村人口逐步减少的趋势。

第二,通过土地在城市政府中的集中,有利于农业土地的规模经营、现代化经营,提高农业生产力,有利于农业基础设施的投资,形成投资效率,有利于农村土地的流通和土地资源的充分利用。转变为城市或国有的农村土地可以由城市政府自己经营,也可以转租给第三者。农业生产如果形不成规模经营的话,农业收入将很难与城市收入竞争,因而随着经济的发展大城市周围的农业用地的抛荒现象将不可避免,适当的农业(补贴、扶持)政策是避免农业用地抛荒的重要举措,但不可否认,土地产权集中下的规模经营符合城市化的发

展趋势。

第三,有利于城市政府更有效地协调经济发展、环境保护、生态建设等多目标,有利于城市更加灵活地布置社会经济活动,有利于避免未来征地的困难。

农村集体土地所有权本质上也是一种公有制。他与国有土地的区别在于国有土地属于全体人民,而集体土地属于全体人民中的一部分,因而农村土地所有权和国有土地的区别在于"部分集"与"全集"的差别。如果将农村土地所有权向城市转变(或者国家所有,或者城市所有),从法理上来讲也是行得通的。

美国土地所有权也是多种多样的,有联邦土地(如国家公园)、有州属土地(如公立大学)和大量的私有土地(占全部土地的70%左右)。但是美国土地所有权不是根据地理(城乡)来划分的,联邦土地或者是太好了不能开发(如黄石公园),或者是太不好了没人感兴趣(如沙漠)。州属土地主要用于教育、休闲娱乐(野外公园)、环境和生态保护等目的。政府在动用强行私有土地征用权的范围大大地缩小了。

国际经验和理论都表明,政府常常通过购买土地来更正市场失效,实现环境和社会目标,帮助土地利用规划的实施。因而,即使在市场经济体制下,政府购买私有土地的行为可以在下面三个方面得到理论上的支持:

第一,对基础设施服务的定价不当和纯利益驱动的市场,经常会导致一种公共服务和设施供给不足的城市发展模式。因而通过政府购买土地来提供绿色空间、保护环境、保护生态等。国际上城市政府从私人手中收购土地的例子是常见的。比如,美国的佛罗里达州每年花费6 600万美元来从私人手中收购土地,用于土地保护、水源地的保护、公共绿地和户外娱乐等的发展和建设。

第二,公共产品、利益和服务(如学校、医院、道路、景观等)要求政府介入土地开发活动,甚至实施土地开发。例如,土地征用(eminent domain)赋予了政府出于公共利益目的可以强制性地从个人手里取得土地的权利。

第三,要想成功地实施城市和区域规划,需要健全的土地管理和相关政策。土地(以及土地征用)在水资源保护和供给、环境保护,以及农田保护中扮演者重要角色。土地开发权转移(Transferable Development Rights,TDR)这一政策可以被理解为是一种对土地权利的部分征用(只转移了开发权,而不涉及到所有权、使用权、抵押权等其他权利)。开发权转让的核心是将某地区(该地区称之为"发送区Sending Areas")的土地开发权转让给另一个地区(该地区称之为"接受区Receiving Areas)。这样,一旦"发送区"的土地(地块)其开发权被买走,该土地(地块)将永远不能被开发,但是原有的土地用途保持不变,而接受区可以以更高的密度开发。这样,通过市场机制既保护了耕地,又推动了城市理性增长。

洛杉矶市在1920年城市规模非常小,地处半干旱、半沙漠地区,水资源是城市发展的最大障碍。面临缺水的严重局面,洛杉矶市政府采取了种种办法来解决水资源问题。在从科罗拉多河引水之前，洛杉矶市政府在城外一个谷地不公开地将许多土地购买，从而能够在这些购买来的土地上挖掘水井，并将水运到洛杉矶市。所以，即使在私有土地产权的制度下，城市政府常常购买土地，以便实现城市发展的目标。香港地铁公司成功运作也为城市政府管理农村土地流转提供了很好的范例。

农村土地所有权向城市政府流动特别需要注意以下几个方面：① 流动的长期性和渐进性，整个过程需要十年甚至几十年；② 作为完善农村土地流转的补充，而不是唯一的方式；③ 农民自愿参与作为重要条件；④ 农民的生活和安置应得到妥善安排，这是城市收购农村集体土地的前提条件之一；⑤ 赋予原有农民在农业规模经营和现代化发展中有优先权被雇佣。

第三，征地成为问题是因为土地承担着农民社会保障的功能。但是随着现代化的发展，社会保障将覆盖全社会，而不是像目前根据地理范围（城乡）来提供。目前医疗改革倾向于向医疗保险城乡全覆盖的方向改革，这是现代化社会发展的目标。全民义务教育已经使城乡全覆盖，尽管由于发展城乡不平衡使城乡教育水准有很大的差别。随着城乡社会保障制度的统一，土地作为农民社会保障的功能将弱化或最终消失，社会保险也将逐步地实现城乡统一，这为城市政府从农民手中购地提供了最有力的社会物质基础。

### 四、规模征地、预先征地

征地模式需要改革。具体的方案之一是"整村"式征地。除非线性项目（如高速公路、铁路、管道等），出于城市发展目的的征地应该整村整村地进行。这样做的好处有：① 避免分散征地带来的补偿金无法形成资金规模，有利于失地农民充分利用补偿金从事其他经济活动；② 如果必要，可以弱化村级机构（与现代化、城市化发展趋势相一致），进而可以从体制上保证和促使征地补偿金最大限度地（最大比例地）落实到失地农民手中（当然，如果村集体转变为公司和经济开发实体是另一回事）；③ 有利于统一规划城市发展，协调城市基础设施投入和城市服务设施的建设，并充分利用这些基础设施；④ "整村"式征地有利于充分发挥土地储备机制的作用、更好地发挥宏观调控作用。这是假定把整村的土地都开发是需要时日的；⑤ 政府有充分的时间来进行征地，排除紧急征地带来的一系列问题和后果。

另外一个征地改革建议是扩大可征地的土地范围，每年实际征地为可征地的一小部分（如两者比例为 1/20～1/10），提高农民参与征地与否的自由度，使最终的征地是双方自愿交易的。每年政府允许开发的土地总量规划为可开发土地的 1/20～1/10（取决于规划期），农民决定土地是否被征，以什么价格被征。这样农民之间可产生竞争，最终为农村土地市场发育创造条件。目前政府与农民之间的"一对一"式的征地很难避免政府征地造成的"强迫性"，如果提高农民自愿参与的自由度,将更便于政府处理征地过程中可能产生的种种争议(丁成日,2007)。

## 第六节 中国耕地保护的"十"问[①]

中国的基本国情是:可利用的土地(包括耕地)少,好地更少,土地破碎,有相当一部分土地不宜居住或土地生产力(或土地承载力)低下;中国的人地矛盾突出。中国是一个地少人多的国家,以大约7%的世界耕地供养20%左右的世界人口。因而,保证粮食安全是国家的基本国策之一。对一个拥有13亿人口的大国来说,即使5%的人口依赖国际粮食市场(6 500万人口,相当于一个中小型国家),都是不可想象的。1995年莱斯特?布朗在他的著作《谁来养活21世界的中国》中明确地提出来中国未来将面临粮食安全危机。加上近几年来种种原因造成的耕地减少,更加加重了对粮食安全的关注。因而,国家采取了一系列严格的政策(如基本农田划分和保护、耕地总量平衡等耕地保护政策)来保护耕地,以确保国家的粮食安全。

很多文献都论证了耕地对粮食安全的重要性。为了更好地制定国家政策,使政策真正达到政策所想取得的目的,我们需要深入地了解粮食安全、耕地政策、农业政策等之间的关系,同时也需要对一些基本的概念有一个清楚的认识。针对粮食安全为核心制定的耕地保护政策,作者提出十个问题。对每个问题的不同回答可能意味着国家应采取不同的政策(如农业政策、价格政策、农村政策、公共财政政策、城市发展政策等),才能一方面解除国家对粮食安全的顾虑,另一方面促进城市和经济发展,协调城乡关系。科学地制定土地政策或耕地政策,需要对这十个问题有一个准确的回答。作者只是就以粮食安全为主要目的的耕地保护政策提出几个问题,回答这些问题需要严谨和翔实的实证研究。故本文只是想抛砖引玉,为制定科学的土地政策提供依据。

### 一问 "粮食安全"指的是什么?

众所周知,粮食不仅提供了人类生存所需的必要物质基础,同时也是工业生产的重要原材料。如很多饮料和酒都是从粮食中提炼出来的。如果根据粮食的用途,将粮食安全分成三级:① 人口生存的必要物质基础(如口粮);② 为必要经济活动所需的粮食需求;③ 现阶段所有经济活动所需的粮食投入。显而易见,这三个不同等级的粮食需求(或以这三个不同的目标定义的粮食安全)是不一样的。粮食需求量(或最低粮食安全所需的粮食产量)依次递增。因而,本质

---

① 本文是在执行林肯土地政策研究院与国土资源部联合研究项目"中国快速城市化地区耕地保护"(2004—2005)中,专家(包括作者)通过对浙江平湖和湖北荆州的实地调查得出的初步结论。

的问题是:① 粮食安全应定在哪个层面上?② 每个层面上粮食安全所需要的最低耕地数量是多少(假设农业生产的技术、农业投入、农产品价格、土地生产力等不变)? ③ 不同层面上的粮食安全的经济成本是多少?或者说,第三层面上的粮食安全定义与第二层面上的粮食安全定义相比,未能实现的经济效益(因限制土地开发)有多大?这些问题无疑对科学地制定土地(耕地保护)政策有着至关重要的影响。

## 二问 耕地减少是粮食减产的主要原因吗?

近10年来,中国粮食总产量呈现出较大的波动性(图21.3)。1996—1999年间,中国粮食生产连年丰收,4年间年平均产量超过5亿吨,其中1998年达到5.12亿吨,表明中国粮食综合生产能力已经上了一个新的台阶。但是,自1999年起,粮食总产量连续5年减产,尤其是2000年以后粮食减产的幅度较大,粮食产量处于较低水平,2002年有所恢复,也只达到45 706万吨,较1998年减少5 524万吨,减幅达10.78%,到2003年又降到43 067万吨。据报道,2004年我国粮食产量有相当大幅度的反弹,达到46 947万吨。也就是说,1996—2004的8年间,有三次粮食产量增长期:1997—1998年、2001—2002年、和2003—2004年。根据目前的国家政策,普遍的预测是粮食产量在未来几年将持续增长。其他年份,粮食产量是减产的,其中1999—2000年减产幅度最大。再如,1997—2003年粮食产量持续下降,而2004—2007又持续上升,全国粮食总产突破1万亿斤,自1985年以来首次实现连续四年增产。中国继续成为粮食净出口国,包括小麦、玉米、水稻在内的粮食净出口700万吨。① 可见耕地数量与粮食产量之间的关系远比很多人的认识要复杂得多。

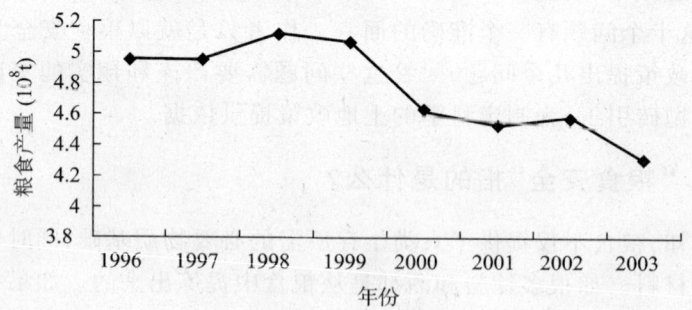

图21.3 1996—2003年粮食产量变化

数据来源:国土资源部中国土地勘测规划院:中国快速城市化地区耕地保护——中美联合项目

同期,我国耕地面积在不断地减少(图21.4),并有逐步加快的趋势。1999年后,粮食减产和耕地面积减少引起了中央政府及相关部门的重视。有

---

① http://www.foodqs.com/news/gnspzs01/200832194046178.htm。

些人认为耕地减少威胁着我国的粮食安全。然而,从图 21.3 和图 21.4 的比较中,我们很容易发现,1996—2004 年中国耕地连续减少,而同期粮食产量又有相当大幅度的波动。我们就会问:粮食产量的变化与耕地数量的变化不一致,这说明什么问题? 理论上讲,耕地是粮食生产的载体,因而耕地减少可以减少粮食产量。但是,根据目前中国的国情,耕地变化在过去 8 年里并不是决定粮食产量变化的主要原因,还有更深层次的原因和机制影响决定我国粮食产量。

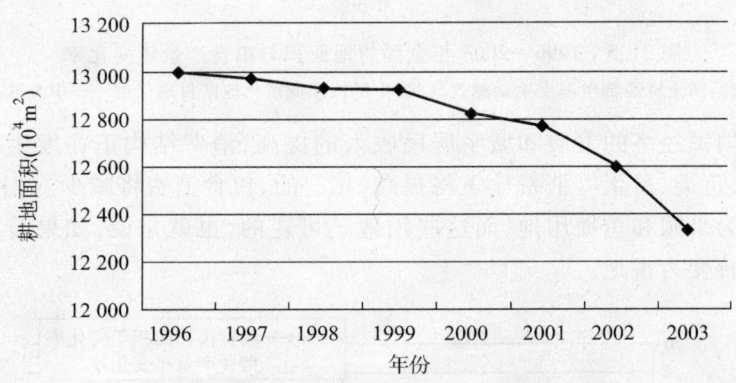

图 21.4  1996—2003 年中国耕地变化趋势

数据来源:国土资源部中国土地勘测规划院:中国快速城市化地区耕地保护——中美联合项目

## 三问  粮食减产的主要原因是什么?

美国林肯土地政策研究院与中国国土资源部联合研究项目(中国快速城市化地区的耕地保护问题)对此进行了简单的相关分析。与耕地面积变化不同的是,粮食播种面积在 1997 年、1998 年略有上升,往后的年份才逐年持续下降,表现在前后两期(表 21.1)。前期上升,增幅为 0.544 7%,后期下降,降幅达到 8.346 6%。图 21.5 和图 21.6 显示了粮食产量分别与耕地面积、粮食播种面积之间的相关关系。与前面的分析一致,是粮食播种面积,而不是耕地面积,决定了 1996—2004 年的粮食产量。

表 21.1  1996—2003 年全国耕地与粮食播种面积、粮食总产的前后期比较(%)

| 类别 | 1996—1999 年 | 2000—2003 年 |
| --- | --- | --- |
| 耕地面积变化率 | -0.634 1 | -3.782 6 |
| 粮食播种面积变化率 | 0.544 7 | -8.346 6 |
| 粮食总产量变化率 | 2.098 2 | -6.816 7 |

数据来源:国土资源部中国土地勘测规划院:中国快速城市化地区耕地保护—中美联合项目

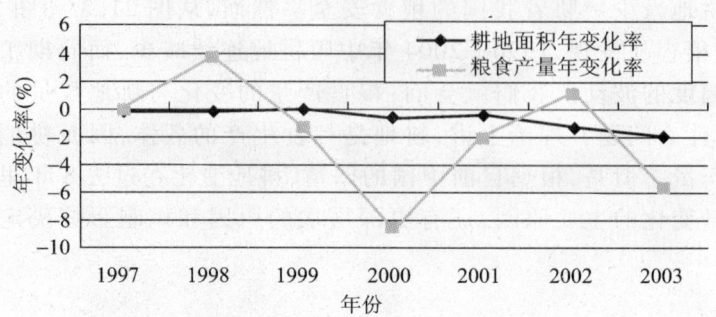

图 21.5　1996—2003 年全国耕地面积与粮食产量年变化率
数据来源：国土资源部中国土地勘测规划院：中国快速城市化地区耕地保护——中美联合项目

随着国民经济的发展和城乡居民收入的提高，消费结构正在发生巨大的变化。水果、鱼类、禽蛋等消费比重将提高，相应的，粮食消费将减少。相当规模的耕地转变为果园和鱼塘用地，而这些用地是可逆的，也就是说，如果需要这些用地可以再转变为耕地。

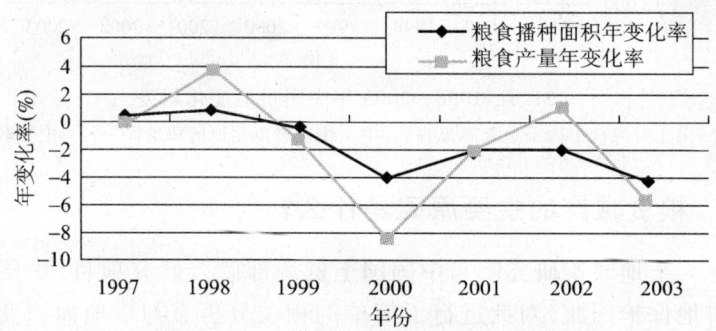

图 21.6　1996—2003 年全国粮食播种面积与粮食产量年变化率
数据来源：国土资源部中国土地勘测规划院：中国快速城市化地区耕地保护——中美联合项目

## 四问　耕地减少的主要原因是什么？为什么要保护耕地？

中国的农用地分为以下几大类：耕地、园地、林地、牧草地、农田水利用地和养殖水面等。耕地指的是主要用于种植大小麦、水稻、玉米、蔬菜等农作物并经常进行耕耘的土地。1998—2003 的 5 年间耕地共减少了 590.78 万 $hm^2$，而园地和林地分别共增加了 76.16 万和 597.55 万 $hm^2$。农用地总共减少了 175.68 万 $hm^2$。建设用地共增加了 113.4 万 $hm^2$。可见，因建设用地减少的耕地不到总耕地减少的 20%。建设用地不是耕地减少的主要原因，至少在过去的 5 年间是这样。

耕地保护不仅是中国的一项重要国策，在其他国家（如美国，美国同时是一个世界上主要的农产品输出国之一）也同样受到重视。在美国，耕地（或农用地)的保护主要是考虑环境、生态、水源等方面的因素。在 20 世纪 50～60 年代也有一些美国学者担心美国的快速城市化将危及其粮食安全。然而,农业技术的发展使美国不仅没有由于城市化快速发展导致的耕地减少而危及粮食安全,反而使美国成为世界上头号粮食输出国之一。

经过十几年来的耕地保护,我们需要对我国的耕地保护进行反思,我们进行耕地保护的目的是什么?粮食安全?哪个层次上的粮食安全(吃,用于工业,还有其他)?除了粮食安全之外,我们是否要有一个最低的环境安全、生态安全、水源保护安全标准等。这些问题值得我们深思,只有这样,我们才能把我们的耕地(或农用地)保护得更好,更科学,使我们的发展更可持续。

### 五问  是耕地保护,还是耕地保持,才是保证粮食安全的关键?

1996—2003 年中国耕地连续减少,而同期粮食产量又有相当大的波动。前面论述的是粮食播种面积,而不是耕地面积,是影响过去几年粮食产量波动的主要原因。1999—2003 年,由于粮食价格、农业生产成本(如各种税费)等原因,农民种田的积极性受到影响,耕地"抛荒"现象在一些地区,特别是发达的东部沿海地区比较普遍。2004 年中央减免农业税费,并最终取消农业税,极大地提高了农民种田的积极性,这也许是 2004 年农业生产创新高的最重要原因。因而,保证粮食安全,农业政策(耕地保持)非常重要。仅仅通过土地政策(耕地保护——耕地刚性地保护起来),并不一定能保证粮食生产。土地政策也只有通过农业政策,才能真正发挥作用。

### 六问  我国的农业和农村政策是否鼓励农民最有效地利用农村土地?

有效的土地利用是以一个的稳地土地政策为前提的,农村土地利用也不例外。缺少稳地的农业政策、缺少对土地长期占有和使用的制度保障,以及缺少反映农村社会变革的制度调整等,直接或间接地影响了农民对土地投入的决策以及使用土地效率不断变化的(农业或农村)政策,这一方面使农民难以规划未来的土地利用,割断了他们对土地长期投入(如农田基本建设——水利灌溉和整理)的积极性和利益冲动,造成土地掠夺性种植和使用;另一方面,农民根据自身利益以及当时的农业政策和市场价格来决定农村土地利用,造成土地利用(类型和强度)随时间而发生较大的波动,导致土地的低效率利用和危害土地质量的长期保持。对农业税的减免和土地承包法的颁布实施正是试图解决这些问题。

减免农业税和土地承包法可在一定程度上鼓励农业对土地的长期投入,有利于土地利用效率的提高。然而,中国现阶段快速城市化对制度和法律提出了新的挑战:高速城市化意味着大量的农业人口向城市转移,这种大规模空间人口移动的主体是中青年,他们的流出一方面会造成农村人口的相对老龄化,人口老年化进而影响农村(劳动力和土地)的劳动生产率;另一方面向农村老家寄钱的传统文化,结合农业的低收入(低附加值),这些都降低了农村劳动力的种植积极性,降低土地利用效率。因而,为提高农村土地利用效率,农村土地利用制度应对这些变化中的农村社会需求做出相应的反应。

科学和技术的进步要求农业的规模经营和(中长期)投入。机械化、农田基础设施的建设都表现出很强的规模经济规律。城市化与农村社会人口结构的变化也对土地使用权的转让提出了要求:土地种植权利从不想种田的人转向想种田的人手中。因而,稳定的政策、土地使用权的转让、土地占有和使用的长期保障是提高农村土地利用效率制度的前提,也是保障农业产量的必要条件之一。

### 七问 城市发展政策与耕地保护政策一致吗?

不可否认,快速城市化带来的城市空间扩展必将导致耕地占有和土地用途转变(农业转变为城市用地)。那么,我们是否要问一问,中国目前实施的城市政策和规划实践是否最有效地利用了城市土地?无效率或低效率的城市土地利用必然导致更多的耕地占有。低效率的城市土地利用指的是支持同等强度的城市活动所需的土地投入高于土地有效利用时的土地投入量。如最优土地利用效率时,每平方千米的人口密度为 10 000 人(或每平方千米的资本投入或经济产出分别为 1 亿元和 5 亿元),而实际的人口密度为 5 000 人(或每平方千米的资本投入或经济产出分别为 5 千万元和 2.5 亿元)。在城市土地低效利用的情况下,支持同等总量的城市规模(根据城市总人口和总经济规模)所需的土地投入将增加一倍。

根据中央的中长期社会发展目标,2020 年国民经济要翻两番,城市化水平达到 55%。中国城市所产生的国民经济总量高达 70%~80%。低的附加值使农业(农村)经济总量很难翻两番,因而,城市经济总量如不翻两番的话,国家 2020 年的宏观经济目标将将很难得以实现。

城市土地利用强度与土地的价格密切相关。城市土地利用的效率也应根据土地的价格来判断(见第四章,有关城市发展见本书第二部分)。

总之,城市发展战略和规划实践是否使土地利用效率最大化,进而间接地保护了耕地?如果不是,如何实现城市发展与耕地保护之间的协调?

### 八问 是否有足够的农业研发投入来提高土地生产力,减少耕地保护的压力?

根据对湖北省荆州市的调查,通过农业研发、生物工程和种植技术的改进,来提高土地生产力的潜力还是很大的。问题是,这种农业投入的代价是多少?回报是多少?如果粮食产量的增加可以通过农业研发来实现,耕地保护的压力会进一步减缓。如果农业研发对粮食产量的增加是显著的,那么为实现粮食安全,中国在农业研发方面的投入是否充足?这是一个非常重要的和现实的问题。

### 九问　是否有足够的农产品市场基础设施?

经常有报道说某某县某种水果得到丰收,但由于没有运输工具和相应的保鲜技术和设施,无法将它们运到市场,果民们丰"产"而不丰"收"。再如,2007年东北大米丰收,但是丰产不丰收入。客户减少,运输不易,东北大米今年的销售更加困难。据了解,山海关铁路的通过极限为每日50列车左右,而黑龙江又缺少海港,运输成本、运力瓶颈——成为长期困扰东北地区大米外运的难题。东北大米丰收后面临流通困局,这将极大地影响农民种粮的积极性。黑龙江是中国最大的粳稻商品粮输出地。2007年大丰收之后,这里的稻谷和大米价格长时间低位徘徊,陷入滞销。种粮比较效益低引发了南方"双改单"、北方"水改旱","谷贱伤农"的现实为我国未来的粮食安全埋下了隐患。[①]

运输工具和保鲜技术一方面有利于稳定农产品价格(批发),另一方面提供了经济利益驱动,通过减少风险来提高产量。理论上讲,假设蔬菜、水果、水产品等农产品由于运输工具和保鲜技术在生产到销售这个流通环节损失了10%的产量,再假设运输工具和保鲜技术的提高,相应的用于蔬菜、水果、水产品的土地也可以减少10%,而粮食安全不会得到任何威胁。当然,我们也要分析提高运输工具和保鲜技术的成本以及效益。

### 十问　地方公共财政政策是否有利于耕地保护政策的实施?

根据国务院发展研究中心与美国林肯土地政策研究院的合作项目报告,自1993—1994年的税制改革以来,财政的基本状况是:① 中央财政状况良好。自1993年后,中央财政盈余稳固上升;② 地方财政状况日益恶化。自1993年后,地方财政赤字日益加大,2003年高达7 800多亿。地方政府在预算支出负担不变,而与中央税收收入分成减少的情况下,收支平衡压力越来越大,入不敷出,很多县市没有财力来发展城市。土地出让制度和法律赋予地方政府的权利使他们能够通过征地(低价征收)和出让国有土地(高价出让)募集城市发展所需的资金。2002年,浙江某市的财政收入为300个亿,土地出让带来的收入超过60个亿。2003年,浙江某个中等城市的城市发展资金80%～90%来自土地收入(40%～45%来源于土地出让金,40%～45%来源于以土地为抵押的银行贷款)。中小城市的经济基础薄弱,土地收入占城市发展建设的投入的比例一般

---

① 2月8日和3月28日,国家发展和改革委员会联同有关部门发通知,先后两次提高2008年稻谷和小麦最低收购价格。http://news.sina.com.cn/c/2008-04-10/233315331509.shtml

都很大。这会带来两个严重的后果：① 城市潜在的财政危机和基础设施建设的风险都很大；② 大量占有耕地来募集资金，又由于城市投资不足，被征土地得不到有效的利用和开发，造成土地资源的浪费。

最后，对农业的补贴和鼓励农地的保持也需要一定的地方政府财政支持，耕地保护与保持都与公共财政发生密切的关系。

# 第六部分
# 城市公共财政与房地产税

# 第二十二章

## 为什么要实施房地产税
## ——城市公共财政效率[①]

中央在十六大及其以后的几届中央全会上都多次提到,在适当的时机实施房地产税(国内又称物业税)。中国24个税种中有12个税种与房地产发展有关,它们是:营业税、企业收入所得税、个人收入所得税、城市建设维护税、契税、房产税、印花税、城镇土地使用税、耕地占用税、城市房地产税、土地增值税和其他税费。中国税制的问题之一是各种课税主要集中在交易环节中。对存量征收的税种有城镇土地使用税、房产税和城市房地产税。房产税和城市房地产税是分别针对房产国内外不同的使用者征收的。这三个税种2003年的全部税种收入为359.2亿元,占所有税种收入的2.05%。这359.2亿元还包括房地产租金税收入。以存量或现行土地利用为基础的税收总量(房产税、城市房地产税、城镇土地使用税)还不及交易税中的印花税和契税之和(交易税中的印花税和契税占总税收的2.45%)。可见,房产价值税的收入比例很小,这也是为什么很多城市基本上不征收城镇土地使用税的原因。

正如中国迈向现代化的步伐不可阻挡一样,房地产税的改革和实施也必将成为必然,成为中国可持续发展所需的必要财政政策的一个组成部分。因而,根据国际的理论和经验,我们争论的焦点不是"应该不应该"实施房地产税,而是什么时候、在哪个城市率先实施、采用什么样的房地产税制、地方政府和中央政府各自的责任和义务是什么、采用哪种改革方式(分步骤渐进式还是大规模一次性铺开)等问题。由于体制、基础准备、技术支持等方面的不足会给房地产税的实施带来相当程度上的困难和阻力,这些因素既影响实施房地产税的时机,也影响税制本身。总之,根据理论和国际房地产税改革的经验,我认为中国实施和改革房地产税是必然趋势,中国房地产税不是"实施不实施"的问题,只是什么时候实施的问题,也就是时间问题(也许需要3年、5年、10年或更长)。随着中

---

① 本章发表在《财政研究》,2007,有修改,作者丁成日。

国经济的高速发展,社会、经济、政治、法律等方面的条件越来越成熟,特别是中国经济发展的速度保持下去的话,实施房地产税可以说是"指日可待"。

目前关注房地产税的人很多,讨论得也很激烈。本章主要想根据理论和国际的经验来试图回答房地产税及其税制的有关问题。本章并不希望对每个问题给出"唯一"、"正确"的答案,而是通过对这些问题的讨论,加深对这些问题的理解,从而使中国的房地产税的发展走在一条合理和健康的轨道上。房地产税制一般包括税基、税率、减免、评估、上诉等内容。本章讨论的有关房地产税和税制的理论问题包括:

(1) 为什么对房地产课税?
(2) 房地产税的本质是什么?
(3) 房地产税的主要作用是什么?
(4) 房地产税税基是什么?土地和建筑物是否应设定不同的税率?不同财产类型是否应设定不同税率?
(5) 房地产税税率如何确定,应由谁来确定?

本章试图从理论上(结合国际经验)回答这些问题。需要指出的是,本文没有涉及房地产税制中许多其他重要问题,如房地产税评估机构应如何运作,由谁来运作,自我评估是否可行,税收的征收和管理,如何保证税负的公平性,上述程序和相应机构如何建立和运作等。本章没有讨论这些问题是因为篇幅限制,而不是根据重要性决定的取舍。为了便于讨论,本章首先讨论什么是房地产税及其与地方财政之间的关系,然后回答上面提到的五大问题。

## 第一节 房地产税

财产由一系列附加在一个特定目标上的法律权利构成。房地产税(或财产税)不是对物质性的土地和建筑课税,而是对附属在这些物质性的土地和建筑上的不可触摸的权利课税(Youngman,1996)。看起来对建筑课税与对建筑所有者权利的课税两者之间的差别仅仅是语义上的不同,事实上,这个区别使财产非私有的国家可以征收房地产税。如一些不承认财产私有制的国家承认土地的(私人)使用权利,并征收房地产税。

英文与房地产税有关的名称很多,如房地产税(Property Taxation),基于房地产的税(Taxation on Property),房地产财产可以分为土地财产、土地改良(建筑)财产,或是两者的结合。财产分类和税种(房地产税和基于房地产的税)之间的组合将产生很多种房地产方面的税。房地产税是对财产重复课税的一种税,而基于房地产的税(或与房地产有关的税)含义很广,包括(严格意义上的)房地产税、印花税、契税、土地税,以及由房地产收入引发的税(如增值税、资本收益税)、遗产或遗赠税、财产交易税等。一般地讲,房地产税是基于房地产存量的税种,而基于房地产的税基既包括对房地产存量课税,又包括对房地产交易(环节)的课税。

## 第二节 房地产税与地方政府公共财政

从理论上讲,公共部门在三个领域能够并且可以发挥有效的作用。它们是:稳定经济、收入再分配和公共服务的提供和分配。一般地讲,中央政府由于其竞争优势,地方政府不能够有效地处理经济的周期性波动,因而中央政府应承担稳定经济和收入再分配的职能。地方政府承担了相当部分的提供公共服务的职能。这是因为:不同的个人和不同的社区,对公共服务和产品(如消防、公安、医疗、教育等)的消费偏好和倾向也不同,因而,地方政府更有可能了解地方居民对公共产品的服务的需求,如果消费者能够选择公共产品及其公共产品的构成,地方政府提供这些服务就能够提高社会福利。

一般地讲,地方政府的财政收入来源于:① 地方税收;② 使用费;③ 补贴和转让(或授予);④ 贷款。地方税收可以对收入课税,对财富课税,也可以对支付(消费)课税。房地产税被认为是对财富的课税(Yilmaz,1996)。

利用使用费来支持地方公共财政的融资机制的缺陷是,使用费是建立在"谁受益谁付费"的基础上的。然而地方政府提供的服务和公共产品的受益者在很多情况下是不能鉴别的。因而地方政府提供的服务和产品应该由对地方居民(享受地方政府提供的服务和公共产品)课税的地方税来承担,基于地方税制的公共财政才是有效率的和公平的。当然,我们也认识到,有些政府提供的服务和产品所产生的收益可以蔓延到邻近的社区,这样的服务和公共产品应该由其他的融资手段或税收来支持。地方政府依靠补贴和财政转移支付来提供公共服务的缺点是财政补贴和转移支付割裂了地方政府税收与财政开支之间的有效联系,损害了地方政府公共财政效率(丁成日,2006d;Wallace Oates 著,丁成日译,2005)。

地方政府需要通过征收地方税来支付所提供的公共服务。根据财政效率原则,那么地方税应该符合哪些标准?下面介绍地方税应具有的主要特征:

(1)纳税主体不能将其承担的税负转嫁给不住在纳税区的居民。换句话说,课税只能由住在纳税区的居民承担。只有这样才能保证地方税的基本原则——地方税是纳税人为其享受地方政府提供的服务和公共产品所支付的费用。

(2)课税额(税收负担)应与所享受政府提供的服务相一致。也就是说,享受政府提供的服务和产品多的人或机构所应纳税的负担相应也高。

(3)税基不可移动,以保证地方政府可以改变税基或税率而不必担心税基因为地方政府的税收政策而受到影响。

(4) 稳定和可预测的税收,以保证地方政府有足够的资金来提供的所需要的服务和产品。同时又能使地方政府有足够的财政能力根据效率原则(财政支出的边际成本等于财政收入的边际效益)来决定支出水平。

(5) 地方税不能鼓励地方政府间的恶性竞争。

(6) 地方税应该便于管理和透明,这样一方面降低征管成本,另一方面有利于公平,提高政府的责任感。

## 第三节 为什么对房地产课税?

通过与其他主要税种的比较来说明房地产税具有的优势和劣势。表22.1比较可以作为地方税的几种税。它们是:房地产税、交易税、个人收入所得税、企业或公司所得税和各种费。这几种税通过以下几个方面进行比较:财政自主和独立性、税基移动性、收益性、可支付能力、税收收入稳定性、能否截取公共(基础设施)投资带来的房地产价值增值、能否作为基础设施融资的机制、透明性、纳税对象服从成本、政治上的可接受程度、征管成本等。

表22.1 可以作为地方税税种的比较

| 标准 | 房地产税 | 交易税 | 个人收入税 | 企业税 | 费 |
| --- | --- | --- | --- | --- | --- |
| 地方政府自主权 | 有 | 无 | 无 | 无 | 有 |
| 税基移动性 | 无 | 有 | 有 | 有 | 无 |
| 受益原则 | 有 | 无 | 不一定 | 不一定 | 有 |
| 可支付能力 | 有 | 无 | 有 | 不一定 | 不一定 |
| 税收收入稳定性 | 有 | 有 | 无 | 无 | 不一定 |
| 截取基础设施投资带来的房地产价值的增值 | 有 | 无 | 无 | 无 | 不一定 |
| 基础设施融资 | 有 | 有 | 有 | 有 | 有 |
| 透明性 | 有 | 无 | 有 | 无 | 无 |
| 政治上的接受性 | 低 | 高 | 适度 | 高 | 高 |
| 征管成本 | 高 | 低 | 适度 | 适度 | 低 |

房地产税和地方设定的费具有地方财政自主和独立性,地方政府对他们带来的收入有决定和控制能力。理论上,实现地方政府公共财政效率的前提之一是地方政府对财政收入的控制能力。因为地方政府只有在拥有自己独立的税收的情况下,才能根据财政开支的(边际)效益来决定政府项目,并通过边际原则

确定政府公共服务的开支,从而实现公共财政效率。除了地方政府设定的各种费以外,其他税种(如交易税、个人收入所得税、企业或公司所得税)都不具有地方政府财政独立的特点。从这点看,房地产税作为地方税种具有理论上的优势。同理,由于税基的空间不可移动性(地方费也具有此特点)使房地产税有较小的市场扭曲效应,且税负难以出口(输出到其他地方,即税负由非本地的纳税对象部分地承担)。交易税、个人收入所得税和企业税都可能因为税制影响交易发生的地方、就业地点的选择以及企业投资的区位,从而改变其税基的空间分布。

受益原则指的是纳税对象缴纳的税负最终通过地方政府提供的公共服务或产品间接地反馈回来。也就是通常所说的"谁交税谁受益"原则。实证研究表明房地产税和地方政府开支都被资本化为房地产价值,因而业主最终受益于他们所缴纳的房地产税。其他税种不具备此优势(个人收入所得税和公司所得税是否具备取决于税制的设定)。基本上,只有房地产税收相对地不随宏观经济变化发生大的起伏,能够提供稳定的税收来源,同时能够作为"溢价回收"的政策工具(为地方政府提供截取由基础设施或政府投资项目带来的房地产价值的增值工具)。其他税种或者税基随时间起伏大,或者不能成为"溢价回收"的政策工具。

税收的透明性是非常重要的。透明性既可以增加政府决策科学化的压力,又可以促进公民参政议政。透明性使政府和课税对象都知道税负,因而课税对象会对政府施加压力,促使政府提供的公共服务或产品与课税对象所缴纳的税负相一致。这就要求政府积极地追求公共财政效率和政务公开。然而,也正是房地产税的透明性导致公众的强烈反对。由于交易税是在交易环节课税,且交易得频繁,纳税人一般不知道所缴纳的税额(一年内)到底有多少。尽管个人所得税也是透明的,由于它从工资单上直接扣除,对业主的影响一般不大。而房地产税一方面是透明的,另一方面要求业主缴纳,业主总觉得"得不偿失",从地方政府获得的服务不足以抵消所缴纳的房地产税,因而反对的声音大(特别是在美国)。

同其他税种相比,房地产税为地方政府提供税收来源的另一个不利方面是其(相对)高昂的征管成本。房地产税征管成本高的主要原因是房地产税基的计算(房地产价值评估)。如果没有有效的账单发送和课税收缴手段的话,这部分的征管成本也可能是可观的。美国和加拿大充分地利用计算机技术和地理信息系统技术来进行房地产价值的批量评估,大大地降低了评估成本。如马萨诸塞州的牛登市和布鲁克林市房地产评估部门的总费用(房地产税评估成本)占总房地产税收收入的比例不到0.6%。当然,他们所利用的地理信息系统数据库是非常完善和全面的(丁成日,2006e)。基于计算机系统和地理信息系统的房地产评估需要大量数字化的信息,建立起这样完善和全面的数据库需要大量的初始投入。建立地理信息系统数据库的资金是相当可观的,但是这个数据库一旦建立,其效益也将是巨大的。这是因为,一方面,该数据库可以用于规划、消防、治安和公共安全、交通管理、学校、娱乐、绿化和公园、经济发展、历史文化保护等地方政府所承担的职能;另一方面,这使得年度评估房地产价值成为可能,同时(建成的数据库)也极大地降低了评估房地产价值的成本。相对而言,数据库的维护和更新所需的成本是有限的,因而房地产价值的评估频率越高,数字化的信息的使用频率就越高,效益也就越大,昂贵的初始成本或投入也就越能得到合理的认可。

总之,房地产税是一个很好的地方税。因为房地产税税基是基于不可移动的房地产,同时房地产价值的波动要远小于宏观经济变量以及基于宏观经济的财政收入。另外,房地产税得到很多学者和决策者的青睐还因为房地产税:① 能够激励土地利用效率的提高;② 其税基不会因课税而从生产流程中退出;③ 帮助地方政府建立独立自主的财政收入体系,使其能够通过"边际"原则(通过选择边际成本等于边际效益的项目)做出最优的财政支出决策。房地产税可作为公共服务和产品的价格对城市居民课税。

## 第四节 房地产税的本质

### 一、房地产税是受益税还是资本税?

传统的观点认为,房地产税通过更高的住房价格完全转嫁给房屋消费者(Netzer,1966)。这种结论是从部分均衡模型中得出的,基于标准的开放经济假设,通过资本的自由流动最终实现住房资本投资均衡。根据这种观点,由于房屋消费者完全承担房地产税负,房地产税没有效率地减少了房屋存量,税率至少不是累进的。

另一种观点认为,基于土地和土地改良的房地产税是一种受益税(Hamilton,1975,1976;Fischel,1975;White,1975;Hamilton,1983;Fischel,2000,2001)。这是因为,纳税主体缴纳的房地产税负额近于他们从地方政府中接受的服务的价格。房地产税纳税主体将支持收益超过成本(税)的公共项目,因而房地产税融资的地方服务将促进公共财政决策效率。来源于诸如好的学校、更便利的交通等地方服务的收益和用于这些服务的税收都被资本化入房地产的价值中。Fischel 从其分析中得出的这个结论是基于相对严格假设的。如地方选民(通过投票)决定税率和公共服务水平、选民可以用"用脚投票"来表达他们对公共服务和产品的消费倾向、地方政府根据选民的意愿来作出决策等。根据这种观点,房地产税本质上是公共服务的价格。

最近的研究表明,房地产税是一种资本税(Bird 和 Slack,2003,1972;Zodrow 和 Mieszkowski,1983,1986;Zodrow,2001)。这种观点认为房地产税是对资本课税,或在某种程度上是对房屋课税。他们通过对美国的研究得出如下结论:房地产税扭曲了房屋市场和地方公共财政决策,并导致土地利用效率的低下。土地利用效率低下的表现是房地产税造成单位面积上的资本投入(或使用)低于经济上最有效的水平。房屋业主如果通过投资改变住房服务,那么将面临更高的税负,因而就缺少房屋投资的动力。

### 二、房地产税是累进的还是累退的?

房地产税的公平性无论在理论上还是在实证研究方面都没有达成一致。① 将住宅课税看作本质上是对房屋服务课税的人认为,房地产税本质上是累退的,因为穷人的房屋消费比例更高;② 将房地产税看作本质上是对资本课税的人认为,房地产税本质上是累进的,因为富人的来源于资本的收入所占的比重更高。房地产税中的土地(税)部分从经济租金中支付,因而土地税可以作为政府回收政府投资带来的土地价值升值的政策工具。③ 将房地产税看作本质上是受益税的人认为,房地产税本质上是公共产品的价值。市场上任何自愿交易(房地产税与公共服务之间的交易)并不引起谁来承担税收负担这个税收研究中的重要问题(Bird 和 Slack,1999)。

## 第五节 房地产税的功能

房地产税主要有两个影响:一个是对财政收入的影响;另一个是对土地利用的影响。房地产税的财政收入影响可以从3个方面来度量。它们是:①

(1) 房地产税收入占(各级)政府所有税收入的比例;

(2) 房地产税收入占地方政府地方税收收入的比例(或者是房地产税收入占地方政府自主收入的比例);

(3) 房地产税收入占国民生产总值的比例。

美国1999年房地产税占所有税收入的比重为9.2%,英国为8.4%,加拿大为8.3%,日本为8%,新西兰为5.7%,澳大利亚为4.4%,法国为4.2%,冰岛为2.8%;爱尔兰为1.9%,荷兰为1.9%,意大利为1.8%,德国为1.2%,葡萄牙为1.2%。相应地,在这些发达国家,房地产税占地方税收入的比重也相当高。1997年,美国的比重为73%,英国为99%,加拿大为84%,日本为28%,新西兰为91%,澳大利亚为100%,法国为23%,冰岛为15%,爱尔兰为100%,荷兰为62%,意大利为33%,德国为15%,葡萄牙为19%(这里所引用的资料来自Muller,2003)。

---

① 需要指出的是,由于地方政府的作用和房地产税的作用在各个国家都不同,用第二个度量指标来进行国际比较需要特别小心。

除了上面列出的国家以外,其他国家的房地产税在财政收入方面的影响是非常有限的,房地产税收入占国民经济总量的比例不超过15%。比如,发展中国家(23个)和转型国家(20个)20世纪90年代房地产税占国民生产总值的比重分别为0.42%和0.54%(Bahl,2001)。一般地讲,发展中国家和转型国家的房地产税收占地方税收收入的比例也都在10%以下,个别的在10%~20%之间。

房地产税在大多数实施房地产税的国家中只有有限的财政影响,产生这种现象的原因有很多。根据Bahl(2002)的研究,房地产税占国民经济总产值比比重可以分解成5个因子,如下式:

$$\frac{T_c}{y} = \left(\frac{T_c}{T_L}\right)\left(\frac{T_L}{AV}\right)\left(\frac{AV}{TMV}\right)\left(\frac{TMV}{MV}\right)\left(\frac{MV}{y}\right) \quad (22.1)$$

式中:$T_c$ 为房地产税收入;$T_L$ 为房地产税负;$AV$ 为评估价格;$TMV$ 为可课税的房地产市场价格;$MV$ 为房地产的市场价格;$y$ 为国民生产总值。

显然,右边第一项 $\left(\frac{T_c}{T_L}\right)$ 代表房地产税税收征收率,与房地产税征管有关。第二项 $\left(\frac{T_L}{AV}\right)$ 代表房地产税率,取决于房地产税制和税政(谁来决定税率和如何来决定税率)。第三项 $\left(\frac{AV}{TMV}\right)$ 是评估率,代表房地产评估值占可课税房地产市场价值的比例。这个比率的值在0~1的范围内,不可能超过1,越接近1说明评估值就越接近市场价值。第四项 $\left(\frac{TMV}{MV}\right)$ 为非减免比率,代表房地产税减免的范围和强度。这个比率在0~1之间。得到房地产税减免的财产越多,这个比例就越低。反之,受益于房地产税减免政策的财产比例越低,这个比例就越大。两个极端的情况是:一是所有的财产都得到减免,那么这个比例就是零,房地产税不带来任何财政收入;二是没有财产得到减免,该比例为1,这时房地产税收入产生最大的财政收入。右边第五项 $\left(\frac{MV}{y}\right)$ 代表房地产市场的发展水平。房地产市场越发育,房地产市场价格占国民经济总量的比重越大,房地产税收入占国民经济总量的比重也就越高。

从式(22.1)可看出,当其他条件不变时,税收征收率、税率、评估率、税收减免政策和房地产市场的发育状况都影响着房地产税收的财政收入。房地产税占国民经济总量的比重低可能源于:① 缺少有效的征管手段导致低的房地产税征收率;② 缺少技术人员、评估手段和方法、基础数据和资料等原因带来的评估率低;③ 房地产市场不发育;④ 政治上的考量产生低税率或者"泛滥"的房地产税减免政策。一般地讲,发展中国家或转型国家由于历史、发展水平等原因,技术专业人员缺乏、基础资料和数据不完整、评估手段落后等都是普遍现象。比如博斯瓦纳1 600万人口中只有不到70个注册评估师;肯尼亚3 200万人口中只有不到400个注册评估师;马拉维有近1 200万人口,注册评估师不到25人;坦桑尼亚的人口超过3 660万,但是注册评估师不到110人;乌干达人口超过2 600万,注册评估师不到25人;赞比亚人口近1 100万,注册评估师不到50人(非洲各国的评估师和人口资料来自Franzsen和McCluskey,2005)。

房地产税的第二个主要影响是土地利用效果。根据Henry George的理论,土地税优于所有其他税种,因为土地税不扭曲土地市场。土地税这个特性将土地税从其他税种中区别开来。一般地讲,个人收入所得税扭曲了劳动力市场(不鼓励工作),消费税扭曲消费市场(不鼓励消费)。由于土地税是对地租课税(土地的经济回报),土地税不改变地主的经济行为。假定地主的目标函数是追求来自土地上的收益的最大化,因而即使土地税施加以后地主也没有任何经济动力或刺激来改变土地利用强度(Ladd,1998)。

从理论上讲,对土地课税(土地税)能够提高土地利用的效率。这是因为:土地税的税基是区位地租(location rents),而区位地租是某一个特定区位的经济回报,与该区位的土地改良无关,由于土地改良(土地上的建筑物)没有被征税,土地的拥有者就有经济动力来把土地开发成为最有利润的用途。与基于土地和土地改良的房地产税(不鼓励在财产上的投资)比较,土地税鼓励和推动建筑和土地改良。由于土地税增加了未来开发土地的持有成本,土地税可能促使地主尽快地开发土地。因而土地税通过影响土地开发的时机而间接地影响土地利用。

不同的土地税税基对土地利用的影响是相当不同的。如果土地税税基是根据土地的当前用途来评估的,那么由于空地或农地的市场价值与已开发土地的价值相比非常低,空地或农地的拥有者就没有税负压力,因而也就没有任何经济动力去改变土地利用。相反,由于空地或农地未来潜在的巨大土地价值,地主更愿意占有土地、等待土地价值的升值,结果基于土地利用现状的土地税鼓励土地投机。如果土地税是基于土地的潜在用途,而不是土地利用现状,土地税负取决于土地"应该"的利用类型的价值,而与土地利用现状无关。尽管空地或农地目前的价格可能很低,但是它们的潜在用途可能是商业、工业或住宅。如果土地税税基是根据土地的潜在用途,空地或农地的土地税负可能就会很高。高的土地税成为空地或农地拥有者的巨大经济负担,进而迫使空地或农地的拥有者通过对土地的投资提高土地的经济效益(从而与因土地税引发的高土地成本相一致),或者将土地转让给愿意和能够更有效利用土地的人。无论是自我开发或土地转让,基于潜在用途的土地税极大地增加了土地成本,这必然促使土地资本投入的增加以保持正常的土地收益回报,进而导致土地利用强度的增加和土地利用类型的改变。

常规的理论认识是,对土地上的资本(土地改良或建筑财产)课税的房地产税会扭曲房地产投资和房地产项目区位决策。这是因为,对建筑财产课税增加了资本投资的成本,这降低了土地上资本投入的回报率,进而降低了投资方在房地产开发上的资本投入,促使他们转向有更高经济(投资)汇报的其他经济行业。同时由于建筑财产课税增加了资本成本,使追求最大利润的开发商利用土地去替代资本,结果降低了资本投资密度(单位土地上的)(Brueckner,1986;Ladd,1998;Zodrow,2001)。

这个常规理论受到挑战。Fischel(2000)认为房地产税是受益税,是财产拥有者为地方政府提供的公共服务和产品所支付的价格。根据这一理论,房地产税(对土地财产和房屋财产课税)没有扭曲房地产市场。

最后,房地产税对土地利用的影响还与房地产税制有关。不同的房地产利用类型有不同的房地产税率或不同的评估率,这会改变不同财产之间的市场均衡价格,进而改变土地资源在不同用途之间的分配。如对商业或工业财产课以更高的房地产税率,住宅等非商业或工业用途就会得到间接的鼓励。如果将更多的土地用于住宅等非商业或工业用途是地方政府的政策目标,对商业或工业课以更高的房地产税率不失为一个有效的政策工具。但是如果更多的住宅用途不是地方政府的目标,对商业或工业课以更高的房地产税率就会产生意想不到的负面效果。

## 第六节　房地产税税基及其理论基础

房地产顾名思义包括地产和房产。一般地讲,房地产根据用途可分为以下几类:住宅、商业、工业、农地、林地、政府、宗教、文化等。因而,房地产税(发展或改革)首先面临两个非常重要的问题:一是课税的对象(地产、房产、房地产);二是课税的范围(哪些类型)。

### 一、房地产税的课税对象应是什么?

房地产税的课税对象可以是土地、建筑,或两者的结合。只对土地课税的房地产税就是土地税。土地税受学者偏爱的理由有:① 土地是一个非常特殊的商品,其价值不是个人带来或创造的,土地价值(无论其稀缺程度)既不能产生土地也不能消灭土地;② 土地供给曲线是没有价格弹性的,它不随土地价格的变化而变化,因而对土地课税不会改变建筑物提供服务的水平。又由于税基的不可移动性,房地产税不会让房地产提供的服务退出市场;③ 土地税的课税对象就是土地的拥有者,并且土地税不能够被转嫁给他人。在土地私有制的情况下,由于私人土地拥有数量的不平均分布(富人人均占有的土地要远远高于穷人人均占有的数量),土地税因其累进性而受欢迎。土地税的累进性体现在:富人所承担的税负的相对比例在土地税制中比在房地产税制(土地和土地改良课税)

中要高。因而土地税无论从效率的角度还是从公平的角度来讲都是一个很好的税种。

尽管土地税在理论上有其完美性，土地税并没有得到很大的青睐。这是因为：① 土地税征管的困难性挑战其政治上的接受度。评估师往往不能准确地计算土地价值；② 基于土地的房地产税的税基要远远小于以及基于土地和土地改良的房地产税。这是因为由于土地的价值占房地产价值的比例有限（在西方发达国家如美国，一般不超过20%）。仅仅依靠土地税产生的政府收入有限，除非设置极高的土地税税率（如100%）。因而要想得到一定的房地产税收，税率就要定得很高，高税率很容易使土地税成为争议的目标，在政治上是使其难以被接受。这也许可以部分地解释为什么在征收房地产税时大多数国家都对土地和建筑课税。如加拿大、德国、印度、印度尼西亚、日本、墨西哥、菲律宾、英国和美国等。目前只有个别国家的房地产税的课税对象是土地，而不是土地上的改良（建筑物）。如只对土地课税的国家有乌克兰和肯尼亚，只对房产（或土地改良或建筑）课税的国家有坦桑尼亚（坦桑尼亚的土地是国有的）。

## 二、课税范围

房地产根据用途可以分成住宅、商业、工业、政府、文教卫生、文化宗教、农地、林地等类型。就房地产税的课税范围而言，需要解决的问题有：

（1）应对哪些房地产类型课税？

（2）是否应对不同的房地产类型区别对待？

（3）应否对特殊房地产类型实施减免税？

西方国家房地产税主要的课税对象是住宅、商业和工业。主要的原因为：

第一，因住宅、商业和工业构成了房地产的主体。在美国住宅土地利用占整个城市土地利用的60%~80%。因而住宅房地产是地方政府房地产税总收入的主要部分，如马萨诸塞州的牛登市和布鲁克林市，其住宅课税收入占房地产税收入都超过90%，尽管该州实行的是不同税率（工业和商业税率远远高于住宅税率）。

第二，如果将房地产税看成是地方政府提供服务和公共产品的价格的话，住宅业主是地方政府服务的收益主体，因而应对住宅财产课税。

第三，政府、文教卫生、文化宗教等非营利机构都得到房地产税的部分或全部减免。

房地产税应该对所有财产类型一视同仁，税负不应根据类型区别对待。理论依据是，房地产税负是财产拥有者或使用者对他们享受地方政府提供公共服务和产品所支付的价格。如果针对同一个财产，房地产税负只因为财产的用途不同而不同的话，那么这就意味着地方政府提供的同一个公共服务和产品对不同的人实行不同的价格，即公共服务或产品的价格是歧视性的。这种价格歧视产生4个方面的负面后果：① 影响税负的公平性；② 为特殊利益集团谋求自身利益提供了政策空间，增加了权利和利益结合的可能，进而影响政策的有效性和公平性；③ 影响财政收入潜力；④ 改变土地资源均衡分配。

正因为如此，房地产税的减免受到广泛的批评。我们认同有一些财产的用途有很多社会功能，如文化、教育、教会等。这些非营利机构承担着很多政府机构无法承担的（或无法有效率地承担的），但同时又是非常重要的社会功能。如果对这些财产征收全额的房地产税，这些机构就可能很难生存下去。然而，考虑税负的公平性和杜绝特殊利益集团追求特殊对待的可能，最好的方法是对这类财产给予直接的资金补贴，而不是通过房地产税的减免（Kitchen，2005）。在实行房地产税减免政策上要格外小心。一旦某类财产的财产税得到减免，政府以后在取消房地产税减免上将遇到相当大的阻力，甚至是不可能的。如果房地产税是公共产品的价格的话，不能因为财产用于政府或非营利性机构（如文化、宗教等）就不用支付地方政府提供的服务。只要享受地方政府提供的公共服务和产品，这些机构就应缴纳房地产税，课税额应根据所享受的公共服务和产品来决定（Bahl 和 Linn，1992）。

最后，可移动的财产如机动车、私人财产是否应在房地产课税的范围内？国际上的经验表明，有些国家和地区将这些非不动产业包括在房地产税课税范围内。这样做的原因有其历史渊源，而非理论上的必然。经济不发达的时候，机动车等都属于个人奢侈品，仅有少数人可以享受，因而在课税的范围内。随着经济发展，这类非不动产已经不属于奢侈品，因而从课税范围内免除掉。美国的大多数州都已免除动产的房地产税。现只有个别州仍然对一些非不动产类型课税，如马萨诸塞州商业和工业财产中的机器、机动车、办公设备等都在课税范围内。由于这类动产带来的房地产税收很小，与征收成本不成比例，评估和征税部门反对征收动产财产税的呼声日益强烈，税务官员认为该州下一个税改就是免除动产的房地产税。但由于税改的政治性，故无法知道什么时候该州将实施下一个税改。

## 三、税基的评估

实施房地产税的核心问题之一是如何决定税基。同完全市场相比，房地产市场具有许多特殊性（表22.2）。房地产市场的特殊性表现在：

第一，较少的市场交易。美国房地产市场相对比较发达，市场交易量是平均每年每10个住房拥有者中有1个改变1次住房消费（搬一次家）。

第二，无论是买方还是卖方（除了开发商以外），他们对房地产商品的知识和了解是非常有限的。在美国新开发的房地产一般占存量的2%~3%。

第三，产品的标准化程度低，很难找到一模一样的房地产。

第四，房地产是不动产，一旦建成后空间可移动性几乎是零（除了可移动房)。

第五,政府通过货币或金融政策、税收政策、土地利用和规划法规来间接地影响房地产市场。

最后,由于土地供给的非价格弹性和房屋短期供给的价格非弹性使得房地产价格随时间的变化波动相对地过于激烈,房地产市场投机行为和泡沫相对普遍地存在。

表 22.2 房地产市场的特性

| 特性 | 完美的市场 | 典型的房地产市场 |
| --- | --- | --- |
| 买卖者数量 | 很多的市场参与者,无垄断,无垄断竞争 | 少数市场参与者,在买方市场时买方控制市场,在卖方市场时卖方控制市场 |
| 产品知识和市场交换 | 买卖方有相当的产品知识,市场交易容易 | 买卖方对房地产的了解少,交易是复杂的,昂贵的,法律上的 |
| 标准化的产品 | 产品之间的区别小,标准化程度高 | 每块地上的房屋都不同,没有两个完全一样的房地产 |
| 可移动性 | 产品可以运输到更赢利的市场(地方) | 区位是固定的(不动),房地产市场是地方的,不是区域或国家的 |
| 交易频率和量 | 产品相对小,不昂贵,交易频繁 | 交易不频繁(一个人的生命周期很少交易住房 5 次以上) |
| 政府的作用 | 政府很少干预市场 | 政府在鼓励与不鼓励房地产发展方面起主导作用(通过金融财政工具、城市土地利用功能分区、环境与健康标准等) |
| 价格 | 价格是由供给与需求"平稳地"决定的 | 价格是由供给与需求共同决定的,但供给与需求之间的相互作用是不平滑的,价格很容易被扭曲 |

### 1. 市场价格法

基于大量的市场交易的市场价格法会产生比较准确的房地产评估值。然而,利用市场价格法评估房地产价值也存在以下问题:

(1) 需要大量的房地产资料和数据。房地产数据库应包括所有的存量财产和及时更新的新建财产。在美国,用于房地产税评估的数据含几十个有关房地产物质属性(如土地面积、建筑面积、卧室数、客厅数、厕所数、是否使用中央空调、车库面积和类型、建筑结构、建筑风格、建筑质量、建筑年代、房地产状况等)、区位(交通通达性、距离市中心的距离等)和社区质量(安全、教育、公共服务、绿地和娱乐等)。只有这样的数据库才能使基于市场价格法的房地产税基评估比较准确。因为评估师可以很容易地根据房地产属性来匹配相似的交易房地产和未交易房地产。这样完善和计算机化的房地产数据库在许多国家或地区还没有发展,因而应用市场价格法有相当的局限性。

(2) 市场价格法适用于有大量交易的财产类型,如住宅。只要有足够大的市场交易样本才有可能提供充分的市场参考价格,以此来评估其他(没有交易的房地产)价格。很多国家或地区的房地产(包括住宅类型)市场交易量很有限,这限制了市场价格法的应用。

(3) 即使有大量的房地产交易数据(只有住宅财产才有这个可能),由于不同类型或不同价值的住宅财产市场交易的频率是不一样的,一般地讲,高端或低端价格的住宅财产比位于价格中端的住宅财产交易频率要低得多。因而,利用市场价格法评估高端住宅财产也有一定的局限性,不一定会带来较准确的评估值。

2. 收入(或收益)法

市场价值评估中的第二种方法是收入或收益法。这种方法主要用于商业或工业财产,这些财产产生年或月租金。根据经济理论,房地产价值是经过折旧的净收入流,因而房地产价值等于纯收入(或租金)除以折旧率。对产生租金收入的财产,收入法相对比较简单。但是收入法的关键是如何保证租金资料的准确性。

房地产评估原则之一是评估应基于房地产的"最高最好"利用。也就是说,房地产的用途应带来最高的经济效益。而收入法是基于房地产利用现状来评估其价格。由于市场需求的变化,房地产利用现状(目前的使用类型)往往不是能够带来最高经济效益的利用类型,因而根据收入法计算的房地产评估值与其市场价格可能相差很远。

3. 成本法

市场价值评估的第三种方法是成本法。成本法的理论基础是在充分发育和完全竞争的房地产市场,房地产的价值等于房地产建设成本。因而,成本法计算建造一个一模一样的房地产所需的成本。根据成本法,房地产价值可以分解成材料成本、建设成本、土地成本等。同时由于建筑年代原因,成本价格需要用折旧率来调整。

成本法的缺陷有:① 由于建筑材料的变化、建筑技术的创新等,建成一个完全一样的建筑是不可能的,因而成本法的关键之一是折旧率的确定,折旧率的确定更多的是"艺术"而不是科学;② 由成本法计算的房地产价值不可能是负值,但是问题是,房地产的价值可不可能是负值?答案是肯定的。当建筑破旧没有任何利用价值时,这个有建筑的房地产的价值就低于没有建筑的空地价格。因为将破旧的建筑拆除也需要支付成本,这个拆除成本使建筑价值成为负值;

③ 同收入法一样，成本法是基于财产利用现状来计算房地产价值的。如果房地产利用现状与"最高最好"原则下的利用类型不符，成本法计算出来的房地产评估值就与房地产价值有理论上的差别。

一般地讲，从房地产课税的角度，有两种方式来决定房地产税基：一是基于市场价值（所谓的市场法）；二是基于面积（面积法）。前面已经介绍过的评估房地产市场价格的三种方法（即市场法、收入法和成本法）。以市场价格作为房地产税基，那么下一个问题是市场价格的基础是什么？市场价格可以是资本价值，也可以是租金价格。国际上采用市场价格作为房地产税基的国家所用的价值系统也不一样。有的采用资本价值，有的采用租金价值。采用资本价值作为房地产税基的国家有澳大利亚、加拿大、丹麦、印度尼西亚、日本、荷兰（荷兰还有以面积作为税基，但很少用）、韩国、瑞典、瑞士、美国等。采用租金作为房地产税基的国家和地区有法国、英国、中国的香港（Youngman 和 Malme,1994）。

从理论上讲，当房地产利用现状是最经济的，房地产的资本价值与租金价值有着很强的正相关关系，两者可以相当准确地相互预测。基于租金价值可以在数学上以产生于房地产的期待收入的回报率为参照，由房地产的资本价值来表示，反之亦然。当房地产的购买者愿意支付更高的价值来购买，期望将来的用途是不同的和带来更高的回报时，资本价值和租金价值之间的差别就表现出来了（Younman,1996）。以资本价值作为房地产税基的优势是它更接近于对不动产财富的课税，更有效地抑制土地投机。而以租金价值作为房地产税税基的优势是它与市场上实现的现金收入更接近、对城市周边地区的空地和农地的发展压力更小（Younman,1996）。

从房地产税的角度考虑，评估师或机构需要一次对成千上万个房地产进行评估，而不是一般意义上的房地产评估（如评估师一次评估一个房地产）。因而经济发达的国家通常利用计算机技术和数学模型来批量评估房地产。所谓批量评估就是一次评估几百个或上千个同样或类似的房地产。

基于房地产市场交易需求的房地产个体评估不适宜于房地产税的价值评估。这是因为：① 数量巨大的城市房地产存量需要的专业人员投入和时间，这使得短期内对所有财产评估一次无论是时间上还是成本上都是不可能的。注册或得到认证的房地产评估师的数量往往是有限的；② 评估人员的主观性很难保证对相似的房地产评估出同样或相似的评估值。

批量评估的优势有：① 避免评估师的主观性，增加评估的公平性；② 易于实施更新；③ 评估是透明的、有助于得到纳税人的理解、支持和认可；④ 评估成本是有效率的；⑤ 有利于缩短评估周期。

批量评估的严格要求大大地限制了批量评估在计算房地产税基时的广泛应用。有效的基于市场价值的批量评估需要：① 完整和全面的房地产数据；② 计算机化的数据，包括地理信息系统；③ 专业技术人员（评估师、经济师、房地产专家、计算机人员、工程人员等)。鉴于此,国际上只有不多的国家和地区才有非常有效的基于市场价格的批量评估系统。

房地产税基确定的第二个方式是基于面积,即所谓的面积法。面积法的基本思路是根据建筑和/或土地面积来计算房地产税基。也就是说,房地产税基等于(建筑和/或土地)面积乘上一个单位面积价值。如果更精确的话,这个根据面积计算的税基可以根据类型、区位、大小、社区、房龄等进行调整。

面积评估法简单,技术要求低,对数据的要求也少,便于管理和降低征管成本,不受市场房地产交易数据缺少的限制。同时面积评估法可以让业主自我评估。以面积法计算的价值作为计税依据的缺点是:① 税收收入不能根据房地产价值的增加而增加;② 面积不能充分反映价值,因而会导致纳税义务人与纳税人所应受的效益偏差,进而导致税负的不公平;③ 难以起到提高土地利用效率的目的。

根据面积计算房地产税基的国家有:波兰、捷克、智利、肯尼亚、突尼斯、乌克兰等。

问题是,应该用什么样的标准来选择,应该用什么方式(市场价值或面积)来决定房地产税基?一般地讲,经济发达的国家房地产资料和数据比较全面和完整,数据和资料的计算机化程度高,专业技术人员充足,房地产市场发育,因而基于市场价值的批量评估能够充分发挥其优势,成本(特别是边际成本)也较低。相反,在经济和社会发展相对落后、市场发育不足、专业人员缺失等情况下,基于市场价值的房地产税基会带来很多问题,如成本高,使其得不偿失。根据简税制原则,房地产税基先从以面积计税依据开始,逐步增加数据和调整因子,最终向市场价格作为计税依据过渡。这种思路不失为一种值得推荐的(特别是对中国的房地产税改革而言)。

从理论上讲,房地产评估率越接近 1 或 100% 越好。但由于历史和政治的原因,很多国家的评估率远小于 100%。评估率反映的是房地产税基与房地产市场价格之间的差别。如一个价值 100 万美元的房地产(评估价值等于市场价值),如果评估率为 25%,则房地产税基为 25 万美元。再假设房地产税率为每 100 美元的房地产价值收 0.3 美元,这个市场价值 100 万美元的房地产税负为 7 500 美元。因而,实际的房地产税负等于房地产的市场价值乘以评估率再乘以房地产税率。

各个国家的评估率有很大的区别。印度尼西亚的评估率为 20% ~ 100%,日本的评估率为 70%,韩国的评估率为 20% ~ 30%,美国各州之间的评估率都不一样,从 20% 到 100% 不等。丹麦和荷兰的评估率为 100%(Youngman 和 Malme,1994)。菲律宾的评估率为 10% ~ 50%(根据不同的类型)(Bird 和 Slack,2003)。

这里需要指出的是,英文 appraisal 和 assessment 翻译成中文都是评估。两者的英文也往往相互混用、相互替代。但两者是有区别的,特别是当评估率小于100%时,两者的区别就很重要。英文 appraisal 包含以市场价值为参照的房地产评估价值,而英文 assessment 包含为房地产课税目的而评估的房地产税基(Youngman 和 Malme,1994)。当评估率为100%时,两者评估的值是没有差别的。当评估效率低于100%时,两者的值是不一样的。

### 四、不同房地产类型是否应该得到不同的评估对待

国际上的经验表明,不同的房地产类型通常得到不同的评估对待。一些国家和地区政策规定某些房地产类型(如商业和工业)的评估率为100%,而其他房地产类型(如住宅)的评估率远小于100%(如20%~50%)。表22.3给出美国亚利桑那州不同房地产类型的评估率。显然,住宅房地产的评估率远远小于商业和工业房地产的评估率。

表 22.3　不同房地产类型不同的评估率

| 类型 | 评估率(%) | 实际税率(%) |
| --- | --- | --- |
| 商业、工业、矿业、私人公司提供的设施 | 25 | 2.91 |
| 农业和空地 | 16 | 1.61 |
| 拥有者居住的住宅 | 10 | 1.05 |
| 出租的住宅 | 10 | 1.26 |
| 铁路、私人汽车、飞机 | 20 | 2.42 |
| 历史意义的住宅 | 5 | 0.58 |
| 其他 | 1 | 0.02~2.17 |

资料来源:http://www.azcfrc.az.gov/secure/Single%20Assessment%20Ratio.pdf

评估率的这种根据类型区别对待政策,本质上是对不同的房地产类型实行不同的减免政策。如前所述,如果房地产税是公共服务和产品的价值,除非有证据证明不同的类型享受的公共服务和产品的水平是不一样的,否则理论上不同的类型应有相同的评估率,以此提升税负的公平性、避免负面的土地利用影响、增加征税收入。

## 第七节　税　率

有关房地产税率的问题包括:税率如何决定?由谁来决定?是否应该实施分税率(土地和建筑有不同的税率)?是否不同类型的房地产应该有不同的税率?税率是否应该是累进的?等等。下面就这些问题从理论上做一些初步的探讨。

国际上有两种决定房地产税率的模式：一是中央政府来决定税率；二是由地方政府来决定税率。前一个模式的主要优点是统一税率可以避免税收竞争，而后一个模式的主要优点在于地方政府能够"以支定收"，建立起财政收入决策和财政支出决策之间的联系，实现公共财政效率。

由中央政府决定税率的国家有：日本、乌克兰、智利、泰国、突尼斯。地方政府有权制定税率，但是中央政府设定一些限制。这样的国家有：匈牙利、哥伦比亚、菲律宾等。在阿根廷和肯尼亚，地方政府全权决定房地产的税率。美国和加拿大基本上是州政府将税率决定权下放给地方政府，由地方政府根据财政需求来决定税率，在个别情况下州政府对税率实行一定的限制（如税率封顶）。

一般地讲，地方政府决定税率是这样的（特别是在北美）：首先确定政府所需的财政开支，然后根据财政转移支付和其他税费收入预测，决定房地产税税收总额。最后房地产税率等于房地产税收总额除以房地产税基（税基等于市场价值总值乘以评估率）。这样的税率决定方式将财政收入决策和开支决策联系起来，从而可以充分实现公共财政决策的效率。

在实施房地产税的国家中，绝大多数都实行统一税率。即对土地和房产课以同样的税率。支持统一税率的理由是：① 简化评估和征管程序；② 减低税收成本；③ 土地与房产一样，公共服务和产品对它们的价值有很大的影响。即税收和公共开支都被资本化入土地和房产的价值中，因而土地和房产需要被同等的对待[①]；④ 能够有效地发挥房地产税的"溢价回收"或"涨价归公"（丁成日，2006d；2007d）。

然而，只有个别国家个别地区，如美国的匹兹堡市、南非的一些地区、格林纳达、瑞士、纳米比亚等国家或地区，实施"分税率"（Split-Rate）或"双税率"（Two-Rate）系统。分税率指的是对土地和房产课以不同的税率。一般地讲，在分税率系统中，土地税率高于房产税率。1979—1980年匹兹堡市进行的房地产税制改革极大地提升了土地税率，使土地税率几乎是建筑税率的5倍。支持"分税率"的理由与支持土地税的理由是一样的。即：① 土地税的理论优美（不扭曲土地市场）；② 房地产税是对资本课税，房地产税扭曲房地产市场；③ 对资本课税的房地产税不仅影响城市土地利用的强度（房地产开发的资本投资），同时又影响房地产开发的时机和区位选择，进而影响城市或区域经济发展（Brueckner，1986）。

因而，如果在不能实行纯土地税（纯土地税指房地产税税基仅包括土地价值，而不包括房产价值）时，至少对土地课以更高的税率（土地税率高于房产税率），从而最大限度地降低房产税对资本投入的负面影响、鼓励资本投入、避免区域间的税收竞争等。

---

① 这种观点类似于房地产税的"收益论"。

大部分国家实行的是相同税率应用于不同的财产类型。然而澳大利亚、加拿大、新西兰、南非、博斯瓦纳、乌干达、赞比亚、巴哈马、斐济、马来西亚、印度、斯里兰卡等国家对不同的财产类型实行不同的税率。

对不同的类型课以不同的税率的理论基础是：① 如果不同的房地产类型受惠于同样的公共服务水平的程度是不一样的（如住宅房地产比非住宅房地产更多地受惠于公共服务（Kitchen，2005）；② 对供给弹性系数小的房地产税基的房地产税税负应该相对较高，这样可以提高税制的有效性。如果是这样，由于商业资本比住宅资本更倾向于空间流动，基于效率原则的观点认为住宅房地产应该有更高的房地产税率（Zodrow，2001）；③ 由于房地产税对土地利用有影响，地方政府可以实施不同的房地产税率以此鼓励某种土地利用类型或限制某种土地利用类型（Bird 和 Slack，2003）；④ 商业和工业可以通过产品输出将其房地产税负转嫁给其他地区，如果房地产税是公共服务的价值的话，这种税负转嫁意味着让其他地区的人承担提供公共服务和产品的成本是不公平的，因而在税负不能出口的房地产类型上应该课以更重的税率（Kitchen，2005）。

一般地说，在实行不同税率的国家或地区，住宅房地产税率都低于商业和工业房地产的税率①。相对高的商业和工业房地产税率会负面地影响税制的效率和公平性。从效率的角度，高税率的房地产产生的财政收入间接地补贴了低税率的房地产享受公共服务和产品。从公平的角度，如果享受同样公共服务和产品的不同房地产的课税负担不同，或者没有为享受的公共服务和产品支付相应的价格，就没有了税制的公平（Kitchen，2005）。美国和加拿大的实证研究表明（Kitchen 和 Slack，1993；KPMG，1995；Oakland 和 Testa，1995），商业房地产和工业房地产享受的公共服务和产品小于住宅房地产，而承担的税负却更高。加拿大、德国、印度、美国的一些州或地区、菲律宾等国家实施的都是不同税率，即对不同的房地产施以不同的税率。一般地讲，住房房地产税率低于商业和工业房地产税率。

日本和加拿大等国家实行的税率是固定的，而德国、印度尼西亚和泰国等国家实行的是累进税率（Bird 和 Slack，2003）②。支持固定税率的观点认为：① 税制简单；② 征管成本低。而反对固定税率的观点认为：① 这种税率没有将税负与房地产接受的公共服务水平挂钩（房地产税是受益税）。实证研究表明，高价值的住房比低价值的住房享受更多的公共服务；② 高收入家庭（意味着高住房消费）与低收入家庭承担同样的税率意味着税制的不公平性。

---

① 如果不同房地产类型的税率相同，但是不同房地产类型有不同的评估率，结果是一样的，即相同评估率不同税率与相同税率不同评估率带来同样的效果。

② 德国只有对单一住宅才实行累进的税率。印度尼西亚的评估率随价值而累进，故其实际税率是累进的。泰国实行的是累进的土地税率，但由于限制了土地税负，实际税率是累退的。

## 小结

本章基本上对所述每个问题从不同的角度加以阐述。理论回顾表明,这些问题的理论争议还远没有结束,还将继续下去。但这些争议有助于我们更深刻地理解问题的本质,更充分地认识税制的影响和效果,更科学和合理地制定和改革房地产税率,更好地理顺地区发展与政府间财政关系之间的关系。通过本文的理论回顾,希望能够起到"抛砖引玉"的作用,将有关房地产税的理论讨论引向深入,为中国房地产税改革和发展提供科学依据。

# 第二十三章

# 中国房地产税发展[①]

国内目前对房地产税讨论很激烈,受到了多方面日益增加的关注。围绕中国房地产税的改革和发展,本章探讨征收房地产税的理论依据和发展中国房地产税的现实基础,总结国际经验对中国房地产税改革的启示,论述中国房地产税制改革的可能目标和相应的税制,最后针对与房地产税有关的几个争论阐明个人的看法。本章涉及的争议包括房地产税能否抑制房地产市场的投机行为、房地产税为地方政府提供显著和稳定的税收收入来源,房地产税是否应与土地出让制度改革联系起来。

## 第一节 征收房地产税的理论依据

### 一、房地产税的受益论

Fischel(1992)认为财产税是一种能够鼓励当地居民作出正确财政决策的收益税(Benefit Tax)。在公共财政术语中,"税收受益原则"指的是税收负担应根据公共服务的受益程度来分配。基于大量的实证证据,Fischel 提出地方公共项目带来的收益和这些项目在财产税中体现的成本将被"资本化"入当地财产的价值中。也就是说,公共项目如对基础设施和城市服务的投资来自财产税收入,这些税收对纳税主体是成本,对公共项目也是成本。公共项目成本包含政府开支,而政府对城市基础设施和服务的开支被资本化入房地产价格中,这等于说房地产税通过政府开支提高了房地产的价格。

一般地说,房屋的价格包含 3 个要素:① 房屋的物理或物质结构(如大小、材料、类型——公寓还是别墅、房间数、楼层、朝向等);② 区位(根据城市经济学,区位与城市交通成本有关);③ 房屋所在社区的城市基础设施和公共服务

---

① 本文发表在《财政研究》,2006,有改动。

(Ding 等,2000)。在美国,好的学校校区对房屋价格的影响是相当显著的。而社区内基础设施和公共服务的质量取决于政府财政收入。

房地产税收入的财政开支主要是用于改善地方公共基础设施和公共服务,如道路、学校、消防、安全等。这些投资改善了公共基础设施和公共服务,因而社区的生活质量得到提高。在其他条件不变的情况下,居民愿意出更高的价格购买社区环境和城市基础设施好的房子。图23.1阐明房地产税、地方政府财政开支、基础设施和公共服务投资、房地产价格之间的正反馈关系。假设由于城市化或收入的增加提升了房地产价值,进而增加了政府的房地产税收入(等于税基乘上税率,税基由于房地产增值而增加,假设税率不变)。这样地方政府就有了更多的财政资源来改善城市基础设施和公共服务,这些反过来吸引更多的家庭,使住房需求增加,提高房地产价值(图23.1)。

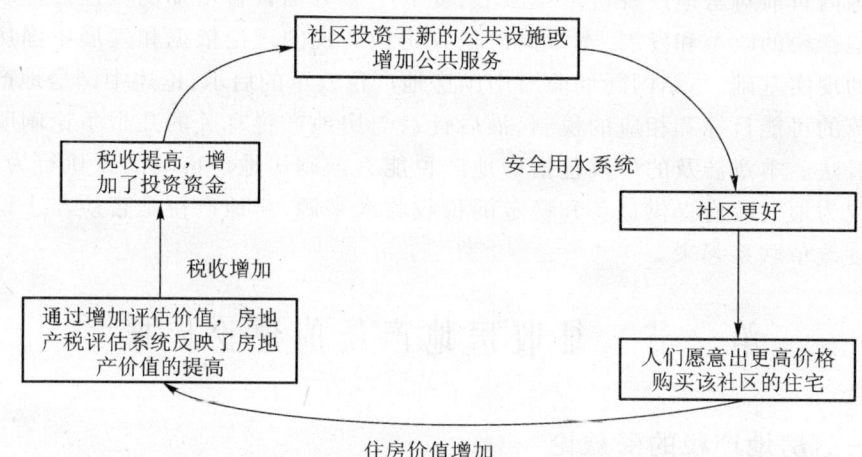

图 23.1　房地产税的收益性(摘自 Cornia,2005)

房地产税一方面增加了纳税主体的税负负担,另一方面又意味着政府财政开支的增加。要想全面地了解和掌握房地产税的影响,税政分析一定要包括财政开支分析。如果财政收入是中性的,政府一定会在其他税种实施减税,在这种情况下的税收分析和评价就变得非常复杂,需要借助一般均衡分析模型才能真正把握税收政策变化的全面和综合影响。

## 二、房屋与土地的空间不可移动性(税基不可移动)

由于房屋和土地是在空间上不可移动的,基于房地产价格的一个地区的财产税基不会因为税收政策流向其他地区。这有别于因房地产税率的不同而产生的不同地区土地开发和利用强度(资本密度)的不同。因而,业主即使有避税动机也无法通过税基的流动来减少其税负。同时,由于房地产的物质表现,业主无法隐藏其税负(税基),使逃税变得困难。由于房地产税基是不可移动性的,区域之间的税收竞争基本上不存在。这是房地产税区别于其他税种(如消费税)的主要方面之一。

### 三、房地产税的可支付能力原则

理论与实证都指出,个人(或家庭)房屋消费与个人(或家庭)的可支配收入呈显著的正相关关系。收入越高的家庭买的房的价格也越高;收入低的家庭消费的住房的水平也越低。如按市场价格确定房地产税负,房地产税能够体现可支付能力原则,即有能力的人(或家庭)应该交付房地产税,或者说有更高能力的人(或家庭)应该交付更高的房地产税。

### 四、房地产税可以为地方政府提供独立的财政收入,有利于提高地方政府的公共财政效率

房地产税因可以为地方政府提供一个充足和稳定的税收来源而受到青睐。同时,房地产税收入与GDP呈正相关关系,因而其税基是巨大的,并随社会发展而平缓地扩大。另外,由于房地产税基是根据房地产价值评估的。不同于GDP、收入、市场交易价格等一般宏观经济变量,房地产税税基随时间的变化相对平缓,故缺少弹性。这使房地产税可能成为地方政府一个充足和稳定的税收来源(Cornia,2005)。

地方政府有独立自主的税收来源可以提高公共财政的效率。这是因为,独立自主的税收来源将地方政府的税收和财政支出联系起来,促使地方政府要做出正确的财政决策,以便最大化公共开支所带来的效益。要实现政府开支效益最大化,地方政府就必须衡量所建议的公共项目的(边际)成本和(边际)收益。另外,地方政府需要有自己的收入来源,来控制预算的总规模。在缺少地方政府自由税收来源的情况下,地方官员通常不能调整支出,不能使边际收益等于边际成本。例如,缺乏地方收入来源,地方政府可能放弃一些受益项目,而如果地方政府有自己的财政收入,它则会投资于这些项目。政府间转移支付为地方政府提供了财源,但由于转移支付或政府间拨款常常附有条件,或规定资金用途,或限定提供某些服务的方式,因而无法保证基于拨款的财政决策是最优的(Wallace Oates 著,丁成日译,2005)。

如果存在地方税收之外的其他资金来源,很难保证税收与财政开支之间的有效联系,公共项目的选择不再仅仅依赖于地方政府所要支付的成本。这样,可能的结果是公共项目过于昂贵和得不偿失。在缺少自我税收来源的情况下,很可能出现如下情形:① 地方政府将与更高级政府,就地方项目拨款多少和拨款形式讨价还价;② 地方公共服务的范围和水平很可能取决于地方政府与更高一级政府之间的谈判;③ 地方政府的财政开支决策因而常常受到外来的干预(Wallace Oates 著,丁成日译,2005)。所有这些都会负面地影响地方政府公共

财政效率,降低财政决策的科学性和合理性。相反,独立的地方政府公共财政开支促使地方政府在项目评议过程中充分考虑项目的成本与其能够实现的效益,提高地方政府决策的科学性。

如果地方政府有独立的财政收入来源,地方政府对中央或上级政府拨款的依赖将减少。不支持政府间拨款的理由是它可能妨碍地方政府作出经济效益最大化的决策。一般地讲,拨款是有条件的,上级政府明确地规定拨款的使用。这样,产生两个问题:一是用在一个项目的资金就意味着该资金放弃了在其他项目上的使用,即资金使用的机会成本。如果能够自主支配公共财政,地方政府就可以做出财政支出决策,达到公共财政支出效率最大化的目的。政府间拨款通常附加上一定的条款来限制财政支出决策选择,这就剥离收入与财政支出之间的联系,造成财政支出决策的失误;另一个问题是政府间拨款降低了地方政府控制预算总规模的能力。也就是说,地方官员通常不能通过调整支出来使边际收益等于边际成本。

支持地方政府财政依赖于政府间财政转移支付的理由包括:① 中央政府筹集绝大部分财政收入的税收系统可能更有效率、更平等,避免通过居住地的选择来逃税;② 房地产税更有可能是累进的;③ 减少各地税收不一致带来的地区性扭曲和相关的社会福利损失;④ 避免州政府和地方政府沦入"低税率竞争";⑤ 避免由于经济发展不平衡带来的地方财政不一致(Oates,1972)。

## 五、容易鉴别房地产税收入的地方所有权

如果地方政府需要有自己的税收,接下来的问题是哪个税种最适合?由于房地产的空间不可移动性,这使我们能够很容易地鉴别房地产税基的地方所有权。这是其他税种不具备的优势。如收入所得税——个人收入所得税属于居住地还是属于就业地?增值税和营业税有同样的问题。房地产税的纳税主体缴纳房地产税是因为他们要对所接受的政府服务付费。增值税和营业税的税基实现可能与地方政府提供的服务没有关系,但是房地产税则不同。由于地方政府提供的服务有着很强的地域性,房地产价格与地方政府提供的服务水平的密切关联,因而,房地产税最能反映纳税主体为所接受的政府服务(基础设施和公共服务)付费,纳税义务和所接受的服务之间的关联,在房地产税上反映尤为突出。

## 六、有利于促进政府透明度和公民参政议政的积极性

尽管房地产税的相关法律可能是由更高一级的政府来制定的,很多国家的房地产税收入由地方政府征收、管理和使用。地方居民纳税和地方政府开支的公共财政体系一方面有助于政府权力的下放(government decentralization),增加地方政府财政决策的透明度和效率;另一方面鼓励居民对地方事务的参与。居民参与地方事务的动机是为了保护他们——对大多数而言,也许是最重要的财

富——房地产。因而他们有极大的兴趣和利益冲动来通过公共参与(如投票等)影响地方政府公共开支决策(如公共项目——学校、污水处理、道路等的选择),以便保护他们的房地产财产的价值。一些公共项目如学校、道路等建设可以提高房地产的价值,但也有一些公共项目如监狱、垃圾堆积场和处理站等的建设降低了周围房地产的价值,居民不希望政府将这些项目建在民居附近。为实现公平,如果这些项目在居民住房的周围建设并降低了住房的价格,受影响的居民有权利得到相应的经济补偿,并可以通过上诉来维护和保护他们的权益。

## 七、房地产税可以间接地防止"国有资产"的流失

房地产价值的增值有3个主要的来源:① 私人投资;② 政府;③ 城市化。如前所述,政府在城市基础设施和公共服务方面的投资,通过资本化提高房地产价值。城市化带来住房需求的增加,进而提高房地产价值。城市化带来的房地产增值不是私人行为带来的房地产价格的升值。获取非个人行为带来的价值如同不劳而获,犹如天上掉馅饼,政府应予以避免。当然,政府应该鼓励私人投资并给予相应的经济激励或动力。

表13.3 说明房地产价值增加的原因及其受益者。公共和私人既可以是房地产价值增值者的缔造者,也可以是房地产价值增值的受益者。只有(4)代表房地产业主创造并获取土地/房屋的价值,(2)代表私有业主获取了由公共或社区创造的土地/房屋价值。

房地产税可以承担的一个很重要的功能是房地产价值的溢价回收(value capture)。假设政府修建了一条高速公路,这条公路改善了周围地区交通通达性,进而提高了周边地区房地产的价格。假设没有房地产税,高速公路建成前房地产的价值为斜线部分与方块部分之和,建成后房地产价值增值为Ⅰ+Ⅱ+Ⅲ(图23.2)。业主凭空获得的财富增加为Ⅰ+Ⅱ+Ⅲ,这等于天上掉馅饼。如果征收房地产税,高速公路建成

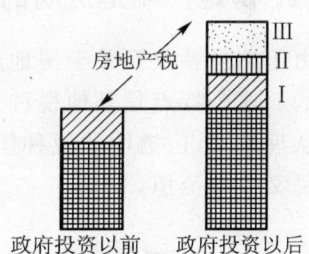

图23.2 房地产税的溢价回收功能

前斜线部分代表业主需要交纳的税金;建成后由于房地产价值的增值业主应缴纳的税金为Ⅱ+Ⅲ(Ⅲ表示高速公路带来的房地产税负增加值),业主依然从政府的高速公路建设中收益,但是受益部分由于政府征收房地产税而减少为Ⅰ(比没有房地产税是减少了Ⅱ+Ⅲ)。也就是说,业主所获得的"天上掉馅饼"比没有房地产税时的"馅饼"要小多了。由于政府在公共设施和服务方面的投资被资本化入房地产价值,基于市场价格的房地产税基(评估值)也随之提高,这样房地产税也可至少部分地将政府行为带来的房地产增值部分以税收的形式截取,避免私有业主占取全部不劳而获的财富增加。

尽管房地产评估值的增幅远远赶不上房地产实际值的上升,并且房地产税负等于房地产评估值乘上税率(一般的税率在1%~3%),新增房地产税负远远小于因政府投资带来的房地产增值。由于房地产的交易是不经常发生的,如平均10~20年才交易一次(美国每年平均每十个房屋拥有者中有一个搬一次家),房地产价值的增加只有通过市场交易才能得到实现。因而,政府按年征收的房地产税和不频繁的房地产交易两者的结合可以使房地产税相当程度地将因政府行为导致的房地产价值增值截获。

在美国,无论是民主党还是共和党,都支持房地产价值的溢价回收。但不同的派别支持溢价回收的理由是不同的。民主党人支持溢价回收是因为房地产增加了政府的财政收入,提高了政府在解决贫穷、环境、教育等方面问题的能力。共和党人支持溢价回收是基于私有财富应是个人劳动所得的理念,他们反对不劳而获。

房地产税的溢价回收作用在中国有着深刻的现实意义:中国正在进行着大规模的城市化发展和规模宏大的基础实施投资。上海浦东、深圳、北京的城市空间发展和道路建设就是一个明证。如此空前的城市化发展和基础设施的建设必将影响正在日益发展的房地产市场和房地产的价格,城市化和政府投资带来的房地产增值将是非常巨大和显著的。如果不把这些由政府投资带来的房地产价值的增值收回,这也是一种"国有资财的流失"。如何截获因社会发展或政府行动带来的房地产价值的增加将是一个越来越紧迫的课题,需要我们认真地加以对待。

### 八、房地产税是透明的

由于纳税者收到关于房地产价值的评估值和税收负担的账单,房地产税是透明的。这个特点是其他税种,如消费税、交易税、商业税和各种费等所不具有的。从理论上讲,透明的税种优于不透明的税种。纳税人(主体)有权利知道总的纳税义务和负担。

## 第二节 中国征收房地产税的现实依据

### 一、国家或社会财富的构成发生了根本的变化

美国国家或社会财富的55%都集中在建筑物上,同时城市中的60%~80%的土地是用于住宅。西方发达国家(包括美国)的城市中,工业用地仅占5%~7%。中国快速城市化和现代化正从根本上改变社会财富的分配或分布。北京、上海、深圳等城市房地产市场日益活跃,住宅建筑规模宏大,现代化建筑犹如雨后春笋,遍地生长。所有这些一方面改变了城市土地利用结构和城市,另一方面改变了社会财富的分布,资产在(土地上的)建筑物上的累积突飞猛进。中国经

济和房地产业的高速发展,特别是过去一二十年内,使个人财富也向房地产转移。住房的消费占个人消费比例也因住房私有化和收入的增加而发生了显著的变化。这种根本性的社会变革要求中国的税制也要进行相应的调整。还有,房地产市场日益活跃和成熟。个别城市(如上海)的二手房市场相当活跃,为以市场价值为基准的房地产价值评估提供了可能。

## 二、中国税制改革的急迫性

中国税制存在以下几个问题(Ding,2005):

(1) 一些税种已过时或不适应当前社会经济发展状况。如城市不动产(房地产)税是1951年针对外国企业设置的。耕地占用税、城市土地使用税、房产税等都是20世纪80年代前期根据当时的情况为保护耕地或提高城市土地利用率而设定的。当时中国还没有实施耕地动态平衡和基本农田保护等法规。城镇国有土地出让制度也没有实施。过去二十年来社会经济的高速发展使得这些税种基本上不能承担税制设置时的政策目标,改革这些税种已成为不可避免。

(2) 很多税种相互重叠。如土地增值税、企业收入税、个人收入税等都基于财产的出租或交易收入。

(3) 整个税制"重"交易、"轻"存量。对存量征收的税种有城市土地使用税、房产税和城市不动产税。房产税和城市不动产税是分别针对房产国内外不同的使用者征收的。这三个税种2003年的全部税收为359.2亿元,占所有税收的2.05%。这359.2亿元还包括房地产租金税收入,因而根据房产价值征收的税费比例很小,这也是为什么很多城市基本上不征收城市土地使用税的原因。

(4) 中国税制的其他问题还包括整个税制与快速发展的社会经济不相协调。具体表现在内外企业不同的税收待遇、生产环节上的重复征税等。

## 三、地方政府公共财政压力

中央财政状况良好。自1993年后,中央财政盈余稳固上升;地方财政状况日益恶化。自1993年后,地方财政赤字日益加大,2003年高达7 800多亿。在5级财政体系中,越往下,地方政府财政问题就越困难,政府财政改革非常迫切。

# 第三节　国际经验对中国发展房地产税的启迪

国际上房地产税实施和征管的成功经验有限。结合国际上的经验,房地产税实施的主要困难有:

第一,由于房地产交易不频繁,很多情况使房地产税成为对未实现的价值征税,造成房地产的价值与其拥有者的收入(可支付能力)之间存在很大差别。如一个15—20年前以30万元购买的房屋的市场价格是100万元。尽管房屋(包括土地)的价值涨了70万元,但这是没有"实现"的价值。让业主为这个还没有"实现"的价值去付税,一方面让人难以接受,另一方面这个业主能否支付得起根据市场价格决定的房地产税负也是一个问题。房地产税的公平、经济和政治等问题掺杂在一起,使房地产税的实施成为一个非常棘手的问题(Cornia, 2005)。

第二,纳税人不喜欢或不支持,高透明度引发业主的反对,业主常常认为所付税额与他们得到的政府服务不成比例。他们最希望的是在享受政府服务和公共产品的同时而自己不必为之付出。也就是说,让别人来支付政府服务和公共产品,自己来"搭便车"。与消费税相反,消费者基本上不知道每年在消费税上付了多少税额,同时由于每次的数额比较小,消费者不太注意,也就不去反对。房地产税则不同。房地产税单将税负明朗化,同时要求纳税人从口袋里拿出钱来支付。正是财产税的可见度或透明度容易引起纳税人的反对,当地居民(至少是房屋所有者)会收到征收财产税的账单,不是缴税人永远看不见"隐蔽税"(例如,公司所得税)。从决策角度看,透明度使人们意识到地方公共项目的成本,这是一个优点。一项好的税应该让人们意识到公共项目的成本,权衡所建议项目的成本和收益。因此,理论透明是一个优点,而不是一个缺点。

第三,管理问题。基于市场价值的评估要求政府或评估部门掌握并不断地更新有关房地产的数据。这一方面涉及个人隐私问题(一般地讲,缴税人也痛恨对个人财产情况隐私的侵犯),另一方面对地方政府的管理能力提出了更高的要求。数字城市(城市地理信息系统的建立和广泛使用)使房地产价值评估更加先进、精确和频繁,从而大大地减少了评估中的不公平性,降低了地方政府管理成本,提高了管理水平和效率。

第四,税负公平与可支付能力问题。房屋所有者的收入和税收负担的变动趋势并不完全一致。最常见的例子是退休居民的房地产。由于经济发展等原因,他们的房地产价值会持续上升。这因为他们所面临的房地产税收负担也随着提高。而由于他们已退休,收入有限,不断增加的财产税给他们带来沉重的负担。尽管他们的房地产价值上升了,但这部分价值无法在买卖(交易)之前得到实现。因而退休居民很可能没有能力支付不断上升的房地产税负。针对这个问题,房地产税的减免政策必须落实。

第五,以房地产税为基础的政府财政支出空间的公平问题。由于历史发展和自然环境等原因,行政管理区间的经济发展有着很大的区别,这个区别也必然地反映在房地产税基的差别上。富的区域集聚了高价位的房地产单元,使地方政府能够从房地产税上获得足够的财政收入,因而能够提供优质的基础设施和公共服务(如道路、学校等)。这是相对比较穷的区域不能比的。造成各管辖区的财政状况不一致和公共服务地区的差别。

第六,房地产税制(特别是以市场价格为计税依据的税制)改革和发展需要大批的专业人员,需要的专业人才包括:法律(产权)、政策、经济和金融、评估、地理信息系统等方面。

实施以市场价值为税基的房地产税评估要求有完整的土地和建筑物资料并且计算机数字化,有完善的房地产市场信息和活跃的房地产市场交易;要求训练有素的专业人员。这些要求无疑增加了中国成功实施房地产税的难度。建立市场价格为基础的房地产价值评估所需要的土地和建筑物资料既需要大量的资金支持,又需要时间。评估队伍和税收征管队伍的建设也需要一定的资金和时间。改革和发展中国房地产税的巨大阻力可能有三个方面:① 实施房地产税所需要巨大的初始投资;② 短期内可能有限的地方政府财政收入;③ 由业主和开发商的反对带来的政治风险。这些都需要认真地对待。

## 第四节 中国房地产税改革的目标与房地产税制

一般地讲,中国房地产税改革和发展可以实现以下几个目标(Roy Bahl, 2005;丁成日,2006d):

(1) 现代化税制。
(2) 理顺中国税制,使其与转型中的市场经济相一致。
(3) 改革和完善中央与地方政府或地方政府之间的(财政)关系。
(4) 为地方政府提供一个稳定的财政税收来源。
(5) 实现"溢价回收"(value capturing),避免"天上掉馅饼"(政府投资带来的房地产价值的升值)掉到个人(私有业主)头上。

一个税制不可能实现所有这些目标。因而,选择中国房地产税改革的目标既影响税制本身,又影响房地产税制改革和发展能否得到成功实施。

不同的税制改革目标决定不同的税制设计。税制中的几个主要部分为:税收范围、计税依据(税基)和如何评估税率等(其他方面如产权、减免、上诉程序、征管等也很重要,因篇幅有限,从略)。根据理论和国际经验,税基可以是土地、建筑,或两者结合。评估价值可以根据面积也可以根据房地产的市场价格。税率可以是单一税率(土地和建筑一个税率)或双税率(土地和建筑有不同的税率)。

土地税因不产生市场扭曲而备受经济学家偏爱。这是因为,土地是一个非常特殊的商品,其价值不是个人带来或创造的,土地价值(无论其稀缺程度如何)既不能产生土地也不能消灭土地。土地供给曲线是价值无弹性,它不随土地价格的变化而变化。此外,由于土地的价值占房地产价值的比例有限(在西方发达国家如美国,一般不超过20%),仅仅依靠土地税产生的政府收入有限,除非设置极高的土地税税率(如100%)。而设置很高的土地税税率在政治上是难以接受的。

如果土地税是基于潜在的用途而不是当前用途,土地税可以提高土地利用效率，增加土地单位面积的资本投入，从而提高土地利用强度。基于潜在用途的土地税又可以降低土地投机的经济动机和利益冲突。空地或农用地的价值要远远低于城市住宅或商业用地。基于目前用途的土地税给空地或农用地财产的拥有者带来的税收负担不大，因而他们没有经济压力或者没有经济利益的驱动去改变土地利用，相反他们更愿意占有土地、等待土地价值的升值，结果鼓励了土地投机行为。

如果土地税是基于潜在的用途，一块空地或农用地的价值是根据其"应该"的用途，而不论其目前的用途，这样这些财产的拥有者或法律纳税人的土地税负就会远远高于基于目前用途的土地税，高的土地税负或者促使拥有者（或财产处置权者）将土地转让给能够更经济、有效地使用的人手中，或者促使拥有者通过土地投资（在土地上的投资）提高土地利用效率。无论哪种情形，土地利用效率都得到提高。这也是为什么理论学家更偏爱土地税而不是房地产税，或者支持土地税率应高于房产税率的主要理由。

尽管大多数人倾向于基于市场价格的房地产税税基的确定，以面积为评税依据也应该给予充分的考虑。根据面积来确定房地产税计税标准的优势有：① 便于管理和低的征管成本；② 不受市场房地产交易数据缺少的限制；③ 业主自我评估的潜在可能。以面积为计税依据的缺点是：① 税收不能根据房地产价值的增加而增加；② 面积不能充分反映价值，因而会导致纳税义务与纳税人所应受的效益偏差，进而导致税负的不公平；③ 难以起到提高土地利用效率的目的。在经济和社会发展相对落后、市场发育不足、房地产价值因区位和城市基础设施产生的价格空间变化不大、专业人员缺失等情况下，以面积为计税依据不失为一个有效的方案（根据成本－效益原则）。

最后，无论设定什么样的税制，成本（信息与数据建立、管理和更新、评估、征管、上诉、监察等）应是一个重要的考虑因素。成本包括一次性投入和运营两部分。这两部分都与税制（税基、计税依据等）有很大的关系。

结合中国的国情，房地产税制的改革对税制有极重要的影响。如果房地产税制改革的目的是为了中国税制的现代化，那么城市与农村统一税率、统一征收就有一定的理由，而房地产税的征管成本可能不是最重要的考虑方面，因而现代化税制的可能代价是征管成本巨大（特别是在农村）。如果房地产税改革的目的是调整政府间的关系，房地产税应纳入更广泛的税制结构，在财政、产权和土地政策等改革的宏大框架中，土地出让制度必然地将被纳入其中。如果房地产税改革的目的是为了为地方政府提供可靠和稳定的收入来源，房地产税改革的推进就应该首先在有限的城市（房地产税基大的城市）推广（理由见下一部分），这时，征管成本将是一个非常重要的考虑因素，如何设定房地产税制，从而能够使地方政府经济有效地征收房地产税，可能是关系房地产税制改革成败的关键。如果房地产税制改革的目的是为了溢价回收，房地产税制就可以在一个城市的某个区域率先开始,如新开发区,即可先对新开发的房地产征税,而不必从一开始就推广到全市。

首先只对新开发区的房地产征税,如商品房,有以下几个好处:① 房地产资料相对齐全(土地、房屋、规划等机构都有保存土地和房产登记和注册资料,资料的整合可能是昂贵和耗时的,但是至少我们有这方面的资料,银行和金融机构可能还有业主的资料,如收入等,如果业主和银行有信贷关系的话);② 能够支付商品房的业主就有能力承担纳税义务;③ 由于新开发区的城市基础设施和服务更可能是新提供的,住在老城区的人可能并不享受新区政府投资的好处,因而根据谁受益谁纳税的原则,新区也应该率先征收房地产税。这有点像国外的影响费,或特定地区的房地产税。

## 第五节 有关房地产税的几个争议

### 一、房地产税与房地产投机

国际的经验表明,房地产税对房地产市场的投机所起的作用有限或可以忽略不计。国际城市的房地产市场发展轨迹表明,房地产价值增值是相当复杂的,各个城市房地产价格平均增值在同一时间可以有相当的不同;同一城市不同区位房地产价格变化方向和(或)幅度也有天壤之别。房地产市场周期的波动与国家宏观经济形势也可以不相一致。这样,房地产业的投资就不一定是无条件、全时段最优的。相反,很多人由于房地产投资而损失巨大。总之,根据理论和国际经验,房地产税对房地产市场变化很有可能是短期的,即房地产市场在刚刚实施房地产税的时段里可能有显著的影响,其对房地产投资行为的中长期影响,目前很难有一个定论。

中国的很多城市房地产市场的"火热",部分原因是由于缺少其他可靠稳定的投资渠道,或者也许由于广告宣传的效应,很多人认为在房地产业投资是可靠安全的。非常重要的是,房地产开发商的融资策略和市场营销需要不断上涨的房价来配合。开发商通过预售住房来融资,就需要至少是不降的房价来配合。如果房价是下降的,买房子的人就会持币而待,期望房价进一步下降。如果是这样的话,我想中国的很多开发商都会面临资金周转问题,房地产能否像现在一样"火热"就很值得怀疑。

据我所知,无论是理论上还是国际经验,房地产税从中长期的尺度不能解决房地产市场中的投机问题。最多,房地产税可能影响是短期的(房地产税实施前后),而这个短期影响的方向(降低还是提高房地产价格)取决于:① 房地产市场的真实需求构成;② 其他税种的减免带来的间接影响;③ 房地产市场消费行为的影响(买房是消费还是投资?)等。

## 二、房地产税与地方政府收入

一般地讲,房地产税在发达国家成为地方政府非常重要的税收来源,在一些发展中国家也是重要的(由于发展中国家地方政府过于依赖中央政府的财政转移支付,地方政府自我财政收入总量不大,因而不多的房地产税收入占地方政府自我财政收入的比重变得可观)。房地产税在16个经济合作发展组织国家中占GDP的1.44%(1990年代),在23个发展中国家中占GDP的0.42%,在转型国家中占GDP的0.54%。房地产税占地方政府自我收入的比重是:在16个经济合作发展组织国家中占17.9%;在发展中国家占19.1%;在转型国家中占8.8%。具体到国家,房地产税在地方政府自我财政收入的比重是:澳大利亚为60.0%,加拿大为53.3%,日本为45.3%,阿根廷为35.0%,美国为29.0%,南非为21.0%,德国为15.5%,墨西哥为13.0%(Hong,2005)。

中国房地产税能否在短期内成为地方政府可靠、稳定和可观的税收来源?这个问题的回答取决于城市房地产的构成。即使不减免,如图23.3所示的财产能够产生多少房地产税收入?答案不言而喻。

图 23.3 "旧城"中的城市房地产

相反,除了北京、上海、深圳等经济发达的沿海城市,中国其他城市中的房地产存量有多少是由如图23.4所示的类似建筑构成?不言而喻,这些建筑能够带来可观、稳定的房地产税收入。相信中国快速城市化和现代化的发展,越来越多的城市会发展成犹如北京和上海的大城市,类似图23.4中的建筑在城市中的比重也越来越高。这也是为什么我们要讨论中国发展房地产税和房地产税包括住宅领域的原因之一。

根据中国经济发展和房地产投资和建设的情况,我认为,短期内房地产税在有限的城市,可能成为地方政府可靠、稳定的税收来源。因而,从财政收入的角度,我建议中国实施房地产税也应与经济和城市发展相一致,分步、渐进式地推广和实施。如在北京、上海、深圳、广州等发达的城市,可以在新开发区征收基于市场价格的房地产税,房地产税改革的目的可以定位为地方政府可靠和稳定的收入来源。在西部落后地区则应缓征,如果要征收的话,应以税制现代化为目

图 23.4 "新城"中的房地产

标,地方政府收入应是次要的,考虑到以市场价格为依据的房地产税的征管成本,按面积计算的房地产税不失为一个可嘉的方案。在这两个地区之间(按发展水平划分),房地产的税制可以由多个变种。这里就不一一列举。

### 三、房地产税与土地出让金

土地出让金本质上是土地租金或价格,它是土地的使用者给土地拥有者出租土地使用权的一种经济补偿。从本质上讲,土地租金与土地拥有者的主体没有直接的关系。无论土地拥有者是谁(政府、个人、集团等),都由土地的使用者支付使用费或价格。因而,土地出让金是一种费用或土地价格。而房地产税是一种税,它是政府为了执行政府功能(国防、安全、教育、健康、交通、公共服务等)需要采取的融资手段以保证财政开支。因此,房地产税与土地出让金在理论上没有任何关联,房地产税的改革和推广与土地出让金没有必然的联系。土地出让制度存在的问题有其内在的原因(丁成日,2003),因而不可能或很难通过房地产税来解决。

在香港,土地使用者需要交纳土地使用费——相当于中国大陆的土地出让金(第一次从政府手中获取土地使用权时),同时每年还要交纳土地租金。香港1970—1995 年有关土地的财政收入累计为 670 亿港元(1995 年价)。其中,土地出让费占了 53%;30% 是来源于差饷(香港将房地产税叫做差饷)和财产税,变更土地出让合同所征收的费用占了 14%;年度土地租金征收了 3%;剩下的 1% 是土地出让续约缴纳的费用。

从更宏观的视角来看,土地出让制度改革与房地产税可以通过税收收入、政府间财政关系调整、房地产市场(住房价格的宏观调控)等发生关联。把土地出让制度改革与房地产税的发展联系起来,将极大地扩展改革的深度和广度,并极大地提高难度和风险,可能的收益和效果会不显著。因此建议,房地产税的改革,现阶段可不予考虑土地出让制度。

## 四、小结和建议

现代化和城市化必将促使社会财富向房地产集中。美国国家财富约有55%集中在土地的投资(各种建筑)上。中国现代化、城市化和经济发展的必然结果也不例外。人民对生活高质量的追求将使城市住宅越来越重要。美国城市土地利用的60%~80%是住宅用地,工业用地值仅占到5%~7%。忽略住宅财产的房地产税(如果对住宅财产不征收房地产税的话),将与现代化不相适应,另一方面也将极大地降低房地产税应有的功能,使纳税主体与地方政府提供服务的受益者脱离。在西方国家,征收房地产税的理论依据之一是城市居民直接地从地方政府提供的服务(城市基础设施和公共服务)受益,因而,他们应对此纳税。

实施房地产税面临的困难和挑战都是巨大的,甚至超出我们的想象,过程也可能是曲折或在一定阶段是相当缓慢的,我坚信中国的现代化势不可挡,房地产税的改革也是如此。中国过去25年的渐进式改革带来了巨大的进步,中国渐进式房地产税改革和发展也一定为世界上不多的房地产税的成功实践增加一个新的案例。

# 第二十四章

# 中国改革与实施房地产税的几点建议

本章根据国际理论和经验,结合中国的发展和国情,就中国房地产税改革的具体实施方略谈几点个人看法,仅供参考,不当之处,悉听教诲。

## 第一节　房地产税制的基本要素

房地产税制涉及以下几个方面:

1. 税基

征税的范围,即需要对哪些房地产实行征税。

2. 评估(税基的确定)

应用什么方法、手段和技术、需要哪些数据来确定税基(房地产税负的评估)。

3. 税率

由哪级政府,根据什么原则,在什么范围内来确定税率?对不同的房地产类型是否应课以不同的税率。

4. 减免

如何对低收入家庭或财富与收入不相匹配的家庭实行减免。

5. 征管

税基的评估由哪个部门来执行?税单由哪个部门来发放?用何种方式缴纳税金。

6. 上诉

如何解决房地产评估价值的争议?

税基、税率和减免的确定,更多地需要在政治、经济和公共财政等层面上来讨论。而评估(房地产税基的计算)一定会涉及技术问题,而技术问题的解决对顺利实施房地产税改革至关重要。因为它不同于其他税,房地产税的税基——房地产价值无法直接从市场的交易中得到。在一个相对有限的时间段里(如一年或三年),市场上交易的房地产数量占整个房地产财产数量的比例是有限的。即使美国有着相当发达的房屋市场,在拥有住房的家庭中,一年平均每十个家庭也只有一个家庭搬一次家。考虑到有相当一部分的房屋是用于出租的(美国家庭租房的比例占 20%~30%),能够通过市场交易价格来决定房地产价格的住宅房地产数量不会超过 10%。而非住宅财产(商业和工业)在市场上的交易频率要远远低于住宅房地产的市场交易频率。因此,房地产税税基确定的关键问题是如何通过有限的市场信息来计算没有在市场交易的房地产财产的价格,并保证这种推算的准确度和公平性。显然,这是一个相当富有挑战性的问题。

## 第二节 房地产税与住宅财产

一般地说,针对房地产税,房地产分为以下几种类型:① 住宅;② 商业;③ 工业;④ 政府;⑤ 科学、教育、文体、宗教等;⑥ 农地;⑦ 森林;⑧ 其他。

房地产税的主要收入来源是住宅、商业和工业(在征收房地产税的国家中,大多数国家对用于科学、教育、文体、宗教等用途的财产给予不同程度的减免)。以位于美国波士顿大都市区内的牛登市为例子来说明住宅、商业和工业对房地产税收入的贡献。2005 年底,牛登市人口为 83 000 人,全部不动产数目为 29 273,其中各种住宅总数为 24 511,商业数目为 741,工业数目为 78,混合用地(工业与商业混合、商业与住宅混合等)数目为 284,剩下的为城市空地(927)、林地(1)、高尔夫球场(19)和非住宅活动中的个人不动产(2 712)。非住宅财产中的个人财产指的是工业或商业活动中所需要的可移动财产,如机器、公家汽车、办公桌等。单体住宅总数为 16 910 宗,占所有住宅类型的 68.9%。

牛登市 2005 年全部财产的评估值为 198 多亿美元,其中住宅占了总评估值的 90.79%,而单体住宅的评估值又占了所有住宅评估值的 89.49%。可见单体住宅是牛登市最主要的房地产税基,这也是美国绝大多数城市的普遍现象。商业财产数目占了总数的 2.5%,但其评估值却占了总值的 7.49%,工业财产数目占了总数的 0.26%,评估值占了 0.74%。由于住宅、商业、工业的评估值分别占总评估值的比重大于他们各自财产数目在总数中的比重,这说明其他财产类型(如空地、企业或公司的个人财产)对房地产税税基的贡献非常有限。波士顿市(财产为 140 万)、马里兰州的蒙哥马利县(财产为 120 万)等的情况都是类似的。

在发达国家,城市土地利用的主要构成是住宅用地,城市用地结构中工业用地所占比例一般在 5%~7%。以美国为例,在城市土地利用中,除道路以外,60%~80% 的城市土地是用来建造住宅的。美国住宅大多是单体、独立的别墅,每一个建筑个体意味着一个财产数量,而住宅公寓的一个建筑单体可能意味着多个财产拥有者。相反,用于商业和工业的建筑个体,尽管可能出租给多个人,但是很可能是一个财产拥有者。从财产数目所占比例来看,住宅财产占全部财产数目的比例很可能要高于住宅土地占全部城市土地的比例(60%~80%)。由于中国住宅基本上没有或者很少见独门独户式住宅,住宅财产数目占全部财产数目的比例要大于城市住宅土地占全部土地的比重。加上过去对住宅重视不够(以前的口号是"先生产、后生活"),经济发展和对生活质量的重视,必将推动住宅财产的比重会越来越大。

## 第三节 实施房地产税改革的艰巨性和长期性

房地产税改革的实施是一项非常复杂的工程。理论和实践都表明,成功地实施房地产税的改革和发展也许是政策改革中最难攻克的"城堡"之一。因为,房地产税的成功实施既涉及政府间的(财政)关系,又涉及广大业主(纳税人)的切身利益;既涉及立法层面(房地产所有者或使用者的权力和利益的法律保护),又需要建立一套能够有效地解决与房地产税有关的争议和上诉的程序和制度;既需要明确广大业主的权利、义务和责任,又要确保公众对房地产税的广泛接纳性;既可能短期内对房地产业的发展和投资决策产生影响,又可能深刻地影响(地方)政府公共财政决策机制(政府的透明度),因而可能重新界定(地方)政府与人民之间的关系。

房地产税广泛的公众接纳性一方面取决于税制的公平性,另一方面也取决于税负与政府提供服务和产品之间的关联程度。正如房地产税的受益论所指出的,如果房地产税是业主支付地方政府提供的公共产品和服务所需费用,说服业主缴纳房地产税就会相对容易;反之,则会相当困难。即使在美国(房地产税占地方政府税收收入的70%~75%,占地方政府全部收入的45%以上),尽管学者和有识之士极力地推动房地产税,房地产税在广大业主眼里仍然是非常不受欢迎、最受争议(非议)的税种。可见,税种的理论优势(房地产税的理论优势见丁成日,2006d;2007d)与现实的公众欢迎程度并不总是正相关的。

随着房产的私有化、城市化和经济的发展,自有房屋的家庭会越来越多,并且私有房屋对绝大多数家庭而言是他们的最大财富。因而保护房产价格是他们最为关心和关注的焦点之一。他们一方面会极大地关心和关注能够使附近房产价值升值的政府投资项目(如高速公路)的选址,另一方面也会强烈地表达反对在他们居住地附近建设工厂、污水处理设施、垃圾堆积站、监狱,甚至一些商业和零售网点等也会负面地影响房地产价值的土地用途。商业和零售网点通过吸引顾客,增加交通量而可能负面地影响附近的住宅房地产价值。因此,房地产税的实施会提升业主公众参与的动机和愿望,增加对提高政府透明性及提高政府公共财政决策效率的压力。

# 第四节 中国房地产税改革之路是渐进式的实施

中国过去二三十年的改革成就在很大程度上应归功于中国采用的渐进式改革战略,而不是前苏联所使用的"阵痛"式的剧烈变革。中国房地产税的成功实施也需要渐进式的改革和发展。具体的内涵包括:① 从"点"到"面"的推广;② 税基的逐步拓宽;③ 评估系统自简单向复杂逐步发展;④ 税制的渐进完善。

中国从过去二三十年的改革中积累了丰富的从"点"到"面"的推广经验,因而这里就不多加笔墨了。前面提到的税制的诸多方面,如法律、上诉等方面的问题也不是一挥而就、短期内能够完全解决的。故税制的发展一定是一个渐进式的改革。我们这里建议的渐进式改革主要针对税基的渐进式推进和评估体系的渐进式发展。这两个问题看似简单,但直接关系到房地产税能否顺利地实施。

## 一、房地产税税基的渐进式扩展

税制应明确规定课税范围,同时考虑到纳税能力和其他的政策目标(如鼓励科教文等事业的发展)有相应的规定减免范围、方式和程度。中国实施房地产存量或持有环节的房地产课税有两种方式:一是如同国际上的惯例,明确课税范围和减免对象;二是在充分考虑到纳税能力的前提下,仅明确规定课税范围和对象,不涉及减免问题(这里指的是除住宅以外的非工商业财产的减免)。

本章建议,中国在实施房地产税改革的初期,采用第二个方式。也就是说,税制仅规定课税范围和对象,便于将来对暂不课税的财产类型课税。主要的理论依据是,根据国际经验表明,政府制定减免政策容易,而收回减免政策在政治上却是难上加难。换句话说,政府一旦准予特定房地产类型减免房地产税负,以后扩大减免范围可以,但是试图缩小减免范围时将会面临相当大的阻力。因而,实施减免税负时应慎之又慎。如减免是必不可少的话,比较好的方法是规定一定的减免期,在此期间业主享受房地产税的减免,超过这个时段减免政策自动停止。"只规定课税对象,不规定减免范围"的另外一个好处是政府很容易根据社会经济发展来适时地扩大课税范围,使将来能够更加容易地逐步完善税制(税基问题一——实施减免否?)。

相对而言,在决定税基的问题上,是否对商业和工业财产课税的争议较少,主要的争议焦点集中在是否对住宅财产课税上(税基问题二——住宅课税否?)。

对住宅财产课税是历史的必然。因为:

(1) 如果将城市财产数目的最主要部分——住宅财产"拒之门外",房地产税收入将大打折扣,这与房地产税制改革最重要的目标之一——为地方政府提供稳定和可观的收入相矛盾(税制的作用)。

（2）住宅财产的使用者是政府提供服务和产品的主要接受者,如果对住宅财产不课税,那么就意味着本应由住宅业主承担的社会负担转嫁给了他人,这既不利于社会公平的实现,又不利于经济发展(税制的公平性)。

（3）中国税制改革的总体趋势是通过扩大税基,减少企业的税负负担。由享受政府提供的服务和产品的住宅财产业主承担相应的成本,可以在很大程度上帮助企业减负,一方面促进经济发展,另一方面提高税制的经济效益。美国的公司所得税在联邦税收中的比重在过去的50年里的基本趋势是下降的,其主要目的是最大可能地减少税制的市场扭曲效果(税制效率)。

（4）把城市土地利用的主体——住宅"拒之门外",不利于通过经济杠杆来提高城市土地利用效率(税制的资源利用效率)。

（5）住宅财产价值增值主要来源于政府在基础设施投资和城市环境改善等方面做出努力和城市化等社会发展,而不是业主自我"投资"的结果。根据"劳有所得、不劳不得"的原则,政府应享有社会和政府的活动带来的私有住宅价值升值部分至少部分地收回,也就是亨利·乔治和孙中山先生提倡的"涨价归公"或"溢价回收"。

如果住宅财产应予以课税,那么是对全部住宅还是部分住宅课税？如果是对部分住宅财产课税,那么应是那类住宅？(税基问题三——哪类住宅课税？)。

中国的具体国情是:① 现代化摩天大楼在一些城市(如北京、上海、深圳、广州等)如雨后春笋般蓬勃发展(图24.1:新的高楼),以上海为例,在过去的10年里,每天都有1~2个楼盘建成;② 由于发展和历史等原因,大多数城市中有相当部分住宅财产还是相当破旧的(图24.1:旧的矮楼);③ 个人财富积累的增长速度惊人,房屋财产越来越成为占个人财富中最主要的部分。同住房公有时代相比,整个社会财富的数量和构成与目前有着天壤之别;④ 最近几年中国很多城市房价的飙升(已建成的二手房)原因很多,可以说是众说纷纭,莫衷一是,但是有一点是肯定的,即房地产价值的增值不是业主个人行为所致(Brown,1997)。

对税基问题中的那类住宅课税,本文基于抛砖引玉的目的,提出几个方案供讨论和参考。特别需要指出的是,具体的具有可行性的方案需要经过详细的研究后才应提出,本文的方案只是示意性的,或象征性的,希望能够在这些领域开展更深入的探讨。还有,无论如何回答这个问题都会引起争论和反对,且反对的理由也都可能相当"充分"和"合理"。近期对住宅房地产课税的意义可能与20世纪80年代的个人所得税改革和发展的意义相同。当时绝大多数人的工资很少有超过100元的,因而个人所得税800元的起征点对大多数人来讲是没有任何实际意义的。然而随着社会经济的发展,目前个人所得税1 600元的起征点也使其收入为国家四大财政收入之一。同理,在住宅财产上,首先对一部分(主要是高端住宅)住宅财产课税,然后随着条件的成熟在逐步扩大住宅财产的课

图 24.1 城市中的"新""旧"房地产(上海)

税范围有很多可取之处。这种做法一方面为以后扩大课税范围(更多的住宅财产课税)打下基础,另一方面也能起到收入分配再调节的功能。如果能够遏制房地产投机(至少是高端住宅),住宅课税可以帮助缓解持续上升的房价。尽管理论和国际上都缺少房地产税能够遏制房地产投机行为和泡沫,中国的发展或经验也许就是一个特例,房地产税的引进或许能在中国的现阶段对房地产投机和缓解房价的持续上升发挥一些积极的作用。

具体地讲,在考虑对住宅课税时,有以下几个方案可以考虑:

方案一:高端商品住宅;

方案二:城市新近开发区内的商品住宅(新近开发的商品房可以限定于2002或2003年以后建的,以下同);

方案三:新近开发的商品住宅(如2002年以后建造的);

方案四:拥有多套住宅的业主。

这几个方案的共同点是:

（1）扩大了房地产税基（同住宅暂不课税相比）。首先将高端或新建的商品住宅纳入房地产税的课税对象，然后逐步地扩大到其他住宅财产（如普通住宅、福利住宅等），从而实现以较低房地产税率带来稳定可观的税收的目的。

（2）这些纳入课税的住宅房地产资料相对齐全（土地、房屋、规划等机构都有保存土地和房产登记和注册资料，资料的整合可能是昂贵和耗时的，但是至少我们有这方面的资料，银行和金融机构可能还有业主的资料，如收入等，如果业主和银行有信贷关系的话）。

（3）能够支付商品房的业主比没有购买商品房的业主更有能力去支付房地产税。或者说，能够购买高端或新建的商品住房的业主，一般也能够支付得起房地产税（税的可支付能力原则）。

（4）有足够的市场交易信息，便于利用市场销售比较法来准确地评估房地产价值。这里的商品房不包括经济适用房。中国很多城市的房地产市场交易主要是新建的住房，二手房市场仅在个别城市，如上海相对活跃。因而，基于市场比较法的财产评估应用范围有限。这不同于其他国家，如美国，二手房交易是房地产市场最主要的构成，一个城市每年新房供应量所占比例一般不超过住房总量的2%～3%，这远远小于平均10%左右的住房拥有者每年搬一次家。

这几个方案之间的差别不大，但还是显著的：

方案一基本上是根据房价（新房交易价作为参考资料）来决定纳税对象。如房价超过一定的门槛就要付税。这个方案的特点是针对高收入阶层，其问题是：① 高端住宅如何界定；② 单纯根据价格来决定纳税对象可能会由此引发税制的不公平性。

方案二实际上是根据房屋的价格、成片开发的商品房和建造年代等因素来决定其是否在课税范围之内。方案二的特点是房地产税主要的课税对象是城市发展中新近开发区内的商品房业主。理论依据是政府为新近开发区提供了城市基础设施和服务（如学校，医院等），这些设施和服务理应由享受这些服务和设施的人，即开发区内的业主来支付。这种做法充分体现了"谁受益谁纳税"的原则。然而，方案二的问题是：① 非开发区内的业主不纳税所带来的社会公平问题；② 在空间上，城市开发区如何界定。根据中国城市的发展，城市空间扩展是相当混乱、无序的。这极大地增加了这个方案实施的难度。

方案三将所有新开发的商品房纳入课税的对象。这个方案的优点是税基覆盖的面比较宽，但问题是纯粹商业性开发的住宅与经济适用房、单位集资建房等混杂，没有很好的办法来区分哪些群体有支付能力，哪些是无能力支付的群体。

方案四只将多套房地产财产拥有者纳入课税对象。其主要优点是有助于抑制房地产投资行为，但是主要的障碍在于鉴别哪些人拥有多套住宅是一件非常棘手的问题。如果能够区别哪些业主拥有两套以上的住房并对非自我居住的住宅课以房地产税(假设每个业主将一套住房作为自我居住,其他住房用于出租或其他用途),这不仅能够提高非自我居住房屋的"持有"成本,进而抑制房地产投机,使房地产价格更能够真实地反映住房的供需关系,同时又可以增加个人收入所得税收入或提高土地利用效率。由于数据和信息等方面的困难,在现阶段,充分了解和掌握财产拥有者的资料还是相当困难的,因而建议近期内方案四不予考虑,待资料更加完整之时予以考虑实施。

总之,本文建议,某些住宅类型在实施房地产税的初期就要课税,具体的实施方案可以进一步地研究。

## 二、渐进式地完善评估体系

### (一)房地产税税基评估

发展房地产税的最主要目的之一是为了给地方政府提供稳定和可靠的税源,因而税制的征管成本就是一个非常重要的考虑因素。又由于房地产税税基的确定需要通过评估来实现,而评估本质上是借助有限的市场交易信息(最近交易过的房地产价值),来计算类似的没有市场交易过的财产价值(销售比较法),或者利用财产使用、运营等方面的数据(如商业财产的运营成本、收入等),根据房地产价值的残差理论(Residual Theory),来计算房地产价值(收入或收益法),或者根据财产重置原则(成本法),来推算财产价值。

美国很多州,如马里兰、马萨诸塞等州,充分利用了地理信息系统和计算机辅助的批量评估方法,极大地提高了评估精度、缩小了评估周期、减低了评估成本和人员投入。他们的评估系统如此有效,以至于评估成本在房地产税收入中的比例不到1%(0.6%~0.8%之间)。当然,需要指出的是,他们的评估系统是经过多年的发展才取得今天的非凡成就的。

评估既然是对市场价格的近似推算或计算,就会存在误差。一般地讲,评估方法越简单,所需要的资料、信息越少、对评估人员的技术要求越低,评估的准确度就越低,成本也相应地越少。相反,评估方法越复杂,所需要的资料、信息越多,对评估人员的专业素质要求就越高,评估的结果可能会更精确,成本也就会相应地越高。

### (二)房地产税税基评估的方法

一般地讲,国际上有两种评估方法来决定房地产税的税基。一是面积评估;二是市场价值评估。面积评估,顾名思义,是根据房产面积和/或土地面积来决定财产价格或税基。以色列等国家采用的是面积评估。印度正在实施房地产税改革,将基于市场价格的评估转变为基于面积的评估。市场价值评估,是根据市场价值来决定房地产税的税基。大部分国家,特别是发达或比较发达的国家或地区,如美国、加拿大、日本、韩国、英国、中国的香港等,使用的都是市场价值评估。市场价值评估的主要方法有：① 销售比较法；② 收益法；③ 成本法。销售比较法主要用于有大量市场交易的财产，如住宅、一些商业或工业类型。销售比较法又常常借用统计中的多元回归分析方法。收益法主要用于评估能够带来收入或租金的财产，如商业和工业财产。成本法主要用于工业的财产，根据建造一种类型财产所需要的成本，加上对建筑折旧率的考虑，最终推算市场价值。

房地产税的课税对象是"数以万计"的财产，因而需要建立一种方法或程序来一次性地评估很多财产（批量评估）。这样，我们既可以降低评估成本、缩小评估周期，又可以提高评估的一致性、减少评估中的主观和人为因素、增加评估值的可解释性。此外，标准化的方法和程序既可以重复使用，同时又减少对专业技术人员的依赖。

国际上，通用的评估方法是运用多元统计回归模型进行评估分析。住房消费的是房屋的属性，如大小、质量、户型、厅室数目、有无中央空调、有无车库、周围公共服务和设施水准、距离中央商务区的距离，等等。因此，我们可以根据数学模型计算出每个房屋属性的价值，然后汇总成房屋的价值。房屋属性可以分为3大类：① 物质矢量（如大小、户型等）；② 区位矢量（如距市中心的距离）；③ 周围社区质量矢量（如校区、犯罪率等）。常用的多元统计回归模型如下所示：

$$P = \beta_0 + \beta_1 S + \beta_2 L + \beta_3 N + \varepsilon \tag{24.1}$$

式中：$P$ 为房屋价格；$S$ 为房屋的物质属性矢量；$L$ 为区位矢量；$N$ 为社区质量矢量；$\beta$ 为模型参数；$\varepsilon$ 为随机项（变量可以经过各种数学运算——如对数的变换）。表24.1列出了马萨诸塞州牛登市的房地产财产物质属性资料。这些资料大都用于批量评估的回归模型分析。

香港采用的评估方法，比较成功和有效。除了利用多元统计回归模型外，还充分利用了"参照－比较－调整"评估法。该方法的核心是：① 选择具有代表性的房地产财产，这些财产称之为"参照"财产（200多个）；② 根据类型和用途，选择相应的评估方法（市场比较法、收益法或成本法）；③ 然后利用相应方法所需的财产数据，评估出价值；④ 将其他没有评估的财产分类分组，使每一类每一组都有一个参照的财产。分类分组的原则是组内差别最小；⑤ 然后依据"参照"财产的评估值，通过比较和调整，分别评估出每个组内财产的价值。这种方法的好处是准确性高，但问题是数据要求大、信息化程度高。故很少有国家的评估系统犹如中国香港一样有效。

面积评估的主要优点是简单、易于操作、数据要求低、成本小等。这些优点同时又是缺点。对面积评估的批评主要是：结果相对粗糙，难以反映房地产价格的时空变化，税基缺少公平性等。市场价值评估的优缺点与面积评估正好相反。

### 表24.1 马萨诸塞州牛登市房地产财产记录

代码:53016 0013　　地址:72 ALLEN AVE　　　　　　　　　　　　53016 0013
代码:53016 0013　　　　　　　　　　　　　　　　　　　　　　　税单号:5230
土地利用:101　　　地图代码:102NE　城市土地利用功能分区(Zoning):SR2　社区代码:6A
上次买卖日期:1987年6月　　　上次房地产市场交易价格:$ 288 125

| 业主法人信息 | 业主当前信息 |
|---|---|
| 姓名:COMENITZ JAY & DEBRA SCHOEFF | |
| 地址:72 ALLEN AVE,WABAN MA 02468 | |

**住宅建筑结构信息(面积单位为平方英尺)**

| | | | | | |
|---|---|---|---|---|---|
| 建筑风格: | 殖民式建筑 | 房间数: | 8 | 分离的车库 | |
| 建筑高度: | 2 | 卧室数: | 3 | 车库面积: | |
| 房顶类型: | 三角形 | 完整(有浴池)厕所数: | 1 | 车房面积: | |
| 房顶材料: | 沥青 | (无浴池)厕所: | 1 | 游泳池类型: | 无 |
| 外墙: | 木瓦板 | 厨房质量: | 高于平均 | 网球场个数: | |
| 石造/整修: | 无 | 厕所质量: | 平均 | 小房间面积: | |
| 地基: | 水泥 | 房屋大小(总面积): | 1 740 | 连体车库面积: | 240 |
| 建造年代: | 1942 | 室内状况: | 平均 | 停车面积: | |
| 取暖类型: | 热水循环 | 装修的阁楼面积: | 205 | 室外甲板面积: | 88 |
| 燃料类型: | 油 | 未装修的阁楼面积: | 200 | 开放式室外走廊面积: | 114 |
| 空调: | 中央 | 地下室面积: | 890 | 封闭式室外走廊面积: | |
| 壁炉: | 2 | 装修的地下室面积: | 360 | 上次建筑检查日期: | 6/23/95 |

| 地契检索 | 评估历史 | |
|---|---|---|
| 册:18 261 | 2006: | $ 656 900 |
| 页:542 | 2005: | $ 625 600 |
| | 2004: | $ 583 600 |
| **土地资料** | 2003: | $ 521 100 |
| 土地面积:　8 700英尺 | 2002: | $ 521 100 |
| 沿街长度:　58英尺 | 2001: | $ 437 700 |
| 分区代码:　SR2 | 2000: | $ 399 700 |
| | 1999: | $ 363 700 |
| | 1998: | $ 322 700 |
| **商业资料** | 1997: | $ 322 700 |
| 建筑毛面积: | 1996: | $ 307 300 |
| 公寓数: | 1995: | $ 253 500 |

| Condominium Characteristics |
|---|
| 室内停车: |
| 室外停车: |
| 单元数: |
| 楼层数: |

资料来源:http://www.ci.newton.ma.us/assessors2003/Search.asp

在建立评估系统时,我们面临着一个选择:是利用高成本、高投入、高精度的市场比较法还是利用低成本、低投入、低精度的面积法来决定房地产税的税基?结合中国的国情和区域差别,我们是否应该在不同的发展地区使用不同的评估方法,如东部发达地区(如上海)房地产市场比较发达,信息和资料相对比较齐全,计算机化和地理信息系统发展比较完善,可以考虑利用批量评估的方法来决定房地产税的税基。即使是这些地区(如上海),采用一个简单、实用、技术含量不高、信息要求低的方法也是非常富有诱惑力的。

**(三)建立符合中国国情的房地产评估系统**

1. 中国发展房地产税目前的主要困难集中在以下几个方面:

(1)法律(如产权界定)准备不足。实施房地产税对产权界定和保护的影响目前还不确定,有必要进行深入研究。

(2)财产记录缺失,或者有限的登记和注册资料以文本的形式由不同的部门所掌握,数据整合的工作量非常大。从零开始,建立如同表24.1的房地产数据库,并且全部地理信息系统化和数据化,即使不计成本和假设所需的软硬件环境齐备,如北京、上海等城市至少也要需要3~5年的大规模、全方位的投入。需要特别地指出,这样的系统成本将是极其昂贵的。

(3)保证房地产税顺利实施的配套制度(如上诉、监督惩罚机制等)的建立,既是一个全新的课题,又需要时日逐步发展完善。

(4)房地产税制的实施需要大量专业技术人员。如香港的房地产税评估机构有近860名员工,每年评估220万个财产;美国波士顿市的财产个数为140万,评估机构有近100名员工。中国在这方面的人才近乎没有。培养人才,以满足中国北京、上海建立与中国香港、美国马里兰、马萨诸塞等州的房地产评估系统类似的系统所需要的人才,至少也需要3~5年的时间。

(5)地方政府的积极性和顾虑、业主和开发商的反对等都会影响房地产税制改革和发展的顺利实施。

考虑到资料、登记注册、专业人员等方面的限制,本文建议可以采用简单的评估方法来决定税基,特别是在除北京、上海、广州、深圳等之外的大多数相对不发达的城市实施房地产税(其实这些方法对北京、上海等城市也是同样适用和值得考虑的)。也就是说,评估系统建立的基本原则是:实施的初期应侧重于制度的建立、随着时间的推移再不断地完善提高(包括评估系统和评估精度等)。具体的思路是:首先采用的方法尽可能地简单,用最小的成本建立评估和征管机构及队伍,然后随着各种资料(来源于不同部门)——如产权登记、地契、房屋物质特征、市场交易资料等不断地整合到一个系统,数据信息化和地理信息系统化程度的提高、评估机构和制度的完善、专业队伍的建立和发展,通过不断地增加因子实现准确评估所需的资料(如表24.1——根据中国的国情,表中的很多数据项是不需要的),提高评估的科学性和精度。这个增加因子和不断完善评估方法的过程可能要经过几年甚至更长的时间。

2. 简单的房地产税税基的评估方法有:

(1) 面积评估:按面积计算税负。

(2) 改进型的面积评估:在面积的基础上,增加两个变量——区位和用途(对房地产的价值有很大影响的两个因子),利用简单的多元回归模型计算税基。多元回归模型如下式表达:

$$P = \beta_0 + \beta_1(面积) + \beta_2(区位) + \beta_3(用途) + \varepsilon \quad (24.2)$$

当然,回归模型可以是线性的,也可以是非线性的。这种方法可以应用于住宅,也可以用于工业和商业(特别是房地产税实施的初期)。

(3) 可以考虑在目前计算房产税纳税额的基础上(房产原值扣除一定比例)加以改进,如根据交易价格、折旧和房地产升值来计算应纳税额。对比较新的商品房,这种方法会比较适用。对商业和工业财产,可以根据参照营业税、企业所得税和增值税的计税依据评估商业和工业财产的价值。

3. 利用改进型的面积评估($P = \beta_0 + \beta_1(面积) + \beta_2(区位) + \beta_3(用途) + \varepsilon$)来确定税基的是现实可行的技术路线。这一改进型的面积评估方法值得大力推广。原因是:

(1) 公式(24.2)是公式(24.1)的简化版本,它们之间的区别仅仅在于变量的多少,是"量"而非"质"的区别。公式(24.1)可能包含诸多变量(如在美国可以有30~50个变量),而公式(24.2)的三个变量可能是公式(24.1)中包含的诸多变量中最重要的三个,故理论依据坚实。

(2) 方法简单、成本低、不需要太多的专业知识来掌握,并易于推广。

(3) 数据要求低,在一些城市税务或相关部门都已经拥有这些数据(特别是商业和工业资料,房产部门应有商品房的资料)。

(4) 如果将模型的参数计算出来,我们甚至近期内不需要数字化或地理信息系统化的资料和数据。

(5) 基本能够满足房地产税实施初期的要求(如同20世纪80年代中国引进个人收入所得税一样)。

(6) 如果将来有了更多的数据,评估方法很容易扩展来包含这些新的数据。

4. 在房地产税纳税额计算方法的基础上(住宅),或者在营业税、增值税、企业所得税纳税额的基础上(商业和工业),发展评估房地产税税基(具体的方法需要进一步研究),也是一条比较现实可行的思路。原因有:

(1) 税务部门已经掌握了很多商业和工业经营信息(如营业额、收入、成本等)。

(2) 税务部门比较容易掌握评估方法。这对征管非常有利,同时又能保证低成本的征管。

(3) 评估方法可能有坚实的理论基础,如收益法就是基于收入、扣除成本、然后根据资本化来决定价值的。因而,这有利于最终向市场价值评估的过渡。

从宏观上讲,这种由简单到复杂地渐进地完善和发展评估系统,在理论上也是有依据的。

(4) 若其他情况不变,当然精度越高越好,但是,经济学家经常讲,世上没有免费的午餐。提高精度是有成本的。从效率最大化的角度来看,如果评估准确度提高的边际效益大于提高评估准确度所需的边际成本,我们就应该努力地去提高评估准确度。相反,如果提高评估准确度带来的边际效益小于所需的边际成本,牺牲评估的准确度来得到成本的节约就是更好的选择。总是,把成本考虑进去,一味地追求评估的准确度,在效率上常常并不是明智的选择。

(5) 建立评估系统的初始成本低,这在实施房地产税的初期非常重要,因为初期房地产税收入可能是有限的,保持低成本的征管会鼓励地方政府的积极性。

(6) 为了得到纳税人的广泛支持,初期房地产税率会设置的比较低、税负也不会很高,因此,过于追求评估的精度,现实意义并不大;

## 三、小结

总之,房地产税渐进式地实施有很多含义:① "点"与"面"的渐进;② 税基的渐进;③ 评估系统的渐进;④ 整个税制的渐进等。本文主要讨论了税基的渐进和评估系统的渐进。主要建议是:① 主要侧重于课税的对象,尽量避免涉及减免,为以后逐步扩大税基打下伏笔;② 考虑到具体的国情,课税的对象初期主要限定在商品房,或者是高端的商品房(如何界定,需要进一步的研究);③ 初期用最简单的评估来计算税基,即使是在北京、上海等相对发达的城市,也应避免数据、专业人才等一系列征管方面的问题,同时又能最大限度地降低成本,提高地方政府的积极性,便于地方政府的实施。

# 第二十五章

# 中国房地产税改革①

在讲具体内容之间,我想说明,中国房地产税在中国实施的潜在影响将是非常深刻和深远的。大家可能知道,美国的民主深深地根植于法律对私有财产及其相关利益的保护。征收房地产税需要对财产权利、义务等都要有明确的界定。近10年来中国房屋私有化的发展速度快得惊人,目前城市房屋中大约80%以上都已是私人拥有,这样的比例对当前正在讨论的"物权法"的影响可能是深远的。很难想象,如果倒退10年前的话,城市私有房屋的比例仅为20%~30%,"物权法"能不能提到这个层面是不言而喻的。房地产税的顺利征管一定要求政府相应地提供个人财产的法律保护,也要求提高政府,特别是地方政府的透明度和执政能力。这些都是构建和谐社会必不可少的。因而,一旦实施房地产税,对中国整个社会影响是不可低估的。

在中国房地产税改革和发展之初,决定房地产税制改革和发展的目标也许是最为重要的事情。这是因为,目标或目的是改革成败极为关键的一个组成部分。根据理论和国际经验,结合中国国情,中国房地产税改革和发展的目标或目的可以是:

(1) 现代化税制,从而使其与市场经济相一致。
(2) 为地方政府提供一个有一定规模、稳定可靠的税收来源。
(3) 作为中国财税改革的一部分,房地产税作为地方政府的税,帮助重新界定政府之间财政关系,推动中国的行政体制改革,进而推动政府的透明度和执政能力。
(4) 作为实现涨价归公(溢价回收)的主要政策工具。

中国有一些税种是20世纪50年代或80年代设立的,与近30年来的市场经济高速发展已不相适应,需要对这些税种进行改革。另外,经济发展和现

---

① 这是作者在"中国房地产税制——国际经验与中国改革"国际研讨会上的总结发言,该会议由中国国务院发展研究中心与美国林肯土地政策研究院联合主办(2007年5月29日)。

代化建筑的突飞猛进,至少在一些地区或城市,社会财富的构成已经发生了根本的变化。一方面,个人财富积累地增长速度惊人;另一方面,房屋财产越来越成为个人财富中最主要的部分。当然,在个人住房公有的时代,整个社会财富的重量和构成与目前都有着天壤之别。因而,随着现代化建筑的迅猛发展,房地产税的税基也会变得越来越大,如果过去二三十年的发展继续下去的话,房地产税就会很快地为地方政府提供稳定和充足的税收,特别是在一些城市或地区,如北京、上海、深圳等,个人收入所得税就是一个最好的例子。还有,由于房地产价值的构成中有两大部分主要是由政府和社会来决定和影响的。这两大部分是土地价值和房地产价值的增值部分。中国很多城市房价最近几年的飙升(已建成的二手房)原因很多,可以说是众说纷纭,莫衷一是,但是有一点是肯定的,即房地产价值的增值不是业主个人行为所致。如果让业主全部赚取这部分增值,即天上掉下的馅饼,那么这也是一种国有资财的流失。由于房地产的增值是由政府和社会发展带来的,这部分价值需要被国家收回,至少是部分地收回,这也就是孙中山所倡导的所谓"涨价归公"。

根据西方现代理论,就房地产税的本质,有两种观点:一是房地产税是收益税,即房地产税是业主为其所享受的由地方政府提供的产品和服务所支付的价格;另一种观点认为房地产税属于资本税,因而房地产税通过影响土地开发的资本决策扭曲市场。在中国,使房地产税成为受益税所需的主要条件并不存在,因而房地产税可能对房地产市场产生一定的扭曲。但这不应成为反对中国实施房地产税改革和发展的理由和借口。因为,提高地方政府公共财政效率的有效途径是使地方政府财政支付决策的决定受制于经济学上的边际法则:即开支的边际成本与公共项目的边际效益相对应。公共财政决策的边际原则需要地方政府有自己的税种。与其他税种相比,房地产税是最好的地方税。因而,房地产税的本质不应影响对中国房地产税的改革和发展。假设房地产税是受益税,它对市场不产生任何扭曲,这是最好的地方税;假设房地产税是资本税,如同其他税种一样,它会对市场产生扭曲,但是由于房地产税基的特殊性,房地产税作为最好的地方税是不可替代的。

中国发展房地产税,并对住宅财产征收房地产税是大势所趋。这是从国际上的经验和中国的发展趋势两者结合得出的必然结论。一般地说,在美国城市土地利用的结构中,除了城市道路以外,60%~80%的城市土地用于城市的住宅用地,整个房地产的财富占私人财富总量的55%,房地产税成为美国地方政府重要的税收来源,房地产税占地方税收的75%左右,为基础教育和地方性道路建设和维护提供了最主要的财政支持。一方面,中国的发展趋势会使住宅用地的比例不断提高,私人拥有房地产财富总量也会不断地提高。另一方面,随着城市化的快速发展,为满足社会对地方政府提供的服务和产品日益增长的需求以及在全球经济一体化的压力下提升地区经济竞争力,提高地方政府融资能力是非常重要的,房地产税既能为地方政府提供稳定的税收,又能使其税收水平与城市化和城市发展联系起来,其税基的增长与城市规模、公共产品和服务的需求等呈正相关关系。

话又说回来,就中国的国情而言,房地产税为地方政府提供财政收入的潜力有多大,又是一个问题,至少在目前的情况下是这样。房地产税收潜力取决于很多因素,但是,房地产财产的构成是非常重要的。也就是说,如果在一个城市或地区的财产数量中,如图 24.1 中破旧建筑(低价值财产)所占的数量相当高(达 70% 或以上),因这些财产的拥有者的收入一般地属于低收入群体,或者属于房地产税减免范围,或价值很低,那么,房地产税的收入潜力就很有限。相反,如果在一个城市或地区的财产数量构成中,如图 24.1 中现代化高层建筑(高价值财产)所占的数量比率可观,那么,房地产税收入就能、也应成为地方政府财政的重要组成部分。低价值的房地产财产在很多城市,特别是在不太发达的城市,是相当普遍的。我三年前回到我的故乡吉林市,一方面看到故乡的面貌变化很大,为家乡的发展高兴;另一方面,又因看到很多如图 24.1 中的破旧房子而感到我们的路还很长,国家的发展仍然是任重而道远。尽管没有数据,我估计,中国 666 个城市中,吉林市还算不错的,有相当多的城市可能还远远不如它。当然,北京、上海、深圳、广州等发达的大或特大城市,如图 24.1 中现代建筑随处可见,比比皆是。从这点而言,中国房地产税应该从个别城市率先实施,然后根据发展,逐步推广。

根据国际经验,房地产税改革和发展的成功实施需要有明确的目的和与之相适应的税制。表 25.1 简单地说明房地产税制与改革的目标之间的关系。如果实施房地产税的主要目的是使税制现代化,那么,仅对土地征收的房地产税(土地税)加以改革是可以考虑的,当然,对房产和地产征收的房地产税也可以

表 25.1　房地产税改革和发展的目标与相应的税制

| 目标 | 土地税 | 房地产税 | 住宅财产 | 评估 | 征管成本 |
| --- | --- | --- | --- | --- | --- |
| 现代化税制 | 是 | 是 | 是 | 面积或市场评估 | 也许要支付一定的代价 |
| 政府关系的再定义 | ? | 是 | 也许 | ? | 可以也可以不追求征管成本的最小化 |
| 提供地方政府税源 | ? | 是 | 是 | 市场评估 | 成本最小化 |
| 涨价归公 | 是 | 是 | 是 | 市场评估 | 成本最小化 |

承担这一功能。住宅财产应纳入征收范围,当然哪些住宅类型应予以减免是另一个问题。将住宅财产纳入征收范围的另一考虑是:中国过去20年税制改革是不断地减轻企业的财税负担,个人所得税在过去25年前,几乎可以忽略不计,但今天的个人所得税已是我们的四大税种之一。向住宅征税也是与我们税制改革的总目标("宽税基、低税率")相一致的。

因为房地产税是现代化税制改革的一部分,以面积或市场价格评估税基都可以考虑。同时,对征管成本的考虑就可能不是最重要的考虑因素,现代化税制总是要付出一定代价的。

如果房地产税用来为地方政府提供稳定和可靠的税收,土地税就很难实施这一目标。因为土地的价值远远不及房产的价值,特别是现代化摩天大楼的价值。产生于与房地产税同等数量的税收需要相当高的税率,这极大地增加了房地产税在政治上的接纳性。另外,由于城市住宅用地的数量在城市土地利用的比重相当高,一般地讲,对一个高层建筑,如果是住宅的话,其房产主就有可能是多个财产的拥有者;如果是工业或商业建筑的话,其房产主就有可能只有一个拥有者。正因为如此,美国很多城市的住宅财产数量高达80%~90%以上。如果中国的发展持续下去的话,中国的土地利用将发生根本性的变化。目前,中国很多城市工业用地的比重相当高,可以达到30%~50%,住宅用地的比重在50%左右。这是国家发展战略"先生产,后生活","重视工业,轻视消费"等历史原因造成的。近二三十年的发展对这一情况有很大的改观,将来城市中住宅的比重会越来越大,工业的比重会越来越小。发达国家的城市工业用地的比重在5%~7%。因此,对住宅征收房地产税是历史的必然。

由于房地产税的发展是为了为地方政府提供稳定和可靠的税源,征管成本的最小化就是非常重要的。如果征管成本是10个单位,而税收收入是11个单位,地方政府就会没有征收的积极性。美国的一些州和地方政府,如马里兰州、马萨诸塞州,有着非常有效的征管和评估系统。这些州充分地利用了地理信息系统和批量评估方法,其评估的成本占总税收的比重不到1%。当然,我们没有将初始成本(建立系统的昂贵成本)计算在内。考虑到市场价值评估系统建立的成本的昂贵,可以考虑地方政府建立征管系统(包括评估系统)的成本由中央财政来支付,地方政府在不付出成本的情况下,获取房地产税的收入。也就是说,中央支付房地产税征收的成本,特别是在初期,地方政府全部享受房地产税的收入,这不失为针对中国国情实施房地产税的良好策略。

何谓评估?评估本质上是对市场价格的近似。我们试图使评估价值与市场价值相符,但是实际上两者在多大程度上相符这本身就是一个问题。另外一个问题是我们是在对设在交易市场的财产进行市场价值评估。既然是评估,就隐含着评估的误差。无论是用市场比较法、收入法、成本法,一般的规律是,财产信息或资料越多,投入的人力和物力越大,专业人员的素质越高,评估的精度也就越高。所有这些都意味着评估成本的直线或指数上升。总之,对不在市场上发生交易的财产进行评估,使其评估的价值百分之百地接近市场价格,这种可能性是很低的,既没有理论上的依据,又没有实证研究证据来支持。

另外一种方法是面积法,这个比较简单,根据大小来评估或接近市场价格,同基于市场价格的评估方法相比,面积法相对来讲是最粗糙的,与市场价格偏离的最远。但是,面积法的最大优势是:简便、经济、对数据和专业人员的要求都很低。

这样,我们就面临着一个选择:是利用高成本、高投入、高精度的市场比较法还是利用低成本、低投入、低精度的面积法来决定房地产税的税基?是否应该在不同的发展地区使用不同的评估方法,如在东部发达地区使用市场法而西部相对不发达地区使用面积法,然后根据发展通过逐步地增加评估因素过渡到市场价值的评估?这实际上是一个价值选择(tradeoff),即我们在多大程度上愿意牺牲精度来换取成本上的节约,或者说我们愿意多花多少钱来提高评估精度?这在评估系统建立初期是一个非常重要的问题。一般地说,成本与精度的关系呈指数性关系。因此,简化评估方法和程序应是中国实施房地产税初期,保证成功实施房地产税改革和发展的关键之一。

同理,如果把房地产税改革作为整个财税体制改革的一部分,帮助重新界定政府间的财政关系,那么,应对土地和房产同时征税。同时,是否将住宅纳入征收房地产税范围,目前研究不够,作者认为不好。应利用什么样的方法来决定税基,希望大家来帮助回答这个问题。成本最小化可以是,也可以不是我们最关心的问题,因为这取决于中央在多大程度上愿意改变地方政府间的财政关系。

最后,房地产税在很多国家都用"涨价归公"作为工具。土地税和房地产税都能起到"涨价归公"的功能,但这必须使用基于市场价格的评估方法来决定税基。同时,由于房地产价值增值部分同总量还是有差别的,因而征管成本是一个重要的考虑因素。

房地产税可能影响以下几个方面:第一个,结合各地区之间的发展不平衡,财政收入的不公平性可能会更加恶化。上海、北京经济发展之后,用很低的税率就可以增收很大的地方财政。对于吉林省来说,再增加多少税率,收入都可能是有限的。在地方政府财政不平衡的情况下,这不仅是一个技术(税制)问题,同时又是一个重要的政治问题。这迫使房地产税改革不得不跟财政改革结合起来,因而增加了房地产改革的复杂性。考虑到房地产税改革的目的简化原则,我们进入了两难境地。再一点,物业税对房地产市场的影响,也是地方政府、开发商都非常关注的问题。

最后有几个建议:一是中央或地方政府出资建立评估系统,地方政府在零成本的前提下,如认识到房地产税收入将随着经济和城市化的发展不断提高,征收房地产税的积极性将会大大地提高。如果地方政府知道房地产税在头几年需要不断地投入资金和人力,而几年后才能有可观的税收,那么它们的积极性将大受影响。二是可以将高端住宅,特别是新建的住宅(如2000年或2003年以后建成的商品房)先纳入征收对象。这样做的好处有以下几个方面:

(1) 扩大了税基,与中央税制改革的总目标是一致的。

(2) 能够购买高端住房的人,就一定没有业主是否能够支付税负的问题(税负的可支付能力原则)。

(3) 房地产资料,包括产权资料比较齐全,市场信息也较全面。

(4) 房地产价格的升值是由社会和政府带来的(如道路和基础设施的大规模建设等),政府应该至少部分地将增值部分收回。

# 参 考 文 献

丁成日. 土地政策与城市住房发展[J]. 城市发展研究,2002a,2:61-66.
丁成日. 土地价值与城市增长[J]. 城市发展研究,2002b,6:48-53.
丁成日. 中国城市土地利用. 房地产发展. 城市政策[J]. 城市发展研究,2003,5:58-63.
丁成日. 中国城市的人口密度高吗? [J] 城市规划,2004a,8:43-48.
丁成日. 空间结构与城市竞争力[J]. 地理学报,2004b,59(增刊):85-92.
丁成日,宋彦,黄艳. 市场经济体系下城市总体规划的理论基础——规模和空间形态[J]. 城市规划,2004,11:71-77.
丁成日. 城市密度与其形成机制:城市发展静态和动态模型[J]. 国外城市规划,2005a,20(4):7-10.
丁成日. 市场失效与规划失效[J]. 国外城市规划,2005b,20(4):1-6.
丁成日. 城市"摊大饼"式空间扩张的经济学动力机制[J]. 城市规划,2005c,4:56-60.
丁成日,Bethke K. 就业中心与城市发展[J]. 国外城市规划,2005,20(4):11-18.
丁成日,宋彦,Knaap G,等. 城市规划与空间结构——城市可持续发展战略[M]. 北京:中国建筑工业出版社,2005.
丁成日. 房价祸根:扭曲的融资机制. 21世纪经济报道,2006a,12月4日.
丁成日. 城市空间结构理论——单一城市中心的静态模型[J]. 城市发展研究,2006b,73(4):121-126.
丁成日. 中国房价持续"走高"的原因分析[J]. 城市发展研究,2006c,6:1-4.
丁成日. 理论和国际经验对中国房地产税发展的启迪[J]. 财政研究,2006d,1:11-14.
丁成日. 美国房地产税制——以马萨诸塞州的牛登市为例. 2006e,未发表.
丁成日. 城市空间规划——理论、方法与实践[M]. 北京:高等教育出版社,2007a.
丁成日. 路在何方? 中国城市化道路探讨. 第三届中国城市发展与土地政策国际研讨会论文集,2007b,杭州,10月13—15日.
丁成日. 国际卫星城发展战略的评价[J]. 城市发展研究,2007c,2:121-126.
丁成日. 房地产税制的理论回顾[J]. 财政研究,2007d,1、2.

丁成日,孟晓晨. 美国城市理性增长理念对中国快速城市化的启示[J]. 城市发展研究,2007,3.

丁成日. 城市经济与城市政策[M]. 北京:商务印书馆,2008.

段羡菊. 征地改革要破解三大难题. 新华网,2001,http://www.hn.xinhuanet.com/news/2001-12-18/20011218100204.htm.

李元 主编. 生存和发展:中国保护耕地问题的研究与思考[M]. 北京:中国大地出版社,1997.

宋彦,丁成日. 韩国之绿化带政策及其评估[J]. 城市发展研究,2005,68(5):41-46.

杨重光,吴次芳. 中国土地使用系统的十年改革[M]. 北京:中国大地出版社,1996.

于格,刘爱民. 中美小麦生产成本效益比较分析[J]. 产业经济,2003,3:41-44.

张明,丁成日,Cervero R. 土地使用与交通的整合:新城市主义和理性增长//丁成日等著. 城市规划与空间结构——城市可持续发展战略[M]. 北京:中国建筑工业出版社,2005.

赵玉,邱彩红,张玉,等. 中美稻谷投入产出现状比较分析[J]. 中国稻米,2006,2:11-14.

钟水映,胡晓峰. 对中国城市化发展水平滞后论的质疑[J]. 城市问题,2003,1.

鲍海君,吴次芳. 关于征地补偿问题的探讨[J]. 价格理论与实践,2002,6.

Acioly Jr, Claudio C. Can urban management deliver the sustainable city? guided densification in Brazil versus informal compactness in Egypt // Mike Jenks, Rod Burgess, Ed. Compact cities:sustainable urban forms for developing countries[M]. NY:Spoon Press,2000:125-140.

Ahn K, Ohn Y. Metropolitan growth management policies in Seoul:a critical review // Won-Yong Kwon, Kwang-Joong Kim, Ed. Urban Management in Seoul:Policy Issues and Responses[M]. Seould Development Institute,2001.

Alonso W. Location and land Use[M]. Cambridge:Harvard University Press,1964.

Anderson G, Ge Y. Do economic reforms accelerate urban growth? The case of China[J]. Urban Studies,2004,11:2197-2210.

Bahl R W. Property Taxation in Developing Countries:An Assessment in 2001[M]. Lincoln Lecture. Lincoln Institute of Land Policy. Cambridge, MA. Oct. 23,2001.

Beeson P. Total Factor Productivity and Agglomeration Economies in Manufacturing, 1959-73, Journal of Regional Science,27(2),183-199。

Beardsell M, Henderson J V. Spatial evaluation and the computer industry in the USA[J]. European Economic Review,1999,43:431-456.

Belzer D, Autler G. Transit Oriented Development:Moving From Rhetoric to Reality

[M]. Washington, D. C. : Brookings Institution, 2002.

Bento A M, Cropper M L, Mobarak A M et al. The Impact of Urban Spatial Structure on Travel Demand in the United States, World Bank Group Working Paper 2007, World Bank (http://econ. worldbank. org/files/24989_wps3007. pdf). Also published in *Review of Economics and Statistics* (http://mitpress. mit. edu), 2003, 87 (3), August 2005, 466 - 478.

Bertaud A, Malpezzi S. The spatial distribution of population in 35 world cities: the role of markets, planning and topography. The Center for urban land and economic research. The University of Wisconsin, 1999.

Bertaud A. Metropolis: a measure of the spatial organization of 7 large cities. Unpublished paper, 2001.

Bertaud A. The spatial organization of cities: deliberate outcome or unforeseen consequence? World Development Report 2003. Dynamic Development in a Sustainable World. Background Paper, 2003a.

Bertaud A. Metropolitan structures around the world: What is common? What is difference? What relevance to Marikina in the context of Metro Manila? Presentation in Marikina, 2003b.

Bird M R, Slack E. International Handbook of Land and Property Taxation [M]. Cheltenham: Edward Elgar Publisher, 2003.

Black D, Henderson J V. Spatial evolution of population and industry in the United States [J]. American Economic Review, 1999: 321 - 327.

Brueckner J K. A Dynamic model of housing production [J]. Journal of Urban Economics, 1981, 10: 1 - 14.

Brueckner J K. A model analysis of the effect of site value taxation [J]. National Tax Journal, 1986, 39: 49 - 58.

Brueckner J K. The structure of urban equilibria: a unified treatment of the Muth - Mills Model [M]// Mills E S Eds. Handbook of Regional and Urban Economics, Volume II. Elsevier Science Publisher B. V. , 1987.

Brueckner J K. Growth controls and land values in an open city [J]. Land Economics, 1990, 66: 237 - 248.

Business. Transportation and Housing Agency & California Department of Transportation. Statewide transit - oriented development study factors for success in California. 2002.

Cai Y. Collective ownership or cadres' ownership? The non - agricultural use of farmland in China [J]. The China Quarterly, 2003, 166: 662 - 680.

California Department of Transportation. "HICOMP Report". 1998: 2 - 9.

California Department of Transportation. Assembly of statistical reports 1997. August 1999:80 – 83.

Calthorpe P. The Next American Metropolis: Ecology, Community, and the American Dream, Princeton: Princeton Architectural Press, 1993.

Cao D. China eliminates 4.800 development zones[N]. China Daily, 2004 – 08 – 24. (http://www. chinadaily, com. cn/english/doc/2004 – 08/24/content _368120. htm).

Cartee C P. A review of sanitary landfill impacts on property values[J]. The Real Estate Appraiser and Analyst, 1989, Spring:43 – 46.

Cervero R. Ridership impacts of transit – focused development in California. Working paper, UCTC No. 176, the University of California Transportation Center, University of California at Berkeley. 1993.

Cervero R. Transit – based housing in the San Francisco Bay Area: market profiles and rent premiums[J]. Transportation Quarterly, 1996a, Vol. 50, No. 3:33 – 47.

Cervero R. Mixed land uses and commuting: evidence from the American housing survey[J]. Transportation Research A, 1996b, 30(5):361 – 377.

Cervero R. Built environments and mode choice: toward a normative framework[J]. Transportation Research D, 2002, 7:265 – 284.

Cervero R. 10 Guiding principles on the transportation – land use connection: lessons for the Beijing region? Presentation at Beijing Municipal Urban Planning Commission. Beijing, 2004.

Cervero R. Transit oriented development in America: strategies. issues. policy directions. Paper prepared for presentation at International Conference on Transit Oriented Development – Making It Happen Fremantle. Western Australia, July 5 – 8, 2005.

Cervero R, Wu K L. Sub – centering and commuting: evidence from the San Francisco Bay Area, 1980—1990[J]. Urban Studies, 1998, 35 (7):1059 – 1076.

Cervero R, Landis J. Twenty years of the Bay Area Rapid Transit system: land use and development impacts [J]. Transportation research A, Policy and practice, 1997, 31(4):309 – 333

Chen X. Speech in the expert roundtable of land acquisition. Development Research Center of the State Council, Beijing, 2002.

Ciccone A, Hall R. Productivity and the density of economic activity [J]. The American Economic Review, 1996, March, 86(1):54 – 70.

Cornia G. Why property tax? Lecture notes in training for Chinese officials from State Taxation Administration, College Park, USA, Jan. 2005.

Daniels T L. The purchase of development rights: preserving agricultural land and open space[J]. Journal of the American Planning Association, 1991,57(4): 421-431.

Danner J C. TDRs——great idea but questionable value[J]. The Appraisal Journal, 1997,65(2):133-142.

Demurger S. Infrastructure development and economic growth: an explanation for regional disparities in China[J]. Journal of Comparative Economics, 2001,29:95-117.

Diaz R B. Impacts of rail transit on property values, Commuter Rail/Rapid Transit Conference,Toronto,Ont. ,American Public Transit Association,1999.

Ding C. Managing urban growth for efficiency in infrastructure provision: a dynamic capital expansion and urban growth boundary model[D]. Ph. D. Dissertation. University of Illinois at Urbana-Champaign,1996.

Ding C. Land use policy reform in China: assessment and prospect[J]. Land Use Policy,2003,20(2):109-120.

Ding C. Policy and praxis of land acquisition in China[J]. Land Use Policy, 2007, 24:1-13.

Ding C,Lichtenberg E. Can land be used as an effective policy instrument to promote urban growth: evidence from China [J]. Urban Studies, 2006. (under review) (resubmitted)

Ding C,Bingham R. Beyond edge city: job decentralization and urban sprawl[J]. Urban Affairs Review,2000,35(6):880-898.

Ding C, Simons R, Baku E. The spatial effect of residential investments on the property values: evidence from Cleveland Ohio [J]. Journal of Real Estate Research,2000,19(1/2):23-48.

Dotzour M. Groundwater contamination and residential property values[J]. Appraisal Journal,1997,65(3):261-266.

Dowall D E. A second look at the Bangkok land and housing market[J]. Urban Studies,1992,29:25-37.

Dowall D E,Treffeisen P A. Spatial transformation in cities of the developing world: multinucleation and land-capital substitution in Bogota, Colombia. IURD Working Paper 525. University of California at Berkeley. Institute of Urban and Regional Development,1990.

Dunphy R T,Fisher K. Transportation,congestion and density: new insights. Transportation Research Record,1996,1552:89-96.

Dupont V. Urban Development and Population Redistribution in Delhi: Implications for Categorizing Population[M]// Champio T, Graeme Hugo, Ed. New Forms of Urbanization : Beyond the Urban – Rural Dichotomy. Burlington, VT: Ashgate Publishing Company,2004:171 – 190.

Ewing R. Is Los Angeles style sprawl desirable? American Planning Association (APA) Journal,1997,63(1):107 – 122.

Farm Foundation. Issue Report:Farmland Preservation,April 2004.

Feldman M P,Audretsch D B. Innovation in cities:science – based diversity specialization and localization competition[J]. European Economic Review, 1999, 43: 409 – 429.

Fischel W A. Fiscal and environmental considerations in the location of firms in suburban communities[M]//Mills S,Oates W E,ed. Fiscal zoning and land use controls. Lexington,MA:Lexington Books,1975.

Fischel W A. Property taxation and the Tiebout model:evidence for the benefit view from zoning and voting[J]. Journal of Economic Literature, 1992,30:171 – 177.

Fischel W A. Municipal Corporations, Homeowners and the Benefit View of the Property Tax[M]// Oates W E ed. Property Taxation and Local Government Finance. Cambridge:Lincoln Institute of Land Policy (forthcoming). Appeared in State Tax Notes,2000,18(22):1781 – 1803.

Fischel W A. Homevoters, municipal corporate governance and the benefit view of the property tax[J]. National Tax Journal,2001,54(1):157 – 174.

Franzsen C D R,McCluskey W J. An exploratory overview of property taxation in the commonwealth of nations. Lincoln Institute of Land Policy. Working Paper: WP05rfl,2005.

Gabe T M. Establishment growth in small cities and towns[J]. International Regional Science Review,April 2004,27(2):164 – 186.

Gatzlaff,D H,Smith M T. The impact of the Miami Metrorail on the value of residences near station locations. Land Economics,1993,69 (1):54 – 66.

Garreau J. Edge City:Life on the New Frontier[M]. New York:Doubleday/Anchor Books. 1991

Garrett T A. 2004. Light – Rail Transit in America:Policy Issues and Prospects for Economic Development. Federal Reserve Bank of St. Louis. Accessed June 21, 2007 (http://www. stlouisfed. org/community/assets/pdf/light_rail. pdf. )

Glaeser E L,Kallal H D,Scheinkman J A,et al. Growth in cities[J]. Journal of Political Economy,1992,100:1126 – 1152.

Gordon H,Richardson P. Are compact cities a desirable planning goal? [J]Journal of the American Planning Association,1997 (Winter),63 (1):95 – 105

Grady S, LeRoy G. Making the connection: transit – oriented development and jobs [R]. March 2006. Report, by Good Job First.

Graham E M, Wada E. Foreign direct investment in China: effects on growth and economic performance[M]//Peter Drysdale, ed. Experiences of Transitional Economies in East Asia. Oxford: Oxford University Press, 2001.

The Great American Stations Foundation. Rail Stations: At the Heart of America's Communities, report, 2001

Grunsven L V. Singapore: the Changing Residential Landscape in a Winner city [M]// Marcuse P, Kempen R V ed. Globalizing Cities: a New Spatial Order? Malden, MA: Blackwell Publishing, 2000: 95 – 127.

Hamilton B W. Zoning and property taxation in a system of local governments[J]. Urban Studies, 1975, 12(2): 205 – 211.

Hamilton B W. Capitalization of intrajurisdictional differences in local tax prices[J]. American Economic Review, 1976, 66(5): 743 – 753.

Hamilton B W. A Review: is the property tax a benefit tax? [M]//Zodrow G R ed. Local provision of public services: the Tiebout Model after twenty – five years. New York: Academic Press, 1983: 85 – 107.

Hannah L, Kim K H, Mills E S. Land use controls and housing prices in Korea[J]. Urban Studies, 1993, 30: 147 – 156.

Henderson J V, Kuncoro A, Turner M. Industrial development in cities[J]. Journal of Political Economy, 1995, 103: 1067 – 1085.

Hiroka H. The development of Tokyo's rail network[J]. Japan Railway & Transport Review, March 2000, 23: 22 – 31.

Ho S P S, Lin G C S. Converting land to nonagricultural use in China's coastal province[J]. Modern China, 2004, 30: 81 – 112.

Hong S W. Seoul: A Global City in a Nation of Rapid Growth[M]// Lo F, Yeung Y ed. Emerging World Cities in Pacific Asia[M]. New York, NY: United Nations University Press, 1996: 144 – 178.

Hovee E D, Company. Socio – economic benefits and impacts of transit. Prepared for State of Oregon Department of Transportation, 1997.

International Economic Development Council. Economic development and smart growth. Aug 2006. http://www.iedconline.org/Downloads/Smart_Growth.pdf Jacquemin A R. Urban development and new towns in the third world: lessons from the New Bombay experience[M]. Brookfield, VT: Ashgate Publishing Company, 1999.

Jun M, Hur J. Commuting Costs of 'leaf – frog' Newtown Development in Seoul[J]. Cities, 2001, 18 (3): 151 – 158.

Kim M, Jung H. Spatial Patterns and Policy Issues of the Seoul Metropolitan Region [M]//Kwon W, Kim K, ed. Urban Management in Seoul: Policy Issues and Responses. Seoul Development Institute, 2001.

Kitchen H, Slack E. Business property taxation, government and competitiveness. Project discussion paper No. 93 - 24 (Kingston. Ont. : Queen's University. School of Policy Studies), 1993.

Kitchen H. Property taxation: issues in implementation. Working paper, IIGR, Queen's University, 2005.

KPMG. Study of consumption of tax supported city services. A Report for the City of Vancouver, Mimeograph, 1995.

Kransnowiecki J, Strong A L. Compensable regulations for open space, Journal of the American Institute of Planners, 1963, 29(3): 87 - 97.

Kwon W. Globalization and Sustainability in Seoul[M]//Kwon W, Kim K, ed. Urban Management in Seoul: Policy Issues and Responses. Seoul Development Institute, 2001.

Laan L V D. Changing urban systems: an empirical analysis at two spatial levels[J]. Regional Studies, 1998, 32(3): 235 - 247.

Ladd F H. Local Government Tax and Land Use Policies in the United States: Understanding the Links[M]. Cheltenham, UK: Edward Elgar, 1998.

Lai N, Wang K. Land - supply restrictions, developer strategies and housing policies: the case in Hong Kong[J]. International Real Estate Review, 1999, 2(1): 143 - 159.

Levinson A. Why oppose TDRs: transferable development rights can increase overall development[J]. Regional Science and Urban Economics, 1997, 27(3): 283 - 296.

Litchenberg E, Ding C. Feasibility of using transferable development rights in China to resolve tensions between farmland preservation and urban development. 2007 (unpublished proposal)

Litchenberg E, Ding C. Assessing farmland protection policy in China[J]. Land Use Policy, 2008, 25(1): 59 - 68.

Lin S, Song S. Urban economic growth in China: theory and evidence[J]. Urban Studies, 2002, 39: 2251 - 2266.

Litman T. Smart transportation investments II: reevaluating the role of public transit for improving urban transportation. 2006, Report, Victoria Transportation Policy Institute.

Machemer P L, Kaplowitz M, Edens T C. Managing growth and addressing urban sprawl:the transfer of development rights. Research report 563. East Lansing,MI: Michigan Agricultural Experiment Station. Michigan State University,1999.

Machemer P L,Kaplowitz M D. A framework for evaluating transferable development rights programmes[J]. Journal of Environmental Planning and Management,2002, 45:773 - 795.

Markusen A R. National Contexts and the Emergence of Second Tier Cities[M]// Markusen A R, Lee Y S, DiGiovanna S, ed. Second Tier Cities: Rapid Growth beyond the Metropolis. Minneapolis, MN: University of Minnesota Press, 1999: 65 - 94.

McConnell V, Walls M, Kopits E. Zoning, TDRs, and the density of development [J]. Journal of Urban Economics. 2006,59:440 - 457.

McDonald J F,Prather P. Suburban employment centers : the case of Chicago[J]. Urban Studies,1994 (March),31(2):201.

McMillen D P. Employment Subcenters in Chicago: Past, Present, and Future Economic Perspectives[M]. Federal Reserve Bank of Chicago,2003.

Mills D. The timing of urban residential land development[J]. Research in Urban Economics,1983,3:37 - 57.

Mills E S,Song B. Urbanization and Urban Problem: South Korea[M]. Cambridge, MA:Harvard University Press,1979.

Mills E S. An aggregative model of resource allocation in a metropolitan area[J]. American Economic Review,1967,57:197 - 210.

Muller A. Importance of the recurrent property tax in public finance, tax policy and fiscal decentralization. Presented at the International Conference in Tallinn—Estonia. Property Taxation and Land Tax Reform. Institute of Revenues Rating & Valuation,2003.

Murayama A,Hayakawa N,Okata J. Toward comparative study on spatial planning issues and approaches in diverse megacities——Tokyo and megacities around the world[M]. 2006 World Planning School Congress, July 11 - 16, 2006, Mexico City,Mexico.

Muth R F. Cities and Housing[M]. Chicago:University of Chicago Press,1969.

Naess P,Sandberg S L. Workplace location,modal split and energy use for commuting trips[J]. Urban Studies,1996,33 (3) :557 - 580.

Navaco R, Stokols R, Milanesi L. Subjective and Objective Dimensions of Travel Impedance as Determiants of Commuting Stress, American Journal of Community Psyschology,1990,Vol. 18:231 - 257.

Nelson A C,Genereux J,Genereux M. Price effects of landfills on house values[J].

Land Economics,1993,68,4:359-65.

Netzer D. Economics of the property tax[M]. Washington,D. C.: Brookings Institution,1966.

Oates W E. Fiscal federalism[M]. New York,NY: Harcourt Brace Jovanovich, 1972.

Oates W E. 财产税与地方政府财政[M]. 丁成日,译. 北京:中国税务出版社,2005.

Oakland W H,Testa W A. Community development - fiscal interaction: theory and evidence from the Chicago area. Working Paper 95 - 97, Chicago: Federal Reserve Bank of Chicago,1995.

Ock P S, Markusen A R, Ansan K. Dissimilar Korean Satellite Platforms [M]// Markusen A R,Lee Y,DiGiovanna S ed. Second Tier Cities: Rapid Growth beyond the Metropolis. Minneapolis, MN: University of Minnesota Press, 1999:147 - 162.

OECD. Main determinants and impacts of foreign direct investments in China's economy. Working Papers for International Investment,2000.

OECD. Competitive Cities in the Global Economy [M]. Paris: OECD publishing, 2006.

Perkins D H,Radelet S,Snodgrass D R, et al. Economics of Development, 5th edition,New York: W. W. Norton and Co. Inc. 2001.

Pettit C L,Johnson C. The impacts on property values of solid waste facilities[J]. Waste Age,April 1987:97 - 104.

Podobnik, B. Portland Neighborhood Survey: Report on Findings from Zone 2: Orenco Station,Lewis and Clark College ( www. lclark. edu/~ podobnik/orenco02. pdf), Jan. 20,2002.

Putnam R D. Bowling Alone: The Collapse and Revival of American Community[M]. New York: Simon and Schuster,2000.

Pruetz R. Saved by Development: Preserving Environmental Areas [M]//Farmland Preservation and Historic Landmarks with Transfer of Development Rights. Burbank: Arje Press,1997.

Richardson H W,Bae C C,Jun M. Migration and the Urban System of South Korea [M]//Geyer H S, eds. International Handbook of Urban Systems: Studies of Urbanization and Migration in Advanced and Developing Countries. Cheltenham, UK: Edward Elgar,2002:503 - 524.

Ridker R G,Henning J A. The determinants of residential property values with special reference to air pollution[J]. Review of Economics and Statistics,1967:246 - 257.

Stewart D J. Cities in the desert: the Egyptian new-town program[J]. Annals of the Association of American Geographers,1996,86(3):459 - 480.

Sutton K, Fahmi W. Cairo's urban growth and strategic master plans in the light of Egypt's 1996 population census results[J]. Cities, 2001, 18(3):135-149.

Sedgley N, Elmslie B. The geographic concentration of knowledge: scale, agglomeration and congestion in innovation across U. S. A. [J] International Regional Science Review, 2004 (April) 27(2):111-137.

Song N, Dutt A K, Costa F J. The Nature of Urbanization in South Korea[M]//Dutt A K, et al. ed. The Asian City: Processes of Development, in Characteristics and Planning. Boston: Kluwer Academic Publishers, 1994.

Song Y, Knaap G. New urbanism and housing values: a disaggregate assessment[J]. Journal of Urban Economics, 2003, 54:218-238.

TCRP, 2004's Report, Transportation Cooperative Research Program, 2004.

Thorsnes P, Simons G P W. Letting the market preserve land: the case for a market-driven transfer of development rights program[J]. Contemporary Economic Policy, 1999, 17 (2):256-266.

Transit Cooperative Research Program. Transit-oriented development in the United States: experiences, challenges, and prospects, 2004. Report No. 102.

Tu C, Eppli M J. Valuing new urbanism: the case of Kentlands[J]. Real Estate Economics, 1999, 27 (3):453-473.

Voith R. Transportation, Sorting and House Values[J], American Real Estate and Urban Economics Association, 1991, 19 (2):117-137.

Wei S J. The Open Door Policy and the China's Rapid Growth: Evidence from City-level Data[M]//Takatoshi Ito, Anne Krueger, ed. Growth Theories in Light of the East Asian Experience. Chicago: University of Chicago Press, 1995.

Wei S J. Foreign Direct Investment in China: Sources and Consequences[M]//Takatoshi Ito, Anne Krueger, ed. Financial Deregulation and Integration in East Asia. Chicago: University of Chicago Press, 1996

Weigand, L. "Orenco Station", Livable Oregon Case Study, Brochure, June, 1999: 36-37.

Weinstein B, Clower T. The Initial Economic Impacts of the DART LRT System. Denton, University of North Texas, Center for Economic Development and Research, 1999.

Weinberger R. Light rail proximity: benefit or detriment in the case of Santa Clara County, California? Transportation Research Record, 2001:1747:104-111.

Winston C, Langer A. Effect of Government Highway Spending on Road Users' Congestion Costs, Brookings Institute (www.brookings.edu), 2004.

White M J. Firm Location in a Zoned Metropolitan Area[M]//Mills E S, Oates W E ed. Fiscal Zoning and Land Use Controls. Lexington, MA: Lexington Books,1975: 175-202.

Wong C, Bhattasali D. China: National Development and Sub-national Finance [M]. CITIC Publishing House,2003.

World Bank. Social Indicators of Development[M]. Baltimore and London: The John Hopkins University Press,1993.

Xie F, Long G, Ding C. China Real Estate Taxation System[M]. Beijing: China Land Press,2005.

Youngman J M, Malme J H. An International Survey of Taxes on Land and Building [M]. Kluwer,1994.

Youngman J M. Tax on Land and Building[M]//Thuronyi V, eds. Tax Law Design and Drafting, International Monetary Fund,1996.

Zhang B, Liu X. China Taxation Report: 2001—2002[M]. Beijing: China Taxation Press,2003.

Zhang Z, Martinex-Vazquez J. The system of equalization transfers in China. Working paper. International Studies Program. Georgia State University,2003.

Zodrow G R. Reflections on the New View and the Benefit View of the Property Tax [M]//Oates W E, eds. Property Taxation and Local Government Finance. Cambridge: Lincoln Institute of Land Policy(forthcoming). Appeared in State Tax Notes 2000,18(22):1805-1821.

Zodrow G R. The property tax as a capital tax: a room with three views[J]. National Tax Journal,2001,54:139-156.

Zodrow G R, Mieszkowski P. The Incidence of the Property Tax: the Benefit View vs. the New View[M]//Zodrow G R, eds. Local Provision of Public Services: the Tiebout Model after Twenty-five Years. New York: Academic Press,1983:109-129.

Zodrow G R, Mieszkowski P. The new view of the property tax: a reformulation[J]. Regional Science and Urban Economics,1986,16(3):309-327.

# 郑 重 声 明

高等教育出版社依法对本书享有专有出版权。任何未经许可的复制、销售行为均违反《中华人民共和国著作权法》,其行为人将承担相应的民事责任和行政责任,构成犯罪的,将被依法追究刑事责任。为了维护市场秩序,保护读者的合法权益,避免读者误用盗版书造成不良后果,我社将配合行政执法部门和司法机关对违法犯罪的单位和个人给予严厉打击。社会各界人士如发现上述侵权行为,希望及时举报,本社将奖励举报有功人员。

反盗版举报电话:(010) 58581897/58581896/58581879
传　　真:(010) 82086060
E – mail: dd@ hep. com. cn
通信地址:北京市西城区德外大街 4 号
　　　　　高等教育出版社打击盗版办公室
邮　　编:100120

购书请拨打电话:(010)58581118

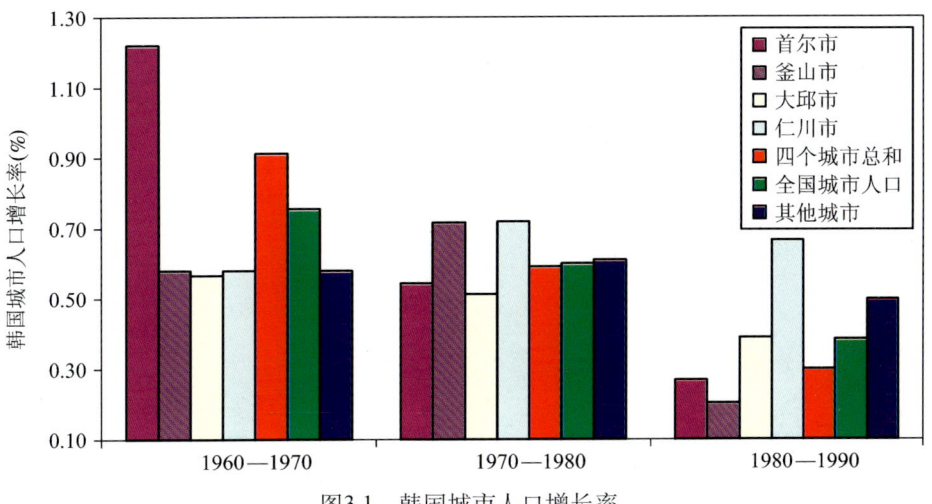

图3.1　韩国城市人口增长率

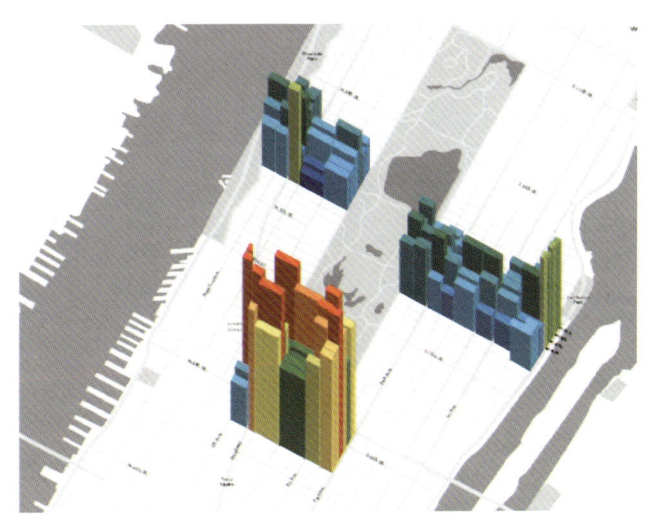

中城和上城的东侧与西侧，中间灰色表示的是中央公园

图4.5　纽约市中城和上城商务区一角
资料来源：http://www.mid-tokyo.com/

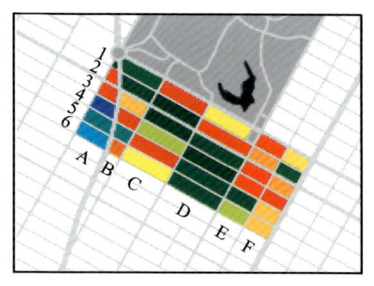

表4.1 纽约中城中央商务区资本密度

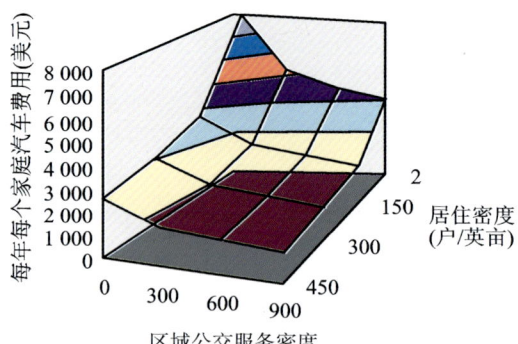

图14.6 旧金山市Bay Area地区公交服务密度和居住密度与小汽车消费之间的关系
资料来源：Cervero, 2005

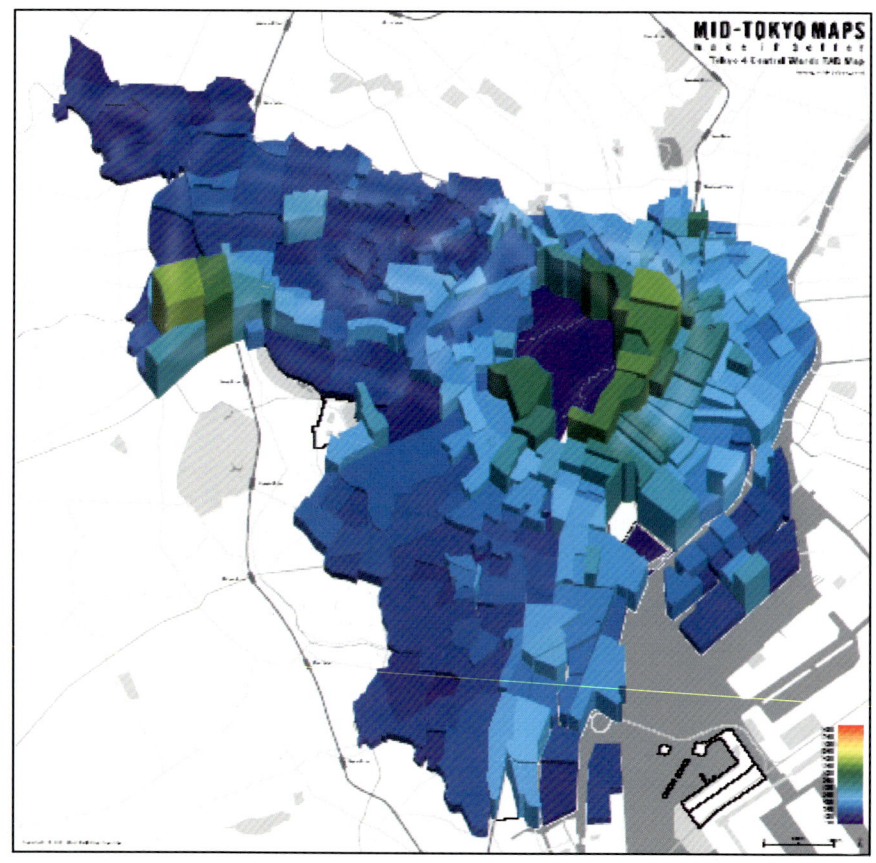

图4.6 东京中央4区容积率分布图
资料来源：http://www.mid-tokyo.com/

图12.8 集中的城市土地利用模式

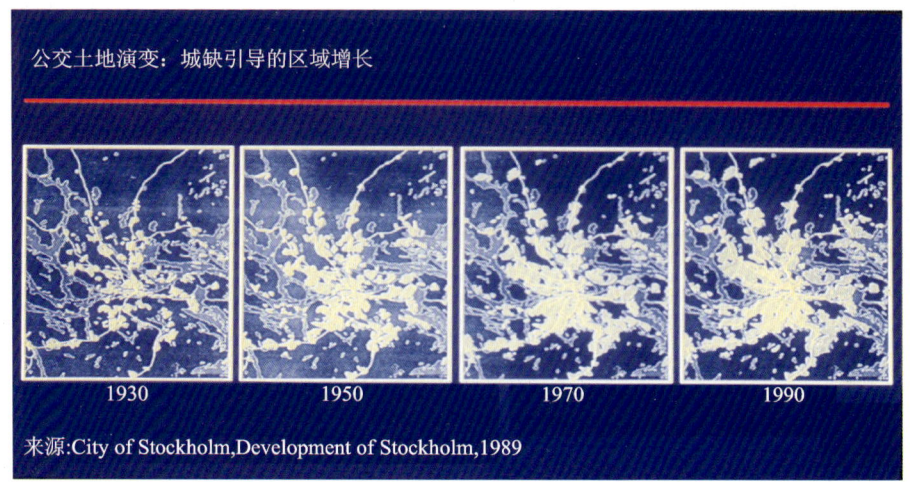

图13.9 斯德哥尔摩市发展趋势

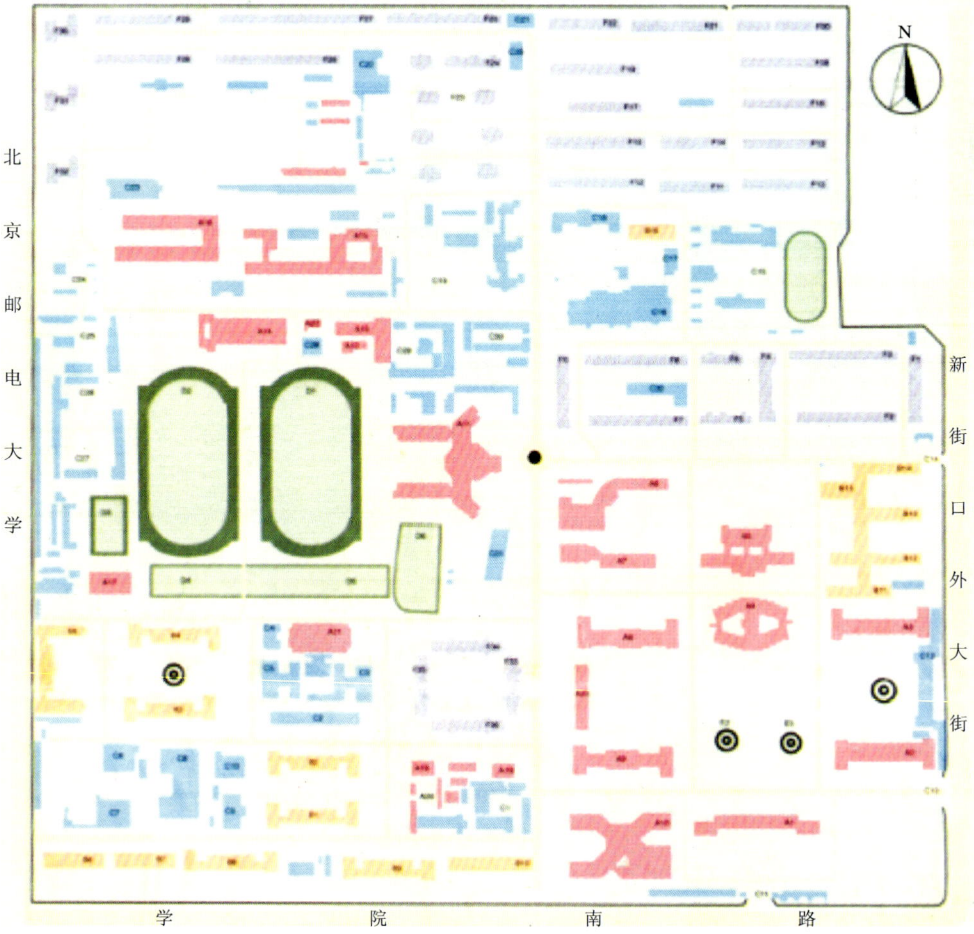

图13.11 单位住宅式混合用地模式
粉色——办公；蓝色——商业服务；黄色——公寓；浅蓝紫色——住宅